中央大学学術シンポジウム研究叢書 11

法化社会のグローバル化と理論的実務的対応

伊藤壽英 編

中央大学出版部

は　し　が　き

　当研究所が主管した「第26回中央大学学術シンポジウム」（以下，本シンポジウム）は，2016年12月17日に開催され，多数の参加を得て，滞りなく終えることができた。まずもって，本シンポジウムの各セッションを担当された所員のみなさんのご尽力と，当日参加いただいた関係者のご協力に感謝する次第である。とりわけ，北井辰弥・常任幹事には，本シンポジウム全体の取りまとめという重大な任務をご負担いただいたことを特筆しておく。

　当研究所が，本シンポジウム運営の責任主体として名乗りを上げたのは，2013年である。只木誠・前所長の主導のもとで，現代において，経済や社会のグローバル化の進展により生ずる多様な法的紛争を公正かつ迅速に解決することが喫緊の課題となっていることを受け止め，これまでの比較法的研究の蓄積と実務的解決への実績をもとに，当研究所の総力を挙げてこの課題に取り組むこととした。すなわち，「法化社会のグローバル化と理論的実務的対応」という全体テーマを設定し，そのもとで，

① 裁判規範の国際的平準化
② リーガルサービスのグローバル化と弁護士法
③ サイバースペースの法的課題と実務的対応
④ 環境規制のグローバル化と実務的対応
⑤ 生命倫理規範のグローバル化と実務的対応
⑥ 決済取引のグローバル化と実務的対応

の6つの個別プロジェクトを設置した。本シンポジウムにおいて，その研究成果を披瀝し，広く社会に還元できたことはまことに幸甚であるといわなければならない。

　この6つの個別プロジェクトの内容，論じられた問題等については，それぞれ該当の章をご高覧いただくとして，われわれの問題意識と方向性を俯瞰しておくことが有益であろう。いうまでもなく，急激に進展するグローバル化の波は，これまで想像もできなかったようなトラブル・紛争を発生させ，社会においても大きな影響を与えているところである。これらの紛争は，地理的な制約を容易に超えて波及するという特徴がある。たとえばサイバースペースの犯罪や環境問題においては，その特徴を容易に想起することができる。そのような紛争を解決するために，一国において固有に発展した法システムが対応しようとしても，困難が伴うことは明らかである。そこで，各国の司法制度のもとで，グローバルな紛争を解決する裁判基準を，統一的に形成することが可能か，という課題を見いだすことができる。また，グローバルな紛争に対してリーガルサービスを提供するべき，グローバル・ローヤーの行動についても，より専門的な知見とともに，新たな法曹倫理と独立性の確保が必要となる。このような，サイバー犯罪や環境問題，司法制度とリーガルサービスの対応といった問題群に取り組むべき，との要請は，近時のテクノロジーの急激な発展によって，強く意識されるようになった。たとえば，遺伝子工学等のバイオテクノロジーの進展は生命倫理上の問題を突きつけ，また，いわゆるFintechと呼ばれる，金融とIT技術の融合は各国の決済インフラと法規制上の問題点の検討を迫っているところである。

　本シンポジウムを構成する6つのセッションでは，それぞれの法分野に固有の問題領域を設定し，独立した専門的研究手法を採用しているが，そこで

の共通の問題関心を3つ挙げることができる。すなわち，

　第一に，近時のグローバル化が当該法領域にどのようなインパクトを与えたか

　第二に，当該法領域において，どのようにグローバル化に対応したのか

　第三に，グローバル化対応のために，どのような手法をとったのか

というものである。それらの問題関心に応えていくプロセスのなかで，これまでにないユニークな研究手法を採用せざるを得なかったこと，新しい概念・理論・制度を創造していく必要があったこと，そして新たな社会規範を形成するための実務的な取り組みを具体化してきたこと，といった知見を発見することができたように思われる。このような知見は，今後の比較法研究に新しい視座を提供するとともに，取り組むべき課題の方向を明らかにしてくれるものである。

　また，本シンポジウム冒頭，北村一郎・比較法学会理事長の基調講演をいただくことができた。とくに，これまでわれわれが当然の前提としていた訳語や概念について，根本的に見直す必要があるのではないか，というきわめて重要な問題提起をなされた。また，昨今のビジネス志向の比較法研究のあり方についても警鐘を鳴らされたように思われる。いずれも，われわれ後進にとって，貴重な示唆をいただいたと同時に，今後の研究に向けて，叱咤激励されたことに深甚なる謝意を表する次第である。

　最後に，当研究所のミッションと本シンポジウムについて，付言しておきたい。周知のように，当研究所は，第二次世界大戦の戦火も冷めやらぬ1948年に，日本だけでなく，アジアで最初の比較法研究の機関として設立された。初代所長の杉山直治郎博士は，「比較法研究を通じて世界平和に貢献する」旨を強調し，その研究成果は，一大学だけでなく，広く日本全体で共有すべき

だとの趣旨で,「日本」比較法研究所という名称を選択された。グローバル化が進む世界で, 毎日生じている紛争の現実を直視するとき, そして, われわれ法律学に関わる者に何ができるかを考えるとき, この杉山博士のメッセージを, あらためて嚙みしめる必要がある。本シンポジウムの成果を, この学術叢書を通じて広く社会と共有し, グローバル化の進む世界における法の支配の確立に貢献できれば幸いである。

2017 年 5 月 30 日

日本比較法研究所所長　伊藤　壽英

法化社会のグローバル化と理論的実務的対応

目　次

はしがき

第1章　基調講演
現代における比較法の諸問題 ………………… 北村　一郎 … 3

第2章　裁判規範の国際的平準化
男女平等とグローバリゼーション ………………… 植野妙実子 … 27
アメリカ合衆国連邦最高裁判所の「憲法裁判所化」
　……………………………………………………… 佐藤　信行 … 71

第3章　サイバースペースの法的課題と実務的対応
サイバースペースの刑事規制
　——比較法から見る方法論—— ………………… 堤　　和通 … 93

第4章　環境規制のグローバル化と実務的対応
国境を越える環境規制の諸相 ………………… 牛嶋　　仁 … 131
持続可能な開発の到達点 ………………… 西海　真樹 … 143

第5章　生命倫理規範のグローバル化と実務的対応
終末期医療における患者の承諾と自律 ………… 只木　　誠 … 157

只木報告へのコメント ……………………………… 鈴木　彰雄 … 185

刑法的グレーゾーンの死
　　――終末期医療・緩和医療において刑法217条
　　（自殺援助）の新設により生じる
　　臨死介助の新たな問題―― ……………………… Eric Hilgendorf
　　　　　　　　　　　　　　　　　　　　訳　根津　洸希 … 193

自己決定と配慮とのバランス
　　――承諾能力のない患者に対する強制治療―― …… Martin Böse
　　　　　　　　　　　　　　　　　　　　訳　冨川　雅満 … 225

第6章　決済取引のグローバル化と実務的対応

Fintechによる電子商取引・決済法の生成と展開
　　……………………………………………………… 福原　紀彦 … 249

電子決済法制についての比較法的考察
　　――欧州と日本の電子決済等代行業をめぐる
　　法制の比較を中心にして―― ……………………… 杉浦　宣彦 … 275

仮想通貨と租税法上の問題
　　――ビットコイン取引に係る損失への
　　所得税法上の配慮―― ……………………………… 酒井　克彦 … 289

第7章　リーガルサービスのグローバル化と弁護士法

ドイツにおける勤務弁護士とそれを取り巻く環境
　　――弁護士の独立性の一断面―― ………………… 森　　　勇 … 321

第 8 章　総　　括

　総　　括
　　——法化社会のグローバル化と理論的実務的対応—— ……………… 375

付録 1　第 26 回中央大学学術シンポジウムプログラム
付録 2　研究活動記録

第1章 基調講演

現代における比較法の諸問題

北 村 一 郎

1. はじめに

　現代の比較法は，本日のシンポジウムのテーマが示すように非常に実務的な比較法である。「実用外国法律情報」への需要が高まるゆえの「実用比較法」の時代なのである[1]。

　20世紀中葉までは，学者がアームチェアでパイプをくゆらせながら省察を巡らせるような「比較法学」が中心だったとすれば，今日ではむしろ，渉外弁護士や立法準備の実務家のための情報としての比較法の時代であり，キータッチ一つで各国の規定が参照され，大量の情報と大枚な金額とが瞬時に地球の裏側にでも飛んでいくのである。

　これと対照的に比較法学は，原論に関しても各論に関しても危機的状況にすらあると言っても過言ではない。実際，日本法においては，主に実定法学者が比較法研究を推進してきたのであり，比較法が解釈方法論の重要な一部を構成してきたほどであった。この点は，意図的な西欧法継受の経緯に基づくものであって，日本を比較法大国の一つにしてきた所以である[2]。ところが，法科大学院の設置以来，教員にとっては教育重視の方針のもとで真っ先に削られるのは比較法研究の時間であり，実定法研究志望学生にとっては外国法研究の貴重な訓練の場であった修士課程が，法科大学院を経由すべき必

要のために失われたことの影響は実は甚大なものがある。更に，外国法研究者にとっての人事の壁はもはや言うまでもない。

　もう一つ，日本はこれだけ比較法の国でありながら原論的考察——法系論や比較方法論，翻訳の問題，など——が甚だ少ないように思われる。学会のテーマとしても取り上げにくく，関心も少ない。これのためには一般教養や基礎法学的素養が必要であるところ，「そんなことをやっている暇があったら，もっと役に立つことをせよ」という声が，どこか上の方から聞こえてくることさえある（！）。

　本日のシンポジウムとの関係で，私としては以下の三つの主題が実用比較法の今日枢要な問題ではないかと考えている。即ち，第一に，改めて言うまでもなくグローバル化の問題，第二に，社会の高度に技術化された状況が法に及ぼす影響の問題があり，第三に，これは西欧法継受以来の日本法に固有の「翻訳」の問題を常に忘れてはならない。これは，一見すると純理論的問題のように見えるが，実は日々の誤解のもとなのである。

　以下の行論の過程においてはフランス法専攻者としての限られた経験および材料に限定されることは御容赦願いたい。

2．法のグローバル化

　グローバル化は，フランス語ではむしろ mondialisation と言うが，この「世界化」「地球規模化」は，何をどのようにすることなのかが必ずしも明確に整理されているようには思われない。しかし，ここでは，「法のグローバル化」を，主要かつ有力な，または統一的な法モデルの利用に対する圧力，または更に進んで，一定の法モデルの優越性・有用性の主張，他モデルに対する強制または攻撃の現象として理解することとする。

国際契約の当事者が自分たちの取引の準拠法を，互いに納得してある国の法と定めるならば，まさに当事者自治であって，経済的強弱に伴う問題が残るのみである。そして，UNIDROIT やヨーロッパ契約法原則のような学説レヴェルでの共通規範の提案ならば有用であり，そのこと自体には問題はない。

　同じルールに基づくのが良いと言われれば確かにその通りであるが，しかし，そこに何らかの強制の要素が伴う場合には，特に強制する側の法律家は，innocent なままではないだろう。強制とは言わぬまでも，その原則が一方にのみ有利な場合はどうなのか？

　極端な場合には，一方では他国法の否定，更には比較法自体の否定に通ずる場合すらある。

(1) 他国法の否定

　この関係で顕著なのは，コモンロー圏の実務家や経済学者が，大陸法諸国の法，特にフランス法を標的として後者の有害さをあからさまに主張するというネガティヴ・キャンペーンが見られることである。典型的なのは，世界銀行の年間報告書 "Doing Business" である。

　これは，各国のビジネス法制が，外国企業（およびその弁護士）にとってどれほど市場進出しやすいかという問題を，数量経済の方法でランキング化するものである。必要な情報資料は，外国駐在の弁護士事務所等から提供される。調査項目は，企業設立，労働者の雇用と解雇，不動産の公示（登記など），信用の取得，投資家保護，契約の履行，倒産処理，などである。例えば，その国の法律に従って会社を作るのに，手続がいくつ，日数は何日，費用はいくら必要かが調査対象となる。これらが低ければ低いほど進出しやすく「良い」国だということになる。

　このような仕方で，最初の報告書（2006 年）においては，フランスは総合44 位とされた。ジャマイカ，ボツワナ，トンガなどよりも低い順位である。

アフリカ諸国の中ではルワンダこそ模範的モデルだとは，いかにも語るに落ちるのである。トップクラスはほとんどが英語国でなければ北欧か東南アジアであり，ニュージーランドとシンガポールとが毎年トップを争う[3]。

　コモンローの側からすると，規制は悪で，市場の自由こそ最良であり，問題があれば裁判所で解決すればよいのに対して，大陸法の考え方では，制定法による包括的な事前規制こそ安全に資するのであるが，アメリカ系企業にとっては，これは無用の枷であり賄賂や汚職の温床なのだと映る。

　フランス側では，政治的とも言い得るこの攻撃に対して二つの大きな動きがあった。一つは，アンリ・カピタン協会[4]が直ちに学説面での体系的な反駁を組織し，法典法による予防的コントロールこそ取引安全の保障のために不可欠であることを強調した[5]。しかし，それだけでなく，実践的な対抗手段として，2007 年にはフランスの官・財・学を挙げた「大陸法振興財団」(Fondation pour le droit continental) が設立された。これは，フランス法に好意的な国々の法律家を結集して，実際上フランス語による大陸法の研究・教育・普及を振興することを目的とする財団である[6]。その目的のために，一方では研究面で，比較法研究の振興，フランスの立法および判例の翻訳の促進，法の経済的分析の推進，他方では教育面で，パリでのサマー・スクール開催のほか，中国，ヴェトナム，チリ，その他の発展途上国に対する大陸法の普及・教育の支援を積極的に行っている[7]。同時に，Law and Economics の観点にはフランスは一般に冷淡であったが，コモンロー圏の法律家に対する大陸法弁証のための積極的意義が認識されたようであり，大陸法振興財団の枠組においても研究が進められている。

　これらの発信の効果からか，Doing Business のその後の統計ではフランスのランクも多少は改善され，2016 年版では辛うじて 27 位になった。しかし，フランスに対する敵意は，ドイツ——当初 19 位，2016 年版 15 位——との対照からもなお根強いように思われる[8]。

(2) 比較法自体の否定

アメリカ連邦最高裁のスカリア判事（Antonin Scalia, 1936-2016）が，憲法の解釈論に関する限り比較法は「不適切である」と公言したことを引用して，コロンビア大学のニューマン教授はアメリカを「比較憲法の後進国」と評する[9]。ここでは，国内の憲法制定の脈絡以外の考慮の拒絶であるが，Doing Businessの立場からすると，私法の比較法に関しても窮極的には否定すべきものになるのであろう。

同様の例で，一層顕著に比較法の否定のおそれを伴うのが，EU法であろう。ヨーロッパ統合は法の調和による統合を志向し，統合の準備には確かに比較法に依拠したが[10]，長期的には大筋における統一が達成される暁には，原則として比較法は，適用レヴェルで生じ得る差異を別とすれば，意味がなくなるのではないかと思われる。

そして実際，EU法源の一つ，ディレクティヴ（directives 指令）は，直接的な執行力を有する規則（règlement）と異なり，到達すべき結果のみ構成国を拘束するものであって，結果に至るための形態および手段は構成国の選択に委ねられるが（EU運営条約第288条（旧EC条約第249条）），EU法院は，ディレクティヴの拘束性を強める解釈を徐々に行うことによって，拘束力に関して規則とほとんど違わない結果になっているのである[11]。

UNIDROITやヨーロッパ契約法原則のような学説レヴェルでの共通法の提案は，純学説レヴェルで当事者の任意の利用にとどめる限り問題はないが，ドイツのフォン・バール教授（オスナブルック大学）のヨーロッパ民法典制定構想には，まさに統一法典の強制による構成国の法文化の歴史的個性の真っ向からの否定の発想が含まれる。実際，このヨーロッパ民法典は，英語で起草され構成国ではこれを翻訳して施行すると主張するからである[12]。

もう一つ，比較立法協会（Société de législation comparée, 1869- ）のロゴにも，意図的か否かは別として，比較法の否定か（？）と訝らせるような

変化があったのである。『比較法国際雑誌』の表紙には，1949年の創刊以来[13]，丸型のロゴが大きく示されてきた（図1）。丸の中には大きな木が描かれており，そこに jus unum と書かれ，周囲に lex multiplex - universa curiositas と書かれていた。これは，法は一つと想定されるが，諸国の制定法律は多様で，どれも注意深く研究するに値するという考えを読み取ることができた。初代会長で法史学者でも比較法学者でもあったエドゥワール・ラブゥレー（Edouard Laboulaye, 1811-1883）の考えに近いものと思われる[14]。ところが，雑誌デザインの変更（2009年）とともに，雑誌の新たな四角いロゴからは「普遍的好奇心（注意深さ）」が消えてしまい，諸国の制定法は多様でも統一法が可能だという方向性が端的に前面に出てきたように見える（図2）。ヨーロッパ連合の進化を背景とする意識の変化を反映しているのかもしれないが，

図1　『比較法国際雑誌』表紙の旧ロゴ（1949-2008年）

単に比較法を手段視するような統一法論を助長するおそれには充分注意する必要がある。

　実際，取引の実効性のためには法の統一が最適なことは疑いないが，しかし，法は，それぞれの社会の歴史に深く根付いたものなので，社会の中から滲み出たものではない統一法を強制されることが，たとえ自ら納得して始めたことであっても大いに無理と犠牲とを伴うことは，最近の嫌欧論（euroscepticisme, europessimisme）を待つまでもなく，日本を含めて少なからぬ民族の経験してきたことである。モンテスキュウに倣って言うなら，「市民たちが法律に従うとき，それが同じ法律であることに，どれほどの意味があるのだろうか？」[15]。違うならどうして違うのかを研究することこそが「普遍的好奇心」なのである。

　但し，同協会のウェブサイトには，もう一つの新たな四角いロゴで，色刷りの大きなヴァージョンのものがあり，そこには問題の universa curiositas が記載され，しかも木の枝に一羽の梟（同協会のデータベースの名称）が見られることが僅かな救いではある（図3）。

図2　『比較法国際雑誌』表紙の新ロゴ（2009年以降）

図3　比較立法協会ウェブサイトの自己紹介頁の新ロゴ

3．法のテクノクラシー化

　もう一つの現代的現象は，法のテクノクラシー化（技術（家）支配）であることを忘れてはならない。それは現代社会の高度な技術化の産物であり，そのことが立法や判例にも大きな影を落としている。法律家が内容を理解し得ないような法が技術家によって課せられることすら考え得るのだが，立法者や裁判所がそのことを充分意識化しているのかどうかは必ずしも確かでない。

　その影響は，早い時期から例えば手形小切手による決済や著作権条約の形で，標準化，規格化として法分野にも現れてきた。そして，それと同列に論じてよいかどうかは別として，ヨーロッパ統合も，プラグやコンセントの形や，ガスボンベの製造態様——鉄製か合金か，圧延か接合か，など——の多

様性の認識のレヴェルから始まったことが想起される。本日のシンポジウムにおいても民訴の条約や電子的決済の問題が現れているのと同様であろう。

しかし，環境問題や生命倫理であれば，専門技術的細目は理解困難としても，法律家でも例えば人身・人体の不可侵というような形で原理的規制を構想することができるが，人間的次元を超えてしまうような分野——例えば，原子力災害，電磁波侵害など——を如何に制御するのか？　これらは既に，立法や法的判断にとっての前提事実として法律家に課せられるという意味では，法社会学的に見れば，端的に法源とすら言い得る。

だが，本当に，法律家には，なす術はないのか？

(1) 裁 判 所 で

裁判所では，技術家が鑑定人として現れる。日本では，難しい問題の場合以外，鑑定の利用は必ずしも頻繁ではないが，フランスでは，民事訴訟に関する限り，ほとんどすべての事件で鑑定なしには夜も日も明けないと言っても過言ではない[16]。

欠陥建築はもとより，近隣妨害の犬の鳴き声が何デシベルかの測定にも鑑定が用いられる。しかも，単なる証人の資格でではない。鑑定が命ぜられると，裁判所での手続は停止され，当事者および弁護士は鑑定人の面前に移って，そこで，言わばミニ対審手続が行われる。技術家による言わば専門的事実認定の案が作成されるのである。専門家の認定事項であるから結論を左右する場合も多いが，もとより裁判官はこれには拘束されない。当事者は，自分に不利な鑑定報告書は争うことができる。従って鑑定は，一方では，法律家には分からない技術的な部分で助けを求めるとともに，皆の批判の余地を残すという意味で，皆に好都合な制度だという面もある。

実際，科学にせよ技術にせよ限界があることは常に忘れてはならない。分からないことは分からないのであり，できないことはできないのである[17]。

「科学および技術の現在の水準」で判定できない事項については，危険な技術を利用する者が責任を負うという「危険責任」の考え方が適用されるべきであるし，また，因果関係の不明なことは常に被害者や原告の不利に働くことを放置してはならない。その意味で「疫学的証明」は見事な手法であった。今日ではいろいろな議論があり，濫用してはならないとしても，弱者の権利保護のために忘れてはならない点である。

フランスでは，一層進んで，破毀院（民刑事の最高法院）自身が因果関係の民法学説を公然と無視したために騒がれた例がある。ペリュシュ判決である[18]。妊娠中の風疹罹患の有無に関する検査ミスによる障害児の誕生を理由とする損害賠償請求事件において，原判決および破毀院は，母からの請求だけでなく障害児からの請求をも認容したため，後者の点について大議論となったのである。子供は契約関係にないので，不法行為の問題となり，医師の過失だけでなく損害および因果関係の証明が必要となる。出生が一体損害なのかという種類の道徳家的反撥もともかく，法律家には因果関係の認容自体が問題であった。即ち，判決は，陰性との検査結果によって，陽性ならば妊娠中絶するという母の判断を検査ミスが「妨げた」ことで足るとしたが，正確には，検査ミスと障害との間には直接の因果関係はなく，中間の要因として母が妊娠中絶をしなかったことが真の損害原因であったのである。しかし，障害児の出生は本人および両親にとって生涯にわたる大損害であることは事実である以上，形式的な法的正確さよりも「本件の場合に医者を勝たせて良いのか？」という実質論こそが判決の真意だったのであり[19]，立法の不備に関する警鐘としても機能したのである[20]。

(2) 裁判所以前に

しかし，裁判所以前に，立法および行政の段階で，更には学説および世論の段階から既に，専門技術家の支配が本当に正当なのかに関してのチェック

が常に必要である。そのためには，多くの国の法律家の連帯的な注意深いコントロールが要請される。なぜなら，民法典を出発点として，19世紀が個人主義とリベラリズムとの法であったとすると，19世紀中葉以降，労働者保護，および一般市民の生活の質の向上のために社会法（droit social）が発展した。そして，20世紀後半以降になると消費者保護問題を経由して，抽象的な人格の法から具体的な「人の法」への進化が認められるのである。まさに高度産業社会を経て高度技術社会の中でますます圧倒的な弱者になる「人間」そのものの保護が必要になるのである。そして，この状況に関して国境の別はなく，人類全体の課題として，法律家も対処しなければならなくなるのである。

その典型が生命倫理であり，フランスでは民法典第16条に「法律は人の優越を確保し，人の尊厳に対するあらゆる侵害を禁止し，かつ，生命の開始時からすでに人間存在の尊重を保障する」と規定し，以下13か条に亘って，そのさまざまな帰結を規定するに至った[21]。実際，科学や技術の発展を奨励することが必要であるとしても，そのことによって，人間の尊厳・健康・安全に対する侵害を許してはならない。環境問題や消費者問題は20世紀後半に意識化されたが，少しも終わったわけでなく，国際的規模の環境汚染に加えて，地球温暖化の問題という新たな難問が生じ，新たな展開と深化とが図られていく。

同様のことが，原子力や電磁波のような，われわれの日常から普段は遠い（ように見える），しかも可視的でない（ように見える）損害の可能性についても一層の注意深さを要請している。実際，チェルノブイリや福島第一原発が残酷なまでの態様で惹き起こした損害については，既に指摘があるように，原子力平和利用三原則や原子力損害賠償法が一体どれだけ実効的であるのか，例えば子供の甲状腺癌などのリスクについて適切な対応を可能にしているのかどうかを常に点検していかなければならない。人は原子力の威力およびそれが惹き起こし得る損害の甚大さを前にして，電力関係企業や行政関係者は，

ともすれば損害の規模を被害者に対してはもとより，自分自身に対してさえ隠し偽ろうとする傾向が既に観察されているのだから尚更である[22]。

　携帯電話アンテナ塔の発生させる電磁場による健康被害については，癌や脳腫瘍の恐れが憂慮され，電磁波過敏症に苦しむ人がいるのに，企業や行政が「WHO の規準」や「総務省の規準」，そして因果関係の証明の困難を盾に取って現状を放置することに対して，法律家が一体涼しい顔でやり過ごしていて良いのだろうか？[23]

　フランスの例を見てみよう。フランスは，既に人体や健康への侵害に関しては非常に厳しい国の一つである[24]。最近の下級審は，携帯電話の中継アンテナ塔による電磁波被害に対しては，「異常な近隣妨害」（trouble anormal du voisinage）を根拠として撤去および損害賠償を認める[25]。根拠となるのは，古典的な危険責任ないしは挙証責任転換の手法と類似であるが，最近の環境保護の一環としての「予防（措置）原則」（principe de précaution）であるようにも読める。「予防（措置）原則」とは，因果関係が不確かであっても，予防の観点から重大または不可逆的な損害の恐れがある場合には予防のための措置を可能とする（2004 年の環境憲章第 5 条）[26]。しかし，民事事件の限度を越えて電子通信政策に関わることを理由として，現在の判例では，携帯電話アンテナ塔の設置・撤去・移動に関する争いは行政裁判所の管轄とされ，それ以外の，特に損害賠償請求の問題は司法（民刑事）裁判所の管轄に残るとされている[27]。

　このような脈絡において，環境保護派に属する議員の提案により立法化が実現した。これが，「電磁波への被曝の分野での節度，透明性，情報提供，および協議に関する」2015 年 2 月 9 日の法律第 136 号である。もとより産業界の利益を反映する保守派との相次ぐ妥協の産物であるとしても，国民一般への覚醒の意義も含めて半歩前進の意義はあるだろう[28]。

　要は，携帯利用者の便益と健康被害の蓋然性との間で，証明の困難に抗して，

あり得る健康リスクへの対応に顧慮する方途の探究が望まれるわけである。

　高度技術のもとでの人間の苦痛の問題であるから，少しでも工夫を積み重ねる必要がある。

4．翻　　訳

　法は本質的に言語によってのみ表現されるのであるから，外国法の理解には，仮に特定の一言語が世界共通語になったとしても，それが母語でない者にとっては音韻や文法の違いゆえに翻訳が必要になる。

　日本は漢語による翻訳を通じて日本近代法を樹立し維持することができたのではあるが[29]，ただ，その代り，西欧法の模倣でできた法であることから逆に安易な同一化——フランスやドイツも日本と同じ筈だ（！）——のおそれを伴い得るので，西欧法自体の正確な理解のためには一層の注意が必要になる。これは継受法に内在的な問題であるが，言語システムが異なる場合には，構文法はもとより語や概念の 1 対 1 対応はおそらくあり得ないがゆえに誤解のリスクが一層大きい。従って，個々の概念ごとに一種の概念史的考察が必要になる。更に，理論的にはそれらの翻訳が一体正確なものであったのか，そして，不正確または混同的な理解があったとすれば，そのことによる解釈論の混乱はなかったのかを注意深く調べていく必要があるのである[30]。

　ここでは若干の例を挙げるにとどめるが，まず，フランス語の droit，ドイツ語の Recht という語は，同時に「権利」と「法」とを意味し，むしろ「権利」が第一義ですらある。即ち，droit subjectif（権利）は「正当に要求し得るもの」を意味し，その集積されたものが droit objectif（法）なのである。日本には権利の観念がなかったので，伝統的な「法」と造語としての「権利」との間には内的連関が自明ではない。英語は，law と right とを分けるが，実

は，両者は，justiciability（司法的判断可能性）の点で通底しているのである。実際，日本法史の研究家で御定書の翻訳に携わったダン・ヘンダスン（Dan Fenno Henderson, 1921-2001, ワシントン大学教授・弁護士）は，江戸時代の「法」を law と訳すと，アメリカ人は確実に誤解する（！）と言う。なぜなら，日本語の「法」は行政の命令にすぎず justiciable なものでは毛頭なかったからである。日本の「法」は，従って，"do-as-you-are-told-and-don't-talk-back" law の性格を有し，この性格は今日においても多分に残っていると彼は言うのである[31]。

「公」と「私」との対概念に関しては，佐々木毅・金泰昌両氏のイニシアティヴによる『公共哲学』の企画全10巻の刊行は画期的であった。特に，「公」と "public" との同視には多くの問題が指摘される[32]。"public" とは，people/peuple（民衆，国民）に関するという意味であり，それは，代名詞 we/nous（われわれ）で表象されるのに対し，日本語の「おほやけ」は，「（一層）大きな家」という意味から，最終的には「政府」または「天皇家」そのものを指すもので，「お上」であり，they/ils（彼ら）でしかない。「公」は，自分との関係では「相対的に一層大きな」所属枠組であって，カイシャでもムラでも自分にとっては「公」となり，ムラにとってはクニが「公」として現れるような，いわば入れ子構造になっているのである。名詞としての the public/le public の訳語としての「公衆」は，「電話と便所と衛生以外ではほとんど用いられない」ような無内容な存在でしかない[33]。droit privé（私法）は，西欧では法の中核をなすのに対して，徳川時代には幕府の規制に反する秘密の内部秩序を意味したわけで，宮武外骨（1867-1955）ほどの反骨のジャーナリストでも，法継受から半世紀の頃に，「法律というものは……すべて公のものであるはずだのに，これを私法というのはわからない」と感想を述べたのである[34]。

そしてまさに「公（お上）の法」では，訳語に異を立てること自体にタブー意識が残るからか，現状には合わない訳語が「定訳」という名の制度とし

て維持される例が見られる。例えば，天皇はEmperorと訳されるが，「皇帝」が存在する以上日本は相変わらずEmpire（帝国）であるとの誤解を与え続けることになる[35]。一体，ロシアのツァーのように外国の首長が，その地位の独特さを考慮してしばしば原音表記されるのに，どうして日本だけ誤った訳称を続けるのか[36]？

また，「国会」に関しても同様の問題があり，Dietという訳語は，もともと神聖ローマ帝国の身分制議会であるReichstagの英訳語だったのであって，明治憲法下ならいざ知らず，今日の「国権の最高機関」には甚だ以てふさわしくない。端的にparliament/parlementとすべきものである。そうでないと，日本は帝政だから前近代的議会形態にとどまるのだろう（それなのに驚異的な経済力は何故か？）というような外国での二重三重の誤解を助長するおそれが続くことになる。

外国語の概念はいずれにせよ理解の難しいものなので，誤解の最も少ない翻訳表現および説明をするように努めないと，原概念と翻訳語との両方から裏切られ続けて，しかも当の日本人は気づかぬままという（滑稽な）状況に常に置かれているのである。

5．おわりに

理論的な問題については今回は割愛せざるを得なかったが，最大の問題の一つが，法系論であろう。従来の法系論は教育的には有用であったとしても[37]，端的に言えば，「どの国は，どの宗主国の法的属国か」という覇権主義的な意識の産物たる分かりやすさだったのではなかろうか。更に，比較法が伝統的に想定していたのは私法の比較法であったが，比較憲法や比較政治の豊富な成果を参照した法の政治的利用形態をも含めた再検討が必要であるこ

とを一言付け加えよう[38]。

　外国法は，日本法の実像を認識するための鑑となる。日本近代法の第二世紀には，固定観念を覆すような意欲的な比較法研究が望まれるのである。

1) 北村一郎「外国法教育の課題」『比較法研究』57号（1995）23頁以下，特に24頁。「実用法学」という表現に倣うとしても，「実用比較法学」ではなく，「実用比較法（情報）」なのである。
2) もう一つの比較法大国イタリアでは，比較法が法学部における必修科目となっている。参照，アンドレア・オルトラーニ（書評）「Antonio Gambaro, Rodolfo Sacco et Louis Vogel, Le droit de l'Occident et d'ailleurs, Paris, LGDJ, 2011」国家学会雑誌125巻11・12号（2012）140頁。
3) 一層詳しくは，後掲・国家学会雑誌121巻11・12合併号（2008）264頁以下。
4) アンリ・カピタン（Henri-Lucien Capitant, 1865-1837, パリ大学教授）は，20世紀前半のフランスを代表する民法学者で，彼が唱道して創立したフランス語圏の国際会議を毎年開催するのがアンリ・カピタン協会（Association Henri Capitant）である。日本では1994年に開催した。
5) Association Henri Capitant des amis de la culture juridique française, *Les droits de tradition civilistes en question : A propos des Rapports* Doing Business *de la Banque Mondiale*, Paris, Société de législation comparée, vol.1, 2006, 143 pp.　その紹介，国家学会雑誌121巻11＝12合併号（2008）264頁以下（北村一郎執筆）。ミシェル・グリマルディ（片山直也訳）「21世紀におけるフランス法の使命――グローバリゼーションに対峙する大陸法」ジュリスト1375号（2009）88頁以下。
6) 実は夙に類似の先例が立法化されていた。これは，「比較法研究振興財団（une Fondation pour les études comparatives）というもので（2002年2月28日の法律第282号），フランスでの比較法研究の立ち遅れを指摘した弁護士出身議員――国民議会議長を務めたレモン・フォルニ氏（Raymond Forni, 1941-2008）――の提唱による議員立法であった。これは，「法・制度・社会に関する学問的比較研究の発展」（第2条）のために資金を募って国家的規模で運営する財団をめざすもので，具体的にはドイツのマクス・プランク研究所，ロンドン大学高等法学研究所，ローザンヌ大学内のスイス比較法研究所などをモデルとするものであったが，実際には実現に至らなかった。大陸法振興財団の関係者に聞いても，あれとは関係がないとのことである。学問のためだけでは人は動かないということか。

7）アジアについては，中国には事務所を置き，日本では慶應義塾大学に寄付講座を置いているが，これは大陸法教育が目的で，研究振興も謳うがアジア法研究は主目的ではなさそうである。
8）因みに日本は，2006年版では10位と意外な高評価を得たが，その後2010年版16位，2014年版27位と転げ落ち，2016年版では34位である。私見の限りながら，10位の「栄誉」は，おそらくは2004年以降に具体化された一連の司法改革，法令の英語訳の進行などの反映による例外的な現象なのではないかと思われる。もともと20世紀末の頃には法文化摩擦や「見えざる障壁」とジャパン・バッシングが華やかだったのであり，人間関係や取引慣行の変わりにくさからすれば，日本法が経済的に急に扱いやすくなったとは考え難い。
9）ジェラルド・ニューマン（寺尾美子訳）「アメリカ合衆国における比較憲法学の過去と将来：比較統治構造論から比較人権論へ」比較法研究62号（2000）30頁。
10）ウルリッヒ・エヴァリング（海老原明夫訳）「加盟国の法秩序を基礎とする欧州共同体法の形成」比較法研究62号（2000）18頁以下。
11）ディレクティヴの語自体，もともとフランス行政法上の概念で，上司が部下に対して行う大綱的指示を意味するので，「指針」と訳すべきものであるが，EUに関しては今やまさに「指令」の方が適切に見える。参照，伊藤洋一「フランス行政判例における命令権のEC指令国内施行義務について——野鳥保護指令をめぐる行政訴訟を素材として」塩野宏先生古稀記念『行政法の発展と変革（上）』（有斐閣，2001）69頁以下。
12）北村一郎「フランス民法典200年記念とヨーロッパの影」ジュリスト1281号（2004）92頁以下，特に97-99頁。これはEU議会の決議に基づく企てであり，当初2010年までに完成予定とのことで，2008年1月には『共通準拠枠組案』（DCFR）が採択されたが，現在10件程度の項目が刊行されたにとどまるようである。
13）比較立法協会の機関誌は，1869年の設立以降，同協会の「会報」（Bulletin de la Société de législation comparée）として刊行されていたが，会員向けだけでなく国際的な規模で研究を発表する媒体として徐々に進化してきたことを追認したのが，第二次大戦後の「比較法国際雑誌」なのである。
14）Cf, Edouard Laboulaye, De la méthode historique en jurisprudence et de son avenir, *Revue historique de droit français et étranger*, t.1, 1855, n°s 40 et 41, p.22. ただ，彼が，「ヨーロッパ共通法の探究も比較法史の目的の一つだが，だからといって，共通法典とか共通語とかを夢想するわけではない」と述べる背景には，もともとキリスト教圏のヨーロッパは一つだったのだから，統一は不可能ではないという基本的確信が読み取れる。

15) Montesquieu, *De l'esprit des lois*, liv. 29, tit. 16 (野田良之ほか訳『法の精神』岩波文庫では下巻 284 頁)。尤も，モンテスキュウも，シャルルマーニュのような天才的立法者が行う統一については例外とする。この件りが「法律の書き方」の章にあることは実に示唆的である。 更に，法が各国で違うからこそ「学説法」としての国際私法や国際公法が法哲学や法思想史を発展させたことについて，Bruno Oppetit, Le droit international privé, Droit savant, *Receuil des cours de l'Académie de droit international de la Haye*, t. 234, 1992-III, p. 331 et s.
16) 北村一郎「フランス民事訴訟における鑑定人の役割」法学協会雑誌 110 巻 1 号，2 号（1993）。
17) この点は，優れた科学者が強調する点である（池内了「科学の限界」ちくま新書，2012)。しかも，科学が発展し知識の水準が向上すればするほど客観性や正義感情の水準も向上するとは限らない。それどころか，最近の書評文からの引用であるが，「地球温暖化のように複雑な現象になると，むしろ科学的知識が豊富な人ほど，自分の政治イデオロギーに適した解釈を下す傾向が強い。知識がイデオロギーを補強する役割しか果たさなくなるのだ」（佐倉統（書評）「ウィリアム・パウンドストーン（森夏樹訳）『クラウド時代の思考術――Google が教えてくれないただひとつのこと』」朝日新聞 2017 年 3 月 19 日朝刊読書欄。同書では，366 頁参照)。
18) 破毀院全部会 2000 年 11 月 17 日判決。中田裕康「侵害された利益の正統性――フランス民事責任論からの示唆」『一橋大学創立 50 周年記念論文集『変動期における法と国際関係』（有斐閣，2001）337 頁以下。大村敦志「障害児の出生をめぐる法的言説――ペリュシュ論議における民法学説の位相」『融ける境 超える法 第 1 巻：個を支えるもの』（東京大学出版会，2005）59 頁以下，同「障害児の出生をめぐる法的言説」同『学術としての民法 Ⅰ：20 世紀フランス民法から』（東京大学出版会，2009）292 頁以下。
19) 個人的知識ながら，この点は，破毀院の権威筋が実際に私に語った点である。
20) 実際，直ちに医師会を始めとして判決否定の立法を求める運動があり，「患者の権利および保険システムの質に関する 2002 年 3 月 4 日の法律第 303 号」が成立するに至った。この法律は，医療過誤による障害児の出生の場合は損害賠償は直接損害の場合のみであり，それ以外は社会保障を強化すべく方向づけている点で，「反ペリュシュ法律」と呼ばれる。上記の趣旨を述べる第 1 条Ⅰの規定は，教科書を読む如くである。この法律は，進行中の訴訟にも適用されると規定するが（第 1 条Ⅱ）しかし，破毀院は，法律施行前の損害については，ペリュシュ判例を断固として適用し続けた。例えば，2008 年 7 月 8 日の破毀院第一民事部判決は，医師の重過失により子に生じた重篤な損害について両親には特別な負担が生ずるとこ

ろ，全額賠償でなく一括補償に代えた2002年法律は，ヨーロッパ人権条約第1プロトコル第1条（財産の尊重を求める権利）に違反するとすら述べる．
21）文献は多いが，差当り参照，北村一郎「フランスにおける生命倫理立法の概要」ジュリスト1090号（1996）120頁以下．ノエル・ルノワール・北村一郎・大村敦志「フランス生命倫理立法の背景――ルノワール氏に聞く」同誌1092号74頁以下．
22）池内了氏によれば，原子力三原則（自由・民主・公開）に関して，「研究の自由が保障されている大学では三原則は守られたが，電力会社ではほとんど無視されてきたことは，外国産の原発の直輸入（非自主：最初はターンキー契約で，日本はキーを回すだけで後は外国メーカーにお任せする），数多くの事故隠し（非公開：数年たってから明るみになった事故が山積している），原子力ムラの暗躍（非民主：批判勢力に圧力を加えパージする）などを見れば明らかだろう」（池内・前掲書（注17）167-168頁）．そして，原発賠償を初めて認めた前橋地裁2017年3月17日判決（翌日の朝日新聞ほか参照）が上訴レヴェルで否定されるであろうことについての予見可能性が高いような国であってはならないのである．
23）例えば，矢部武『携帯電磁波の人体影響』集英社新書，2010．加藤やすこ『電磁波による健康被害』緑風出版，2015．特に151頁以下，176頁以下．編集部「電磁波は安全と言えるか――フランスで電磁波過敏症の女性に障害者手当の受給資格」電磁環境工学情報EMC332号（2015）116-133頁．
24）G. Viney et P. Jourdan, *Traité de droit civil, Les conditions de la responsabilité*, 2e éd., Paris, LGDJ, 1998, n° 261, p. 36. P. Jourdan, Les préjudice d'angoisse, *JCP G* 2015. 739, p. 1221.
25）TGI Nanterre, 18 sept. 2008, *D.* 2008. p. 2916, note N. Boutonnet ; *JCP G* 2008. II. 10208, note J.-V. Borel ; *JCP G* 2009, I. 123, n° 4, obs. Ph. Stoffel-Munck. およびその控訴審 Versailles, 4 février 2009, *D.* 2009. 819, note M. Boutonnet ; *D.* 2009. 1369, étude, J.-Ph. Feldman ; *D.* 2009. 2303, Panorama, obs. B. Mallet-Bricourt et N. Reboul-Maupin ; *D.* 2009. 2455-2456, Panorama, obs. F. J. Trébulle ; *JCP G* 2009. act. 83, obs. C. Bloch ; RTD civ. 2009. 327, obs. P. Jourdan ; *Resp. civ. et assur.*, 2009, comm. 75, p. 61, obs. G. Courtieu. このヴェルサイユ控訴院の2009年2月9日判決によれば「按ずるに，超低周波（ELF）電磁波または電磁場への人の被曝による国民の健康（santé publique 後掲（注38）参照）に対する衝撃（impact 強い影響）を決定的に斥けることはいかなる資料をもってしても可能ではない．……損害の発生は仮説的であっても，弁論提出の著書論文を読むと，〔第一に〕立法の態度は諸国の間で相違すること，〔第二に〕中継アンテナから発した電磁波への被曝が無害だという確証はないままであり続けること，そして〔第三に〕，無害との確証がな

い状態は深刻かつ尤もなものと考えられることが分かる。しかるに，本件においては，〔アンテナを設置した携帯電話会社〕は，この設置に関して，理論的に具体化可能である筈の特定かつ実効的な規格を具体化しなかった」。即ち，国の規準を守っているだけでは足りない，無害の確認がない以上，もっと厳しい規準で取るべきであったのにしなかったが故に，人身損害のもたらされる異常な近隣妨害だと認められたのである。

26) 環境憲章は 2004 年に採択されフランス憲法と一体化されている。憲章第 5 条の条文は以下の通り：「科学的知識の現状では〔損害が発生するかどうか〕不確実であっても，損害発生が，重大かつ不可逆的な仕方で環境に影響し得るときは，公的当局は，予防（措置）原則の適用により，かつ，自己の権限領域の中で，損害の発生に対処するために，リスクの評価手続の具体化および仮の，かつ比例的な措置の採用に顧慮する」。

27) この点に関しては民刑事事件か行政事件かについての争いがあったが，権限争議裁判所が本文に記した解決を採り（T. C. 14 mai 2012, *Commune de Château Thierry c / Orange France, D.* 2012, p. 1930, note G.-J. Martin et J.-C. Msellati ; *JCP G* 2012. n° 819. p. 1367, concl. J.-D. Sarcelet et n° 820. p. 1373, note M. Bacache ; *AJDA* 2012, p. 1525, note A. Van Lang），破毀院もこれに従った（Cass. civ. 1re, 17 oct. 2012, *D.* 2012, Act. p. 2523 ; *JCP G* 2013. n° 14, p. 16, note Fr.-G. Trébulle）。但し，電磁波被害ないし近隣妨害の民法上の問題について環境政策レヴェルの予防原則の援用が適切であったかどうかの問題も残り，状況証拠の積み上げの努力が望まれる。

28) Pierre Le Hir, Une loi pour encadrer l'exposition aux ondes, *Le Monde*, du 29 janvier 2015. 議員提案の原案では被曝限度を 1 メートル当たり 0.6 ヴォルト（V/m）に設定していたが，現状の限度（41 〜 61V/m）とかけ離れていたため，引き下げはできなかった。しかし，第一に，ANFR（Agence nationale des fréquences 全国電波監理庁，1997 年設置）が，被曝量の異常な地点を毎年調査し，指摘された業者は原則として 6 か月内に是正義務を負うこと，第二に，三歳未満児の保育（または託児）所では無線ラン（Wi-fi）の使用は禁止され，小学校では電子機器の教育のためでなければ使用できない。最後第三に，政府は，電磁波過敏症患者に関する報告を一年内に提出しなければならない。

29) 三ケ月章「法と言語の関係に関する一考察」同『民事訴訟法研究』第 7 巻（有斐閣，1978）276 頁以下，特に 288 頁以下。

30) Ichiro KITAMURA, Traduction juridique, un point de vue japonais », *Les Cahiers de droit*, Québec, Université Laval, vol. 28, n° 4, 1987 ; Problems of the Translation of Law in Japan, translated by Anthony H. Angelo, *Victoria Univ. of Wellington Law*

Journal, vol. 23, no 3, 1993, p. 143 et s. 古田裕清『翻訳語としての日本の法律用語』（中央大学出版部，2004），同『源流からたどる翻訳法令用語の来歴』（同，2015）。

31) Dan Fenno HENDERSON, Comparative Law in Perspective, *Pacific Rim Law & Policy Journal*, vol. 1, no 1, 1992, p. 6. 「命に従い事揚げすべからず」とは「上意下達」を想起させる。実際，憲法訴訟や行政訴訟の難しさを思い浮かべれば尤もに思える。訴訟以前にも，争いの方途についての規定の整備は充分でない場合が少なくない。例えば，地籍調査に関する国土調査法（昭和26年6月1日法律第180号）第17条は，調査の結果作成された地図および簿冊の公告から20日間，それらが閲覧に供され，境界の記載に誤りがあれば土地所有者は同期間内に訂正の申し出をすることができる趣旨を規定するが，期間徒過後の争いについては規定がない。行政訴訟は可能なのであろうが，実際に境界の争いは以後隣地所有者との関係での私的な局面に移されてしまう（ことを法律規定の沈黙が誘導する結果となる）。法律規定は行政内部での手順の定めにとどまり，筆者の印象であるが，私人の側での不服や争い方については余りにも不親切であるように思われる。

32) 渡辺浩「『おほやけ』『わたくし』の語義——「公」「私」，"public""private" との比較において」佐々木毅・金泰昌（編）『公共哲学1：公と私の思想史』（東京大学出版会，2001）145頁以下。東島誠「公は public か？」『同3：日本における公と私』（2002）63頁以下。

33) 渡辺・前掲（注32）152-153頁。実際，「公衆衛生」と訳される santé publique は，日本語では，何か伝染病対策か予防注射の組織の如き行政施策の対象にすぎないような語感があるが，本当は，前述のように，「あなた」も「私」も含む「国民みんなの健康」と言うべきものなのである。関係法律を体系化したフランスの code de la santé publique は，普通「公衆衛生法典」と訳されるが，本当は「国民健康法典」と言うべきものである。

34) 中田薫『徳川時代の文学に見えたる私法』の岩波文庫版（1984）に付された石井良助解説の中で触れられている（244-245頁）。

35) フランスで1963年から2007年まで刊行されていた大衆的な百科事典 Quid では，日本の政治体制は「帝国」と表示され続けていた（v° Japon, *Quid*, Paris, Robert Laffont, 2007, p. 899, 3ᵉ col.）。学術出版ではないため，他にも不正確な記事の存在が指摘されてはいたが，一つの原因として，フランス訳語だけで推論したことが充分考えられる。

36) 野田良之先生は，原音のまま le Tenno と表記されていた（Yosiyuki Noda, *Introduction au droit japonais*, Paris, Dalloz, 1966, p. 73 ; Introduction to Japanese Law, translated by Anthony H. Angelo, Tokyo, University of Tokyo Press, 1992, p. 65）。

37) カミーユ・ジョフレ゠スピノジ（北村一郎訳）「比較法（特に法系論）の回顧と展望」比較法研究 62 号（2000）5 頁以下。
38) Ichiro Kitamura, « Une ébauche sur les deux notions de droit en droit comparé », *Liber amicorum : Mélanges Camille Jauffret-Spinosi*, 2013, Paris, Dalloz, pp.729-736.（稚拙な試みではあるが，何が法かという二つの識別規準──強制か justiciabilité（司法的判断可能性）か──に基づく二つの法モデルを法系論の出発点とすべきことを提唱する）。これについては別の機会に論じたい。

第 2 章　裁判規範の国際的平準化

男女平等とグローバリゼーション

植野　妙実子

1. はじめに

　2016年の『高齢社会白書』によると，日本の総人口は2015年10月1日現在で1億2,711万人，65歳以上の高齢者人口は3,392万人となり，総人口に占める割合（高齢化率）は26.7％となった。日本の高齢化率は世界第1位である。高齢者人口における男性対女性の比は約3対4で，女性の方が多い。2015年の男性の平均寿命は80.79歳，女性の平均寿命は87.05歳であった[1]。
　しかし，こうした高齢者が幸せで豊かな老後をすごしているかというと，経済的な暮らし向きに心配ないと感じている高齢者が約7割いる一方で，65歳以上の生活保護受給者が増加している。2014年で92万人の65歳以上の生活保護受給者がおり65歳以上人口の2.80％にあたる。また，2010年の統計では，男性約139万人，女性約341万人，すなわち高齢者人口の3割以上が一人暮らしとなっている[2]。
　推計では，2035年には高齢化率は33.4％で3人に1人が高齢者となる。他方で出生数は減少を続け，2005年は106万2,530人，2013年は102万9,816人となっている。2016年の統計では100万人を割り込んだ。2005年には最低の合計特殊出生率（女性が生涯に産む子どもの推定人数）である1.26を記録した。現在は1.43であるが，欧米諸国と比較するとなお低い水準である。未

婚率は上昇しており，未婚率は 15 歳以上の男性の 31.6％，同じく女性の 22.9％（2016 年）となっている。晩婚化が進んでおり，平均初婚年齢は夫 30.9 歳，妻 29.3 歳（2013 年）となっている[3]。日本では，フランスのようなユニオン・リーブル（法律婚をするより前に事実婚を経験しておくという考え方の反映）はないので，上記の数字は実際に結婚した年齢といえる。

このような超高齢少子社会の問題点は，次のような点にある[4]。

第 1 に，生産年齢人口（15 歳以上 65 歳未満の人口）の減少である。生産年齢人口の減少は，経済成長を押し下げると懸念されている。2010 年には 8,103 万人であった生産年齢人口は，2030 年には 1,300 万人減少すると予想されている。2015 年の統計では，高齢者 1 人に対して 15〜64 歳の人口の比率は 2.3 人となっている。単純に考えると 2.3 人の働く者が 1 人の高齢者を支えることになる。

第 2 に，社会保障支出を政策分野で分類すると「高齢」が総額の 47.0％，「保険」が 33.8％を占める。高齢社会との関連では，社会保障給付費の増大が問題となる。高齢化の進展で社会保障給付費は一般会計の 3 割超を占めている。その給付費の内訳は，年金 48.5％，医療 32.4％，福祉その他 19.1％，となっている[5]。

第 3 に，介護負担の増大である。厚生労働省の 2010 年の調査によると，主な介護者は同居の配偶者や子ども等の家族介護が約 6 割と中心を占めている。しかし今後，核家族化の進展に伴い，平均世帯人員が減ることが予想されている。一人暮らしの高齢者の数は，さらに増えるであろう。そのため，家族介護以外の受け皿を整備するなど，社会全体で高齢者の生活を支えていくような社会システムの整備が望まれている。

そこで，生産年齢人口の不足を補うために，一方ではこれまで限定的であった移民の受入れに対しその門戸を広げようとする移民政策の転換，他方では能力がありながらも働く機会を逃している女性が多く存在することから女

性の就労促進がはかられようとしている。このことは，高齢社会が進む中で女性の位置づけが変わることを意味している。この位置づけの変化は，果たして男女平等に対応するものとしてはかられるのであろうか。しかも，少子高齢社会の是正には，やはり「女性に子供を産んでもらいたい」という願望がある。女性の社会進出と出産奨励は両立するとされているが，果たして日本では両立する政策をとれるのであろうか[6]。

現実には，憲法に男女平等に関する規定がありながら，なかなか男女平等が実現していない現状がある。現状を分析しつつ，男女平等の展望を探ってみたい。なお，本論文におけるグローバリゼーションという言葉の意味は，国際化という程度の意味で用いることをお断りしておく。

2．男女平等に関する法律の進展

(1) 憲法規定の限定的解釈

日本国憲法は，14条1項に「法の下の平等」を掲げ，その中には「性別による差別の禁止」も明示されている。またその前提として，13条は「個人の尊重」を明示している。それらを受け，24条2項に「家族生活における個人の尊厳と両性の平等」を法律制定の指針として明示している。さらに，26条1項には「ひとしく教育を受ける権利」，15条3項には「成年者による普通選挙」，44条には「両議院の議員及びその選挙人の資格に関する性別による差別の禁止」を明らかにしている。これらから，一切の選挙における選挙権及び被選挙権の平等，教育における機会均等，公務員の任用試験の際の受験資格や待遇等の平等，男女同一賃金などが確立された[7]。

しかし，労働基準法における女子保護規定や民法におけるいくつかの男女の異なる取扱い（例えば731条の婚姻適齢年齢男満18歳・女満16歳の規定

や733条の女性のみに対する6箇月の再婚禁止期間の規定）などは認められていた。これらが男女平等という観点から妥当な規定であるかが問われていたが，前者に関しては，女性差別撤廃条約の批准に伴って一部見直され，さらに1997年，男女雇用機会均等法制定の10年後の改正に伴い，女性の時間外労働・休日労働，深夜業の規制は撤廃された。後者に関しては，女性に対する6箇月の再婚禁止期間は長すぎるとする最高裁の判決が2015年12月に下され100日に短縮されている（最大平27・12・16民集69巻8号2427頁）。

　平等については，人間がそれぞれ異なる状況にあることを認めて，等しいものを等しく，異なるものをその異なる程度に応じて異なって取扱うことは否定されるものではない，とされている。これを「合理的差別」という形で認めている[8]。男女平等については，この合理的差別の容認が差別を助長する大きな原因となった。というのも，男女の違いがどこにあるのか，その違いを広く認めれば，差別的取扱いを広く認めることにつながるからである。男女が体力的にも生理的にも違うとして長い間労働法上の女性の保護が考えられてきたが，このことは結果的に女性の社会進出を妨げることとなった。

　もう1つの解釈上の問題点は，日本には，憲法上の人権規定は国家が人権を保障すべきことをいっており，企業と個人の間，個人と個人の間には，そのまま直接に適用されるものではないとする考え方，すなわち，憲法上の人権規定の私人間への直接適用の否定，が強くあったことである。企業と個人の間には契約の自由がある，また，個人と個人の間には様々な個別的状況がある，と考えられた[9]。それ故，平等原則も女性の就労する権利もなかなか浸透していかなかった。家庭の中において「夫婦が同等の権利を有する」ことを定める憲法24条1項も長い間単なる建前，訓示的規定だと考えられてきた[10]。さらに，憲法上の人権規定の私人間への適用を否定する考え方の根底には，「憲法上の人権」，「実定法上の人権」，「国際法上の人権」をそれぞれ別のものととらえる考え方も存在していた[11]。しかしこうした考え方は，憲法

裁判が発達した今日，とりいれがたい。欧州では欧州人権裁判所の判決の国内法への波及もみられるが，こうしたことに対しても説明がつかない。

これらのことが，男女平等を広く浸透させていくことに妨げとなっていたが，こうした憲法の解釈の難点を乗り越える契機となったのが，女性差別撤廃条約への日本の署名・批准であった。

(2) 女性差別撤廃条約の影響

日本において，男女平等をめぐる法整備にむしろ大きな影響を及ぼしたのは，憲法というよりも女性差別撤廃条約であった。憲法の 14 条，24 条の男女平等の解釈に関して限定的解釈が長い間通説的であったことに対し，女性差別撤廃条約は，男女平等の解釈について克服すべき事柄を明示していたからである。女性差別撤廃条約は，1979 年 12 月国連総会において採択され，日本は 1980 年 7 月に署名し，1985 年 6 月に批准している。この条約の意義は，次のようにまとめられる。

① 平等の観念については，妊娠・出産以外の差異を男女間に認めないとし，子どもの養育についても男女双方が負うべきものとしている。さらに社会及び家庭における伝統的な役割分担の廃止が男女平等の達成に不可欠であると認識している。

② 条約の対象としては，差別的な法律のみならず，偏見及び慣習その他あらゆる慣行の撤廃をめざすものである。

③ 条約の実効性については，批准国が，それぞれ条約の適用をはかり，国内法規等の整備をすることが義務づけられている。また，具体的にどのような措置を本条約のためにとったのか，その措置によりもたらされた進歩に関する報告を定期的に提出することが義務づけられている。

④ 事実上の男女平等を促進するための特別措置（アファーマティブ・アクション，ポジティブ・アクションともいう）をとることを認めている。

これらのことから，女性差別撤廃条約において，男女の違いが極めて限定されており，したがって，憲法規定の解釈の際には認められていた「合理的差別」を認める余地が狭いこと，さらには，法上の平等のみならず，慣行上の差別の存在も問題であるとして，事実上の平等の確立をめざしていること，また，この条約は私的関係においても直接男女平等が適用されることも明らかにしていることなどから，これまで女性を男性とは異なる存在であるとして，さまざまな差別を容認してきた点があらためて問われることとなった[12]。

この女性差別撤廃条約の批准に伴い，日本では国内法の整備がなされた。国籍法が父系優先血統主義から父母両系血統主義へと改正され，男女雇用機会均等法，育児休業法が制定された。さらに教育課程改定により家庭科が男女共修となった。

(3) 北京宣言及び行動綱領の影響

1995年第4回世界女性会議が北京で開催され，「北京宣言及び行動綱領」が採択された[13]。これは，前回の1985年の世界女性会議で採択された「ナイロビ将来戦略」による実施の遅れをふまえ，世界中の女性の地位向上とエンパワーメントの促進をはかり，各国政府の行動綱領実施の責任を明示し，あらゆる政策及び計画にジェンダーの視点が反映されることについて保障するよう要請するものであった。ちなみに「ナイロビ将来戦略」とは，「国連婦人の10年」（1976-1985）の最終年にまとめられたもので，あらゆる角度から女性問題を分析し，女性の地位向上のための障害を克服する国内措置を示唆するものであった[14]。

「北京宣言及び行動綱領」は，女性の権利が普遍性を有する権利であることを確認し，特に女性の権利が，「強制，差別，暴力のない性と生殖に関する健康を含む自らのセクシュアリティーを管理し，決定する権利を含む」ことを明らかにした。また，男女平等が女性の経済的自立を基礎とすることも確認

している。

　そこで，日本政府はこの「北京宣言及び行動綱領」にそって「男女共同参画2000年プラン」[15]を決定した。さらに，1997年7月，総理府（当時）はこの「プラン」に基づき『男女共同参画白書』を発表し，この中ではじめて女性の人権として，暴力，性犯罪，売買春，セク・ハラなどを扱った。同時に1997年『国民生活白書』は，高齢少子社会の到来もにらんで，女性が働き続けることが社会に貢献することを示した。

　1999年，男女共同参画社会基本法が成立し，男女平等推進のための積極的改善措置，すなわち女性差別撤廃条約におけるアファーマティブ・アクションに相当する措置も認められた。同じく1999年には児童買春及び児童ポルノ処罰法，2000年にはストーカー規制法も施行された。さらに，2001年には配偶者暴力防止法（いわゆるDV防止法）も成立している。これらの法律の制定は，北京宣言及び行動綱領が「女性の権利は人権である」として，特にセクシュアリティーの自立に重点をおいていることに関わるものである。

　2007年には，「仕事と生活の調和（ワーク・ライフ・バランス）推進憲章」及び「仕事と生活の調和のための行動指針」も決定された。これは，これまで専ら女性政策として男女平等の推進がはかられてきたことに対し，男性のあり方も問い，男性の家事・育児・介護への参加の推進をはかるものである[16]。日本では，男性の家事・育児への参加時間は，1日に平均1時間7分，そのうち育児時間は39分，他方で妻は7時間41分となっている（2011年）。スウェーデン3時間21分，ドイツ3時間，フランス2時間30分などと比べると極端に少ないことがわかる。また，男性の育児休暇取得率は，民間2.3%，国家公務員3.1%，地方公務員1.5%で上昇傾向にあるとはいわれるが，まだまだ少ない[17]。男性も女性とともに家事・育児・介護など家庭責任を果たすというためには企業の意識改革や協力が不可欠である。同様の考え方に基づいて長時間労働の是正や有給休暇の取得率アップも問題となっているが，国

際社会からみた日本のプレゼンスが課題となっている[18]。

3．男女平等に関する判例の進展

(1) 労働法上の男女平等についての判例

　男女平等に関する判例について，初期の頃は憲法14条1項の法の下の平等もしくは性別による差別の禁止を直截に引くものはない。これは，憲法規定の私人間効力の直接効力を否定する考え方に依拠していたからである。さらに，女性がまず克服しなければならなかったのは，女性が男性と等しく働きつづけることができる権利，基本的人権としての労働権の確立に対する障害であった[19]。

　1966年，住友セメント事件において東京地裁は，女性は結婚したら会社をやめなければならないとする結婚退職制を定めた会社の内規は，性別を理由とする差別であり，かつ，結婚の自由を制限するものであって，公の秩序に違反し，その効力を否定されるべきであると判示した（東京地判昭41・12・20労民集17巻6号407頁）。この判決において東京地裁は，「その理由が，自己の才能をいかし社会人として経験を積み，社会に貢献するにあると，生活費を得るにあると問わず，その労働を継続しようとする意思は尊重されるべきである」とした。

　さらに，協約の定めにしたがい結婚退職したが，雇用延長が認められたものの第一子出産により雇用契約更新を拒否された女性に関する三井造船事件において大阪地裁は，「性別による差別待遇が退職を招来する場合には，労働者にとって生存権，労働権を奪う結果になる」ことを指摘し，「著しく不合理な性別による差別待遇とすることは人間の尊厳を否定する」とした。（大阪地判昭46・12・20労民集22巻6号1163頁）。ここにおいても結婚退職制は，

男女の性別による差別待遇であり、結婚の自由を制約するので、公序良俗に違反し無効としている。

1973年、朝霞和光幼稚園事件において、浦和地裁は幼稚園の教諭を妊娠、出産を理由として解雇した件につき、合理的理由なく解雇したもので解雇権の濫用を認め無効としている（浦和地判昭48・3・31労判177号45頁）。

同じく1973年、日産自動車事件（本案訴訟）において、東京地裁は、男性55歳、女性50歳を定年とする定年年齢における男女差を定める就業規則に関し、定年年齢について「5年の差を設けることを合理的ならしめる程、男女間の労働能力に差があるものとは認められない」、合理的理由のない差別であり、民法90条に違反し無効である、とした（東京地判昭48・3・23労民集30巻2号345頁）。東京高裁でも同様に、合理性は認められず社会的妥当性を著しく欠く、と判断された（東京高判昭54・3・12労民集30巻2号283頁）。最高裁は、「……就業規則中女子の定年年齢を男子より低く定めた部分は、専ら女子であることのみを理由として差別したことに帰着するものであり、性別のみによる不合理な差別を定めたものとして民法90条の規定により無効であると解するのが相当である」と判示し、労働者側の勝訴が確定した（最判昭56・3・24民集35巻2号300頁）[20]。

1986年4月に男女雇用機会均等法（以下、均等法ともいう）が施行され、性別による差別の禁止の範囲を拡大する改正も行われた。しかし、その改正は例えば、フランスにおけるような徹底したものとしては行われず、企業の努力義務に委ねるところも多かった。フランスでは、1983年に男女職業平等法を成立させているが、性別による職業上の差別を禁止し、違反者には刑罰を科している。さらに、性別を理由として例外的に差別をしてもよい場合が極めて限定されている[21]。

日本の場合、特に問題であったのは、男女それぞれのコース別採用が認められていたことである。こうした男女別コース採用は、昇格・昇進の別を生

じ，将来にわたって男女の賃金格差を生むことになる。この問題についての訴訟も多くみられる。なお，厚生労働省は 2000 年 6 月の通達で「総合職」は男性のみ，「中間職」や「一般職」は女性のみといった制度運営が，均等法違反にとなることを明らかにしている[22]。また，2000 年代に入ると漸く裁判所も憲法 14 条の平等原則も根拠にして判断を下すようになってくるが，そこには限界もみられる。

2000 年，住友電工事件において，男子事務職は全社採用，女子事務職は事業所採用という採用区分で採用された結果，賃金格差が生じたことにつき，大阪地裁は，次のように述べて原告の請求を退けた。高卒男子事務職はすべて全社採用で幹部候補要員，高卒女子事務職はすべて事業所採用で定型的補助的一般事務として採用され，男女間には著しい格差があると認定できる。このような男女別採用と男女別労務管理は，性別による差別を禁じた憲法 14 条の趣旨に反するが，昭和 40 年代頃はまだ性別役割分担意識が強く，女性は結婚，出産までに退職する傾向があったから，当時は公序良俗違反とはいえず，その後の是正義務もない（大阪地判平 12・7・31 労判 792 号 48 頁）。この判決は憲法 14 条を引いてはいるが，結局のところ，憲法 14 条が私人間においては直接に適用されないことを前提に，平等原則が企業の採用の自由と調和をはかる範囲で適用されるにとどまることを示している[23]。

しかしながら，大阪高裁は裁判長の和解勧告において次のように述べ和解を成立させた。女性差別撤廃条約の批准などによる成果はすべて女性が享受する権利を有するとし，住友電工は原告 2 名を昇格させ和解金を支払うこと，国は雇用管理区分が異なる場合も実質的に性別による雇用管理となっていないか十分注意を払い，調停の積極的かつ適正な運用に努めること，とした（大阪高裁平 15・12・24 和解成立）。

ここでは，女性差別撤廃条約の批准の成果という国際条約の影響を根拠としてあげている点が注目される。

2003年，兼松事件において，東京地裁は次のように述べて労働者側の請求をすべて退けた。1985年1月に男女別賃金表を「一般職賃金表」と「事務職賃金表」の職掌別賃金制度に変更し，一律に男性は「一般職」，女性は「事務職」に編入した。これにより，著しい男女の賃金格差が生じているのは，入社当時から男女をコース別に採用・処遇していたもので，性による差別を禁止した憲法14条の趣旨に反し，その差別が不合理なものであって公序に反する場合は民法90条により違法無効となる。しかし，企業には労働者の採用について広範な採用の自由があるから，原告らの入社当時直ちに不合理であるといえず，公序に反するものとまでいえない。改正均等法後は，事務職から一般職への新転換制度を導入し，これは合理的な制度であるから公序に反しない（東京地判平15・11・5労判867号19号）。

　しかし，東京高裁は，次のように判断した。男性従業員に適用される賃金体系と女性従業員に適用される賃金体系は異なっており，両者の間には相当な格差がある。1985年1月以前においては，男女のコース別採用・処遇は公序良俗に反するものとまではいえない。職掌別人事制度新設以降においては，給料体系は男女別コースの体系が基本的に維持されている。職務内容に照らして，男性社員の賃金との間に大きな格差があったことに合理的理由は認められず，性の違いによって生じたものと推認される。私法秩序に反する違法な行為である（東京高判平20・1・31労判959号83頁）[24]。その後の最高裁は上告を棄却したので，高裁判決が確定した（最判平21・10・20未登載）。

　当然，労働者側勝訴の判決ばかりではなく，数多くの敗訴判決もある。例えば，ケンウッド事件においては，出産後遠方の事業所へ転属させられた女性の請求に対し，東京地裁は請求を退けた。子どもを保育所に預けて働いている女性の異動について，事業所への長距離通勤により幼児の保育に支障が生ずることは認めるが，保育を第三者に依頼することも可能であり，また転居により異動命令に協力すべきであったので，異動命令は有効である，とし

た（東京地判平 5・9・28 労判 635 号 11 頁）。

　この場合，東京高裁も最高裁も，東京地裁の判断を肯定している（東京高裁平 7・9・28，最判平 12・1・28 労判 774 号 7 頁）。男女雇用機会均等法 28 条（改正前）の育児に関する便宜供与の配慮義務を一応容認はするもののこのような結論にいたっている。2001 年の育児・介護休業法の改正によって子の養育または家族の介護状況に関する使用者の配慮義務が導入され，ワーク・ライフ・バランスの配慮義務も漸く認識されるようになった。

　パートタイマーで働く女性は多く，パートタイマーや非常勤職員をめぐる争いもある。東芝柳町工場事件において，最高裁は概略次のように述べた。本件労働契約は，期間満了毎に当然更新を重ねてあたかも期間の定めのない契約と異ならない状態で存在していたので，経済事情の変動等特段の事情がない限り雇止めをすることは信義則上からも許されない（最判昭 49・7・22 民集 28 巻 5 号 927 頁）。

　しかしながら，非常勤公務員の場合には，雇止めを有効とする判決を下している。いわゆる国立情報学研究所事件では，東京地裁が権限濫用の法理または信義則の法理は，公法上の法律関係にも適用され，本件の任用更新拒絶は著しく正義に違反する，とした（東京地判平 18・3・24 労判 915 号 76 頁）。これに対し，東京高裁は，国家公務員の任用は公法上の行為で，司法の労働契約と同質のものではなく権利濫用の法理の類推適用を許容する余地はないとして，原判決を取り消した（東京高判平 18・12・13 労判 931 号 38 頁）。最高裁も東京高裁の判断を肯定している（最判平 20・5・26 未登載）。

　こうした判断の背景には，そもそも公務員の労働基本権に対する制限的な解釈がある。すなわち，現業・非現業を問わず公務員の勤務条件は憲法上議会制民主主義に基づき，法律・予算の形で決定すべきものであり，団体交渉権も争議権も保障されない，とする考え方である。このような状況に対しては ILO の委員会において日本の法制度や慣行が 87 号・98 号条約の規定に違

反していることが指摘されている[25]。

　また，労働法上の問題ではないが，次のような判例があることも確認しておく。11歳の女子の交通事故による死亡に基づく損害賠償において，その逸失利益算定の基礎収入として男女を合わせた全労働者の全年齢平均賃金を用いるべきか，女子全労働者の全年齢平均賃金を用いるべきか，について，第1審東京地裁は，男女雇用機会均等法により広い職業領域で女性労働者の進出の確保がはかられ，これを支援する形で，女性をめぐる法制度，社会環境が変化しつつあり，その結果，従来の就労形態に変化が生じていることを認めて，全労働者の平均賃金を採用することがより合理性を有すると判示した（東京地判平13・3・8判時1739号21頁）。

　第2審東京高裁もその判断を次のように述べて支持した。「性別は個々の年少者の備える多くの属性のうちの一つであるにすぎないのであって，性別以外にも，例えば，知能その他の能力の差，親の経済的能力の差その他諸々の属性が現実社会においては将来の所得格差をもたらし得るのである。にもかかわらず，他の属性をすべて無視して，統計的数値の得られやすい性別という属性のみを採り上げることは，収入という点での年少者の将来の可能性を予測する方法として合理的であるとは到底考えられず，性別による合理的な理由のない差別であるというほかない。年少者の逸失利益を算定するのに，性別以外の属性は無視せざるを得ないというのであれば，性別という属性も無視すべき筋合いであると考えられるのである」（東京高判平13・8・20判時1757号38頁）。

　最高裁は年少者の逸失利益算定にあたっては，対象者の性別に応じ，賃金センサスによる男女の平均賃金をその基礎収入とするのが従来の一般的な実務の運用であり，不合理とはいえない，と判示した（最判昭61・11・4判時1216号74頁）。しかし，逸失利益の額に男女差が生じることは，男女平等の理念に相容れないことは明らかである[26]。

(2) 民法上の男女平等についての判例

民法上の男女の異なる取扱いについては、既に 1996 年 2 月 16 日、法制審議会が是正するよう答申している。すなわち、婚姻適齢に関しては、男女ともに 18 歳とすること、女性の再婚禁止期間に関しては、女性は前婚の解消または取消しの日から起算して 100 日を経過した後でなければ再婚することはできないとすること、夫婦の氏に関しては、夫婦は婚姻の際に夫もしくは妻の氏を称しまたは各自の婚姻前の氏を称すること（すなわち選択的夫婦別姓の導入）など、を提案していた。こうした民法改正の提案は、しかしながらその後国会に提出されていない。

1）民法 762 条に関する判例

民法 762 条は、1 項で夫婦別産制、2 項で帰属不分明財産の共有推定を定める。夫が所得税の確定申告にあたって、夫名義で取得した総所得のうち、給与所得と事業所得は妻が家庭にあってなした家事労働等の協力により得られた所得であるから、夫婦で等分して帰属すべきものと考え、そのように申告したところ、所轄税務署は夫に対し是正処分及び過少申告加算税を決定した。これに対し夫は、その取得した財産について妻に何らの権利も認めず、すべて夫の財産として夫一人が独占することを許容することは妻の尊厳を害し両性の本質的平等を侵すとして、民法 762 条及び根拠となる所得税法の規定を憲法 24 条と 30 条（納税の義務、租税法律主義）に違反するとして、争った。

最高裁は、憲法 24 条の法意は、個々具体的な法律関係において常に必ず同一の権利を有すべきものであるというまでの要請を包含するものではない、民法 762 条 1 項の規定は、憲法 24 条の法意に照らし、違反するものとはいえない、と判示した（最大判昭 36・9・6 民集 15 巻 8 号 2047 号）。762 条 1 項の夫婦別産制は、夫婦の対等を基本として家父長的財産関係法理を打ち破る意義をもち、当時は当該民法の条文が妻の家事担当による協力（内助の功）を反映できない、とする批判があった[27]。

2) 民法733条に関する判例

民法733条は，女性のみに適用される再婚禁止期間として前婚解消後6箇月を規定していた。1989年，これを理由に婚姻の届出が受理されず，再婚禁止期間後に婚姻した夫婦が，民法733条が憲法及び国際法に違反するとして国家賠償法に基づく慰謝料等を請求した。

第1審広島地裁は次のように判示した。憲法14条，24条等の規定は，婚姻の要件について合理的な理由に基づいて男女間で取扱いを異にすることまで禁止するものではないので，民法733条が憲法等の一義的な文言に違反しているというためには女性に対して6箇月の再婚禁止期間を定めることに「一見極めて明白に合理性がない」と判断できるようでなければならないが，民法733条は専ら父子関係を確定する困難を避けることを立法趣旨とし，女性のみが懐胎するという男女の生理的な違いを理由として女性に対して6箇月の再婚禁止期間を定めるもので，一見極めて明白に合理性がないとはいえない（広島地判平3・1・28判時1375号30頁）。第2審広島高裁も控訴を棄却した（広島高判平3・11・28判時1406号3頁）。

1995年，最高裁は次のように述べて上告を棄却した[28]。「国会ないし国会議員の立法行為（立法の不作為を含む。）は，立法の内容が憲法の一義的な文言に違反しているにもかかわらず国会があえて当該立法を行うというように，容易に想定し難いような例外的な場合でない限り，国家賠償法1条1項の適用上，違法の評価を受けるものでない」，「合理的な根拠に基づいて各人の法的取扱いに区別を設けることは憲法14条1項に違反するものではなく，民法733条の元来の立法趣旨が，父性の推定の重複を回避し，父子関係をめぐる紛争の発生を未然に防ぐことにあると解される以上，国会が民法733条を改廃しないことが直ちに前示の例外的な場合にあたると解する余地のないことが明らかである」，「原告らの被った不利益が特別の犠牲に当たらないこと，当裁判所の判例の趣旨に照らして明らかである」（最判平7・12・5集民177

号243頁）。

　2008年，再婚禁止期間がすぎるのをまって婚姻した者が，民法733条の再婚禁止期間のために婚姻が遅れたのは，国会議員が憲法14条1項及び24条2項に反する民法733条1項の改廃をしなかった立法行為の不作為があったためで，このことは国家賠償法1条1項の「違法」に相当することから損害賠償を求めた。

　2015年12月16日，最高裁は請求を棄却したが，100日をこえる部分を違憲とした（最大判平27・12・16民集69巻9号2427頁）。

　まず，民法733条1項の憲法適合性については次のようにいう。「婚姻及び家族に関する事項は，国の伝統や国民感情を含めた社会状況における種々の要因を踏まえつつ，それぞれの時代における夫婦や親子関係について全体の規律を見据えた総合的な判断を行うことによって定められるべきものである。したがって，その内容の詳細については，憲法が一義的に定めるものではなく，法律によってこれを具体化することがふさわしいものと考えられる。憲法24条2項は，このような観点から，婚姻及び家族に関する事項について，具体的な制度の構築を第一次的には国会の合理的な立法裁量に委ねるとともに，その立法に当たっては，個人の尊厳と両性の本質的平等に立脚すべきであるとする要請，指針を示すことによって，その裁量の限界を画した」，「立法の経緯及び嫡出親子関係等に関する民法の規定中における本件規定の位置付けからすると，本件規定の立法目的は，女性の再婚後に生まれた子につき父性の推定の重複を回避し，もって父子関係をめぐる紛争の発生を未然に防ぐことにあると解するのが相当」であり，立法目的には合理性を認めることができる。

　他方で，DNA検査技術の進歩により親子関係を確定することもできるようになったが，「そのように父子関係の確定を科学的な判定に委ねることとする場合には，父性の重複する期間内に生まれた子は，一定の裁判手続等を経る

まで法律上の父が未定の子として取り扱わざるを得ず，その手続きを経なければ法律上の父を確定できない状態に置かれることになる。生まれてくる子にとって，法律上の父を確定できない状態が一定期間継続することにより種々の影響が生じ得ることを考慮すれば，子の利益の観点から……父性の推定が重複することを回避するための制度を維持することに合理性が認められる」。このようにまず再婚禁止期間の設定を肯定している。しかし設定のあり方については次のように述べる。

「民法772条2項は，『婚姻の成立の日から200日を経過した後又は婚姻の解消若しくは取消しの日から300日以内に生まれた子は，婚姻中に懐胎したものと推定する』と規定して，出産の時期から逆算して懐胎の時期を推定し，その結果婚姻中に懐胎したものと推定される子について，同条1項が『妻が婚姻中に懐胎したものと推定される子は，夫の子と推定する』と規定している。そうすると，女性の再婚後に生まれる子については，計算上100日の再婚禁止期間を設けることによって，父性の推定の重複が回避されることになる」，「父性の推定の重複を避けるため上記の100日について一律に女性の再婚を制約することは，婚姻及び家族に関する事項について国会に認められる合理的な立法裁量の範囲を超えるものではなく，上記立法目的との関連において合理性を有するものということができる。よって，本件規定のうち100日の再婚禁止期間を設ける部分は，憲法14条1項にも，憲法24条2項にも違反するものではない。これに対し，本件規定のうち100日超過部分については，民法772条の定める父性の推定の重複を回避するために必要な期間ということはできない」。

続けて，民法制定当時に再婚禁止期間を6箇月に定めたことが不合理であ

ったかについては不合理であったとはいい難いとする。その後医療や科学技術が発達した今日においては，再婚禁止期間に一定の幅を設けることを正当化することは困難になった，婚姻及び家族の実態も変化し，再婚の制約をできるかぎり少なくするという要請が高まっている，ドイツやフランスでも再婚禁止期間の制度を廃止した，と指摘する。したがって，「本件規定のうち100日超過部分が憲法24条2項にいう両性の本質的平等に立脚したものでなくなっていたことも明らかであり，上記当時において，同部分は，憲法14条1項に違反するとともに，憲法24条2項にも違反するに至っていたというべきである」。

立法不作為の国家賠償法上の違法性については次のように述べる。「国家賠償法1条1項は，国又は公共団体の公権力の行使に当たる公務員が個々の国民に対して負担する職務上の法的義務に違反して当該国民に損害を加えたときに，国又は公共団体がこれを賠償する責任を負うことを規定するものであるところ，国会議員の立法行為又は立法不作為が同項の適用上違法となるかどうかは，国会議員の立法過程における行動が個々の国民に対して負う職務上の法的義務に違反したかどうかの問題であり，立法の内容の違憲性の問題とは区別されるべきものである。そして，上記行動についての評価は原則として国民の政治的判断に委ねられるべき事柄」である。

さらに次のように述べる。平成7年（1995年）の判決においても本件規定を違憲とは判示していないし，平成8年（1996年）の法制審議会の答申でも100日超過部分を違憲と判断していたわけでもない。

「（平成20年当時においては）本件規定のうち100日超過部分が憲法に違反するものとなってはいたものの，これを国家賠償法1条1項の適用の観点からみた場合には，憲法上保障され又は保護されている権利利益を合理的な理由なく制約するものとして憲法の規定に違反することが明

白であるにもかかわらず国会が正当な理由なく長期にわたって改廃等の立法措置を怠っていたと評価することはできない。したがって，本件立法不作為は，国家賠償法1条1項の適用上違法の評価を受けるものではない」。

この判決には，裁判官山浦善樹の反対意見がある。また，裁判官櫻井龍子，同千葉勝美，同大谷剛彦，同小貫芳信，同山本庸幸，同大谷直人の補足意見，裁判官千葉勝美，同木内道祥の各補足意見，裁判官鬼丸かおるの意見がある。

櫻井龍子以下6人の補足意見は100日の再婚禁止期間を設ける部分が憲法14条1項または24条2項に違反しないとする多数意見に賛成するが，100日以内部分の適用除外に関する法令解釈上の問題を指摘する。すなわち，父性の推定の重複を回避する必要がない場合に適用除外を認めるものである。

鬼丸かおる裁判官は，父性の推定の重複回避のために再婚禁止期間を設ける必要のある場合は極めて例外的であるのに，文理上は前婚の解消等をしたすべての女性に対して一律に再婚禁止期間を設けているように読める規定を残すことは疑問であるといい，本件規定はその全部が国会の立法裁量を逸脱するものとして，憲法14条1項及び24条2項の規定に違反し無効とする。

山浦善樹裁判官は，「女性についての6箇月の再婚禁止期間を定める本件規定の全部が憲法14条1項及び24条2項に違反し，上告人が前夫と離婚をした平成20年3月までの時点において本件規定を廃止する立法措置をとらなかった立法不作為は国家賠償法1条1項の適用上違法の評価を受けるべきものであるから，原判決を破棄して損害額の算定のため本件を原審に差し戻すのが相当」と反対意見を述べている。

法務省は即日，離婚後100日経過した女性について婚姻届を受理するよう全国の自治体に通知を出した。また，2016年6月1日民法の733条の改正が成立したが，それは次のような内容を含むものである。①女性に係る再婚禁

止期間を前婚の解消又は取消しの日から起算して 100 日とする。②女性が前婚の解消又は取消しの時に懐胎（妊娠）していなかった場合又は女性が前婚の解消若しくは取消しの後に出産した場合には再婚禁止期間の規定を適用しないこととする。

　結局は，最高裁判決の多数意見ではなく，櫻井龍子裁判官以下 6 人の補足意見の考え方をふまえたものがとりあげられている。また，多数意見のアプローチの仕方が粗い，あるいは 100 日以内でも違憲の可能性があるという指摘もある[29]。DNA 検査技術の発達がみられる今日，必要のない制約を女性にのみに課す本規定は違憲といわざるをえない。鬼丸かおる裁判官の見解を正当と考えるが，国家賠償については，のちに述べる民法 750 条に関する判決と同様に，1996 年に法制審議会が是正を提案する答申を示していることから，当然に国家賠償は成立すると考えられる。

　ところで，この訴訟の第 1 審岡山地裁の判決は請求を棄却するものであるが，これによれば「我が国の内外における社会的環境の変化等」というタイトルの下で，1996 年の法制審議会の答申を紹介するとともに，再婚禁止期間に関する女性に対する差別についての自由権規約委員会の懸念の表明と廃止の勧告，同様に女子差別撤廃委員会の懸念の表明と廃止の勧告も紹介している。しかし，岡山地裁は合理的根拠に基づいて各人の法的取扱いに区別を設けることは，憲法 14 条 1 項及び 24 条 2 項に違反するものではない，我が国の内外における社会的環境の変化等を考慮したとしても直ちに異なることはない，と結論づけた（岡山地判平 24・10・18 訟務月報 59 巻 10 号 2707 頁）。

　3）民法 750 条に関する判例

　日本人同士の男女が婚姻届を出した場合には，夫と妻のいずれの氏を称するのかを選び，その氏を称する夫または妻を筆頭者として新たに戸籍を編成することになっている。離婚した場合は，婚姻によって氏を改めた夫または妻は，婚姻前の氏に復し，原則として婚姻前の戸籍に復籍する。但し，離婚

後も結婚時の氏をそのまま名乗りたいときは，離婚の日から3箇月以内に戸籍法上の「離婚のときに称していた氏を称する旨の届」をすれば，結婚していた時の氏を名乗ることができる。これを婚氏続称制度という。

　日本人と外国人の男女が婚姻届を出した場合には，外国人には戸籍がないことから，戸籍実務では夫婦の氏が異なるのが原則であるが，戸籍法上の届出により日本人が外国人の氏に変更することや，さらに離婚等の際に元の氏に変更することができる[30]。

　夫婦同氏原則を定める民法750条は「夫婦は……夫又は妻の氏を称する」としており，文言上は差別を構成するものではない。しかし，夫婦同氏を強制している上に現実に婚姻した女性の96％が夫の姓を名乗っており，女性差別撤廃条約が払拭を示唆している慣習としての差別が存在すると考えられる。

　2015年12月16日最高裁は，夫婦同氏原則を定める民法750条に関して次のように判断を下した（最判平27・12・16民集69号8号2586頁）。この訴訟は，民法750条が憲法13条，14条1項，24条1項及び2項等に違反すると主張し，本件規定を改廃する立法措置をとらない立法不作為の違法を理由に国家賠償法1条1項に基づく損害賠償を求めるものであった[31]。

　最高裁は，まず「氏の変更を強制されない自由」が憲法13条から導き出せるかについて次のように述べる。

　　「氏名は，社会的にみれば，個人を他人から識別し特定する機能を有するものであるが，同時に，その個人からみれば，人が個人として尊重される基礎であり，その個人の人格の象徴であって，人格権の一内容を構成するものというべきである。」「しかし，氏は，婚姻及び家族に関する法制度の一部として法律がその具体的な内容を規律しているものであるから，氏に関する上記人格権の内容も，憲法上一義的に捉えられるべきものではなく，憲法の趣旨を踏まえつつ定められる法制度をまって初め

て具体的に捉えられるものである。」「民法における氏に関する規定は……氏の性質に関し，氏に，名と同様に個人の呼称としての意義があるものの，名とは切り離された存在として，夫婦及びその間の未婚の子や養親子が同一の氏を称することにより，社会の構成要素である家族の呼称としての意義があるとの理解を示しているものといえる。そして，家族は社会の自然かつ基礎的な集団単位であるから，このように個人の呼称の一部である氏をその個人の属する集団を想起させるものとして一つに定めることにも合理性があるといえる。」「本件で問題となっているのは，婚姻という身分関係の変動を自らの意思で選択することに伴って夫婦の一方が氏を改めるという場面であって，自らの意思に関わりなく氏を改めることが強制されるというものではない。」

続けて次のようにいう。婚姻の際に「氏の変更を強制されない自由」が憲法上の権利として保持される人格権の内容であるとはいえず，憲法13条に違反するものではない。もっとも氏が，人が個人として尊重される基礎であり，その個人の人格を一体として示すものでもあることから，氏を改める者にとって不利益が生じたりすることがあることは否定できず，氏を含めた婚姻及び家族に関する法制度のあり方を検討するにあたって考慮すべき人格的利益とはいえる，とする。

本件規定が憲法14条1項に違反するかについては，次のように述べる。

「憲法14条1項は，法の下の平等を定めており，この規定が事柄の性質に応じた合理的な根拠に基づくものでない限り，法的な差別的取扱いを禁止する趣旨のものである」，「本件規定は，夫婦が夫又は妻の氏を称すものとしており，夫婦がいずれの氏を称するかを，夫婦となろうとする者の間の協議に委ねているのであって，その文言上性別に基づく法的

な差別的取扱いを定めているわけではなく，本件規定の定める夫婦同氏制それ自体に男女間の形式的な不平等が存在するわけではない。我が国において，夫婦となろうとする者の間の個々の協議の結果として夫の氏を選択する夫婦が圧倒的多数を占めることが認められるとしても，それが，本件規定の在り方自体から生じた結果であるということはできない。したがって，本件規定は，憲法14条1項に違反するものではない。」

また次のことも付け加えている。

「もっとも，氏の選択に関し，これまでは夫の氏を選択する夫婦が圧倒的多数を占めている状況にあることに鑑みると，この現状が，夫婦となろうとする者双方の真に自由な選択の結果によるものかについては留意が求められるところであり，仮に，社会に存する差別的な意識や慣習による影響があるのであれば，その影響を排除して夫婦間に実質的な平等が保たれるように図ることは，憲法14条1項の趣旨に沿うものであるといえる。」

さらに本件規定が憲法24条に違反するかについては次のように述べる。

憲法24条1項は，「婚姻をするかどうか，いつ誰と婚姻をするかについては，当事者間の自由かつ平等な意思決定に委ねられるべきであるという趣旨を明らかにしたものと解される。本件規定は，婚姻の効力の一つとして夫婦が夫又は妻の氏を称することを定めたものであり，婚姻をすることについての直接の制約を定めたものではない。……ある法制度の内容により婚姻をすることが事実上制約されることになっていることについては，婚姻及び家族に関する法制度の内容を定めるに当たっての

国会の立法裁量の範囲を超えるものであるか否かの検討に当たって考慮すべき事項であると考えられる。」「憲法24条2項は，具体的な制度の構築を第一次的には国会の合理的な立法裁量に委ねるとともに，その立法に当たっては，同条1項も前提としつつ，個人の尊厳と両性の本質的平等に立脚すべきであるとする要請，指針を示すことによって，その裁量の限界を画したものといえる。」「憲法上の権利として保障される人格権を不当に侵害して憲法13条の違反する立法措置や不合理な差別を定めて憲法14条1項に違反する立法措置を講じてはならないことは当然であるとはいえ，憲法24条の要請，指針に応えて具体的にどのような立法措置を講ずるかの選択決定が……国会の多方面にわたる検討と判断に委ねられているものであることからすれば，婚姻及び家族に関する法制度を定めた法律の規定が憲法13条，14条1項に違反しない場合に，更に憲法24条にも適合するものとして是認されるか否かは，当該法制度の趣旨や同制度を採用することにより生ずる影響につき検討し，当該規定が個人の尊厳と両性の本質的平等の要請に照らして合理性を欠き，国会の立法裁量の範囲を超えるものとみざるを得ないような場合に当たるか否かという観点から判断すべきものとするのが相当である。」

そして結局は，「夫婦が同一の氏を称することは，上記の家族という一つの集団を構成する一員であることを，対外的に示し，識別する機能を有している。……また，家族を構成する個人が，同一の氏を称することにより家族という一つの集団を構成する一員であることを実感することに意義を見いだす考え方も理解できる」とし，本件規定の定める夫婦同氏制それ自体に男女間の形式的不平等が存在するわけでもない，妻となる女性が不利益を受ける場合が多い状況が生じているが，夫婦同氏制は，婚姻前の氏を通称として使用することまで許さないというものではなく，婚姻前の氏を通称として使用す

ることは社会的に広まっていて不利益の緩和につながっている，と述べる。こうしたことから本件規定は，憲法24条に違反するものではない，選択的夫婦別氏制については国会で論ぜられ判断されるべき事柄である，本件規定を改廃する立法措置をとらない立法不作為は違法の評価を受けるものではない，と判示した。

これには裁判官山浦善樹の反対意見，裁判官寺田逸郎の補足意見，裁判官櫻井龍子，同岡部喜代子，同鬼丸かおる，同木内道祥の各意見がついた。

櫻井龍子裁判官と鬼丸かおる裁判官が同調している岡部喜代子裁判官の意見は次のようなものである。本件規定は，1947年民法改正当時においては，合理性のある規定であったが，近年女性の社会進出が著しく，女性が婚姻前の氏から婚姻後の氏に変更することによって，同一人と認識されないおそれもあり，同一性識別のための婚姻前の氏の使用は，合理性と必要性が増している。また，女性差別撤廃条約に基づき設置された女性差別撤廃委員会からも2003年以降くりかえし，民法に夫婦の氏の選択に関する差別的な法規定が含まれていることについて懸念が表明され，その廃止が要請されている。夫の氏を称することは夫婦になろうとする者双方の協議によるものではあるが，96％もの多数が夫の氏を称することは，妻の意思に基づくものであるとしても，その意思決定の過程に現実の不平等と力関係が作用している。夫婦同氏に例外を設けないことは，個人の尊厳と両性の本質的平等に立脚した制度とはいえない。夫婦が称する氏を選択しなければならないことは，婚姻成立に不合理な要件を課したものとして婚姻の自由を制約する。家族形態も多様化している現在において，氏の家族を構成する一員であることを公示し識別する機能はそれほど重視することはできない。通称は便宜的なもので，公的文書には使用できない場合があるという欠陥がある上，通称名と戸籍名との同一性という新たな問題を惹起する。そして，「以上のとおりであるから，本件規定は，昭和22年の民法改正後，社会の変化とともにその合理性は徐々に揺

らぎ，少なくとも現時点においては，夫婦が別の氏を称することを認めないものである点において，個人の尊厳と両性の本質的平等の要請に照らして合理性を欠き，国会の立法裁量の範囲を超える状態に至っており，憲法24条に違反するものといわざるを得ない」とする。しかしながら，「本件規定は憲法24条に違反するものとなっているものの，これを国家賠償法1条1項の適用の観点からみた場合には，憲法上保障され又は保護されている権利利益を合理的な理由なく制約するものとして憲法の規定に違反することが明白であるにもかかわらず国会が正当な理由なく長期にわたって改廃等の立法措置を怠っていたと評価することはできない」と述べる。したがって，請求を棄却するという多数意見と結論は同じとなっている。

　木内道祥裁判官は，氏の変更による利益侵害をあげ，「民法750条の憲法適合性という点からは，婚姻における夫婦同氏制は憲法24条にいう個人の尊厳と両性の本質的平等に違反する」としている。また，「夫婦同氏に例外を許さないことの合理性」を問題としている。「法制化されない通称は，通称を許容するか否かが相手方の判断によるしかなく，氏を改めた者にとって，いちいち相手方の対応を確認する必要があり，個人の呼称の制度として大きな欠陥がある。他方，通称を法制化するとすれば，全く新たな性格の氏を誕生させることとなる」と指摘している。また本件立法不作為の国家賠償法上の違法性については，「本件規定は憲法24条に違反するものであるが，国家賠償法1条1項の違法性については，憲法上保障され又は保護されている権利利益を合理的な理由なく制約するものとして憲法の規定に違反することが明白であるにもかかわらず国会が正当な理由なく長期にわたって改廃等の立法措置を怠っていたと評価することはできず，違法性があるということはできない」としている。

　山浦善樹裁判官の反対意見は，「本件規定は，憲法24条に違反し，本件規定を改廃する立法措置をとらなかった立法不作為は国家賠償法1条1項の適

用上違法の評価を受けるべきものであるから，原判決を破棄して損害額の算定のため本件を差し戻すのが相当と考える」としている。

本件規定の憲法適合性については岡部喜代子裁判官に同調するとして，立法不作為の違法性については，既に1996年法制審議会の選択的夫婦別氏制という改正案を含む答申があること，多くの国において夫婦同氏の他に夫婦別氏が認められていること，女性差別撤廃委員会からの懸念の表明，廃止の要請があることを指摘し，これらから国家賠償請求を認容すべきである，と結論づけている。

多数意見の中で特に気になるのは，「同一の氏を課すことにより社会の構成要素である家族の呼称としての意義がある」としている点である。これはつまるところ，家族の一体性を重視する考え方である。しかし，24条はまさに家族の中でそれぞれが個人の尊厳をもつこと，すなわち個人が尊重されることを説いているのである。「個人を前提とする家族」のはずである。24条違反がどうかはまさにこの「個人」についての認識の違いにあらわれているといえる。また，正当な理由なく長期にわたって改廃等の立法措置を怠っていたかどうかが問題となるが，「正当な理由なく長期にわたって」の解釈を明確化しないかぎり立法権への抑制は及ばない。

労働法上の男女平等は，憲法上の人権規定の私人間への間接効力という限定はあっても法整備によって徐々に浸透していった。その背景には，社会の変化や経済的要因などもみられる。他方で，民法上の男女平等は，伝統的，固定的観念を打ち破ることが難しく，確立が困難だといえる。この分野では，司法権が立法権の抑制をするという形では働かず，「国の伝統や国民感情を含めた社会状況」に委ねようとする意識が強く現れ，結局は「国会で論ぜられ判断されるべき事柄」とされてしまう。しかし，こうした分野でこそ司法が先進性を示す必要があろう。また，比較法的見地や国際化という見地は，日本では司法権にも立法権にもあまり影響しないということもみてとれる。

4．男女平等の現状と課題

(1) 男女平等の現状

　1980年半ばまでは，多少なりとも裕福な家庭の女子は短大に進み「腰かけ」的に企業に勤め，結婚退職して専業主婦になるのが普通であった。「志の高い」女子は4年制の大学に進学したが4年制の大学を卒業しても一般企業に就職できることはまれで，弁護士などの資格をえるか，公務員や教師になるか，あるいは新聞社や出版社などの限られた職種につかざるをえなかった。結婚退職制や出産退職制が当然のように存在し，企業の側に女性を採用し，継続的に働かせる意識も仕組もなかったからである。それが変わったのは1985年に男女雇用機会均等法が成立してからである。

　しかし，今日においてもコース制が存在し，そのコース制は実際には男並みに働くことを要求する総合職とそうでない一般職に分かれているようにみえ，女子学生は総合職で勤めるのか，一般職で勤めるのか，迷い，悩む。最近は，エリア総合職というものも存在し，転勤のない定められた一定のエリアの中で総合職として勤めることも可能になったが，このエリア総合職といわゆる総合職で待遇や昇格，昇進にどのような違いがあるのか判然としない。また，結婚すれば妊娠・出産を機に仕事をやめるのは女性であるし，パートナーの転勤を機に仕事をやめるのは女性の方である。女性が家事・育児・介護を家庭で担う，担うべきだという構図は変わらない。問題は30年前と根本的には状況が変わっていないということである。

　女性をめぐる状況は，欧米諸国と比較すると相変わらず過酷である。日本の就業者数は，男性が3,622万人，女性2,754万人である（2015年）。生産年齢人口の女性の就業率は64.6％である。年齢別にみると25〜29歳の女性は81.2％働いているのに対し，30〜35歳の女性は70.8％と低くなっている。そ

の後緩やかに回復し50〜54歳の女性は76.4％が働いている[32]。すなわち，高校や大学を卒業して多くの女性が働くが，結婚や出産を機に仕事をやめる女性が多い。これは子育てに必要な十分な保育施設がないなど，女性が継続的に働くための社会的な支援が整っていないからである。近年，「保活」が困難で子どもを預けることができず働くことができないケース，また，市が新たに保育園を作ろうとしても近隣の住民に反対されて断念するケースが話題となった。

　女性が子育てのために退職し子育てが終わってからいざ職を見つけようとしても自らのキャリアをいかすような職は見つけられず，多くは非正規雇用のパートタイマーとして働くことになる。このような状況が，女性の年齢階級別労働力率において30歳代に落ち込みがみられる，いわゆる「M字カーブ」を描くことにつながっている。欧米ではこのような落ち込みはみられない[33]。

　近年非正規雇用は増え，非正規の職員・従業員数は1,980万人，雇用者全体に占める割合は37.5％で3人に1人となっている。働いている男性の21.9％が非正規雇用であるのに対し，働いている女性の56.3％が非正規雇用である[34]。女性の非正規雇用が多いのは，一度離職した女性を受け入れる企業が少ないからだけでなく，別の理由もある。それは，「103万円の壁」といわれるもので，妻の年収が103万円を超えない場合，妻自身に所得税が課税されない制度である。夫の年収に対しては配偶者控除が適用されるため，所得税の負担が世帯として軽減される。また，企業は収入のない配偶者に対して手当を支給しており，その配偶者手当を受けとることもできる。収入が100万円以内であれば，住民税も課税されない（但し，地方によって非課税枠は異なる）。妻の年収が130万円以下である場合（厚生年金の被保険者の被扶養配偶者で20歳以上60歳未満の者，いわゆる国民年金の第3号被保険者の場合），健康保険料の支払い負担もなく国民年金の保険料も負担しない。保険料の負担をしなくても，厚生年金の保険料を納付した被保険者全員と事業主の負担によって，基礎年金の支給を受けることができる。これに対し，自営業や農

業を営むあるいは無職である者（国民年金の第1号被保険者）でも，国民年金の保険料を納付しなければならない。

ちなみに，事業所で働いている夫（第2号被保険者）が失業すると，妻は第1号被保険者となり，支払い義務が生じる。このような女性自身の就労状況やその配偶者の就労状況によって，支払い義務に変動のある制度は，「本当の意味で女性に固有の年金権を保障したものではない」と指摘されている[35]。

さらに，無職であっても第1号被保険者として支払い義務のある者と比較すると，明らかに不平等で整合性のない制度といえる。この制度は，「夫は外で働き，妻がそうした夫を家庭で支える」という男女の役割分担に基づいた制度であり，妻が外で働くとしても家事・育児・介護などをこなしながら家計補助的にほんの少し働くべきだとするものである。この制度のために多くの結婚している女性は103万円の限度枠内で働くように雇用の時間などを調整してきた。

こうした税制度上の配偶者に対する優遇措置は，既に1990年ごろから批判されていた[36]。政府は，この問題について長い間目を向けずにいたが，漸く「ニッポン一億総活躍プラン」の中で見直すべき事項としてとりあげた。しかしながら，この根本的な見直しは行われずに早々と「103万円の壁」を150万円に引き上げることで決着した。また，保険に関わる「130万円」の方は据え置きとなっている。

女性が継続的に働きにくい理由に，長時間労働があげられる。OECDの1年間の平均労働時間でみると，日本は1,719時間で世界22位であるが，実際にはもっと働いているのではないかと指摘されている。労働時間は労働基準法32条で1週40時間，1日8時間の労働時間の上限規制（法定労働時間）を定めているが，まずこの「労働時間」の概念が明確でない。その上，三六協定の適法な締結・届出によって使用者が労働者に時間外労働をさせても，労働基準法違反とならない。さらに日本においてはサービス残業という慣行，

すなわち残業しているのに残業代が支払われないという慣行があり，労働時間規制は有効に働いているとはいえない状況がある。年間平均労働時間には，パートタイマーで働いている人も含まれているため，正規の労働者にとっては，実際よりも労働時間が少なく見積もられているといわれている。

ともあれ，こうした長時間労働が，とりわけ女性の就労の妨げになっているとして，この長時間労働をなくす取組も始まった。厚生労働省の「働き方改革推進プロジェクトチーム」において長時間労働削減がとりあげられている[37]。これも「ニッポン一億総活躍プラン」の中にとりこまれている。

長時間労働は，男性の側にとっても家庭における家事・育児・介護を担えないことにつながる。この点は既にふれたが，日本では，6歳未満の子どもをもつ夫の家事・育児関連に費やす時間は1日あたり67分と他の先進諸国と比較すると低水準にとどまっている[38]。

また，年次有給休暇の取得日数も問題となる[39]。日本では，企業が付与した年次有給休暇日数は労働者一人平均18.5日であるが，実際に労働者が取得したのは9日である。年次有給休暇世界ランキングでは，ブラジル，フランス，スペインが付与日数30日で100％消化されているが（2016年），日本は，消化率は28カ国中最下位となっている[40]。他方，育児休暇をとることは当然の権利であり，これを理由に不利益を課してはならないはずであるが，マタニティ・ハラスメントのみならず，父親が育児休暇取得後職場に復帰してハラスメントにあう，パタニティ・ハラスメントも問題になっている。これらはいずれもワーク・ライフ・バランスを確立するために重要性が認識され，解決が急がれる事柄である。

40歳以降非正規のパートタイマーとして働く女性が多いために，男女の賃金格差が拡がっている。男性一般労働者を100とした場合の女性一般労働者の給与水準は72.2，男性正社員・正職員を100とした場合の女性正社員・正職員の給与水準は，74.4である（2016年）[41]。また，女性の管理職も少ない。

民間企業（100人以上）における部長相当職は6.2%、課長相当職は9.8%である。上場企業の役員に占める女性割合は2.8%にすぎない（2015年）。管理的職業従事者に占める女性割合は12.5%で諸外国、フィリピン47.3%、アメリカ43.4%、スウェーデン39.5%、オーストラリア36.2%と比しても一段と低い水準である[42]。

　女性に関する効果的な政策がとれないのは、国会議員等、政策決定機関に女性が少ないせいだともいわれている。国会における女性比率は、衆議院議員9.5%、参議院議員15.7%である。地方議会における女性比率は12.4%であるが、3割以上の町村議会はいまだに女性議員がゼロとなっている[43]。日本にはフランスのようなパリテ（男女同数）を指針として男女平等を進めるという考え方はまだ定着していない。ジェンダーギャップ指数は145カ国中101位（2015年）であり[44]、政治や経済活動において活躍する女性を増やすような具体的な政策が望まれるとともに、意識改革をはかり、男女平等を進める根本的な政策が必要である。

(2) 男女平等の課題

　まず男女共同参画社会基本法の意義と限界を考えてみる。

　1999年の男女共同参画社会基本法の制定は、当時男女平等に関する一般法が存在していなかった日本においては「男女平等社会の実現」ではなく、「男女共同参画社会の実現」という遠回しな表現を用いているとしても、男女平等の認識を社会にもたらしたという点では、大きな意義をもっていたといえる。しかしながら、当時は既に「アファーマティブ・アクションの導入」、「苦情処理機関の設置」、「間接差別の禁止」が、男女平等の確立には不可欠とされていたのに対し、法律上の文言として前二者は入ったものの、「間接差別の禁止」はとりいれられなかった。アファーマティブ・アクションについては、女性差別撤廃条約4条1項に由来するもので、法律上の文言としては積極的

改善措置という言葉が用いられている。その内容としては，①クオータ制（性別を基準に一定の人数や比率を割り当てる手法），②ゴール・アンド・タイムテーブル方式（女性の参画拡大に関する一定目標と達成までの目安を示してその実現に努力する手法），③女性を対象とした応募の奨励・研修・環境整備等，④仕事と家庭の両立支援，子育て支援があげられる[45]。

日本では専ら②もしくは③が行われているが，既述のようにフランスのパリテのようなインパクトのある方策はとられてはいない。④については，男女双方が家事・育児・介護等家庭責任を果たすべきという観点からは，女性に対する優遇措置ととらえるのはそぐわない。男女平等に関する苦情処理機関については，地方自治体レベルでは，しばしば設置されているが（例えば豊島区の男女共同参画苦情処理機関や目黒区の男女平等・共同参画オンブーズなどがある），国レベルでは設置されていない。別途，法務省には人権擁護機関が設置されており，人権問題に対する相談活動や啓発活動が行われている。

間接差別とは，性別には関係のない一見中立的な取扱いであっても，結果として性差別をもたらすことをいうが，男女雇用機会均等法の2006年の改正により7条に間接差別に関する規定が設けられた。男女雇用機会均等法7条は，事業主が「性別以外の事由を要件とするもののうち，措置の要件を満たす男性及び女性の比率その他の事情を勘案して実質的に性別を理由とする差別となるおそれがある措置」を合理的理由なく講じることを禁止している。禁止される措置は厚生労働省令で次の3つとなっている。①労働者の募集または採用に当たり労働者の身長，体重または体力を要件とすること，②コース別雇用管理における総合職の労働者の募集または採用に当たって，転居を伴う転勤に応じることができることを要件とすること，③労働者の昇進に当たり転勤の経験を要件とすること。

また，再三「コース等で区分した雇用管理が実質的な男女別の雇用管理とならないよう留意すべき」という注意も促されている。しかし，形式上はそ

れぞれのコースが男女双方に開かれた制度として示されていても，実際はコース別採用が男女別採用となっていることもある。企業の法令遵守の意識が問われるところである[46]。

　男女共同参画社会基本法の基本構造は，政府が「男女共同参画社会の形成の促進に関する基本的な計画」を定め，それを受けて都道府県が「男女共同参画社会の形成の促進に関する施策についての基本的な計画」を定め（すなわち国と都道府県については義務），さらに，両者を受けて市町村も基本計画を定めるよう努める形となっている。国は基本理念についての理解を深めるために広報活動等をする義務を有し，調査研究や活動支援にも努めることになっている。また，19条は，「国は，男女共同参画社会の形成を国際的協調の下に促進するため，外国政府又は国際機関との情報の交換その他男女共同参画社会の形成に関する国際的な相互協力の円滑な推進を図るために必要な措置を講ずるように努めるものとする」と定める。

　2015年12月25日第4次男女共同参画基本計画が決定された。この計画においては次の4つを目指すべき社会として掲げている。

① 男女が自らの意思に基づき，個性と能力を十分に発揮できる，多様性に富んだ豊かで活力ある社会。

② 男女の人権が尊重され，尊厳をもって個人が生きることのできる社会。

③ 男性中心型労働慣行等の変革等を通じ，仕事と生活の調和が図られ，男女が共に充実した職業生活その他の社会生活及び家庭生活をおくることができる社会。

④ 男女共同参画を我が国における最重要課題として位置づけ，国際的な評価を得られる社会。

すなわち，ダイバーシティ，男女の人権の尊重，ワーク・ライフ・バランスの促進，そして，国際的な評価を得られる社会となっている。

　この第4次男女共同参画基本計画で改めて強調している視点として「あら

ゆる分野における女性の活躍」,「安全・安心な暮らしの実現」,「男女共同参画社会の実現に向けた基盤の整備」,「推進体制の整備・強化」を掲げている。また，それぞれの政策領域の成果目標を示し，具体的な取組も明らかにしている。

「あらゆる分野における女性の活躍」では，5つの重点分野をとりあげて，基本的な考え方と2020年成果目標を示している。この成果目標は，あるところでは，例えば国会両議院それぞれの議員候補者に占める割合を30％とし，また，他のところでは，例えば国家公務員の役職本省課室長相当職に占める割合を7％と，現実的なかなり低い数値が示されている。

しかしそもそも，この目標数値は，1985年第3回世界女性会議で合意された「ナイロビ将来戦略」の中の「政府……は，それぞれ西暦2000年までに男女平等参加を達成するために1995年までに指導的地位に就く女性の割合を少なくとも30％までに増やすという目標を目指し，それらの地位に女性が就けるための募集及び訓練プログラムを定めるべきである」（勧告6）に由来する。日本政府が，「2020年30％」を最初に位置づけたのは2003年6月であり，目標達成への具体的取組に十分な進展がみられない，すなわち実効性のある取組がなされてこなかったことがわかる。しかも，今回，国会両議院それぞれの議員候補者に占める割合のところには，わざわざ「政府として達成を目指す努力目標であり，政党の自立的行動を制約するものではなく，また，各政党が自ら達成を目指す目標ではない」と注釈がついている。男女共同参画社会基本法19条の「国際的協調の下に促進する」の理念がいかされておらず，第4次男女共同参画社会基本計画の4番目の視点「国際的評価を得られる社会」にも，もとるものである。

(3) 経済政策と女性の活躍

政府は，2016年6月2日，「ニッポン一億総活躍プラン」を閣議決定した。

それは「女性も男性も，お年寄りも若者も一度失敗を経験した方も，障害や難病のある方も，家庭で，職場で，地域で，あらゆる場で，誰もが活躍できる，いわば全員参加型の一億総活躍社会を実現し」，成長と分配の好循環をはかろうとするものである。一方で，「これまでのアベノミクス3本の矢を一層強化」し，「名目 GDP600 兆円の実現」をはかり，他方で，「結婚や出産の希望を叶える子育て支援」及び「介護をしながら仕事を続けられる社会保障基盤」を整えて，「希望出生率1.8 の実現」と「介護離職ゼロの実現」をはかるもので，「経済成長の隘路である少子高齢化に真正面から立ち向かう」として「新たな経済社会システム」を「究極の成長戦略」だとする。さらにこのプランの具体的な取組として「働き方改革」，「子育ての環境整備」，「介護の環境整備」，「すべての子どもが希望する教育を受けられる環境の整備」などがあげられているが，「『希望出生率1.8』に向けたその他取組」には，「3世代同居・近居」の推進というものもあげられていて，このプランが単なる社会保障基盤の強化をめざすものではないこと，むしろ自助努力を推進していることから，新自由主義的発想が根底にあることを示している[47]。

　まず，このプランの拠って立つところは，経済政策の強化であって，手の余っている者は誰でも労働力として使おうとする魂胆がみえかくれしている。しかしながら，他方で，非正規雇用の待遇改善のための同一労働同一賃金の実現や長時間労働の是正，多少なりともダイバーシティの実現への取組もみえる点は，このプランが国際社会の動きを反映し，国際社会に向ける日本の地位向上を意識して課題の解決につなげたいとするところもある[48]。また，非正規雇用が拡大する中で非正規労働者の待遇改善は必須であり，若年層の非正規労働者が増えることは，結婚も出産も遠のく大きな原因として指摘されている。

　「ニッポン一億総活躍プラン」は，女性活躍も取組として掲げており，2015年9月に成立した女性の職業生活における活躍の推進に関する法律（以下，

女性活躍推進法）の趣旨を包摂しているかのように受けとめられている。女性活躍推進法は，2016年4月1日以降，常時雇用する労働者が301人以上の大企業に①自社の女性の活躍に関する状況把握，課題分析，②その課題を解決するのにふさわしい数値目標と取組を盛り込んだ行動計画の策定・届出・周知・公表をさせ，③自社の女性の活躍に関する情報の公表を行わなければならないとする義務づけをしている。

　そして，女性の活躍推進に関する取組の実施状況が優良な企業は，厚生労働大臣の認定を受け（えるぼし認定企業），それが公共調達で有利になるとしている。すなわち，女性活躍のための誘導政策を採用している。この法律の目的は，「男女共同参画社会基本法の基本理念にのっとり，……女性の職業生活における活躍を迅速かつ重点的に推進し，もって男女の人権が尊重され，かつ，急速な少子高齢化の進展，国民の需要の多様化その他の社会経済情勢の変化に対応できる豊かで活力のある社会を実現する」ことを目的としている（1条）。男女共同参画社会基本法は冒頭に「我が国においては，日本国憲法に個人の尊重と法の下の平等がうたわれ，男女平等の実現に向けた様々な取組が国際社会における取組とも連動しつつ，着実に進められてきたが，なお一層の努力が必要とされている」とその制定における問題意識，背景を語っている。そして，「男女が，互いにその人権を尊重しつつ，責任も分かち合い，性別にかかわりなく，その個性と能力を十分に発揮することができる男女共同参画社会の実現は，緊要な課題」としている。そこで，ここにおける基本理念は，個人の尊重と男女平等であると認識できる。また，この法律が1995年の北京の第4回女性会議の北京宣言及び共同政府綱領の影響を受けて成立していることも明らかである。

　したがって，女性活躍推進法は，これらの理念を継承しているが，法律の文言からすると，むしろ「男女の職業生活と家庭生活との円滑かつ継続的な両立」，すなわち，ワーク・ライフ・バランスを重点においた法律のようにも

みえる。そして,「男女の」とはなっているが,この法律のタイトルが「女性活躍推進」となっていることを考えると,家庭のことを大切に考えている女性が,家庭のこともでき,さらに職場でも継続的に仕事ができるようにすることが中心課題として扱われているようにみえ,家庭において男性が協力できる体制にあるかは別として,少なくとも女性が仕事と家庭を両立できるように女性に対する職場環境を整える義務を事業主に課する形をとっている。

確かにこの法律は,事業主に義務を課すという点で革新的であり,優良企業を認定しそれが公共調達等にも影響するという点で,促進をはかる具体策が示されているところから,効果が期待できる。他方で,男性の家事・育児・介護など家庭責任を果たすことを促進する仕組も示される必要がある。「女性活躍推進」が女性だけに仕事と家庭の双方の責任をおしつけて「活躍」させることになるなら,本末転倒といえるであろう。

5. まとめにかえて

日本において男女平等がなかなか確立せず,女性差別が解消されない原因の第1は,男女の伝統的・固定的な役割分担意識にある。すなわち「男は外で働き,女は家で家事・育児・介護を担当すべきである」という役割分担意識は,長時間労働の夫を支える妻という家庭を基礎に日本経済が発展していくことを示している。政府自体がそうした考え方を,「103万円の壁」を「150万円の壁」に引き上げたにすぎないことにもあらわれているように,容認している。例えば「夫は外で働き,妻が家庭を守るべきである」という考え方に関する意識について,「賛成」と「どちらかといえば賛成」をあわせると女性の43.2%(そのうち「賛成」は11.2%),男性の46.5%(そのうち「賛成」は14.2%)となる。他方で,「反対」は女性の17.4%,男性の14.5%である。

この「反対」の割合が12年前の調査のときより減っていることが問題である。2002年の調査では「反対」は，女性の21.7%，男性の18.0%，を示していた[49]。この割合がなぜ低減傾向にあるのかについては，しっかりと分析される必要があるが，私見では，メディアや広告におけるステレオタイプな男女の役割分担意識は是正されておらず，その影響は大きいと思われる。

　他方で，近年男性の給与水準が下がり，女性も家計のために働かざるをえなかったり，また，離婚やシングルマザーであることから働かざるをえなかったりする女性が増えてきている。もちろん，自らの能力を仕事にいかしたいと考える女性も存在する。

　こうしたことから働く女性は増えてきているが，既に述べたように，十分な社会支援が整っていない。男性は長時間労働のために家事・育児・介護を手伝えず，女性ばかりが外で働く上に家事・育児・介護の過剰な負担を負う結果となっている。そして，結局女性は，働くとしても非正規雇用のパートタイマーとして働くこととなる。男女平等のための職場環境の整備（長時間労働の削減，年次有給休暇取得率のアップなど）や，女性が安心して働けるような社会支援の充実（保育園や学童保育の整備など）は，喫緊の課題である。

　第2は，企業の法令遵守である。男女平等推進のために法律が改正されれば，それに伴い省令や通達，指針などが示される。場合によっては，かなり細かな例示がなされていることもある。しかし実際には，企業側はそれを守らず，何とか抜けがけを図ろうとする。例えば，男女雇用機会均等法9条は，女性労働者の妊娠・出産，それに伴う休暇をとったことで不利益な取扱いをしてはならないことを定めるが，出産休暇・育児休暇をとった後に復帰したときの処遇が以前とは異なるという例が多くみられる[50]。また，男女雇用機会均等法11条には，事業主の，性的な言動に起因する問題に関する雇用管理上の配慮，すなわちセク・ハラに対する配慮義務を示すが，セク・ハラに関する問題も後を絶たない。

第3は,「守らせる仕組」が問題となる。女性活躍推進法は,それでも「守らせる仕組」を念頭においた法律である。しかし,多くの法律は,努力義務にまかせ,義務づけていても制裁措置をもっていない。つまり効果という点では,インパクトをもたない政策がこれまでとられてきた。

　第4は,これらの問題が司法の場で争われたときの裁判官もしくは裁判所の消極性が指摘できる[51]。裁判官に関しては,国際法規についての認識が薄い。また,革新的な判決を出すことにためらいがみられる。裁判理論としては,憲法規定の私人間への直接効力否定論や公法・私法二元論など権利保護の視点よりも,旧来からの頑なな理論で保障を拒む姿勢がみられる。例えば,憲法25条は,いわゆる生存権についての規定であり,1項はすべての国民の健康で文化的な最低限度の生活を営む権利,2項は国の社会福祉,社会保障及び公衆衛生の向上及び増進に努める義務を定める。この延長線上に27条や28条の国民の勤労の権利や勤労者の諸権利（労働基本権）が存在するが,そもそも生存権についてはせいぜい抽象的権利説が通説的見解であり,具体化する法律が制定されていない場合は裁判所に訴えを提起できないと考えられている。男女雇用機会均等法11条は,事業主にセク・ハラ防止措置義務を課しているが,一般的にセク・ハラを禁止する規定となっていない。セク・ハラの被害者が裁判において使用者責任を追及することは困難な状況にある。こうした状況にあって,裁判所はさらに門戸を狭め,救済を限定する傾向もみられる。日本においては,議院内閣制の下で,弱い権力分立の型と考えられているが故に,司法の側からのチェックやコントロールが重要であるが,十分にその役割を果たしているとは思えない[52]。

　第5に,国内法規と国際法規の分断である。既述したように,国際機関から繰り返し違反行為が指摘されたり,是正措置を講じるように勧告がなされたりしていても,それに真剣に対応しようとしない。そのことは立法や司法の分野で国際法規に注意が払われていないことにあらわれている。確かに,

憲法は国の最高法規ではあるが，既にみたように，その通説的解釈が限定的なときもあり，そのような場合には国際法規による「条約」的解釈が現状をただす契機となることもある。

最後に日本においては，男女平等の真の確立はまだ遠いということを指摘しておきたい。ワーク・ライフ・バランスの確立において，この確立は経済活動を阻害しない，むしろ経済活動を活性化するものだと説明されてきた。これに対し，ヨーロッパでは，ワーク・ライフ・バランスとジェンダー・メインストリーミングとの双方を柱としてすえることで男女平等の重要性が示されてきた[53]。そして，ワーク・ライフ・バランスの中心課題を女性と男性との間の家庭的任務と家族的責任のより平等な分配ととらえて，男女間での特に男性の家族責任の平等な負担を問題としてきた。このように男女平等の徹底は，ときとしては当然のことであるが，経済活動を阻害することもある。そのことが認識されなければならない。平等は人間らしい生活をとり戻す普遍性をもつ原則でもあり，権利でもある。その確立へ向けた明確な意思なくしては真の男女平等は生まれない。

［付記］脱稿後，2017年3月21日に最高裁判所で次のような判決が下ったのを知った。地方公務員災害補償法の規定で，遺族が妻の場合は遺族補償年金を年齢制限なく受け取れるのに対し，夫の受給資格については「55歳以上」とされていることが憲法違反かどうか，争われた訴訟で，最高裁判所は合憲と判断した。遺族補償年金制度について，憲法25条の定める「健康で文化的な最低限度の生活」を実現するための社会保障の性格をもつとしたが，「男女の賃金格差や雇用形態の違いなどから妻の置かれた社会的状況を考えると，夫側にのみ年齢制限を設ける規定は合理的」と判断した。遺族補償などで男女に差がある制度は海外では1990年代に見直しが進み，先進国で残っているのは日本ぐらいという指摘も寄せられている（朝日新聞2017年3月22日朝刊）。

1) 『平成28年版高齢社会白書』内閣府，第1章1節参照。なお，平均寿命については最新の統計を使用。

2) 同書第1章3節参照。
3) 『平成27年国勢調査』総務省統計局。なお，出生数に関しては，2016年12月に厚生労働省が実施している平成28年人口動態統計の年間推計で98万人となったことがわかった。2015年（平成27年）の合計特殊出生率は，1.45であった。
4) 『平成25年版情報通信白書』総務省「超高齢社会がもたらす課題」を参照。
5) 『平成26（2014）年度社会保障費用統計』国立社会保障・人口問題研究所。
6) 例えば，フランスは「3人子どもをもちながらも働き続けること」を1つの指標として，出生率をあげ，平等な職場環境の整備も行った。その実情については，例えば，牧陽子『産める国——フランスの子育て事情』明石書店，2008年参照。
7) 大石眞＝石川健治編『憲法の争点』（ジュリスト増刊，2008年）106頁（植野妙実子担当）。また次のものも参照，小林孝輔＝芹沢斉編『基本法コンメンタール憲法［第5版］』（別冊法学セミナー189号，2006年）88頁以下（植野妙実子担当）。
8) 合理的差別とその基準については，例えば，有倉遼吉＝小林孝輔編『基本法コンメンタール憲法［第3版］』（別冊法学セミナー78号，1986年）64-65頁参照，（野村敬造担当）。
9) 森順次「私人間の法律関係における基本的人権の保障」清宮四郎＝佐藤功編『憲法講座』有斐閣，1963年，60頁以下。
10) 24条が，個別の具体的な人権の保障規定としての意味をもっているかに関しては，否定的な見解が多かった。例えば，有倉遼吉＝小林孝輔編・前掲書（注8）104頁以下（戸松秀典担当）。
11) 森順次・前掲論文（注9）71頁。
12) 大石眞＝石川健治編・前掲書（注7）106-107頁（植野妙実子担当）。なお，女性差別撤廃条約については，国際女性の地位協会編『女子差別撤廃条約注解』尚学社，1992年及び国際女性の地位協会編『コンメンタール女性差別撤廃条約』尚学社，2010年参照。
13) 「第4回世界女性会議　北京宣言」内閣府男女共同参画局，参照。
14) 「婦人の地位向上のためのナイロビ将来戦略（抜粋）」内閣府男女共同参画局，参照。
15) 「男女共同参画社会基本法制定のあゆみ」内閣府男女共同参画局，参照。
16) 但し，ワーク・ライフ・バランスも当初は「仕事と生活の調和と経済成長は，車の両輪」とか，「少子化を乗り越えるための処方箋」とかと位置づけられ，真のワーク・ライフ・バランスのめざすべき社会との間に齟齬がみられた。植野妙実子「ワーク・ライフ・バランスの浸透」植野妙実子編『法・制度・権利の今日的変容』中央大学出版部，2013年，3-4頁。

17) 『平成23年社会生活基本調査』総務省，及び『平成28年版男女共同参画白書』内閣府，8頁参照。
18) 例えばジェンダーギャップ指数は，145カ国中101位となっている（2015年）。『平成28年版男女共同参画白書』内閣府，36頁。
19) 大脇雅子「男女平等裁判の到達点と展望」『女性と法』（別冊法学セミナー増刊，1984年）95頁以下参照。また，関連する判例については，浅倉むつ子＝今野久子『女性労働判例ガイド』有斐閣，1997年も参照。
20) 芦部信喜＝高橋和之編『憲法判例百選Ⅰ［第2版］』（ジュリスト95号，1988年）20-21頁（中山勲担当）。なおこの判決は，私人間効力の問題としてとりあげられている。
21) 林瑞枝編『いま女の権利は』学陽書房，1989年，122頁以下参照（神尾真知子担当）。
22) 高橋保『女性をめぐる法と政策』ミネルヴァ書房，2004年，264頁。
23) 島田陽一「雇用差別をめぐる裁判例の動向と問題点」（法律時報73巻9号，2001年）61頁。
24) 村中孝文＝荒木尚史『労働判例百選』（別冊ジュリスト230号，2016年）32頁以下（島田裕子担当）参照。
25) 土田道夫＝山川隆一編『労働法の争点』（ジュリスト増刊，2014年）12-13頁（松尾邦之担当）。また，国立情報学研究所事件の第1審，第2審についての分析に関しては，さしあたり次のものを参照。川田琢之「任期付任用公務員の更新打切りに対する救済方法」（筑波ロー・ジャーナル3号，2008年）99頁以下，桜井敬子「労働判例にみる公法論に関する一考察」（日本労働研究雑誌637号，2013年）68頁以下。
26) 植野妙実子＝佐藤信行編『要約憲法判例205』学陽書房，2007年，49頁。
27) 西山井依子「第10講夫婦別産制」『女性と法』（前掲法学セミナー増刊）（注19）266-267頁。島津一郎編『基本法コンメンタール親族［第3版］』（別冊法学セミナー94号，1989年）65頁（深谷松男担当），また植野妙実子＝佐藤信行編・前掲書（注26）53頁も参照。
28) 長谷部恭男他編『憲法判例百選Ⅰ［第6版］』（別冊ジュリスト217号，2013年）64-65頁（糠塚康江担当），植野妙実子＝佐藤信行編・前掲書（注26）48頁参照。
29) 例えば，大竹昭裕「再婚禁止期間の合理性」（青森法政論叢17号，2016年）117頁以下参照。
30) 島津孝之「夫婦及び子の氏と戸籍制度」（レファレンス3号，2011年）53頁以下参照。

31) 評釈はさしあたり，中曽久雄「判例研究夫婦同氏規定（民法750条）の合憲性」（地域創成研究年報11号，2016年）41頁以下参照。
32) 『平成28年版男女共同参画白書』内閣府，38-39頁。
33) 同書39頁。
34) 同書40-41頁。また，総務省の労働力調査「『非正規雇用』の現状と課題」，参照。
35) 本澤巳代子「社会保障における被扶養者」（ジェンダーと法7号，2010年）102頁以下参照。
36) 植野妙実子編『21世紀の女性政策』中央大学出版部，2001年参照。そもそもこれを著わすきっかけとなった1994年東京女性財団からの助成は「専業主婦に対する保護政策の批判的検討」に関する調査が対象であった。また，次のものも参照。全国婦人税理士連盟編『配偶者控除なんかいらない!?』日本評論社，1994年。
37) 2016年11月には，過重労働解消キャンペーンも厚生労働省の取組として行われた。
38) 長時間労働については『データブック国際労働比較2016』労働政策・研修機構，201頁も参照。『平成28年版男女共同参画白書』内閣府，47頁。
39) 『データブック国際労働比較2016』209頁。
40) エクスペディアジャパンの調査による。
41) 『平成28年版男女共同参画白書』内閣府，43頁。
42) 同書44-46頁。
43) 同書27頁以下参照。
44) 同書36頁。
45) 『平成23年版男女共同参画白書』内閣府，3頁以下参照。
46) 間接差別についてはさしあたり，和田肇「雇用分野での間接差別・複合差別」ジェンダー法学会編『講座ジェンダーと法 第4巻』日本加除出版，2012年，53頁以下。
47) 二宮厚美「『ニッポン一億総活躍プラン』と国民のくらし」日本婦人団体連合会編『女性白書2016』ぱるぷ出版，2016年，10頁以下参照。
48) 経済産業省編『ダイバーシティと女性活躍の推進』経済産業調査会，2012年参照。
49) 『平成28年版男女共同参画白書』内閣府，48頁。
50) 「第3回マタニティハラスメント（マタハラ）に関する意識調査」連合（2015年）参照。
51) 齊藤正彰「国際人権法と最高裁のスタンス」（法学セミナー674号，2011年）5頁以下参照。
52) ルイ・ファヴォルー著，植野妙実子監訳『法にとらわれる政治』中央大学出版部，2016年180頁。
53) 植野妙実子・前掲論文（注16）3頁以下参照。

アメリカ合衆国連邦最高裁判所の「憲法裁判所化」

佐 藤 信 行

1. はじめに

　本稿は，第26回中央大学学術シンポジウム「法化社会のグローバル化と理論的実務的対応」の一部を構成する「裁判規範の国際的平準化」共同研究成果の一部として，この問題の枠組み等を再確認し，かつ，本章の中心をなす研究成果である植野妙実子「男女平等とグローバリゼーション」に対して，補助的に，別の角度からの「グローバル化」の視点を提示することを目的とするものである。

　近代国民国家の枠組みにおいては，法は国家権力による強制を制度的担保としており，その意味で「ドメスティック」な本質を有する。しかしながら，経済活動を中心とする社会のグローバル化は，法についても，多様な「グローバル化」を要求している。

　たとえば，国境を越える経済取引に係る法律問題についての伝統的な法システムでは，いずれかの国家裁判所が，いずれかの国家法（自国法には限定されない）を準拠法として紛争解決を提供しているが，グローバル化した法化社会では，非政府機関が提供する国際商事仲裁といった代替的紛争解決手段の利用が増加することになるのは，その一つの表れである[1]。また，ヨーロッパ司法裁判所やヨーロッパ人権裁判所等の超国家的地域裁判システムも，

その役割を拡大している。

　他方，伝統的な国家裁判所においても，自国法を解釈運用するに際して，国際法秩序を根拠としたり，外国法を参照したりすることが増えている。ヨーロッパにおいては，EU 法と各国法の関係整理の必要性から，その仕組みが高度に制度化されつつあるが，そうした背景をもたない法域である日本においても，少しずつとはいえ，こうした傾向がみられるようになっている[2),3)]。

　これまで，「裁判規範の国際的平準化」共同研究では，こうした「法化社会のグローバル化」について，とくにヨーロッパを中心とする法域を対象として，国内裁判所と地域的裁判所が，どのように人権保護水準を平準化しようとしているのかという観点から検討を進め，その成果の多くは，既に比較法雑誌等に発表しているところである[4)]。本章の植野論文は，それらの成果を踏まえて「男女平等とグローバリゼーション」という新たな各論的課題を取り上げたものである。

　これに対して本稿は，本共同研究が主として研究対象としてきたヨーロッパにおいて，「外国法」として比較対象となるアメリカ法の状況について，とりわけ，その連邦最高裁判所の「憲法裁判所化」という傾向に着目して，導入的な紹介を行おうとするものである。なおこの際，アメリカ法（とりわけ，人権問題に係る連邦最高裁判所判決）は，日本法においても，最も頻繁に参照される外国法の一つであることに鑑み，日本との比較という視点を若干加えておきたい。

2．アメリカ型司法審査制度の特質と変容

(1) アメリカ型司法審査制度の形成

　周知のように，1788 年に発効したアメリカ合衆国憲法は，世界最古の現行

成文憲法典であるが、それは、憲法訴訟あるいは憲法裁判所について、明文の規定を有していない。そこで、連邦議会制定法の合衆国憲法適合性について、誰が判定者となるべきか自体が争われたのが、マーベリー対マディソン事件連邦最高裁判決[5]であった。この判決は、連邦最高裁を含む連邦司法部は、合衆国憲法上、司法権（judicial power）を付与されており、この権限の中には、法的紛争解決のために合衆国憲法をも含む法令の解釈を行う権限が含まれているとして、連邦司法部が合衆国憲法の最終解釈者であることを宣言したものである。ここで重要なのは、この権限はあくまで司法権から導かれるものであることから、連邦司法部は、個別具体的な法的紛争を処理するという司法権の外側では憲法解釈を行うことが許されない、という制度設計が帰結されたことである。これが一般に、附随的違憲審査制度あるいはアメリカ型司法審査制度と呼ばれるものである。つまり、アメリカ合衆国においては、連邦司法部のもつ憲法審査権（constitutional review power）は、司法権に附随するものであって、独立した権限ではないのである。

このようなアメリカ型司法審査制度には、多くの原則や制度が伴うが、ここでは、建国当初の段階で確立した2つについて注目しておきたい。第1は勧告的意見（advisory opinion）禁止の原則であり、第2は権利上告制度である。

1) 勧告的意見禁止の原則

勧告的意見とは、一般に「裁判所による法解釈自体を目的として、それが求められた場合に裁判所が示す、拘束力のない判断」[6]である。これに対して、合衆国憲法は、連邦司法部の行使する司法権を特定類型の事件（case）又は争訟（controversy）に限定していることから[7]、これを欠く場合には、連邦司法部は判断をすることができない。よって、具体的な事件・争訟を前提としない勧告的意見の求めについては、これに応じてはならないとの原則が導かれるのである[8]。

この結果、アメリカ合衆国の連邦司法部は、たとえばドイツやオーストリ

アの憲法裁判所が有している抽象的規範統制の権限を有さず，フランスの憲法院が担っている法律の施行前の憲法適合性判断も行うこともできないということになる。

2) 権利上告制度

権利上告制度とは，敗訴した訴訟当事者が上級審へ上告することを権利として（as a matter of right）求められるという制度である。連邦司法制度においては，1891年の裁判所法（Judiciary Act of 1891[9]）によって最初の部分的制限が導入されるが，それ以前においては，全ての訴訟において，連邦最高裁への権利上告を行うことが可能であった。

(2) アメリカ型司法審査制度の変容（その1：裁量上告制度）

上記の2つの原則・制度を伴う連邦司法制度は，いくつかの問題を前に変容をしている。基本的な問題は，アメリカ合衆国が州権を中心とする小さな連邦国家として出発したにもかかわらず，それが広大な面積を有する国際的にも極めて大きな影響力を有する国家に変容する中で，連邦の役割が増大したことである。これにより，連邦司法部には，多量の事件が流れ込むことになる一方で，とりわけ最高裁判所には，司法による政策形成機能を有する「憲法の番人」としての役割が期待されるようになったのである。とくに，1865年に南北戦争が終結し，1868年に，州を名宛人とする人権規定たる合衆国憲法第14修正が施行されたことから，これを根拠とする訴訟が連邦裁判所の管轄に追加されることとなったのは，極めて重要である。すなわち，それ以前の連邦司法部は，州がその管轄外の立法権を行使した場合にのみ，州法の連邦憲法違反を判示できたに過ぎなかった（jurisdictional review）が，この条項によって，州による人権侵害の実体に着目した連邦憲法侵害を判示できる（substantive review）ようになり，現在に繋がる全米単位での人権保護水準の平準化が指向されるようになったのである。

こうした中，上記の2原則・制度との関係では，まず，権利上告の制限によって，連邦最高裁判所の負担を軽減することが目指された。連邦最高裁は1869年以降定数9人の裁判官で構成されているが，いわゆる小法廷を構成することなく，実体判断を行うためには，原則として口頭弁論を行うこととなっている。そこで，その負担軽減は，極めて重要な課題なのである。具体的には，まず，1891年裁判所法によって，合衆国巡回控訴裁判所（United States circuit courts of appeals）を創設し，原則として，連邦地方裁判所からの上訴は，ここで処理することとした。同法の下で連邦最高裁は，いくつかの類型の第1審からの直接上告事件（刑罰として死刑が求められている事件，合衆国憲法の解釈・適用が問題となる事件等）を除き，巡回控訴裁判所からの照会あるいは最高裁自身が裁量的に発する上告許可令状（裁量上告許可令状, writ of certiorari）によってのみ事件を受けることされた。その結果，1890年に623件あった新件係属は，91年には379件，92年には275件にまで減少している[10]。しかしながら，その後再び事件数増加の傾向がみられ，連邦最高裁の負担減の要請が強まったことから，連邦議会は，1925年裁判所法（Judiciary Act of 1925[11]）を制定し，ほとんどの事件について，連邦最高裁への直接上告を廃止し，その事件受理はもっぱら裁量上告許可令状によるものとした。さらに，その後1988年の連邦議会立法[12]は，州裁判所判決について残っていた連邦最高裁への直接上告を封じ，結果として唯一の極めて細い例外を除き[13]，連邦最高裁への権利上告制度は廃止されることとなった。

このようにして，現在の連邦最高裁は，自らが判断したいと考える事件のみを選択し[14]，実体判断を下すことができるようになっている。それ以外の事件については，writ of certiorari の発給を拒絶する判決がなされるが，これは判断理由を伴わない，いわゆる一行判決である。連邦最高裁に上告が申し立てられるのは，年間約8,000件から1万件程度であるが，そのうち口頭弁論に付された事件は，1992年までは100件を超えていたものの，翌93年以

降は連続して100件未満である[15]。この結果，当然に，連邦最高裁が扱う事件の内容は，憲法または重要な法律問題に関するものに限られることになっているのである。

このような現象は，ドイツやオーストリアの憲法裁判所，あるいはフランスの憲法院とは異なると理解されてきたアメリカ合衆国連邦最高裁による憲法審査について，少なくとも部分的な理解の修正を迫るものであろう。すなわち，アメリカ合衆国の附随的違憲審査制度の下でも，連邦最高裁が扱う事件のほとんどは，憲法訴訟あるいは重要な法律問題を含む訴訟なのであって，この点では，ヨーロッパにおける憲法裁判所や憲法院との違いは相対的なものとなっているのである。

もちろん，そこにはなお，勧告的意見禁止原則があるために，抽象的規範統制を行うことはできないという違いがある。しかし，この点についても，宣言的判決の存在とその役割を検討する必要がある。次に，項を改めて考える。

(3) アメリカ型司法審査制度の変容（その2：宣言的判決）

2つめの変容は，勧告的意見禁止原則への挑戦であり，そこで問題となるのが宣言的判決（declaratory judgment）の法認である[16]。

1934年，連邦議会は宣言的判決法（Declaratory Judgment Act[17]）を制定した。この法律は，「事件又は現実の争訟（cases or actual controversy）に関して，合衆国の裁判所は，全ての当事者に係る権利及び他の法的関係を宣言する権限を有し，この宣言は確定判決と同様の効力をもち，また同様に再審理されるものとする」と規定したものである[18]。すなわちこの法律は，連邦裁判所に対して，それが伝統的に担ってきた損害賠償等の具体的救済とは別に，権利や法律関係の宣言のみを行うという権限を付与するものであるが，これは，事実に対する法の解釈適用によって法的紛争を解決するという司法権の役割から見た場合，その範囲外にあるとも考えられるものであった。

そこで，同法制定直後にこの点が訴訟上争われたのが，Aetna Life Insurance Co. v. Haworth であった[19]。連邦最高裁は，同法が勧告的意見を認めるものであれば違憲となるが，同法は「事件又は現実の争訟」に対して，あらたな救済手段を追加したものに過ぎず，よって合憲であるとしたのである。その結果，この宣言的判決の手法は，現在に至るまで維持され，合衆国における法秩序形成に大きな影響を与える制度に発展している[20]。

すなわち Aetna Life Insurance Co. 事件判決が示したように，問題は，この「事件又は現実の争訟」がどの程度具体的であればよいか，ということである。これについて抽象度を高めれば，結果として勧告的意見制度を導入したことになり違憲性が生じるが，逆に伝統的な契約法や不法行為法による救済を得られる範囲に限定するならば，この制度の導入の意味が失われる。よって，とりわけこの「現実」の度合いについて，「将来の被害の可能性」を認めつつ，勧告的意見に至らないようにするバランスが求められることになる。

この点の体系的な検討を行うためには，個別の訴訟における判決の集積を分析する必要があり，本稿の範囲を超えるが，現状においては，それなりに広い範囲のものが認められていることを指摘しておきたい。たとえば，2017年2月3日，ワシントン州西部地区連邦地方裁判所は，トランプ大統領が発したイスラム圏7地域からの入国を90日間禁止するとの大統領令13769号[21]の特定の条項に対して，全米を対象地域とする一時差止命令（temporary restraining order）を発した[22]。本件は，現に入国を拒否された個人ではなく，ワシントン州が原告となり，宣言的判決とインジャンクションによる救済を併せて求めたものであるが，同連邦地裁は，上記大統領令が同「州民の雇用，教育，ビジネス，家族関係及び移動の自由」に影響を与えており，州はこれら州民に対して，後見的保護を行うべき立場（parens patriae；パレンス・パトリエ）にあるとして，上記命令を発したのである。

ここで重要なのは，本件の論理にしたがうならば，州民について考えられ

る権利制限の相当広い範囲について、「事件又は現実の争訟」性が認められることになるということである。すなわち、本件では、州自身の経済活動等に係る法的不利益が原告適格を構成しているのではなく、州民の法的利益を保護するという州の義務が、宣言的判決を求める原告適格の根拠とされているが、およそ法というものは、いずれかの私人・私企業に対する規制的側面を有するのが一般であるから、州が、「誰か」の「何らか」の利益についてパレンス・パトリエを主張することによって、結果として、宣言的判決の実態は、勧告的意見に相当程度接近できることになるのである。

(4) 連邦最高裁判所の憲法裁判所化と問題点

このようにしてみると、今日のアメリカ合衆国連邦最高裁判所のあり方は、相当程度に、憲法問題に特化し、かつ、抽象的規範統制に近いタイプの訴訟までも引き受ける潜在的能力を有するものとなっているともみることができる。これまではアメリカ型とドイツ・オーストリア型あるいはフランス型といった憲法統制機関との違いを強調されることが多く、そこから、憲法裁判所や憲法院による規範統制の「アメリカ化」が論じられる傾向が強かったといえよう。たしかに、フランスでは2008年7月の憲法改正で、事後的違憲審査制度QPC（Question prioritaire de constitutionnalité）を導入し、通常の司法裁判所による裁判の過程で制定法と憲法の抵触が問題となった場合には、当該争点を憲法院に移送して判断を求めることができるようにした[23]ことは、「アメリカ化」ともいえる現象である。しかし、アメリカでは逆に、抽象的規範統制に近い憲法統制を行う方向への法変容も生じているのである。

もちろん、この法変容については、限界と問題があるとの指摘もある。その最大のものは、当事者間の紛争解決を本来的任務とする司法裁判所が、いわば「裏口から」抽象的規範統制に近い機能を果たすと、それに対応する制度が不十分であるために、かえって混乱が助長されるというものである。そ

こで，この点を考える参考として，2014年の連邦最高裁判決である全国労働関係委員会対ノエル・カニング事件[24]をみることにしたい。

3．全国労働関係委員会対ノエル・カニング事件にみる憲法裁判所化の問題

(1) 事件と判決の概要

2014年，連邦最高裁は，全国労働関係委員会対ノエル・カニング事件に判決を下した。この事件の発端は，コーラ販売業者であるノエル・カニングが，労働組合との間の団体協約を履行しなかったことが連邦法に違反する旨，連邦の規制機関である全国労働関係委員会（National Labor Relations Board; NLRB）から判断されたことである。ノエル・カニングは，コロンビア特別区巡回区連邦控訴裁判所でこの判断を争ったが，その際の根拠の一つが，NLRBの5人の委員のうち3人が，上院の助言と承認を得ることなく，大統領に任命されており，適正に合議体が構成されていないのであるから，その判断は違法であるということであった。そもそもNLRBの委員については，合衆国憲法第2編2節2項に基づき，「上院の助言と承認」の下で大統領が任命することとなっているが[25]，同節3項は，「大統領は，上院の閉会中に生じる一切の欠員を補充する権限を有する。ただし，その任命は，つぎの会期の終りに効力を失う」と規定しており，本件でも3名の委員についてこの例外が適用されていた。歴代大統領はこの「閉会中」の意味を拡大解釈して運用してきており，本件でも3名の委員の任命の前提たる「閉会中」要件が充足されていたかが問題となったのである。

連邦控訴裁がカニングの主張を認め，NLRBの命令を無効と判断したため，NLRBが裁量上告許可令状を求めたところ，これが認められたので，事件は

連邦最高裁に係属することとなった。

　結論からいえば，連邦最高裁は，5人の法廷意見と4人の同調意見（結論は同一であるが，理由づけに異なる点を含む）をもって，3名のNLRB委員の任命を無効とした。すなわち，連邦最高裁は，「閉会中」についての大統領側の拡大解釈を制限したのである。法廷意見によれば，ここでいう「閉会中」とは，十分な長さの閉会であって，かつ，実際に上院が機能できないという条件を満たす場合であるとされたのである。

(2) 憲法裁判所化の視点からみるノエル・カニング事件

　この事件は，大統領の公務員任命権をどのように議会がコントロールするかという統治機構に関する重要な論点に係るものであり，そうした視点から，アメリカでも多くの研究がなされている。しかしながら，本稿が着目するのは，その点ではなく，連邦最高裁がこの問題について果たした機能ということである。

　そもそも，この「閉会中」をどのように解釈するかについては，建国当初から議論が続いてきたものであるが，連邦最高裁は，これまで——換言すれば230年近く——，その判断を示さずにきた。すなわち，この問題は，大統領と議会の権限という政治部門の権限配分そのものに係るものであったが故に，これまでは，司法過程ではなく政治過程の中で解決されてきたのである。具体的にいえば，同様の争点が含まれる事件について，連邦最高裁は，裁量上告許可令状を発行することを回避し[26]，政治過程での事案処理を事実上追認してきたのである。これに対して，本件では，連邦最高裁はその姿勢を変更し，これに裁量上告許可令状を発給したこと，それ自体に特徴がある。すなわち，連邦最高裁は，ついに，この憲法解釈問題について，自ら裁定するという選択を行ったのである。これは何故であろうか？

　もとより，本件では，コーラ販売業者カニングがNLRBから行政命令を受

けており，その有効無効自体は，司法審査に服するべき典型的な問題であることはいうまでもない。政府機関による私人の権利侵害を救済するのは，司法裁判所の当然の機能である。しかしながら，ここで考えるべきは，本件の真実の争いは，「大統領と議会」の間の権限配分であるという点である。もちろん，私人・私企業は，「適正に構成された合議体による行政命令を受ける利益」を有するが，本件で争われているのは，たとえば合議体の中に利益相反が考えられる委員が含まれており，その判断の公正さが危ぶまれるといった実質的な意味での「適正さ」あるいはデュー・プロセスの破壊ではなく，まさしく組織構成方法に関する憲法解釈そのものであり，これ自体は原告の権利や利益というには無理があるものである。その意味で，本件の真の当事者は，NLRBとカニングではなく，大統領と議会なのである。

　しかしながら，このような大統領対議会の憲法解釈の対立それ自体は，まさしく抽象的な法解釈問題であり，附随的司法審査制の下では司法的に争われることは考えにくい。たとえば，大統領が「閉会中」条項を利用して上級公務員を任命したことについて，それが不適切な憲法解釈に基づくと上院が考えた場合，上院は何をなし得るであろうか？　もちろん上院がそれを非難する決議を行うことは可能であり，あるいは，任命を取り消さない限り，大統領が必要とする他の法案や人事承認案を通過させないという政治的圧力を加えることも可能である。しかし，上院又は上院議員若しくはそのグループが原告となって，大統領の上級公務員任命の無効を求める訴訟を提起するというシナリオは，極めて困難である。なぜならば，そこにあるのは，公的機関間の「権限紛争」ではあるが，上院（議員）の「権利」「法的利益」侵害とは異なるものであるから，そもそもスタンディング（当事者適格及び訴えの利益）が欠如すると考えられ，あるいはこれが認められたとしても，その問題は，政治過程そのものに係るものであるが故に司法部が介入すべきではないとも考えられるからである。

これに対して、本件は、外形上は私人の「権利」侵害を争うという構造を有しているが故に、連邦最高裁が裁量上告許可令状を発給する前提を備えている。しかしこれはあくまで、前提を備えているに留まるのであって、結局は、連邦最高裁（の少なくとも4名の裁判官が）がこの前提を利用して、まさに2014年現在において、建国以来の「閉会中」論争に判断を示したいと考えたということになる。本件の結論において、9名の裁判官全員が、本件任命について「閉会中」条項を利用できないと一致したことは、このような動機をもっていたことを推測させるに十分であろう。

しかし、ここで注意しておきたいのは、本件では既にコロンビア特別区巡回区連邦控訴裁判所が、「閉会中」条項解釈に基づき、NLRB敗訴の判決を下していたということである。この結果、仮に、連邦最高裁が裁量上告許可令状を発給せずにいたとすると、最上級裁判所の判断のないままに、連邦行政府の枢要機関であるNLRBの委員3名任命の正統性が否認されるという事態が生じ、ひいては、過去のNLRBの行為の法的正当性が争われることになっても、下級審は、連邦最高裁の先例がないまま事案を処理せざるを得ないという事態が生じるということになっていたのである。このようにしてみると、実は本件では、連邦最高裁は、裁量上告許可令状を発給せざるを得ない状況に「追い込まれていた」とみることも可能であろう。そして、この点こそが、附随的違憲審査制の下での憲法裁判所化の限界と問題を象徴しているのである。

(3) 憲法裁判所化の限界と問題

上に示した「追い込まれていた」という点は、アメリカ合衆国連邦最高裁判所の「憲法裁判所化」という視点からは、重要である。すなわち、本稿前半では、裁量上告制度や宣言的判決制度を使うことで、司法裁判所が自ら裁量的に憲法裁判所化を指向し得ることを指摘したが、実は、その裁量性自体について、司法裁判所が個別事件を処理するという枠組みを維持し続けてい

ることに由来・起因する限界と問題が指摘されることになっているのである。

　そもそも憲法上の問題については，私人の権利利益侵害を本質とする司法裁判所のルートに乗りづらいものが多い。とりわけ，統治機構に関する憲法問題の多くは，原理的に「権利」問題とならないが故に，そうした傾向が強いといえる。ノエル・カニング事件では，これを私人の権利に置き換えて争わせたが故に，それを訴訟として構成できたが，ここで重要なのは，ノエル・カニングの主張が連邦議会の主張と一致する保障は全くない，ということである。つまり本件では，本来は大統領と議会の間の権限配分問題であり，その両者で争うべき憲法解釈問題について，そのいずれもが（NLRB自身も「閉会中」問題自体については，本来の当事者ではない）イニシアティブをとれない形で訴訟が遂行されたのである。

　このようにしてみると，現在の方法，すなわち，最高裁判所の裁量を基盤とするその憲法裁判所化というアプローチは，不適切な当事者の不適切な主張に基づいて重要な憲法問題が判断されてしまうという副作用が大きく，少なくとも統治構造に係る憲法問題については，大統領や議会が当事者として裁判所の判断を求められるよう，勧告的意見禁止原則を緩和すべきとの意見が登場することとなる。もちろん，マーベリー対マディソン事件以来の長い附随的違憲審査制の伝統を有するアメリカにおいては，こうした意見はまだまだ少数派であるが，それでも，大陸法系諸国の憲法裁判所制度や抽象的規範統制に学ぼうという立場[27]が登場していることは，法化社会のグローバル化という点からみて，注目すべきことであるといえよう。

4．おわりに――日本法への示唆

　本稿では，アメリカにおける連邦最高裁判所の憲法裁判所化について，ご

く簡単に検討した。もとより，こうしたアメリカの変化は，外国法の経験の継受というよりも，極めて特殊な同国法の内的発展の結果であると言われるが[28]，いずれにしてもアメリカ法も変容しており，その先にはさらに，外国法の経験を継受して制定法上あるいは憲法上の抽象的規範統制の仕組みを導入すべきとの提案もなされるに至っているということを認識することは，日本法を解釈する者にとっても重要であろう。なぜならば，日本においては，その司法審査制を「アメリカ型」と位置付けることによって，当該類型から法律効果を導く解釈が用いられることがあるから，この「アメリカ型」とは何かは，決定的に重要な問題となり得るのである。

たとえば，日本国憲法制定直後1948（昭和23）年の最高裁判所大法廷判決[29]では，憲法81条の「処分」に裁判所の判決が含まれるかが問題となっているが，最高裁は，次のように述べてこれを肯定している。

「現今通常一般には、最高裁判所の違憲審査権は、憲法第八一條によって定められていると説かれるが、一層根本的な考方からすれば、よしやかかる規定がなくとも、第九八條の最高法規の規定又は第七六條若しくは第九九條の裁判官の憲法遵守義務の規定から、違憲審査権は十分に抽出され得るのである。米国憲法においては、前記第八一條に該当すべき規定は全然存在しないのであるが、最高法規の規定と裁判官の憲法遵守義務から、一八〇三年のマーベリー對マディソン事件の判決以來幾多の判例をもって違憲審査権は解釋上確立された。日本国憲法第八一條は、米国憲法の解釋として樹立せられた違憲審査権を、明文をもって規定したという點において特徴を有するのである。そしてこの違憲審査権は、近代政治科学における最も特筆大書すべき生産物であると稱されているものであって、この制度の内包する歴史的意義と世紀の使命はまことに深遠であると言わなければならない。憲法第八一條によれば、最高裁判

所は、一切の法律、一切の命令、一切の規則又は一切の處分について違憲審査權を有する。裁判は一般的抽象的規範を制定するものではなく、個々の事件について具體的處置をつけるものであるから、その本質は一種の處分であることは言うをまたぬところである。法律、命令、規則又は行政處分の憲法適否性が裁判の過程において終審として最高裁判所において審判されるにかかわらず、裁判の憲法適否性が裁判の過程において終審として最高裁判所において審判されない筈はない。否、一切の抽象的規範は、法律たると命令たると規則たるとを問わず、終審として最高裁判所の違憲審査權に服すると共に、一切の處分は、行政處分たると裁判たるとを問わず、終審として最高裁判所の違憲審査權に服する。すなわち、立法行爲も行政行爲も司法行爲（裁判）も、皆共に裁判の過程においてはピラミッド型において終審として最高裁判所の違憲審査權に服するのである。かく解してこそ、最高裁判所は、初めて憲法裁判所としての性格を完全に発揮することができる。」[30), 31)]

しかしながら，本稿でみたように，アメリカ法は，もはやマーベリー対マディソン事件判決の「素朴な」延長線上にはないのである。そこで最後に，日本法への示唆という点から，本稿で扱った2つの変容を考えてみたい。

第1に，司法制度の中でも，最高裁への上訴制度については，日米で相当程度違いが生じている部分である。ここで日本の民事事件の最高裁への上訴についてみると，従来は，制定法上要件が法定され，これを充足するとの主張自体については最高裁の判断を仰ぐことが「権利」として構成される「上告提起」が中心であったが，1998年にこれを廃止することなく，writ of certiorariに類似した「上告受理申立」の制度を追加的に導入している。現行法上，前者は，憲法違反や手続違反について用いられ[32)]，後者は判例違反や法令解釈に関する重要事項がある場合に用いられる[33)]こととされている。

ここで注目したいのは,「憲法違反」が主張される上告提起事件の多くについて,実質的には法令違反や原裁判所の事実認定に対する不服を主張するにすぎないものがほとんどである,と指摘されていることである[34]。実際に,2010（平成22）年1月1日〜12月31日における民事事件の上告理由で憲法違反が主張されたものは701件であることが報告されている[35]が,同期間について,WestlawJapanデータベースに登録された最高裁判決を分析したところ,実質的に「憲法」が争点として論じられているものは,わずかに5件であった[36]。州裁判所制度がない日本においては,最高裁の負担は相対的に大きく,上告受理申立の制度も,最高裁判所も通常事件における負担軽減を狙いとするものと考えられているが,上のように,事件選択を通じた憲法裁判所化という視点で再度検討することも必要であろう。

第2に,勧告的意見禁止原則についてみると,日本法は,客観訴訟として地方自治体に対する公金返還訴訟を広範に認めている（地方自治法242条の2及び242条の3）点が注目される。この訴訟は,地方自治体の住民が,当該自治体について「違法若しくは不当な公金の支出,財産の取得,管理若しくは処分,契約の締結若しくは履行若しくは債務その他の義務の負担がある（当該行為がなされることが相当の確実さをもつて予測される場合を含む。）と認めるとき,又は違法若しくは不当に公金の賦課若しくは徴収若しくは財産の管理を怠る事実（以下「怠る事実」という。）があると認めるとき」に監査委員に対応を求めても改善が得られないとき等に,当該自治体を被告として提起できるものであるが,当該住民自身の主観的権利侵害が必要とされないことから,原理的には,事件又は争訟性の要件を満たさない勧告的意見類似の制度とみる余地もあるものである。これまでも憲法76条の「司法権」の範囲内に含まれるか否か,裁判所法3条の「一切の法律上の争訟」に含まれるのかそれとも「その他法律において特に定める権限」に含まれるのかといった視点から議論されてきた制度であるが,あくまで主観訴訟として宣言的判決

を認めるアメリカ法のアプローチとの違いという観点からも，さらに検討する必要があるように思われる．

1) たとえば，代表的な国際商事仲裁機関の一つである Singapore International Arbitration Centre の新件取扱件数は，2006 年の 90 件から 2016 年の 343 件に増加している．Singapore International Arbitration Centre, "Annual Report 2016" at 13 (http://www.siac.org.sg/images/stories/articles/annual_report/SIAC_AR_2016_24pp_WEBversion.pdf).
2) 日本の判決で著名なものとしては，いわゆる二風谷ダム訴訟札幌地方裁判所判決（札幌地判 1997（平成 9）年 3 月 27 日判時 1598 号 33 頁）がある．ここでは，アイヌ民族が国際人権規約 B 規約を「アイヌ民族」が「文化の独自性を保持した少数民族としてその文化を享有する権利」を有する根拠として用い，事案処理を行っている．
3) See generally, Nobuyuki Sato, "Globalization of Domestice Legislation in Japan: Beyond 'Reception of Law' and Self-Executing Treaty", 50 Journal of Legialation Research (Korea Legislation Research Institute) 65 (2016).
4) 具体的には，以下の講演会（研究会）を中心とする研究を行ってきた．
   (1) レフ・ガルリツキ（ワルシャワ大学教授，元欧州人権裁判所裁判官）「欧州人権裁判所の判決の構造と影響」（2015 年 3 月 5 日，中央大学駿河台記念館）．内容は比較法雑誌 49 巻 2 号に掲載済．
   (2) ベルトラン・マチュー（パリ第一大学教授）「フランスの合憲性優先問題――法秩序の変容の証明」（2015 年 6 月 29 日，中央大学駿河台記念館）．内容は比較法雑誌 50 巻 1 号に掲載済．
   (3) レジ・フレス（コンセイユ・デタ（フランス）評定官）「コンセイユ・デタの裁判基準の憲法院への影響」（2015 年 12 月 22 日，中央大学市ヶ谷田町校舎）．内容は比較法雑誌 50 巻 1 号に掲載済．
   (4) グザヴィエ・フィリップ（エクス・マルセイユ大学教授）「非常事態と国籍剥奪措置――2015 年 11 月 13 日パリ同時テロに対する法的解決策」（2016 年 6 月 27 日，中央大学市ヶ谷田町校舎）．内容は比較法雑誌 50 巻 3 号に掲載済．
   (5) チエリー・ルノー（エクス・マルセイユ大学教授）「代理母をめぐる法的諸問題」（2016 年 10 月 22 日，中央大学駿河台記念館）．
5) Marbury v. Madison, 1 Cranch (5 U.S.) 137 (1803).
6) Black's Law Dictionary (10th ed. 2014), "opinion" の項を著者が抄訳．

7) Article 3, Section 2, Clause 1 of the United States Constitution.
8) 1793年，当時のワシントン大統領が最高裁長官ジョン・ジェイに法的意見を求めたところ，回答が拒否されている。ここからも建国当初から advisory opinion 禁止原則が司法部にとっての重要原則であると理解されていたことが理解される (http://press-pubs.uchicago.edu/founders/documents/a3_2_1s34.html)。
9) 26 Stat. 826 (1891).
10) Federal Judicial Center, "History of the Federal Judiciary - Supreme Court of the United States Caseload, 1878-2015" (http://www.fjc.gov/history/caseload.nsf/page/caseloads_Sup_Ct_totals).
11) 43 Stat. 936 (1925).
12) Supreme Court Case Selections Act, Pub.L. 100-352, 102 Stat. 662.
13) 28 U.S.C.A. § 1253. "Except as otherwise provided by law, any party may appeal to the Supreme Court from an order granting or denying, after notice and hearing, an interlocutory or permanent injunction in any civil action, suit or proceeding required by any Act of Congress to be heard and determined by a district court of three judges."
14) writ of certiorari の発給には，9人の連邦最高裁判所裁判官中4人の同意が必要である。
15) Table A-1 of the Annual Reports of Judicial Business of the United States Courts (http://www.uscourts.gov/statistics-reports/analysis-reports/judicial-business-united-states-courts).
16) この問題全般については，Phillip M. Kannan, "ADVISORY OPINIONS BY FEDERAL COURTS", 32 U. Rich. L. Rev. 769 を参照。
17) 48 Stat. 955 (1934).
18) Ibid.
19) 300 U.S. 227 (1937).
20) 現行法は，28 U.S.C. §2201 であり，その(a)項は次のように規定している。"In a case of actual controversy within its jurisdiction, except with respect to Federal taxes other than actions brought under section 7428 of the Internal Revenue Code of 1986, a proceeding under section 505 or 1146 of title 11, or in any civil action involving an antidumping or countervailing duty proceeding regarding a class or kind of merchandise of a free trade area country (as defined in section 516A(f)(10) of the Tariff Act of 1930), as determined by the administering authority, any court of the United States, upon the filing of an appropriate pleading, may declare the rights and

other legal relations of any interested party seeking such declaration, whether or not further relief is or could be sought. Any such declaration shall have the force and effect of a final judgment or decree and shall be reviewable as such."
21) Executive Order 13769 of January 27, 2017, "Protecting the Nation From Foreign Terrorist Entry Into the United States", FR Doc. 2017-02281.
22) State of Washington v. Donald J. Trump, United States District Court, W.D. Washington, at Seattle. February 3, 2017, 2017 WL 462040.
23) ベルトラン・マチュー著，植野妙実子・兼頭ゆみ子訳『フランスの事後的違憲審査制』（2015 年，日本評論社）参照。
24) National Labor Relations Board v. Noel Canning, 134 S. Ct. 2550 (2014).
25) U.S. Const. Article 2, Section 2, Claus 2.「大統領は，上院の助言と承認を得て，条約を締結する権限を有する。但し，この場合には，上院の出席議員の3分の2の賛成を要する。大統領は，大使その他の外交使節および領事，最高裁判所の裁判官，ならびに，この憲法にその任命に関して特段の規定のない官吏であって，法律によって設置される他のすべての合衆国官吏を指名し，上院の助言と承認を得て，これを任命する。但し，連邦議会は，適当と認める場合には，法律によって下級官吏の任命権を大統領のみに付与し，または，司法裁判所もしくは各部門の長官に付与することができる。」
26) たとえば，Evans v. Stephens, 544 U.S. 942, 943 (2005).
27) このような立場を示すものとして，たとえば，Jamal Greene, "THE SUPREME COURT AS A CONSTITUTIONAL COURT", 128 Harv. L. Rev. 124 (2014).
28) David S. Law, "JUDICIAL COMPARATIVISM AND JUDICIAL DIPLOMACY", 163 U. Pa. L. Rev. 927 (2015).
29) 最大判 1948（昭和 23）年 7 月 8 日刑集 2 巻 8 号 801 頁。
30) 判決文中に「憲法裁判所」という用語が用いられているが，これは，通常の司法裁判所と別に置かれる憲法裁判所という意味ではなく，憲法審査を行う権限を有する司法裁判所という意味で用いられていることに注意を要する。全体から理解されるように，この判決は，憲法 81 条について，いわゆる抽象的違憲審査制を認めたものではなく，むしろこれを否定する方向で母法たるアメリカ法を引用しているものである。
31) この引用部分については，縦書きを横書きとした以外は，原文のままである。このため，読点も「, 」ではなく「、」となっている。
32) 民事訴訟法 311 条 1 項。
33) 民事訴訟法 318 条 1 項。

34) 福田剛久ほか「最高裁判所に対する民事上訴制度の運用」判例タイムズ1250号（2007年）7頁。
35) 最高裁判所『裁判の迅速化に係る検証に関する報告書（第4回）概況編』(2011（平成23）年7月8日）214頁 (http://www.courts.go.jp/about/siryo/hokoku_04_hokokusyo/index.html)。
36) WestlawJapanを用いて，裁判所を「最高裁判所」，検索期間を平成22年1月1日～12月31日，判決要旨に「憲法」を含むという条件で検索。なお，全文検索で「憲法」とすると30件となるが，それらは，判決理由で「憲法違反」を主張するが根拠がないとするものである。

第3章　サイバースペースの法的課題と実務的対応

サイバースペースの刑事規制
―― 比較法から見る方法論 ――

堤　和通

1. はじめに

　サイバースペースをネットワークの情報空間と定義づけた場合，現在のそれは，インターネットの始動と，1991年のワールドワイドウェブの登場，それに，1990年代前半のウェブ閲覧ソフトウェアの開発とウィンドウズ95の登場により，利便性が飛躍的に高まり，社会の各層，各分野をまたぐ活動場面となっている[1]。

　少なくとも，身元と用途による入り口規制がない，ネットワークのネットワークで利用者が情報に出会うという現在のサイバースペースが与えた影響を法的に考察する出発点の一つは古典近代法の枠組みであろう。古典近代から現代に至る社会変容として，19世紀末以降の分業の深化と，それに連なる社会のシステム化を挙げることができる[2]。分業は人々の日常生活が自身や身の周りの地縁，血縁では賄えない寄与，貢献を社会全体の構成員から受け取ることを可能にし，利便性を高めるものであるが，それは同時に，広範囲にわたる社会成員相互の協力，協調行動が一人ひとりの日常生活を支えるものになったことを意味する。日常生活は衣食住，移動，通信の全般にわたって，大部分の社会成員――サーヴィスを賄う租税負担者，サーヴィス各種の前提となる規制の名宛人――の協力，協調行動を集積する仕組み，体制を通

して必需と需要が充たされるようになった。それぞれの必需，需要が地縁，血縁が及ばない，時間的にも場所的にも遠い社会成員の協力，協調行動で充たされ，それぞれの社会への寄与，貢献は同様に，商業活動か否かを問わずに，時間的にも場所的にも遠い社会成員に及ぶこととなるが，これは同時に，協力，協調行動を集積する仕組み，体制に打撃を与えることで，また，そのような仕組み，体制を通して，時間的，場所的に遠い社会成員から，また，遠くの社会成員に有害結果が発生しうることを意味する。これをギデンズの用語である抽象的システム[3]と称するならば，インターネットで結ばれたサイバースペースは，キーボードで入力した指令が瞬時のうちに手元の端末に回答となって現れ，それぞれの端末がウェブサイトの閲覧やメールの遣り取りで接点をもって交渉し，また，端末間には双方が了解しその意向に沿うものだけではなく，他の端末が攻撃の対象とされ，あるいは攻撃の踏み台に用いられるという現状に明らかなように，社会成員が相互に作用し関係をもつうえでの時間的，場所的制約を縮減するという点で，究極の抽象的システムといえるように思われる。

　社会のシステム化は，行政法分野の登場や，法定犯という犯罪類型の飛躍的増大，システムの廉潔性維持のための行政機関，行政手法の登場など，古典近代にない法制を生み出したといえる。コーイングによれば，法をめぐる考察には社会的所与の視点が必要とされる[4]。本稿では，抽象的システムとして社会の一部となったサイバースペースがどのような法的課題を投げかけているのかという問いについて，ごく一部ではあるが，その登場に伴って整備されてきた刑事規制の主要なテーマを取り上げ，その展開を概略する。さらに，コーイングによれば倫理的所与は法が社会に意義をもつのに参照が必須であるとされる[5]。本稿では，サイバースペースの登場で進められてきた法整備で規範的性格をもつ法概念がどのように用いられてきたのかに目を向け，社会的所与に呼応する法概念の用い方というメタの層，方法論を取り上げる。

2．サイバー犯罪情勢

　サイバー犯罪情勢については，各国で，企業，政府機関，金融機関，医療機関，大学などの組織を対象とする被害調査，映画やヴィデオ産業をはじめとする事業者などが被る知財侵害調査，オークション詐欺から児童ポルノに及ぶ不正取引に関する消費者被害調査が行われているが[6]，サイバースペースが人々の日常生活の平穏や社会の安全にとってどのような脅威であるのかを捉えるには，犯行態様にまで及ぶ実態調査に目を向ける必要がある[7]。
　サイバー犯罪の近時の動向として犯行態様の洗練化，商業化，組織（構造の多様）化が指摘されている[8]。洗練化は犯行の必要な費用の低減，犯行者の検挙リスクの低減と被害の甚大化を，商業化は，イデオロギーなどの主義・主張を越えた物質的な利得という共約性の強い目標で結びつき，あるいは離合集散する犯行者グループの形成の促進を，組織構造の多様化は，犯行の費用を節約する人的結びつきの多様化を，意味する。洗練化は，犯行の費用の低減を意味するが，検挙リスクの低減が現実のものになれば捜査の端緒となる被害届が抑制され，また，被害の甚大化が犯行による利得の増大を意味する限度で犯行の動機づけを与えるものであるとすると，犯行の動機づけと被害の潜在化，それに検挙リスクの低下が負のスパイラルとなって結びつくこととなる[9]。
　先に挙げた三点のうちの洗練化について，サイバースペースでの犯行を容易にするものにCaaS（クライム（ウェア）・アズ・ア・サーヴィス）が挙げられる[10]。これは，犯行のすべてまたは一部を他の者が実行できるようにするビジネス・モデルで，サーヴィスの利用者である犯罪起業家（crime-trepreneur）は犯行を組織立て費用を出費しながら，サーヴィスの利用で投資の回収を確実にする。匿名性の確保がサーヴィスの典型で，具体的には，

犯罪起業家が仮想プライベートネットワークとプロキシサーバを使って自分たちのIPアドレスを隠し，居場所を隠すもの，また，ロシアやウクライナを拠点とするウェブ用サーバ——防弾サーバと称される——を利用し，身元を明かさずに，違法なコンテンツを受け入れてもらい，リバティリザーブやビットコインなどの匿名の支払いで決済するものが挙げられる。被害の甚大化に通じる洗練化にAPT（Advanced Persistent Threat，高度持続的脅威）と呼ばれる標的を特定した精巧な隠密攻撃が挙げられる[11]。「APTは徹底した標的調査と高度な隠密性を組み合わせて使い，数か月から数年にわたって狙ったコンピュータの指揮統御権を維持する」[12]という。スタックスネットは，その一つで，標的施設のコンピュータに未知の脆弱性を利用して感染し，コンピュータを選別しながらワームを複製し，コンピュータの作動を観察，記録し，観察，記録したことに基づいて正常な作動を外観上維持させることで，早期で迅速な修復の道を閉ざす。スタックスネットは，「今や野に放たれ，ダウンロード可能」で，「クライム・インク〔組織犯罪集団——筆者〕に徹底研究されており，その技法とプログラムをまねてより精巧な攻撃を行えるようになっている」といわれる[13]。犯行を容易にし，同時に被害を甚大にさせるものにボットネットが挙げられる。ロボットとネットワークの合成語でボットネットと称されるプログラムは，権限のないコンピュータをソフトウェアで感染し，攻撃者の指令で動くよう支配下に置いた（コンピュータの）ネットワークを形成させ，ハッカーの攻撃手法でも強力なものとされる[14]。プロヴァイダのEarthlinkが2001年に見つけたものが最初のボットネットとされるが，そのときにはEarthlinkの電子メール通信の1割強が影響を受けたのに対し，2014年には電子メール通信の9割がスパムメールであり，その大半がボットネットによると推計されている[15]。洗練化はソーシャル・エンジニアリングに及ぶ。国際会議での講演者として招待する研究者宛ての偽の勧誘メールで登録費用を詐取されないよう国際団体連合（UIA）は不正監視サイ

トで警告しているという[16]。標的型では、標的として当たりをつけた被害者のソーシャルメディアのコンテンツで得たデータを利用して標的宛てにしつらえた勧誘がなされ、これにより、勧誘は見るからに作出された名前で唐突に示される申し入れより高い信頼を得るであろう[17]。身代金ウェアと呼ばれるツールにより攻撃を受けたコンピュータは突然動かなくなり、画面がFBIからと称する通知で覆われ、FBIのロゴ付きで、「非合法にダウンロードされた内容を禁止する連邦著作権法規違反」や、「禁止されたポルノのコンテンツを閲覧または配布した」といったメッセージが、数百万ドルの罰金の支払いでロック解除となるという案内と併せて示される[18]。

　商業化の傾向は、サイバー犯罪のツールと犯罪の成果の市場の登場と利得獲得という犯行者の動機づけに係わる。ハッカーのツールは、無料のダウンロードで入手でき、良質のツールは、購入またはレンタルの対象で、貸した側は、ユーザーサポートを行い、サーヴィス上の合意の一部として定期的なアップデートを提供する場合もあるという[19]。これには、発見をより困難にする暗号化マルウェア、攻撃専用サーバへのアクセス、プログラミングサーヴィス、通信の匿名性を確保するための仮想私設ネットワーク（VPN）サーヴィス、そして分散型サーヴィス妨害攻撃サーヴィスも含まれる[20]。2014年と2015年の間に、15億を超えるYahoo!のアカウントがハッキングされたと報告されている。このハッキングは東ヨーロッパからの攻撃であるとみられる。この攻撃の間に盗まれた情報は、サイバー犯罪者と国家の諜報機関に売られたという[21]。脆弱性情報については文字通りの入札戦が起きているという[22]。数年前までは、ハッカーがそのような欠陥を偶然見つけた場合には利他的に振る舞い、製造者に欠陥について注意を喚起するのが一般的であったのに対し、2014年の調査によれば、80％のハッカーが組織犯罪集団とともに、あるいはその一部として仕事をしているという[23]。

　サイバー犯罪の組織構造の多様化では、一つには、合法な事業会社同様の

運営の効率化，柔軟な組織形成と，組織形成の基礎をなす「計画性」が挙げられるだろう。犯行遂行では，「最新のまっとうな企業戦略を流用し，供給確保，世界的展開，創造的資金調達，ジャストインタイムの生産，労働力への報奨，消費者需要分析に熟練している。」[24]。犯罪遂行の組織化は階層構造をとるというよりも，「現地でその場限りで集められる，アウトソーシングされた，まにあわせの犯罪ネットワーク」[25]で形成され，「その集合は一時的かつ無定型で，」「犯罪的課題が達成されると，グループは解散し，また他の人々と，次の犯罪的仕事のために集まる。」[26]といわれる。と同時に，離合集散を重ねる母体といえるものがある[27]。ハッカーや欺罔のためのソーシャル・エンジニアリングの開発者，それに不法収益を安全な場所へ移すマネー・ミュールの他に，プログラマーと称される，マルウェア，脆弱性利用コードをはじめ，犯罪に必要なツールを作成する者，頒布者として，盗難データの取引き，販売，他の専門技能が提供する商品の保証をする者，技師として，サーバ，プロヴァイダ，暗号化をはじめとする犯罪のインフラと支援技術を維持する者，ホストと称され，入念なボットネットとプロキシネットワークを介して，違法なコンテンツのためのサーバとサイトを置くのに安全な設備を提供する者，会計係と称され，隠し口座を管理し，その氏名と口座を他の犯罪者に手数料を取って提供し，現金の運び人やマネー・ミュールを管理する者，出納係として，デジタル通貨サーヴィス，または，複数国の通貨間の為替を通じて違法な収益を送金し，洗浄する援助をする者，それに，犯罪収益の分配の管理に加えて，標的を選び，メンバーをリクルートして任務を割り当てる幹部の存在が報告されている。離合集散によるサイバー犯罪の組織化は加担者のそれぞれが計画性をもって行動し，相互に他の計画性を前提に行動していることを意味するであろう。

以下では，サイバー犯罪規制について実体刑法上のものと捜査法上のものを概観する。冒頭に述べたように，インターネットを土台とするサイバース

ペースの広がりという社会的所与と，刑事責任やプライヴァシー保障に係わる規範的な法概念が刑事規制の展開にどのように結びつくのかに本稿は関心を寄せる。

3. 犯 罪 類 型

欧州評議会は2001年11月8日にサイバー犯罪条約を採択した。同条約は，刑事実体法上の規定として，「コンピュータ・データ及びコンピュータ・システムの秘密性，完全性，及び利用可能性に対する犯罪」（外務省訳）の罰則規定——違法なアクセス，違法な傍受，データの妨害，システムの妨害，装置の濫用——を置いた。本項ではそのうち違法アクセスと装置の濫用に焦点を合わせる。

欧州評議会が同条約適用の参考に供するものとして同時に採択した「説明報告」によれば，通信と情報システムを統合するテクノロジーの発達が「インターネットをはじめとする情報ハイウェイとネットワークの出現で増進して」おり，このような情報通信サーヴィスのユーザは，物理的な所在地がどこであれ，サーヴィスにアクセスし接続ができるようになったために，「サイバースペースといわれる一種のコモン・スペースを創造し，この新しいスペースは適法な目的に用いられるだけでなく，濫用されることがあ（り）」，こうした「サイバースペースの違法行為」に「コンピュータ・システムと通信ネットワークの完全性，利用可能性と秘密性」を侵害するものがある，とされる[28]。ここには，いわゆるサイバー空間には，情報の発信元であり受信先である個々のユーザの存在と，ユーザ間の情報の発受信を可能とする基盤の存在という二側面があること，サイバースペースはこの二つの側面で成り立っているという理解が明確に示されているように思われる。

サイバー犯罪条約採択と同じ頃に，欧州評議会の「説明報告」が示すサイバースペースの二元的理解と同様の考えが，米国で，インターネット法の視点問題として論じられる[29]。それは，インターネットを現実世界の物理的なハードの設備ではたらくネットワーク機能に関心を寄せる外からの観察者の視点と，ユーザがインターネットを利用して経験する仮想現実の世界に関心を寄せる内部者（ユーザ）の視点を論じる。「ユーザがアマゾンのウェブサイトを開くとき，（中略）内部者の視点からみれば，その経験の核になるのは」出掛けて書籍等を「店舗に見に行く」というものであるのに対し，外部観察者からみれば，「www.amazon.com のタイピングがブラウザに打ち込まれたために」，「ブラウザからインターネットを通じて DNS サーバとして知られる特別なコンピュータに amazon.com というアドレスの文字を IP アドレスに変えるリクエストが届く」という一連のネットワークの作動である。

「説明報告」にある情報の発信元，受信先としてのユーザ，また，仮想世界の経験者としてのユーザは，共通空間のなかの一つの意思決定センターであり，ネットワークが作動する一つの拠点である。ネットワークの新たな可能性を探る論考では，ネットワーク社会の到来で，個人は表現や情報の収集活動をはじめとする自己の行動を，従来のように商業マス・メディアに大きく依存せずに広げることができ，価格システムを介した売り手や買い手にならずに，また，階層構造を備えた組織への帰属なしに他者と協働でき，さらに，市場の外ではたらく組織で行動する大きな機会を得ることを説く。これにより，商業メディアのパワーに服する限度が減じる点で，明示・黙示の干渉をうけないという消極的自由としての自律の保障と同時に，各自の活動の範囲と機会を広げる点で，積極的自由としての自律——「日常の生きた経験（practical lived experience）」としての自律——の促進がなされるといわれる[30]。

このようにみると，サイバー空間には，設備ネットワーク機能を果たす設備，ネットワークで結ばれたユーザ間で出来上がる共通の空間と，共通空間

で経験を積むことになる意思決定センターとしてのユーザが存在する。

　このようなサイバースペースの在り方を踏まえ，関連のサイバー犯罪条約を振り返ると，先ず，違法アクセスの処罰に関する規定（2条）が，コンピュータ・データの取得などの要件を加えることを締約国の裁量として残しながら（2条第2文），違法アクセスをコンピュータ・システム（「プログラムに従ってデータの自動処理を行う装置」1条 a）への「権限なしに故意に行われる」アクセスとしてその処罰を求める点が着目できる。「説明報告」によれば，「コンピュータ・システム並びにデータのセキュリティ――その秘密性，完全性，並びに利用可能性――を保護するという要求は，組織又は個人が自らのコンピュータ・システムの管理，作動並びにコントロールを妨害ないし抑制されないという利益を反映している。無権限の侵入――ハッキング，クラッキング，コンピュータ・トレスパス――はそれ自体が原理上，違法である。」[31]とされる。

　米国では，欧州評議会が条約を採択する5年前，1986年に違法アクセスを禁止する連邦法，Computer Fraud and Abuse Act（CFAA）が改正されている。改正趣旨は，「トレスパスを端的に，すなわち，無権限アクセスを処罰しているのか，それとも，アクセスで得られた情報が使用，改変，破損又は漏示されたことの証明をさらに要するのかについての懸念が司法省等から示されてきている。この懸念を解消するために，委員会は改正規定がトレスパス自体を罰するもので，連邦のコンピュータに無権限でアクセスした者に適用があることを明確にしたい。」[32]というものであった。

　初期の裁判例に Morris[33]がある。被告人の Morris は，コンピュータ・サイエンスの博士課程に所属し，所属大学が付与したアカウントを用いてワームを大学，政府，軍事機関のコンピュータを結ぶインターネット放出した。その意図は，コンピュータ・ネットワークのセキュリティの不備を知らしめるというもので，具体的手法は，複数のプログラム――電子メール送受信の

プログラム，他のコンピュータのユーザに関する情報取得のプログラム，他のコンピュータに対するパスワード不要の同等権限を付与するプログラム——の脆弱性利用とパスワード当てであった。違法アクセスについて，第2巡回区 Court of Appeals は，「Morris はプログラムの作成意図にある機能には何ら関連しない方法で各プログラムを利用している。プログラムを利用して，メールを送信し，また読んだわけではなく，他のユーザに関する情報を見つけたわけでもない。そうではなく，Morris はプログラム上の欠陥を見つけそこから特別の，無権限のアクセス・ルートを手に入れている。」[34]とし，さらに，District Court の判示，「Morris は自身のアカウントがなく，プログラムを放出させる明示，黙示の権限を欠くコンピュータに拡散することを意図してワーム・プログラムを設計している。そのうえ，Morris は，パスワード当てにより自身のアカウントがないコンピュータにアクセスできるようにワームを設計していたことが証明されている。」を引用し，違法アクセスの認定を確認している。

　サイバー犯罪条約の違法アクセスの禁止がトレスパスの用語で説明されているように，米国でも，Morris を含む連邦法の理論構成の理解にトレスパスの概念が用いられている。ヴァーチャルな空間では「コンピュータは相互につながっていると同時に，アクセスは他と切り離されたアカウント（private accounts）に〔に基づくもので，かつそれに——筆者補〕限定されて」おり，「ユーザが特定のコンピュータにアクセスするには公式に承認されたアカウントが必要」であり，「コンピュータはお互いにつながっているが，一か所（inside of one）から別のところ（inside of another）に移るには鍵や特別な許諾が必要である。」[35]。この理解では，トレスパスの禁止の一般原則に従い，エントリの方法やコンテクストで禁止違反の有無が決まる。Morris に適用すれば，前者については，「Morris が用いたプログラムはいずれも意図された通りに利用した場合に，アカウントにアクセスを得る方法ではな（く），」「ワ

ームはセキュリティ上の欠陥に乗じるもので，プログラムの『穴』や『バグ』を利用して，プログラムの意図した機能に反する方法で『特別のアクセス』が得られる」ことが，後者については，「鍵以外で建物の錠をこじ開けるピッキングが成功すれば建物に入れるように，パスワード当てに成功すればアクセスできる」のであり，「施錠・解錠に関するトレスパスの規範によれば，所有者から許可を受けて鍵を渡してもらっている者に限ってアクセスが許される」[36]ことが重要である。

　トレスパスの概念は，広義には，義務を免れた個人，集団又は機関を除いて，或る範囲にある誰であれ他の者に対して，或る資源について消極又は積極の義務を課すルールを述べるときに用いられる。「他を排する支配領域（private domain）が認められるべきことを社会が受容している場合に」，トレスパス禁止はそのような受容を確認するうえで必須のルールとされる。「何も盗めない（か他の方法で不正な干渉ができない）のであれば，それは何も財産がないということである。」[37]。トレスパスの禁止が保護する財産上の利益は，「人または集団と資源」の間に認められる法的関係であり，その関係の内実である特権と権能は多様で開かれていること，特権と権能により個人または集団には自己利益の追求ができることが共通点とされる[38]。

　次に，サイバー犯罪条約はウィルス罪について，「締約国は，権限なしに故意に行われる次の行為を自国の国内法上の犯罪とするため，必要な立法その他の措置をとる。」（6条1項）とし，「a 第二条から前条までの規定に従って定められる犯罪を行うために使用されることを意図して，次のものを製造し，販売し，使用のために取得し，輸入し，頒布し又はその他の方法によって利用可能とすること。ⅰ 第二条から前条までの規定に従って定められる犯罪を主として行うために設計され又は改造された装置（コンピュータ・プログラムを含む。）ⅱ（略）b 第二条から前条までの規定に従って定められる犯罪を行うために使用されることを意図して，aⅰ又はⅱに規定するものを保有

すること。」と規定する[39]。

6条の特徴は，第一に，コンピュータ・システムに対する犯行をそのツールが生まれるところに規制を及ぼしてシステムの保護を図る点と，第二に，プログラムの客観的性格と行為者の主観的意図で規制範囲を明確にしようとしている点にある。このうち第一点は，説明報告で，「コンピュータ・システム又はデータの秘密性，完全性並びに利用可能性」に対する犯行に「装置やアクセス・データ」が必要な場合には，「犯罪目的でそのようなアクセス手段やその他のツールを手に入れようという動機が強くはたらく」ので，「そのような危険に効果的に闘うには，その源泉にある危険性の高い具体的な行為（specific potentially dangerous acts at the source）を刑事法で罰すべきである。」[40]とするところに示されている[41]。

そのうえで6条がこのような規定振りになったのは，プログラムのデュアル・ユースに対応するためであった。説明報告によれば，「専ら又は特化して犯行のために設計された装置に限定してデュアル・ユースをすべて除外するのは狭きにすぎ，」「事実上適用がないか又はまれな場合にしか適用されない規定になってしまう」のに対し，装置をすべて客体とし，「合法に作成並びに頒布された装置であっても」，コンピュータ犯罪の実行意図があれば処罰するのは広きにすぎるという判断によるものであり[42]，「コンピュータ・システムに対するカウンター・アタックなど，適法な目的で作成され市場に供給されている場合にまで処罰が過剰に及ぶ危険を回避するために」，「一般的な故意とは別に」，犯行目的の使用に関する具体的な意図を要件としている[43]。このような趣旨で，6条は2条から5条までの犯行を主たる目的に設計，改造された装置を客体とし（1項ａｉ），行為者の意図を主観的要件として定め，2条から5条の犯行に使用される意図による作成，頒布等を犯罪類型としている。

4．サイバースペースの捜査

　サイバー犯罪条約は手続規定として，蔵置されたコンピュータ・データに関する保全（16条），提出命令（18条），捜索・押収（19条），通信記録に関する保全・開示（17条），リアルタイム収集（20条），通信内容の傍受（21条）を定める。同条約は，通信の内容と履歴（通信記録）の別と，リアルタイム収集と蔵置データへのアクセス・押収の別に分けて，サイバー空間の捜査を捉えている。それぞれ二つの別を掛け合わせることになるこの分け方にどのような意義があるのか，またそれに応じた規律を決める法概念や法律構成に何があるのかを，条約に先んじて同様の理解で立法がなされている米国の例から検討してみたい。

　米国の立法，ECPA は 1968 年の総合犯罪規制並びに市街地安全法の改正法として 1986 年に成立後，2001 年の Patriot Act による改正を経て現在の姿になっているが[44]，サイバースペースの捜査に関する全体の見取り図は，立法当初からサイバー犯罪条約と同様のものでこの点に変わりはない。通信内容も通信経路もリアルタイムの取得か，それとも蔵置された時点で蔵置データとしてある内容へのアクセスかで要件に違いがある。前者の通信内容は，リアルタイムの取得の場合に，在来型の，物理的侵入と有体物性を伴う捜索押収と同様の実体要件と令状要件に加え，「他の捜査方法を試みたが目的を遂げなかったこと，若しくは他の捜査方法では目的を遂げないと思料するのが合理的であること，又は他の捜査方法が危険すぎること」（2518(1)(c)）に関する疎明が要件であるのに対し，蔵置された時点でのアクセスは，通信の名宛人が通信を引き出している場合には告知要件を伴う罰則付き提出命令（または，告知要件を伴う裁判所命令――2703(d)order――，または捜索令状）が，引き出していない場合で蔵置が 180 日を超えるときには告知要件を伴う罰則

付き提出命令（または，告知要件を伴う 2703(d) order，または捜索令状）が，蔵置が 180 日以下であるときには捜索令状が，それぞれ要件になっている。後者の通信経路は，リアルタイムの監視の場合には，裁判所許可状（以下では，Pen/Trap order）が，蔵置されている場合には，加入者・通信基本情報については提出命令が，通信関連情報については 2703(d) order がそれぞれ要件である。

　提出命令に関する憲法上の要件は，命令の内容が命令発出機関の権限の範囲にあること，過度に無限定でないこと，権限行使に合理的な関連があること，であるというのが合衆国最高裁の判示である[45]。命令の発出は，大陪審や公判裁判所のほか，多岐にわたる行政機関に権限が付与されている。ECPAが定める罰則付き提出命令によるアクセスには，これに加えて，加入者への事前の告知要件を伴う提出命令がある（2703(b)(1)(B)）。事前告知が個人の生命身体の安全を危険にさらし，又は，逃亡の虞れ，罪証隠滅若しくは証人威迫の虞れを生じさせ，その他，捜査に重大な支障を生じさせ又は公判を不当に遅延させる虞れがあることについて監督官の認証を得た場合には 90 日間延期できる（2705(a)(1)(B)）。蔵置データへのアクセスについては罰則付き提出命令に加えて，2703(d) order によるものがあり，これは捜索令状同様，裁判所による事前審査を経る。2703(d) order を得るには，「請求に係る記録又は情報が現に進められている捜査に関連し重要である」「と思料すべき合理的根拠があることを示す具体的で明確な事実」を明らかにしなければならない。立法経過では，「この要件は罰則付き提出命令より厳格で，相当理由に基づく令状より緩やかである。通信のトラフィックデータへのアクセスの要件を厳しくしたのは『漁労あさり（fishing expedition）』をさせないことを意図したものである。」[46]とされ，実務では，捜査の概略を示し，請求に係る情報がその捜査の進展にどのように役立つかを明らかにすることが求められる水準であるといわれる[47]。

通信経路へのリアルタイムでのアクセスは，通信の順探知で情報を取得するペン・レジスタ（pen register）と逆探知で取得するトラップ・トレース（trap and trace）によるもので，本稿では米国法の用語，Pen/Trap を用いる。Pen/Trap order の請求では，請求者の身元，捜査を行っている捜査機関を特定し，請求に係る情報がその捜査機関が行っている捜査に関連すると思料することを確言（certify）しなければならない。ECPA では，請求を受けた裁判所は，「政府代理人が確言していることを認める場合に」Pen/Trap order を発付すべきことを定めるように[48]，連邦裁判所の判示では，Pen/Trap order では「請求を受けた裁判所は，請求で確言があった（attested）事実の正確性を独立に審査しない」[49]とされ，また，Pen/Trap order を発する裁判所の役割は「行政事務（ministerial）の性格を備える」[50]とされる。

5．比較法——実体法（真理モデルと道具モデル）

サイバー犯罪条約や本稿で言及した刑事立法のうち実体法上の犯罪類型の定め方を比較法の視点で捉えるときの手掛かりは，Fletcher の分析にその一つがあるように思われる[51]。

Fletcher は実体法の比較をするうえで，刑法体系の組み方の相違に着目する。そこでは，犯罪とは何かという概念上の問いを第一順位におき，その問いに対して，法体系上の整合性を維持しつつ一貫した内容を持つ答えを得ることを，言い換えれば，犯罪についての正しい概念構成を得ることを主たる関心とする。他方には，概念上の問いの重要性は否定しないものの，社会的所与とそれに対応する立法の積み重ねに先んじて，確たる概念構成を導きだしておくというのではなく，概念分析も社会的背景や社会哲学上の位置づけを明確にすることで，種々の所与（の変化）に応じて法が形成されるときに

活用できる道具立てを整えるという主たる関心に沿って行われる。Fletcherの言を借りれば，例えば，錯誤に関する米国模範刑法典の規定は，「立法府が責任非難に必要な主観的要件について下した判断をきっちりとつめ込む骨格を提供する」[52]ように，一方の法伝統では，刑法理論が犯罪類型や犯罪成立要件と阻却事由を立法府が定めるときの構成要素——刑事立法を組み立てる道具立て——を提示，明確化し立法を手助けし，あるいは立法府の判断を分析するのに必要な「骨格」とその前提，背景，含意を明らかにするのに対し，対照的な法伝統では，「刑事法にはそれに内在する本来的な構造がある」[53]という前提に立って，立法府の判断はすべて刑事法の本来的な構造から評価される。後者では，刑事立法は新たなコンセンサスを形成する契機になるのではなく，コンセンサスの後に続く[54]。前者を真理モデル，後者を道具モデルと呼んでおこう[55]。

真理モデルのひとつは，自然人による有責な法益侵害行為を概念上の真理とする。その場合の刑法理論の関心は刑事立法が新規に定める犯罪類型がいかなる意味で法益侵害であるのかに焦点を合わせ，Fletcher の分析では，本来の犯罪概念に含まれる法益に合致しないようにみえる場合に考えられるのは，第一に，その反例が犯罪であることを否定する，第二に，法益の概念を広げその例が反例であることを否定する，第三に，真理モデルを否定し，犯罪の概念構成を代表例又は典型例を示す経験上の命題であるとする，第四に，反例が法であることを否定する，いずれかの戦略があり得る[56]。このうち，第一のものは，反例は真の犯罪に属するのではなく，真の犯罪に関する予防策（prophylactic）であることを意図した刑事法の付属部分にあるとする[57]。所持罪が規制目的（regulatory）であり，真の犯罪というより準犯罪であるとみる[58]。第二のものは，法益の概念を広げ，法益侵害の危険や法益保護への信頼自体を法益にするなどして，法益侵害をもって犯罪の真の概念であるとする命題を維持する。第三のものは真理モデルの放棄であり，対して，第

四のものはモデルの規範的性格を端的に表す。真理モデルを放棄しないとすると，残りは第一，第二，第四の戦略であるが，法解釈あるいは立法の枠組みとして実際上の相違となって現れるのは前者二つであり，第一の戦略では，真理モデルを外れるものについては，故意などの成立要件や錯誤などの阻却事由が真理モデルに該当するものと異なることが含意されるので，刑法体系上の概念の一貫性を前提とする限り，第二の戦略が残ることとなる[59]。第二の戦略では，法律上の犯罪類型すべてにわたって何らかの法益侵害を違法性の内容とする立論が試みられる。

　本稿で概略した違法アクセス並びにウィルス作成・頒布の犯罪類型の創設の重要な側面は道具モデルから理解できるように思われる。社会のシステム化の中で，とりわけ，究極の抽象的システムが社会基盤となっていく中で，システムの廉潔性をどこに求めるのかという課題に対して，条約や法律で回答を探すときに法概念がその具体的な解決策を組み立てる道具立てになっている。違法アクセス罪の犯罪類型の創設には，立ち入り禁止の支配領域の保障を図るトレスパスの概念が用いられ，また，ウィルス罪の場合には，システムの入り口手前での価値共有を伴うルールの定立に当たって，主観的要件の諸概念が明示的に用いられるのに加え，社会のシステム化の中で共有されてきた隣接領域に始まる知見とそれに由来する概念が背景にあると考えられる。前者については，すでにトレスパス概念の確認を済ませているので，近時のサイバー犯罪の動向に鑑みても，立ち入り禁止の支配領域の保障を刑事罰で確保するという法政策が合理的であろうということを結論的に述べるにとどめ，以下，本項では，後者の点を論じておきたい。

　ウィルス罪の犯罪類型の創設は，デュアル・ユースの性格を帯びる，技術の進展，開発を促進するという要請と，それと同時に進行する利便性に乗じた犯行の増大，悪質化を回避するという要請を，技術で成り立つシステムの入り口でいかに衡量するのかという課題に応えるものであるとすると，犯罪

成立の主観的要件について英米法で積み重ねられてきた考えと，社会のシステム化の中で法の隣接領域からの知見に依りながら法領域で検討されてきたことが，先に挙げた，道具モデルでの，法制度を組み立てる道具立ての手掛りになるように思われる。

ウィルス罪の犯罪類型については，すでにみたように，サイバー犯罪条約と，同条約に倣って立法を行ったオーストラリア法[60]では，違法アクセス等の犯行に使用されるという目的があることが主観的要件になっている。法制度上，自然人は行為主体であると位置づけられるが，行為主体性は，行為者が自身の状況認識にしたがって自身の価値判断に適う選択をすることに表れる[61]。犯罪の主観的要件のうち，何が望ましいのかという行為者の価値判断を問うのが意図であり，状況認識を問うのが認識としての故意であるといえる。前者では行為者が理由としてはならないこと——犯罪結果の意欲，あるいは，結果を典型とする犯罪事実の発生——を理由にしている点が，後者では理由にすべきこと——犯罪結果の認識（犯罪結果の認識は，法が発生させてはならないとする結果の認識である）——を理由にしていない点が非難される。ウィルス罪の犯罪成立要件である違法アクセスなどの犯行で使用される目的というのは前者を主観的要件とする。模範刑法典が，無過失責任という例外を除き，主観的要素のうち，過失（negligence）以外の意図，認識とrecklessnessを一般的な犯罪成立要件とするように[62]，意欲または認識がある場合には故意責任を問えるというのが英米法に広くみられる考えであると思われるが，同時に，意図と認識は，一定の責任形式の構成にとって決定的な相違があるようである。それは，未遂，共謀（コンスピラシー）という未達犯，それに狭義の共犯の場合に，認識ではなくて意図を要件とする考えに表される[63]。結果の認識では未達犯乃至は狭義の共犯は成立せず，犯罪結果の意図，結果発生の意欲を要するという考えである。

犯罪意図と認識という主観的要件の相違のうち，デュアル・ユースへの対

応というのに類似した状況は，合法な事業を行っている場合の共謀罪の罪責の成否に見出せるのではないかと思われる。Lauria[64]では，合法な事業者について，事業者が供給する財またはサーヴィス——砂糖や酵母菌の販売，医師へのモルヒネの卸業，留守番電話取次など——が犯罪に利用された——違法な酒類の蒸留，モルヒネの違法販売，売春の周旋など——ために共謀の罪責が問われたときに，違法行為の認識から意図を推論できる場合として，やたらに高い賃料で売春の場所となっている部屋を賃貸ししているのであれば，違法事業に特別な利害関係があるといえることから，提供している競馬の情報が胴元による違法賭博の運営以外に有用でないのであれば，他の合法な用途が考えられないことから，また，合法な需要には著しく不釣り合いな事業規模であるか，違法な用途向けの販売が売り上げの相当多くを占めているのであれば，事業の規模，態様から，それぞれ意図を推論できるとしている。合法な事業について犯罪企図への共謀が認められるのに犯罪結果の認識で足りるとすると，種々の犯罪でコストの低減のために役立つ種々の商品やサーヴィスが用いられることに鑑みて，事業活動の縮小を過度に求めることになる，という政策判断はあり得るであろう。事業活動の縮小は，合法な用途で促進できるはずの効用の最大化を妨げるのであれば，事業を遂行する行為者には，犯罪企図への意図がある場合に共謀の罪責を肯定することで，結果をはじめとする犯罪事実の発生を望ましいとする価値判断が誤りであるため，その価値判断による犯罪企図への合意を処罰するというのと同様に，技術者などがサイバースペースの入り口手前で行動する場合に，違法アクセスなどの犯行に使用されることを意図した場合にウィルス罪の成立を限定することで，関連犯罪の実行を望ましいとする価値判断を誤りとし，その価値犯罪による一定のプログラムの作成，頒布を処罰するのが，サイバー犯罪条約の立法選択であるといえるであろう[65]。条約並びに説明報告の表現では，コンピュータ・システムの秘密性・完全性・利用可能性に対する犯行を主用途に設

計，改造された装置をそうした犯行に使用されることを意図して作成，頒布することを犯罪類型とするのがウィルス罪であり，システムの廉潔性維持のための一定の価値共有を明確にし，この価値に合致しない態度による選択があった場合に刑事罰の非難を加え，価値を確認する。

ウィルス罪のもう一つの側面は，システム化社会でのシステムの劣化の回避に見出すことができる。社会全体に広がる大規模な協調行動があってはじめて運用が可能となるシステムで，社会全体に拡散する便益が提供される場合に，協調行動を共にしないただ乗りによるシステムの劣化を回避するものである。これは，集合行動問題という古典的な問いに係わる[66]。集合行動問題は，地域での環境保全や有権者の政治運動など，社会で広く協調行動が確保できてはじめて所期の目標が達成できるような場面で，社会成員が，他の社会成員のイニシアティヴや活動により頼み——いわゆるただ乗りし——，あるいは他の社会成員のただ乗りのために「身銭」を切ることになる虞れから，場合によれば，自分のイニシアティヴや活動が水泡に帰する虞れから，結局，目標達成に必要なイニシアティヴをとる者が現れないか，そうでなくても，十分な水準の協調行動が生まれない，という問題である。法学からのアプローチの一つがただ乗り禁止のルール定立と，ルール違反に対する刑事罰である[67]。ルール違反に対する刑事罰が正義の回復——不正行為への非難で不正行為により否定された価値を確認すること——という側面の他に，ルールの実効性担保という面からは，社会的ジレンマと称される問題に関する行動科学の知見にも刑事罰の正当根拠を見出し得る[68]。

ウィルス罪の創設に関しては，このように，犯罪成立の主観的要件，とりわけ意図，意欲という法概念と，集合行動問題を取り上げる隣接領域の知見を参照するただ乗り規制の考えを，法制度の組み立てブロックとして活用し，前者では，サイバースペースの入り口手前での価値共有を図り，後者では，ただ乗りによるシステム劣化を回避するという立法政策上の基礎づけが可能

であるように思われる。

6．比較法——捜査法（規範的法学以後）

　手続法について比較法の検討に入るに当たり，米国の捜索押収法，とりわけ，「第三者法理」について整理しておきたい。米国法学者による定義を出発点にしよう。それによれば，第三者法理とは「第三者に開披した情報について開披した者には第4修正上の権利がない」[69]というものである。この定義には，第三者とは誰であるのか——およそ他者の誰かをいうのか，それとも当事者以外の者を指すのか——，開披の態様を問うのか——任意の開披に限定されるのか，それとも義務づけによるものを含むのか（ECPA）——，開披した情報の内容・性格による相違はあり得るのか——内容にかかわる情報と外形の情報に相違があるのか，という三点について明確にする余地を残している。

　第三者法理はおよそ他者に開披した場合に，当然に第4修正上の権利を否定するものではなく，一つには，当の行為の当事者，あるいは行為者からみれば行為の相手，名宛人といえる者へのプライヴァシーの開披にはプライヴァシーの利益を喪失させる可能性があるものと，依然としてその利益を残すものがあること，また，行為の名宛人でない第三者に開披している場合に，一部ではプライヴァシーの利益を喪失させること，という整理ができるであろう。前者については，連邦機関の依頼を受けて被告人を訪ねた，被告人と同じ組合の役員に対して被告人が行った会話について第4修正の保護が及ばないとされた事例[70]と，麻薬取引の証拠獲得を目的にトランスミッターを身に着けた情報提供者と被告人間の会話についてプライヴァシー侵害を理由に証拠を排除し有罪判決を破棄した上訴裁判所の判断を最高裁が破棄した事例[71]が関連裁判例に挙げられるが，第二の事例には法廷意見がなく，複数意見と

して，トランスミッターを隠し持った情報提供者を通した会話の同時漏示の危険は対面会話に伴う通常の危険と相違なく，会話参加者である被告人の危険負担を根拠に会話利用は憲法に違反しないという危険の引き受け論が提示されたにとどまる。また，何より，現在に至る米国の捜索押収法の理論構成を提供したKatzの補足意見が，「公衆電話ボックスで後ろのドアを閉め，通話に必要な料金を支払った者には自分の会話が傍受されていないという前提に立つ権利がある」[72]とし，電話ボックスの外に取り付けた機器による無令状の傍受を第4修正違反とする法廷意見に加わっているように，相手と交わした会話内容はその他者に対して開披しているからといってプライヴァシーの利益が無くなるわけではない。

　Miller[73]は，口座がある金融機関の取引記録に関するプライヴァシーの適法な期待を否定している。Millerは「政府が入手した特定の文書についてプライヴァシーの適法な期待があるか否かを判断するにはその文書の在り方（nature）を吟味しなければならない」[74]とし，「財務諸表と預金伝票を含め本件で政府が入手したいずれの文書にも，銀行に任意に伝達され通常の業務過程で銀行職員に開披された情報しか含まれていない。銀行記録に保持されている情報にプライヴァシーの適法な期待がないことは銀行法の制定時に合衆国議会が前提にしている。合衆国議会が立法目的に明示したのは，『犯罪，租税，並びに規制に関する調査と手続きに高度に有用である』ために記録の保持を義務付けることであった。」[75]という分析を経て，「第4修正は第三者に開披されその第三者が政府に伝達した情報の入手を禁止していない」[76]と判示する。情報の任意の開披から直ちに結論を導いているのではなく，その情報の「在り方」の検討を加えた結論であることに注意を要するであろう。Millerについては，加えて，裁判例をうけて，合衆国議会が通信事業者が蔵置する通信経路に関する規定を入れたECPAを制定し，蔵置する経路情報の入手に要件を定めている。その立法の契機となった報告書[77]によれば，「金融機関は金

錢の供給者と借り手の間，それに金銭の受け渡しの間を取り次ぐ仲介者であって，預金口座を開いた者にとって金融機関は預金者のエージェントになり，その関係に由来する記録は各種金融取引を文書に記したものである。」[78]とし，「個人当座預金の増加と用途制限なしのクレジットカード市場の浸透により，商業銀行が数百万の人々の諸活動と関係に関する情報の主要な保管者になっている。」[79]という。この立法経過に表れているのは，金融制度が日常生活の多岐に及ぶ基盤になっている中で，一方では，そのシステムの廉潔性を維持する各種規制が求められ，それと同時に，規制実施に求められる情報があることをその含意として導く最高裁の判示があり，他方で，日常生活の基盤を支える情報の蓄積に呼応する，情報のプライヴァシーという考えの重要性を指摘する報告書を契機に，議会が最高裁の憲法判断——Miller 並びに次にみる Smith で示された判断——とは別の次元で，すなわち議会制定法（ECPA）で，他者に開披した情報の入手について一定の要件を定めるに至っている，ということである。他者に開披されているか否かだけではなく，開披がどのような行動場面で行われているかが問われている。

　Miller で問題になった情報は金融取引という行動場面で預金者が金融機関に開披するものであったが，その後の Smith[80]では，架電という行動場面で通信利用者が通信事業者に開披する情報について最高裁判所の判断が示されている。よく知られているように，Smith での判示はペン・レジスタでの架電番号へのアクセスが捜索に当たらず，令状を要しないということであったが，ここで確認しておきたいのは，架電という行動場面で開披され，通信経路に関する情報の入手が問われることと，それに，Miller 同様に，開披の有無だけで結論が導き出されているのではなく，開披があった行動場面についての検討が加えられていることである。Smith には，Miller 同様に先にみた危険の引き受け論を根拠とする判示がある一方で[81]，通話料金請求のチェック，不正利用の発見，違法行為阻止，用途の特定，欠陥検査，過請求チェッ

ク，迷惑電話の架電元の特定等でペン・レジスタが利用されていることを挙げ，「電話利用者は番号情報を電話会社に伝達し」「電話会社は利用者が伝える番号情報を様々な適法な業務目的のために記録する」[82]ことを指摘する。

　他者への開披がある場合の捜索押収法上の含意は公道を走る自動車の位置情報についても同様の理解が最高裁判例に示されている。搬送する容器にビーパーを取り付け自動車での移動を追跡した事例で，Knotts[83]はビーパーの監視がプライヴァシーの合理的期待を挫折させていないと結論づけるに当たり，法廷意見は，自動車のプライヴァシーに関する判示[84]，「自動車の機能は移動にあり，住居や所持品の保管に役立てられることはあまりないのであるから，自動車に関するプライヴァシーは縮減している（lesser expectation）こと[85]を根拠の一つにしている。

　第三者法理が他者への開披がある情報に関する捜索押収法の要件を決めるのは，第一に，その他者が行為の名宛人か否か，第二に，開披した情報の内容・性質と，第三に，情報が開披された行動場面によるといってよいであろう。ECPAの場合には，同じ行動場面でありながら，第一と第二に係わる相違が要件の相違になって現れる。

　第三者法理に係わる裁判例を若干立ち入って振り返ったが，ここで，米国で，機械的法学と社会工学的法学の時代を経てDworkinが提示した規範的法学に言及しておきたい[86]。法学は論理演繹の三段論法の大前提に位置する命題をルールとして定めるという20世紀初頭の見方が，一つには，実際の法のリーズニングを映し出していないというリアリズム法学の批判と，もう一つには，ニューディールに向かう社会状況の中で社会全体の富や幸福の最大化を目標とする功利主義の理念を明確に掲げる社会工学的法学の登場により，大幅に見直された後に，大前提の命題に位置するといわれたルールを構成する概念の分析でも，リアリズム法学が描く法の定立と適用の在り方の描写でも，また社会工学的法学が望ましいとする目標に近づく道具の実効性，効率

性の検討でも，道徳哲学の視点が欠けているという問題提起がなされた。機械的法学後に社会工学的法学が提唱される中で規範的法学の必要性が説かれたのは，法制史の視点から興味深い。冒頭に挙げた法制史家コーイングが示す，法発展上の倫理的所与とは，抽象的な命題そのものというより，具体的な生活状況の中でその意味が明らかになるのであり[87]，さらに Llewellyn の洞察が教えるように，新たな倫理的所与が問われる具体的な生活状況が繰り返し生起する社会変容に伴い法が形成されるのであるとすれば[88]，演繹判断の限界を示す機械的法学の後退の後，社会全体を単位に望ましいとされる目標を論じる目的論である社会工学的法学とともに，規範的法学を提示し，道徳哲学の視点から個人の基本権保障を内実とする法原則を明確にする立場が示されたのは[89]，法の支配を理念とする近代法の倫理的所与に鑑みれば，自然の成り行きであったといえるであろう。

本稿でプライヴァシー保障に関するあるべき規範的法学のアプローチを提示できるわけではないが，本項でみた捜索押収法の展開がプライヴァシー保障に関する道徳哲学上の議論に親和性があるであろうことは指摘しておきたい。それは，プライヴァシーの概念を記述的用法ではなくて規範的用法で用いて描写できる展開であることと[90]，規範的用法で用いた場合に示唆されるプライヴァシーの社会性に一致する展開であることに示されている[91]。プライヴァシー保障は，一人でいるかそうでなければすべてを晒すのかという選択の自由に尽きるわけではなく，親密圏での結びつき，交友関係，信仰や政治信条上の集まりといった他者との係わりに重要である。規範的用法でプライヴァシー概念を用いた場合に，プライヴァシーがこのような善き結びつきや集まりにとって論理則または経験則上前提になるというのをプライヴァシーの社会性と呼んでおく。このような社会性は，米国では，プライヴァシー論が活発になる 1970 年前後以前から，また Katz が新たなプライヴァシーの理論構成で捜索押収法を形成する前から，裁判例上は「結社の自由と結社に

おける自身のプライヴァシーには〔プライヴァシーの干渉が自由を抑制するという，自由保障にとって死活問題となるだけの——筆者〕極めて重要な関係があるというのは当法廷が認識してきて」[92]おり，「集団とのつながりをめぐるプライヴァシーの不可侵性は多くの場合に，結社の自由の維持に欠かせないものであり，集団が反体制の信条を掲げる場合にはとりわけ欠かせない。」[93]という判示に示されている。プライヴァシー論の中で社会性を説く見解には，親密圏や信頼関係の結びつきが論理則[94]又は経験則上[95]プライヴァシーを前提にするというもの，また，成員間の近さを決めるうえだけではなく，成員間の種々の関係の形成の前提であるとするもの[96]がみられる。加えて，米国における憲法上の捜索押収法の主要な理論構成がプライヴァシーの期待の概念であるのは依然変わりないといえようが，米国憲法の第4修正が定める「住居，書類，所持品」という財産領域について，1960年代半ばには，給付（largess）受給者を含めてプライヴァシー・ゾーン（zone of privacy）[97]を権利として保障するという理解が定着していく。多数の圧力から解放されるプライヴァシー・ゾーンは，個人の自己表現・自己実現に，また社会が変化，成長し，革新し，それゆえ存続するうえで不可欠であると理解された[98]。プライヴァシー・ゾーンは一人に放置してもらうことにその意義が尽きるものではなく，家庭や交友関係の中で経験を共有し交流を重ねることを可能にするからこそ，個人の自由にとって，社会の変革と存続にとって必須のものとされる[99]。プライヴァシーの期待は憲法第4修正について財産に基礎をおくプライヴァシーから離れるのに合わせて採用される概念であるが[100]，現代社会で多数による圧力から個人が解放される支配領域が保障された自由社会の堅持に必要とされた「新財産」の概念が，社会性を備えたプライヴァシー・ゾーンとして描写されてきたことは，米国でのプライヴァシーの用語法，捜索押収法の理解の一助になるものと思われる。

　ここに概観したプライヴァシーの社会性は，規範的法学の視点で捜索押収

法を捉えるうえで，捜索押収法の理論構成の基礎であるプライヴァシーの期待の概念をめぐる道徳哲学の考察で示唆されることのように思われる。Katz 前後の裁判例にはこのような規範的法学の視点から理解できる面があるというのにとどまらず，裁判例自体にその視点が入っているように思われる。先に，行動場面の在り方がプライヴァシーの期待の分析に重要であることを論じたが，ECPA 上の要件の相違，段階づけには情報が他者に開披されるときのコンテクストと情報の内容・性質に多く由来する一方，サイバースペースの重要な特徴にユーザ間の交流があることはプライヴァシー概念の社会性に留意すべき一つの事情になると思われる。プライヴァシーは一人に放置してもらうか，そうでなければ他者に広く開披されるかの選択の自由にとどまるわけではない。通信の相手への自己の開披が通信事業者をはじめ他者に広く自己を開披し，それによりプライヴァシーを消失することになるわけではない。インターネットでつながるサーバースペースは，ユーザ各自がその便益を費消するのにとどまらず，ユーザがそのイニシアティヴで結びつくことでユーザ各自の費消とは別次元の活動が展開され，また効用が生まれている[101]。

7．む　す　び

　本稿は，学術シンポジウムの各論,「サイバースペースの法的課題と実務的対応」を報告する小論である。各論テーマで取り上げるべき事項は多岐にわたる。本稿は，そのうちサイバー犯罪と刑事規制を取り上げるが，なおその一部にとどまる。

　法の理解には社会的所与を前提にすべきであるという法制史家の洞察に学び，サイバースペースの特性と現在の犯罪動向，とりわけ犯行態様の趨勢から小論を始めた。刑事規制のうち，実体法上は不正アクセスの禁止とウィル

ス罪を，手続法上はサイバースペースの捜査，とりわけ捜索押収法を構成するプライヴァシーの概念をそれぞれ取り上げた。いずれも，サイバースペースについての基本的な捉え方を反映する。異なる法制間の比較とともに，本稿では，社会的所与をどのように法制に反映させるのかという法の方法論，法学のスタイルに着目した。実体法に係わる道具モデルと，捜査法に係わる規範的法学である。本稿で取り上げたサイバー犯罪条約，オーストラリア法，米国法（ECPA）は必ずしも日本法における対応と一致するわけではない。その相違点がどこにあるのか，また相違点があるとして，その相違が方法論に由来するのか，あるいは方法論とは別の要因によるのかは比較法で当然に問われることであるが，この点の考察はまた他日を期すこととしたい。

1) トーマス・フリードマン（伏見威蕃訳）『フラット化する世界〔普及版〕（上）』（日本経済新聞社，2010年）84-94頁。
2) 渥美東洋『罪と罰を考える』（有斐閣，1993年）は日常生活での必需，需要の充足を相互に依存する，複雑な協力関係と協調行動で成り立つ現代社会での法規範を説く。同『複雑社会で法をどう活かすか』（立花書房，1998年）は組織犯罪，企業犯罪，ホワイトカラー・クライムをそのような社会で生起する社会問題として捉え，法の活かし方を探る。
3) Anthony Giddens, The Consequences of Modernity, Stanford University Press (1990).
4) ヘルムート・コーイング（上山安敏監訳）「学問的対象としての自然法」117頁，『ヨーロッパ法文化の流れ』（ミネルヴァ書房，1983年）所収。
5) コーイング・前掲（注4）119頁。
6) Russell G. Smith, Peter Grabosky& Gregor Urbas, Cyber Criminals on Trial, Cambridge University Press (2004) 14-20.
7) 日本における脅威情勢の統計，サイバー犯罪等に関する相談件数，標的型メールの件数，探索行為の状況については，岡部勝正「サイバー犯罪の現状と捜査の課題」刑事法ジャーナル51号25頁（2017年）参照。
8) Peter Grabosky, "The Evolution of Cybercrime: 2000-2016" in Thomas J. Holt, ed., Cybercrime Through an Interdisciplinary Lens, Routledge (2017). 2017年，ピータ

ー・グラボスキー（監訳＝堤和通，訳＝川澄真樹）「サイバー犯罪——2000 年から現在まで」比較法雑誌 51 巻 2 号（2017 年 9 月刊行予定）。
9) Nir Kshetri, The Global Cybercrime Industry: Economic, Institutional and Strategic Perspectives, Springer (2010), pp. 38-45.
10) マーク・グッドマン（松浦俊輔訳）『フューチャー・クライム』（青土社，2016 年）298 頁。原著は，Marc Goodman, Future Crimes: Everyone is vulnerable and what we can do about it (Doubleday, 2015).
11) グッドマン・前掲（注 10）305 頁。
12) 同上。
13) グッドマン・前掲（注 10）306 頁。
14) 「ゲームオーバー・ゼウスというボットネットは，世界中のマシンをクリプトロッカーというトロイの木馬に感染させ，使用者をすべてのファイルから閉め出し，再びアクセスできるようにするために金を払わざるをえなくした。攻撃が成功したのは，ゲームオーバー・ゼウスが何も知らない人々のデータを探し出して破壊するために用いた，人工知能ランサムウェアエージェント〔身代金要求を分担する自然人に代わる働きをする代行装置の性格を備えたソフトウェア——筆者〕のおかげだった。（中略）以前のように，そのような仕事を個々の犯罪者が手作業で行っていたら，コストもかかり，無理だったろうが，テクノロジーの進歩のおかげでクライム・インク〔組織犯罪集団——筆者〕は——航空会社，銀行，工場と同様——その活動の規模を大きくし，労働力を大きく減らすことができている。」グッドマン・前掲（注 10）452 頁。
15) Nicholas M. De Feis & Philip C. Patterson, "Botnet" and the Battle against Cyber Crime, New York Law Journal, 253-82, April 30, 2015.
16) グラボスキー・前掲（注 8）。
17) グラボスキー・前掲（注 8）。
18) グッドマン・前掲（注 10）310 頁。イノベーティブ・マーケティング社の標的になると，キーボードの前に座っている標的のディスプレイに，突然，画面中央に大きな赤いポップアップが現れて，「警告　深刻なウィルスが検出されました」と表示され，同時に，コンピュータのスピーカーが不吉な音を出し，大きな警報音が利用者に自分のコンピュータで重大な障害が生じていることを知らせる。すぐに，システム・ディフェンダー〔イノベーティブ・マーケティング社の商品——筆者〕のロゴが現れ，「長く複雑なファイル名が次々と現れては消え，検出されたマルウェアの脅威の数が画面下の表示板の下に表示され」，最後には，各種のウィルス，ワーム，スパイウェアがリストアップされ，「あなたのコンピュータはシス

テムクラッシュしてデータが永遠に失われる危機が迫っています。すべての脅威を取り除くにはここをクリックしてください。」(244-5頁)という警告がなされる。脅威除去のボタンをクリックすると，システム・ディフェンダー購入ページが現れる。

19) グラボスキー・前掲（注8）。
20) グラボスキー・前掲（注8）。
21) グラボスキー・前掲（注8）。
22) 特定の脆弱性に関する他に知られない独占的な情報にいくつかの政府が10万米ドルを超える買取り価額を提示している。報道によれば，基本ソフトのひとつの欠陥に関する情報が50万米ドルで売られている。2011年には，NSAは「ソフトウェアの脆弱性情報の秘密裏の購入」に2,500万ドルを充てたと報告されている。グラボスキー・前掲（注8）。
23) グッドマン・前掲（注10）249頁。起業家精神は情報の買取り価額の数パーセントを手数料に情報を売り出すブローカーの登場にさらによく表れている。グラボスキー・前掲（注8）。
24) グッドマン・前掲（注10）260頁
25) グッドマン・前掲（注10）248頁。
26) グッドマン・前掲（注10）259頁。
27) GSN (Government Security News), FBI's Chabinsly outlines the Bureau's uphill battle Against cyber-crime (http://gsnmagazine.com/article/20359/fbi%E2%80%99s_chabinsky_outlines_bureau%E2%80%99s_uphill_battle_ag).
28) Counsel of Europe, Explanatory Report to the Convention on Cybercrime (2001) [8]．条約の刑事実体法の規定については，サイバー刑事法研究会報告「欧州評議会サイバー犯罪条約と我が国の対応について」（経済産業省，2002年），園田寿「サイバー犯罪条約」現代刑事法29号（2001年）29頁，瀧波宏文「サイバー犯罪条約への署名について」現代刑事法38号（2002年）70頁，瀧波宏文「『サイバー犯罪に関する条約』について――その意義および刑事実体法的規定」警察学論集55巻5号（2002年）124頁，山田利行「『欧州評議会サイバー犯罪に関する条約（仮称）』の概要等」ジュリスト1257号（2003年）29頁等参照。このうち，ウィルス罪については，山口厚「サイバー犯罪条約に関連した刑法改正案」Law& Technology 26号87頁（2005年），佐伯仁志「サイバー犯罪条約への実体法上の対応」ダニエル・フット＝長谷部恭男編『メディアと制度』87頁（2005年），岡田好史「サイバー刑法の概念と展望」専修大学法学論集118号63頁（2013年），「刑法168条の2不正指令電磁的記録に関する罪の一考察」國士舘法學第48号

(2013年),星周一郎「サイバーセキュリティへの刑事法的対応に関する一考察」法学会雑誌 56 巻 1 号 361 頁（2015 年）等参照。
29) Orin S. Kerr, The Problem of Perspective in Internet Law, 91 Geo. L. J. 357 (2003).
30) Yochai Benkler, The Wealth of Nations: How Social Production Transforms Markets and Freedom, Yale University Press (2006) pp.8-9.
31) Council of Europe, note 28 [44].
32) Congress Research Service (Charles Doyle), Cybercrime: An Overview of the Federal Computer Fraud and Abuse Statute and Related Federal Criminal Laws (2014, https://fas.org/sgp/crs/misc/97-1025.pdf) p.3. Citing S. Rept. 99-432 at 7 (1986).
33) United States v. Morris, 926 F. 2d 504 (1991).
34) Morris, 926 F. 2d 504, 510.
35) Orin S. Kerr, Norms of Computer Trespass, 116 Columbia Law Review 1143, 1160 (2016).
36) Kerr note 35, p.1160.
37) Jim W. Harris, Property and Justice, Oxford University Press (1996), p.25.
38) Ibid., p.5.
39) 締約国は，自国の法令により，これらのものの一定数の保有を刑事上の責任を課すための要件とすることができる。ウイルス罪の法制化を求める条約が反映する衡量を知るうえでは，6条2項も重要である。同条項は，「この条の規定は，1項に規定する製造，販売，使用のための取得，輸入，頒布若しくはその他の方法によって利用可能とする行為又は保有が，第二条から前条までの規定に従って定められる犯罪を行うことを目的としない場合（例えば，コンピュータ・システムの正当な試験又は保護のために行われる場合）に刑事上の責任を課すものと解してはならない。」と定める。
40) Council of Europe, note 28 [71].
41) さらに，説明報告によれば，これは，偽造通貨ノ禁圧ニ関スル国際条約（International Convention for the Suppression of Counterfeiting Currency and Protocol）「通貨の偽造又は変造に特に適合する道具又はその他の物品」の「製造，受領又は獲得」Article3 (5) と類似のアプローチである。
42) Council of Europe note 28 [73].
43) Ibid., [76].
44) 拙稿「米国におけるサイバー犯罪捜査——サイバー空間の捜索押収法」刑事法ジャーナル 51 号 33 頁（2017 年）。

45) Morton Salt Company, 338 U.S. 632, 652 (1950).
46) H.R. Rep. No.102-827, at 31-32 (1994), reprinted in 1994 U.S.C.C.A.N.3489, 3511-12.
47) Searching and Seizing Computers and Obtaining Electronic Evidence in Criminal Investigations (OLE Litigation Series), Office of Legal Education Executive Office for United States Attorneys (2009) p.131.
48) §18 U.S.C. 3123 (a)(1).
49) In re Application of United States, 846 F. Supp. 1555, 1559 (M.D.Fla. 1994).
50) United States v. Fregoso, 60 F.3d 1314, 1320 (8th Cir. 1995).
51) George P. Fletcher, Rethinking Criminal Law, Oxford University Press (2000).
52) Ibid., p.407.
53) Ibid., p.406.
54) Ibid., p.408.
55) 道具モデルが原理原則を欠くものになるかといえば，必ずしもそうではなく，むしろ，具体的な社会問題に応えるときに（直観的に）正しいように見える解決策である立法や裁判例を構成する道具が妥当する社会的背景や前提にあると考えられる社会哲学がおのずと視野に入れられ，さらには，具体的解決策と一般的な（社会哲学上の）命題が相互に行き来をする「内省的均衡」を図る一つの道であるともいえ，そうであるとすると，重みのある命題の把握とそれに裏付けられた法原理的考察に向かわせる点で，道具モデルは理論志向でもある。ただし，Fletcherがいうように，道具モデルは刑事法の本性に関する探究には向かわない。Ibid, 408. 道具モデルの理論は演繹，とりわけ，三段論法の整合性のある大前提を導き出す体系構築よりも，帰納あるいは内省的均衡によるものとなろう。
56) Fletcher note 51, p.403.
57) Ibid., p.403.
58) 渥美・前掲（注2）『複雑社会で法をどう活かすか』第1章。規制犯罪を「準犯罪」とみる立場が批判的に検討されている。
59) ミリアム・ガニ（堤和通監訳，中村真利子訳）「コモン・ロー文化の挑戦——刑法の法典化」比較法雑誌47巻2号（2013年）107頁。1997年施行のオーストラリアの連邦刑法典第2章は現在，連邦法上のすべての犯罪規定に適用があるとされ，「いかなる犯罪にも適用される刑事責任についてのすべての一般原則（2.1条）」を包含するものとされているが，ガニ准教授によれば，「第2章を適用した裁判官の中には，法典化された刑事責任についての原則は，コモン・ローで発展した責任についての原則よりも薄く，より厳格で，より定型的で，かつ繊細でないものとならざるを得ないと感じている」者もいるとされ，Spigelman首席裁判官の発言と

して，法典化により，「繊細で個別具体的な判例法」が「言葉による比較的厳格で包括的な公式に書き換え」られたというものを引用する。包括的な公式は概念上の真理またはそこから演繹される考えを指すものと解される。130-131 頁。
60) Criminal Code (Cth), ss. 478. 3(2)(3) and 478. 4(2)(3).
61) Duff, Intention, Agency& Criminal Responsibility: Philosophy of Action and the Criminal Law, Blackwell (1990), pp. 111-115.
62) Model Penal Code §2.02 (3).
63) 未遂については，see e. g. R. A. Duff, Criminal Attempts, Oxford University Press (1996). 共犯については，例えば，拙稿「Rosemond v. United States, 572 U.S.__ (2014)」（米国刑事法の調査研究（代表椎橋隆幸））比較法雑誌 48 巻 3 号 353 頁（2014 年）参照。共謀については，Hand 判事の言明である「共謀の加担者は企図の結果次第で自身にとって重要なことが影響を受ける（a stake in the outcome）ものでなければならない。」(United States v. Falcone, 109 F. 2d 579, 581(2d Cir. 1940).) を参照。
64) People v. Lauria, California Court of Appeal, Second District, 251 Cal. App. 2d 471, 59 Cal. Rptr. 628 (1967).
65) イギリス法は recklessness を主観的要件とする立法措置を講じた。See Computer Misuse Act, s. 3A(2).
66) Mancur Olson, The Logic of Collective Action: Public Goods and The Theory of Groups, Harvard University Press (Revised ed., 1971, originally published in 1965).
67) Joel Feinberg, Social Philosophy, p. 99, Prentice-Hall (1973); Douglas Husak, Overcriminalization: The Limits of the Criminal Law, Oxford University Press (2007).
68) Dan Kahan, The Logic of Reciprocity: Trust, Collective Action, and Law, in Herbert Gintis et al., ed., Moral Sentiments and Material Interests: On the Foundation of Cooperation in Economic Life, MIT Press (2005).
69) Orin S. Kerr, The Case for the Third-Party Doctrine, 107 Michigan Law Review 561, 563 (2009).
70) Hoffa v. United States, 385 U.S. 293 (1966).
71) United States v. White, 401 U.S. 745 (1971).
72) Katz v. United States, 389 U.S. 347, 352 (1967).
73) United States v. Miller, 425 U.S. 435 (1976).
74) Miller, 425 U.S. 435, 442.
75) Miller, 425 U.S. 435, 442-443.
76) Miller, 425 U.S. 435, 443.

77) The Report of The Privacy Protection Study Commission: Personal Privacy in an Information Society, July 1977.
78) Ibid., p.101.
79) Ibid., p.102.『裸の社会』(ヴァンス・パッカード) をはじめとする当時の米国でのプライヴァシー論については，渥美東洋『捜査の原理』(有斐閣，1979 年) 参照。
80) Smith v. Maryland, 442 U.S. 735 (1979). Smith の評釈として，柳川重規「Smith v. Maryland, 442 U.S. 735 (1979)」渥美東洋編『米国刑事判例の動向Ⅳ』(中央大学出版部，2012 年) 290 頁参照。
81) Smith, 442 U.S. 735, 744.
82) Smith, 442 U.S. 735, 743.
83) United States v. Knotts, 460 U.S. 276 (1983). Knotts の評釈として，香川喜八朗「United States v. Knotts, 460 U.S. 276 (1983)」渥美 前掲(80) 313 頁参照。
84) Cardwell v. Lewis, 417 U.S. 583, 590 (1974).
85) Knotts, 460 U.S. 276, 281.
86) Ronald Dworkin, Jurisprudence, in Dworkin, Taking Rights Seriously, Harvard University Press (1978).
87) コーイング・前掲 (注 4) 130 頁。
88) Karl Llewellyn, The Common Law Tradition: Deciding Appeals, Little Brown and Company (1960), pp.59-61.
89)「権利テーゼ」としてよく知られている。Ronald Dworkin, Hard Cases, in Dworkin note 86.
90) Ruth Gavison, Privacy and the Limits of Law, 89 Yale Law Journal 421 (1980).
91) Helen Nissenbaum, Privacy in Context: Technology, Policy, and the Integrity of Social Life, Stanford University Press (2010); Charles Fried& Gregory Fried, Because It Is Wrong: Torture, Privacy, and Presidential Power in the Age of Terror, W. W. Norton& Company (2010).
92) NAACP v. Patterson, 357 U.S. 449, 462 (1958). 結社の自由とプライヴァシーについて，渥美・前掲(注79) 48-50 頁参照。
93) Ibid.
94) 親密圏の間柄には他者に開披されていない情報の共有を必要とするとし，その必要性を信頼などの概念分析から導くものとして，see Charles Fried, Privacy [A Moral Analysis], 77 Yale Law Journal 475 (1968).
95) 親密圏の間柄に必要なできごとへの専心，没頭，無我夢中な取り組みは，他者の視線があるときにそれに気を取られ意識が散漫になるとして，他者の視線の排斥

が間柄にとって経験則上必要であるというものとして，see Robert S. Gerstein, Intimacy and Privacy, 89 Ethics 76 (1978). See also Jeffrey H. Reiman, Privacy, Intimacy, and Personhood, 6(1) Philosophy & Public Affairs 26 (1976).
96) James Rachels, Why Privacy is Important, 4(4) Philosophy & Public Affairs 323 (1975).
97) Charles A. Reich, 73 Yale Law Journal 733, 785 (1964).
98) Ibid.
99) Charles A. Reich, The Individual Sector, 100 Yale Law Journal 1409 (1991). See also
100) 渥美・前掲(注79)。
101) Brett M. Frischmann, Infrastructure: The Social Value of Shared Resources, Oxford University Press (2012).

第4章　環境規制のグローバル化と実務的対応

国境を越える環境規制の諸相

牛 嶋　　仁

1. はじめに

　本稿は、環境規制プロジェクトの目的、すなわち、「環境規制のグローバル化に関わる重要問題に焦点をあて、その理論的、実務的対応を整理、分析する」という観点から国境を越える環境法の諸相について、分析枠組みの整理を行うものである。

　本稿において、環境規制とは、環境保全のために行われる公的またはそれに準じる規制を指す（したがって、「規制」という場合、私的な規制や私法による規制は、原則として含まない）[1]。本来、公的規制は、法令に基づき、または、法令により設置された行政組織により事実上行われるものである。したがって、その対象は、法令の対象または規制行政組織の所掌事務の範囲内であり、環境規制それ自体が、次に述べる例外を除き、「国境を越える」ことは、事実上の影響はともかく、法的効果としては一般に考えられない。その例外とは、概ね、①国内法の整備なくしてそれ自体が執行可能な国際法規範（いわゆる self-executing treaties）、②域外適用、③規制対象者が外国籍にもなりうること、をそのように表現する場合であろう。そこで、本稿においては、環境規制が、その規制主体及びルールの多様化並びに事実上の効果も考慮に入れた場合、「国境を越える」と表現している（2. および 3. 参照）。

近代法律学において、主権国家は、法治主義または法の支配に基づき、国家の統治機構とその作用について、憲法を頂点とする法令を整え、その正統性の下に国民（企業を含む）に対する各種規制を行ってきた。環境規制についても例外ではない。しかしながら、上記のとおり、近年、グローバル化の進展とともに、国民国家を前提とした伝統的な公法原理によって説明することが容易ではない現象が増えているように見える。本稿の目的は、その現象に関する分析枠組みの提示に関する準備作業である。

本稿では、そのような国境を越える環境規制について、その問題の提示を行う。まず、比較環境法における分析を行い（2）、次に、トランスナショナル環境法による分析を行う（3）。最後に、国境を越える環境規制の課題を示す（4）。

ここで、本稿における「国境を越える環境規制」と「トランスナショナル環境法」の区別について明らかにしておきたい。「トランスナショナル」は、国境を越えるという意味であるから、「国境を越える環境規制」は、「トランスナショナル環境法」と同義またはその一部に見えるが、本稿では、それにとどまらず、国境を越える契機として類型を「比較環境法」と「トランスナショナル環境法」の二つに分けている。この類型は、相対的であるが、思考経済には役立つという趣旨でこの方法をとっている。

2．比較環境法

(1) 比較法の古典的問題——法の普遍性と固有性

比較法における古典的問題は、「法の普遍性と固有性」[2]のありかである。すなわち、法は、本来、個々の社会に特有のものであるが、その法は、互いに影響し合い、新たなものに変化していく。その際、何がその社会に固有の法

規範で何が社会を越えた共通規範と認識できるかは，場所と時代による。もちろん，普遍性と固有性の境界も相対的で曖昧であろう。

比較法研究は，上記の問題意識に基づく理論の発展とともに，実践的な役割も示してきた。すなわち，①社会問題に対する法の対応に関する新たな知見，②自国の法の相対的観察，③企業等の海外進出の際に適切な法的処理の前提となる知見，④法整備支援の前提となる知見などの獲得であった。そして，その際の要点は，法と社会の相互関係の分析であった。

以下では，比較法の知見が，規制のありようについて，どのような役割を果たしたか，場合を分けて検討する。

(2) 規制の調和

各国の規制は，相互参照なしに発展する場合，異なるものになることが多いが，場合によっては，規制の調和が求められることがある。

規制の調和とは，各国規制間のハーモナイゼーションを指し，国境を越えて行われる事業活動を公正かつ効果的に行うための営みである。上記比較法における古典的問題に従った場合，各国規制間のハーモナイゼーションをすべき範囲は，上記固有性と普遍性の境界（時と場所により変化）までということになる。そして，ハーモナイゼーションの範囲の拡大は，規制及びその対象のグローバル化の一面と理解できる。規制の調和は，二国間，多国間交渉に基づく条約等国際法以外にも，OECDなど国際機関またはそれに準じる団体（それについては，3.(1)参照）による勧告やガイドラインによって行われてきた。

この規制の調和は，国境を越える環境法の観点からは，どのように映るであろうか。第一に，規制の調和は，比較法の作業を経て行われる。第二に，規制の調和は，上記国際法による場合と国際機関またはそれに準じる団体による場合のみではない。連邦制度を有する国や欧州連合のように多層的な法

構造において，法の優劣の制度設計によって，規制の調和が見られることもある[3]。

これらをまとめると，法的な営みとしての国際法や多層構造における規制の調和と国際機関等による勧告やガイドライン（ガイドラインそれ自体には狭義の法的効力はない）による規制の調和があり，それらは，いずれも国境を越える調和ということができる。

(3) 規制の相違とそれが事業活動・企業行動に与える影響

規制の調和と異なり，各国の規制の強化または緩和の競争が生じることがある。以下では，場合を分けて検討する。

1) 規制強化の競争

環境規制の強化競争がグローバルな範囲において生じることがある。環境規制は，事業活動の負担を増加させるので，第一義的には，環境規制の強化競争は生じにくいと考えられるが，次の2点は，競争を生じさせる要因として考えられる。第一に，「持続可能な発展」，世代間公平，予防原則[4]といった理念・原則の発展である。環境保全と事業活動を対立的にとらえず，双方が発展するような社会形成を旨とする場合，規制強化は，各国の国民が支持するものとなろう。第二に，政治的な要因である。これには，当該分野におけるルール策定のリーダーシップ追求と理解できる。たとえば，欧州連合におけるREACHやRoHSなどの化学物質規制[5]は，世界最高水準といわれているが，これが事実上のグローバル・スタンダードになりうる理由は，トランスナショナル環境法として理解できる事実上の効果である[6]。一方，地球環境問題について見ると各国で試みられている各種取組みは，上記世代間公平の原則や予防原則に基づき，新たな制度開始の際にリーダーシップをとりたいという営みであると理解することができる。

さらに，環境規制の強化は，上記の公正かつ自由な競争のためのハーモナ

イゼーションとして，競争の結果，行われることもある（下記規制緩和の裏返し）。

2) 規制緩和の競争

環境規制が緩やかな場合，第一義的には，環境リスクの増加と引き替えに事業コストが低減されるので，企業の誘致・自国経済の活性化をめざして環境規制の緩和競争が生じることがある[7]。これは，環境リスクを高めるだけではなく，各国間における不公正な競争環境を創出するので，場合によっては，その批判がこの観点からもなされる。しかしながら，意思決定権者に広い裁量を認め，例外を設けるなど構造的に仕組む場合には，それを抑止するための仕組みである政治的な抑制均衡や司法上の制度が資源・能力不足や腐敗により機能しないことと相まって，潜在化しやすい。

(4) 公的規制の平準化

現象面での法規範の共通化現象は，公正で自由な競争に焦点をあてた調和以外に，国際人権法のように共通規範の探索による平準化にも見られる。比較法の実践における実務上の機能の副産物は，この共通規範の探索であった（またはそれ自体が自覚的に探索されることもあろう）。

公的規制には，法律に基づく実体法上の行政規制に加え，手続法上の規制，特に，裁判所の判決等による司法的規制も含まれる（legal processの視点）。この legal process は，市民の手続的権利として見た場合，1992年環境と開発に関するリオ宣言第10原則（市民の情報アクセス権，意思決定への参加権，司法へのアクセス権）[8]と理解できる。この第10原則は，オーフス条約[9]やバリガイドライン[10]によって発展しているが，アジア諸国においてもその発展が観察されている[11]。リオ宣言第10原則は，他の国際環境法上の原則とともに環境法の支配（Environmental Rule of Law）の提唱として表現される。ここにも環境法の支配原理による公的規制原則の平準化と各国の固有性による

混成的環境規制の多様性を見ることができる。

　上記の類型・例は，国境を越える環境規制が比較法を契機として観察される場合であるが，環境規制が国境を越える理由は，以下で述べるトランスナショナル環境法にも依拠している。

3．トランスナショナル環境法

　本稿において，トランスナショナル環境法は，国境を越える環境規制を包括する概念ではなく，その契機として比較法の作業を伴わないものをいう。
　国境を越える環境規制の多様化の実態については，以下の類型に分けて検討する。

(1) 主体の多様化
　公的規制の主体は，従来，主権国家であったが，その主体について，主権国家または条約に基づく国際機関でない団体が規制を行う場合がある。これらの例は，金融規制におけるバーゼル銀行監督委員会によるいわゆるBIS規制[12]などに見られるが，国際オリンピック委員会の要請による（開催国の法令に基づく義務を越えた自主的な）環境影響評価実施[13]などは，事実上の環境規制の例としてあげることができる。
　さらに，IUCN（国際自然保護連合）[14]は，組織としてはNGOに位置づけられるが，その会員には，各国政府またはその省庁（日本の場合には，国家会員として日本政府，政府機関会員として環境省）が参加している[15]。公的機関と私人が協働して活動を行う場合，公私協働と呼ばれることがあるが，IUCNの場合には，非政府組織に政府が参加する構造となっており，変則的

な公私協働となっている。

　これら国家または国際機関ではない団体等による規制，すなわち，これらアクターがネットワークとして機能し，事実上の影響力を有することになれば，ガバナンスやアカウンタビリティの課題が生じる。この観点から経済・社会等のグローバル化と現代行政法に関する議論[16]はトランスナショナル環境法においてもあげることができる。

(2) ルールの多様化

　国内実定法に典型的に見られる狭義の法規範（当事者を権利義務関係において拘束する法規範）は，いわゆるハード・ローと呼ばれるが，狭義の国際環境法や各国法の域外適用においても観察される。

　このハード・ローに対して，近年ソフト・ローの概念も提唱されている[17]。その概念は，多義的ではあるが，ハード・ローが有する強制の性質は有しないもののなんらかの社会的規範としての性質を有するものを指し，公的，私的，公私協働規制を問わず，公私機関による各種ガイドラインによる取組みなどは，このソフト・ローの一つとして説明される。このソフト・ローが国境を越えて環境規制として機能する場合，ここにトランスナショナル環境法の一例を見ることができる。例としては，OECD（経済開発協力機構）が勧告を行ったり，ガイダンスを定めることにより，加盟国の自発的な履行を促す仕組み，その他国際機関が定めるガイドライン，民間団体が運営する環境認証制度である ISO などをあげることができる。

　本稿において，トランスナショナル環境法は，事実上の効果，影響を含むとした。この場合，本来適用されない法規範の事実上の影響は，その一例としてあげることができる。欧州連合における REACH や RoHS などの化学物質規制（2.(3) 1）参照）は，EU 規則や EU 指令であるから，その加盟国の国民または加盟国のみに適用されるが，EU 域外に工場を設置し，EU 域内に

製品を輸出する企業等は，規制基準の強弱に併せて複数の工場等を設置することがコストの観点から困難となり，事実上最も厳しい基準が，当該企業の選択となることがある。

その他，JICA（独立行政法人国際協力機構）の環境社会配慮ガイドライン[18]は，政府開発援助の要件とされるものであり，JICA職員（組織内規範として）や受託企業（契約による）の行為規範として狭義の法規範を意味するが，援助対象国においてJICA事業に関連しない企業や住民にとっては，これによる事実上の影響を受けることになる[19]。

(3) 法規範の多層的構造

法規範の多層的構造は，自治体，国内，リージョナル（EU, ASEAN），国際というように多層的に見られる。この場合，各層における法規範が互いに影響しあう現象を観察することができる。特に，国境を越えてこれが観察される場合，トランスナショナル法秩序と表現される場合がある[20]。各国規範と国際法規範の相互影響（国際法規範が国内法規範の反映であり，国内法規範は，国際法規範の反映である）もその一例として説明することができる。

4．国境を越える環境規制の課題

本稿は，環境規制のグローバル化に関する分析枠組みの提示のための準備作業として行った。国境を越える環境規制の諸相は，経済・社会のグローバル化に伴う，規制の調和，平準化，規制の多様性であり，多層的法構造における環境規制の主体とルールの多様化であった。それらが，今後，各分野において，「環境法の支配」（2.(4)）の下に，法の普遍性と固有性をふまえてどのように発展させていくか，注視していきたい。

1) 3.で言及するとおり，公的規制とそれに準じる規制は，相対的である。さらに，私人による規制と公的規制の相対化の現象もある。グローバル化に伴う公法と私法の関係については，浅野有紀ほか編『グローバル化と公法・私法関係の再編』（弘文堂，2015年）参照。
2) 比較法の方法論について，山内惟介『比較法研究第一巻・方法論と法文化』（中央大学出版部，2011年）第1章比較法学における「比較」の概念について――その思考過程解明の試み，3-38頁参照。
3) 連邦制度の例として，合衆国においては，連邦法の州法等に対する優越として，または管轄権の拡大として，連邦制度とは異なるが，EU法においては，EU機関による指令や各種規則の制定により行われる。日本法においては，法律の制定・改正によって条例による規制内容が統一される場合がある（もちろん，地方分権の進展に伴い，その範囲は可動的である）他，協議に基づいて同種内容を有する条例を異なった自治体が制定することによって，条例間の統一がなされる場合もある。
4) 環境基本法4条（持続可能な発展），3条（世代間公平），4条（予防原則）参照。持続可能な発展については，本書所収西海真樹「持続可能な開発の到達点」参照。
5) REACHは，Regulation (EC) No 1907/2006 of the European Parliament and of the Council of 18 December 2006 concerning the Registration, Evaluation, Authorisation and Restriction of Chemicals (Commission Regulation (EU) 2017/999による最新改正）の略称であり，化学物質の登録，評価，認可及び制限に関するEU規則である。RoHSは，Common Position (EC) No 19/2002 of 4 December 2001 adopted by the Council, acting in accordance with the procedure referred to in Article 251 of the Treaty establishing the European Community, with a view to adopting a Directive of the European Parliament and of the Council on the restriction of the use of certain hazardous substances in electrical and electronic equipment (Directive 2011/65/EU of the European Parliament and of the Council of 8 June 2011による最新改正）の略称であり，電気・電子機器における特定有害物資の使用制限に関する欧州議会・理事会指令である。
6) 事実上の効果が目的か結果であるかは，分けて論じがたい。公式見解として，これを目的と表明することはないと思われる。
7) いわゆるrace to the bottomの競争である。*See generally* Veerle Heyvaert, *Regulatory Competition-Accounting for Transnational Dimension of Environmental Regulation*, 25 JOURNAL OF ENVIRONMENTAL LAW 1 (2013).
8) 環境と開発に関する国連会議（リオ・デ・ジャネイロ開催）において採択された「環境と開発に関するリオ・デ・ジャネイロ宣言」（1992）第10原則である。

「環境問題は、それぞれのレベルで、関心のある全ての市民が参加することにより最も適切に扱われる。国内レベルでは、各個人が、有害物質や地域社会における活動の情報を含め、公共機関が有している環境関連情報を適切に入手し、そして、意志（ママ）決定過程に参加する機会を有しなくてはならない。各国は、情報を広く行き渡らせることにより、国民の啓発と参加を促進しかつ奨励しなくてはならない。賠償、救済を含む司法及び行政手続きへの効果的なアクセスが与えられなければならない。」（環境省訳）。

9) UNECE（国際連合欧州経済委員会）がオーフスにおいて 1998 年採択した Convention on Access to Information, Public Participation in Decision-making and Access to Justice in Environmental Matters（環境に関する、情報へのアクセス、意思決定における公衆参加、司法へのアクセスに関する条約）である。

10) UNEP（国連環境計画）がバリにおいて 2010 年採択した Guidelines for the Development of National Legislation on Access to Information, Public Participation in Decision-making and Access to Justice in Environmental Matters（環境に関する、情報へのアクセス、意思決定における公衆参加、司法へのアクセスに関する国内法整備のためのガイドライン）である。バリガイドラインは、ソフト・ローによる政策実施、法整備の例としても理解することができる。

11) 大久保規子教授の研究グループによる一連の研究（行政法研究 5 号（2014 年）、同 12 号（2016）、同 18 号（2017）掲載の諸論文）参照。

12) 牛嶋仁編著『日米欧金融規制監督の発展と調和』（中央大学出版部、2016 年）34-37 頁〔糸井重夫執筆〕参照。

13) 東京都環境局『東京 2020 オリンピック・パラリンピック環境アセスメント指針』（2016 年）1 頁参照。

14) https://www.iucn.org/ 参照。

15) https://www.iucn.org/about/union/members/who-are-our-members 参照。

16) グローバル行政法については、以下の文献を参照。斎藤誠「グローバル化と行政法」磯部力・小早川光郎・芝池義一編『行政法の新構想Ⅰ行政法の基礎理論』（有斐閣、2011 年）339-374 頁、原田大樹『公共制度設計の基礎理論』（弘文堂、2014 年）95-113 頁、岡田正則「グローバル化と現代行政法」岡田正則他編『現代行政法講座Ⅰ現代行政法の基礎理論』（日本評論社、2016 年）351-373 頁。

17) ソフト・ローについては、中山信弘編集代表・藤田友敬編『ソフトローの基礎理論』（有斐閣、2008 年）参照。

18) 「JICA 環境社会配慮ガイドライン」（2010 年）https://www.jica.go.jp/environment/guideline/ 参照。

19) 安念潤司「開発金融機関における環境社会配慮 (1) (2・完) 最近の JICA の一事例を中心に」中央ロー・ジャーナル 11 巻 4 号 41 頁,12 巻 1 号 117 頁以下参照。牛嶋仁「国際開発援助における環境社会配慮義務と行政法の水平線の拡がり——2016 年伊勢志摩サミットに寄せて」白門（中央大学通信教育部）2016 年 8 月号 6-7 頁参照。そして，JICA は，異議申立手続要綱に基づき，苦情申立ての機会を援助対象国の利害関係者に与えており，これは，（JICA の行為規範ではあるが）狭義の手続的権利と位置づけることができる。なお，国際協力銀行は，「環境社会配慮確認のための国際協力銀行ガイドライン」を 2015 年に改訂している。世界銀行やアジア開発銀行など国際機関においても JICA の環境社会配慮ガイドラインと同様のものが定められ，運用されているが，これは，国際金融機関による融資の要件とされるもので，JICA ガイドラインと同様の性質を有する。しかし，国際機関によるものであり，本稿の分類によれば，実定国際法に位置づけられることになる。

20) *See* Terence C. Halliday, Gregory Shaffer, eds., Transnational Legal Orders (2015).

持続可能な開発の到達点

西 海 真 樹

1．はじめに

　持続可能な開発とは，この世に生まれた人々，将来生まれ出る人々が，等しく人間としての自己実現の可能性を保障されるべきであるという人間観・世界観に立脚して，私たちの生活を全地球規模で見直すことを促す現代倫理である。「環境と開発に関する世界委員会」の報告書『われら共通の未来[1]』（1987年）が「将来世代がその必要を満たす能力を損なうことなく，現在世代の必要を満たすような開発」という定義を与えて以来[2]，持続可能な開発は急速に国際社会において受け入れられ，リオ・デジャネイロで開かれた国連環境開発会議（1992年）をはじめとするさまざまな国際会議を通じて，国際社会が達成すべき確固たる目標になった[3]。それは環境と開発を相互補完的で不可分のものと捉え両者の総合をめざす概念として，国際環境法上の基本原則になり，普遍的・地域的な多くの地球環境保全・人権条約の中に具体的規定として取り込まれた。さらに国際紛争解決機関は，具体的事件において持続可能な開発とその構成要素を判断基準として採用し，持続可能な開発を促進するプロセスの一環として経済・環境政策を決定・実施するよう，紛争当事国に求めてきた。本稿は，このような持続可能な開発の展開過程を跡づけ，その法的機能を考察するものである。

2．持続可能な開発の展開過程

　持続可能な開発とは，この世に生まれた人々，将来生まれ出る人々が，等しく人間としての自己実現の可能性を保障されるべきであるという人間観・世界観に立脚して，私たちの生活を全地球規模で見直すことを促す現代倫理である。現在世代のみならず将来世代の生活の質を考慮に入れている点，および，「北」の人々に大量生産・大量消費的生活の変革を迫るとともに「南」の人々に開発とよい統治の必要性を強調している点にそれは現れている。

　「環境と開発に関する世界委員会」の報告書『われら共通の未来』（1987年）が「将来世代がその必要を満たす能力を損なうことなく，現在世代の必要を満たすような開発」という定義を与えて以来，持続可能な開発は急速に国際社会において受け入れられ，リオ・デジャネイロで開かれた国連環境開発会議（1992年）を通じて国際社会が達成すべき確固たる目標になった。それは環境と開発を相互補完的で不可分のものと捉え，両者の総合をめざす概念として，国際環境法上の基本原則になった。持続可能な開発の構成要素として統合原則，世代間・世代内衡平，共通だが差異ある責任，よい統治，予防原則などが唱えられ[4]，それらは気候変動枠組条約，オゾン層保護のためのウィーン条約，生物多様性条約をはじめとする普遍的・地域的な地球環境保全・人権条約の中に具体的規定として取り込まれていった[5]。

　国際司法裁判所（ICJ），世界貿易機関（WTO）紛争解決機関，国際海洋法裁判所（ITLOS），2国間仲裁裁判所などの国際紛争解決機関は，具体的事件において持続可能な開発とその構成要素を判断基準として採用し，持続可能な開発を促進するプロセスの一環として経済・環境政策を決定・実施するよう紛争当事国に求めてきた[6]。裁判所や国際組織が法を解釈・適用・発展させ，各国の政策を評価するさいに，持続可能な開発とその構成要素は，法や

政策の解釈基準になることによって，この営為に関与することになる。その結果として，持続可能な開発が既存の法の重要な変化や発展を導くことがあり得る。現代国際法は，諸国がそれぞれの経済・開発・環境政策を策定・実施する過程において持続可能な開発を考慮に入れるよう求めている。

　上に持続可能な開発が地球環境保全・人権諸条約に取り入れられ，国際紛争解決諸機関がこれを解釈・適用・援用してきたと述べた。持続可能な開発とその構成要素に関する具体的規定をもつ条約として，上述した気候変動枠組条約，オゾン層保護のためのウィーン条約，生物多様性条約の他にも，国際水路非航行的利用条約（ニューヨーク条約），越国境の水路・国際湖保護条約（ヘルシンキ条約），湿地保存条約（ラムサール条約），絶滅野生動植物取引規制条約（ワシントン条約），エネルギー憲章条約，気候変動枠組パリ協定，移動性野生動物種保全条約，食料農業のための植物遺伝資源条約，世界遺産条約，砂漠化防止条約などがある[7]。また，持続可能な開発とその構成要素を解釈・適用・援用してきた国際紛争解決機関として，上述したICJ，WTO，ITLOS，2国間仲裁裁判所の他にも，社会権規約委員会，欧州人権裁判所，米州人権裁判所，アフリカ人権裁判所，北米自由貿易協定仲裁裁判所，投資紛争解決国際センターなどが挙げられる[8]。

　国連環境開発会議（1992年），持続可能な開発に関する国連特別総会（1997年），持続可能な開発に関する世界サミット（2002年），持続可能な開発に関する国連リオ・デジャネイロ会議（2012年）などを経て，2015年9月，国連総会は「持続可能な開発のための2030アジェンダ」を採択した[9]。そこにおいて2000年に国連総会が採択した「国連ミレニアム開発目標（MDGs）[10]」を継承し，2030年までに達成すべき17の「持続可能な開発目標（SDGs）」，それに関連する169の下位目標およびこれらの目標・下位目標の達成手段が策定されている。17のSDGsは，貧困・飢餓の克服，食糧安全保障，農業，健康・福祉，教育，ジェンダー，水と衛生，エネルギー，経済成長と雇用，

インフラ構築，産業，国内的・国際的不平等の解消，都市・居住，生産・消費，気候変動，海洋資源，生態系，平和，司法アクセス，グローバル・パートナーシップなど，人間生活のほぼ全般における持続可能性の実現を謳っている。

　2015年12月，気候変動枠組条約第21回締約国会議（COP21）はパリ協定を採択した[11]。これは京都議定書以降はじめて成立した地球温暖化に対処する条約である。「平均気温上昇2度C未満・1.5度C志向」「温暖化ガスの排出ゼロ」などの目標を掲げ，それを達成するために，一方で途上国を含むすべての国に5年毎の目標提出を義務づけ，他方で目標の達成自体は義務化しない，という画期的な方法を定めている。パリ協定において持続可能な開発とその構成要素は，前文において言及されている他，以下のように取り入れられている。天然資源の持続可能な利用を確保する国家の義務（2, 5, 7, 9条(e)項），衡平および貧困縮減（2, 4, 6条），共通だが差異ある責任（2, 4条3項，9条1-3項，10条6項，11条1-3項），予防原則（2条1項，4条1項，7条5項，7条7(c)項），公衆の参加および情報・司法アクセス（4, 6, 7, 12, 24条），良き統治（85-99条），統合原則（2条1(c)項，7条9(e)項，10条5項）。

3．持続可能な開発の法的機能

　以上のように，持続可能な開発とその構成要素は，現代国際法上の1原則として広く公認された。ICJ, WTO紛争解決機関，ITLOS, 2国間仲裁裁判所などの国際紛争解決機関は，具体的事件において，持続可能な開発とその構成要素を判断基準として採用し，持続可能な開発を促進するプロセスの一環として経済・環境政策を決定・実施するよう，紛争当事国に求めてきた。裁判所や国際組織が法を解釈・適用・発展させ，各国の政策を評価するさい

に，持続可能な開発とその構成要素は，法や政策の解釈基準になることによってこの営為にかかわることになる。その結果として持続可能な開発が既存の法の重要な変化や発展を導くことがあり得る。現代国際法は，諸国がそれぞれの経済・開発・環境政策を決定する過程において持続可能な開発を考慮に入れるよう求めている。

　このような持続可能な開発の法的機能について，2016年に浩瀚な書物『国際法における持続可能な開発[12]』を刊行したヴィルジニ・バラル（ハートフォードシャー大学上級講師）は興味深い考察を行っている[13]。すなわちバラルによれば，現代国際法において持続可能な開発は，一方で紛争解決機関に国際法の進化的な解釈を行わせるという機能を，他方で持続可能な開発目的実現に向けて手段の義務を生じさせるという機能を，それぞれ果たしている。

　紛争解決機関に国際法の進化的な解釈を行わせる機能とは，経済利益と環境利益が対立する紛争において，紛争解決機関が，持続可能な開発に依拠して既存の国際法を解釈・適用することにより，衝突する利益を調整し紛争の解決に至ることを意味する。具体的には，紛争解決機関は，持続可能な開発に依拠することにより条約規範の進化的解釈を行い，対立する利益の間に均衡を打ちたてることで規範の衝突を回避し，場合によっては条約上の義務の修正を正当化し得ることになる。持続可能な開発とは本来的に進化的な性質を有しており，その中身は時間的，物理的，社会的，環境的，経済的，科学的進化により変遷する。このような進化的概念を条約規範にとりこむことによって，条約規範の動態的解釈への道が開かれる。つまり，条約上の義務の意味を，条約締結時の国際法のみにではなく現在の国際法にも照らして決定できるようになる。WTO紛争解決機関は，小エビ・小エビ製品の輸入禁止事件（1998年）をはじめ，いくつもの事件においてこのような解釈を実践してきた[14]。持続可能な開発はまた，経済利益と環境利益が対立してする紛争を解決するための有用な道具になり得る。というのも，紛争解決機関は持続

可能な開発という尺度を用いて当事者の対立する利益・規範の間に均衡をうちたてる（うちたてるように勧告する）ことが可能になるからである。ベルギー・オランダ仲裁裁判所のライン鉄道事件判決（2005年）は裁判所みずからがそのような均衡を提示した例であり[15]，ICJのガブチコヴォ・ナジュマロシュ事件判決（1997年）は裁判所が均衡を考慮した解決を見出すよう当事者に勧告した例である[16]。最後に持続可能な開発は，紛争解決機関が条約上の義務を再定義しようとするさいにこれを正当化するために用いられることもある。持続可能な開発のこのような野心的な機能は，それが実質的には条約の改定を意味するため，論争を招くことになる。ウルグアイ川パルプ工場事件判決（2010年）においてICJは，同河川規程に持続可能な開発への言及がないにもかかわらず，同規程を解釈するさいに持続可能な開発概念を導入し，沿岸国の異なる利益を調整して河川利用と河川保護との間に適当な均衡を図るよう，両当事者に要請した[17]。

　持続可能な開発目的実現に向けて手段の義務を生じさせる機能とは，目的としての持続可能な開発の実現に向けて諸国が努力すべき義務を負っていることを意味する。このような努力義務は手段の義務でありそれは結果の義務と対比される。手段の義務は，目的達成に向けて一定の手段・方法をとるべきであるという義務であり，目的が実際に達成されたか否かは問われない。これにたいして結果の義務は，一定の目的達成それ自体を義務づけるものである。このような手段の義務は，持続可能な開発が究極目的として進化・変遷する性質をもっていることに適合した義務である。それは患者に向き合う医者の義務に似ている。医者は患者の病気を癒すよう努め適切な処方を講じなければならないが，病気を治癒することそのものは義務づけられない。治癒には医者が制御できない要素が含まれているからである。したがって医者の義務は病の治癒という新たな状態を可能にするための適当な条件を作り出すことにある。同様に，持続可能な開発という新しい状態の実現に向けて，

国は適当な政策や措置を実施しなければならないが，その新しい状態に実際に至ることまでは義務づけられない。これが持続可能な開発の文脈における手段の義務が意味するものである。手段の義務を負った国は，経済的・社会的・環境的考慮を適切に統合しつつ政策を策定・実施しなければならない。そこで手段の義務の実施としての政策が持続可能な開発に沿ったものであるか否かを評価することが求められる。このような政策評価基準として，バラルは「よき統治」「世代内・世代間衡平」「統合原則」「予防原則」「持続可能な使用」「参加的意思決定」「環境損害緩和原則」「当事者の協力原則」などを挙げている。これらは持続可能な開発の構成要素と重なる。「環境損害緩和原則」は，ライン鉄道事件判決によれば環境配慮を開発計画に統合する要求から生じるものである[18]。また，「当事者の協力原則」についてウルグアイ川パルプ工場事件判決は「河川規程の目的である合理的かつ最適な使用が持続可能な開発になるのはそのような使用が環境保護の必要と国の経済開発の権利を考慮に入れることによってであるが，両当事者がそれに至るのは協力を通じてである」と述べている[19]。

4．むすびに

持続可能な開発は，1987年のブルントラント報告以来2015年のパリ協定採択に至るまで，一貫して国際社会の強い関心対象であり続けている。持続可能な開発とその構成要素をとりいれた普遍的・地域的・2国間条約は，環境，人権，資源管理，エネルギーの分野で増加する一方である。同時に，普遍的・地域的・2国間の紛争解決機関は，持続可能な開発とその構成要素をさまざまな形で適用・援用・解釈し，国の環境・開発・社会政策を評価してきた。さらに国連総会をはじめとする国際組織は，リオ宣言，アジェンダ21，

ミレニアム開発目標，持続可能な開発目標などのソフトローの形態をとりつつ，持続可能な開発とその構成要素を数値化・具体化してきた。その結果，持続可能な開発とその構成要素は，現代国際法上の原則として広く公認され，さまざまな国際紛争解決機関は具体的事件において持続可能な開発とその構成要素を判断基準として採用し，持続可能な開発を促進するプロセスの一環として経済・環境政策を策定・実施するよう紛争当事国に求めてきた。裁判所や国際組織が法を解釈・適用・発展させ，各国の政策を評価するさいに，持続可能な開発とその構成要素は，法や政策の解釈基準になることによってこの営為に関与している。その結果として持続可能な開発が既存の法の重要な変化や発展を導くことがあり得る。現代国際法は，諸国がその経済・開発・環境政策を策定・実施する過程において持続可能な開発を考慮に入れるよう求めている。それは，一方で紛争解決機関に国際法の進化的な解釈を行わせる機能を，他方で国に持続可能な開発目的実現に向けて手段の義務を課しその適切な評価を行わせる機能を，それぞれ果たしている。現代国際法の動態を適切に把握するためには，持続可能な開発がこれまで果たしてきた役割，および今後果たし得る役割を無視することはできない。

1) The World Commission on Environment and Development, *Our Common Future*, Oxford, 1987.（邦訳）環境と開発に関する世界委員会（大来佐武郎監修）『地球の未来を守るために』（福武書店，1987年）。
2) Our Common Future, *op. cit.*, p.43.
3) 国際法の観点から持続可能な開発を論じた文献として，さしあたり以下を参照。岩間徹「持続可能な開発と国際環境法」『国際問題』390号（1992年），高村ゆかり「Sustain-able Developmentと環境の利益」大谷良雄編著『共通利益概念と国際法』（国際書院，1993年），高島忠義「国際法における開発と環境」国際法学会編『日本と国際法の100年第6巻開発と環境』（三省堂，2001年），西海真樹「持続可能な開発の法的意義」『法学新報』第109巻5・6号（2003年），同「持続可能な開発の文化的側面——国連システムにおけるその展開と日本の課題」日本国際連合学

会編『国連研究』13号（国際書院刊，2012年），NISHIUMI Maki, "The Cultural Aspects of Sustainable Development", *Japanese Yearbook of International Law*, International Law Association of Japan, no.57, (2015), 堀口健夫「『持続可能な開発』理念に関する一考察――その多義性と統合説の限界」『国際関係論研究』20号（2003年），西村智朗「現代国際法における『持続可能な発展』概念の到達点――ヨハネスブルグ会議から見た国際環境法の現状と課題」『法政論集』202号（2004年），松井芳郎『国際環境法の基本原則』（東信堂，2010年）。

4) 統合原則とは，まずは開発と環境の統合を意味した。しかし開発の概念が単に経済成長だけでなく社会開発，人権保障，人民参加も含むようになるに伴い，持続可能な開発が追求すべき統合も，開発と環境だけでなくより全体的なものと認識されるようになった。世代間・世代内衡平とは，現在世代が環境や開発に関する政策を策定するさいに将来世代との関係や将来世代への影響を考慮すべきこと，および，世界の貧しい人々の基本的必要を満たしひいては世界規模での富の不均衡を改めることを，それぞれ意味している。共通だが差異ある責任とは，すべての国は地球環境の保護に共通して責任を負うが，その責任の度合は，地球環境悪化への歴史的寄与および現在の寄与が国ごとに異なる以上，差異が設けられるべきであるという原則である。ここから環境基準の差異化が導かれる。よい統治とは，意思決定に市民が効果的に参加できる政治制度（情報への接近，補償と救済を含む司法・行政制度への効果的接近など）を求める原則であり，意思決定方式をエリート主導のトップダウン型から民衆参加のボトムアップ型へと転換させるものである。予防原則とは，環境に有害となり得る行為・物質は，それが環境に生じさせる害について決定的，圧倒的な証拠が得られなくても，それを規制・禁止することを求める原則であり，同時に環境損害についての挙証責任が被害者から加害者に転換することも含意する。

5) 統合原則：気候変動枠組条約前文，同3条3・4，生物多様性条約前文，同6条，カルタヘナ議定書前文，砂漠化防止条約前文，同2条。世代間・世代内衡平：気候変動枠組条約3条1，生物多様性条約前文，同2条，同15条7。よい統治：気候変動枠組条約6条a(ii)(iii)，生物多様性条約14条1a，同21条1。予防原則：オゾン層保護ウィーン条約前文，同2条1，モントリオール議定書前文，気候変動枠組条約3条3，生物多様性条約前文。共通だが差異ある責任：（原則宣言型）オゾン層保護ウィーン条約前文，同2条2，モントリオール議定書前文，気候変動枠組条約前文，同3条1，生物多様性条約前文。（義務－α型）モントリオール議定書5条1，気候変動枠組条約4条1，同条2a, b, e, g，同条6，同条約12条5，京都議定書2, 3, 7条，生物多様性条約20条2。（権利＋α型）オゾン層保護ウィーン

条約4条2，モントリオール議定書9条1，同10条，気候変動枠組条約4条3，4，5，京都議定書11，12条，生物多様性条約16条2，3，4。これらの諸類型とその意味について，次を参照。西海真樹「持続可能な開発の文化的側面——国連システムにおけるその展開と日本の課題」前掲論文（注3），26-27頁。

6) 国際司法裁判所（ICJ）は核兵器の威嚇または使用の合法性事件の勧告的意見で，核爆発の放射能汚染は将来の環境・食物連鎖・海洋生態系に損害を発生させ，将来世代の人々に遺伝的疾患を生じさせる虞がある，核兵器使用の合法性を考えるさいには核兵器の破壊力と使用が人々に与える言語を絶する苦痛と並んで，それが将来世代に損害を生じさせることを考慮に入れなければならない，と述べる。ここに世代間衡平の発想がうかがえる（*CIJ, Recueil des arrêts, avis consultatifs et ornonnances, Licéité de la menace ou de l'emploi d'armes nucléaires, avis consultatif du 8 juillet 1996*, p.242, para.29, pp.243-244, paras.35-36）。ICJはまたガブチコヴォ・ナジュマロシュ事件判決で，経済的理由による人類の自然への干渉はしばしば環境への影響を考慮することなく行われてきた，このことが現在世代と将来世代に与える危険が自覚された結果，ここ20年間に新たな規範と基準が発展してきた，経済発展と環境保護とを調和させる必要性は持続可能な開発という概念に適切に表現されている，と述べ，持続可能な開発の法的意義を明示的に認めた（*CIJ, Recueil des arrêts, avis consultatifs et ordonnances, Affaire relative au projet Gabcíkovo-Nagymaros, arrêt du 25 septembre 1997*, p.78, para.140）。他方，世界貿易機関（WTO）上級委員会は，小エビ・小エビ製品の輸入禁止事件の報告書において，有限天然資源の意味を確定するさいには，環境保護について国際社会が抱く現代的関心に照らしてこの語の意味内容を変遷するもの（evolutionary）と解釈しなければならない，WTO協定前文が持続可能な開発に言及しているのは，同協定に署名した人々が国内・国際政策の目標としての環境保護の重要性と正当性を十分に認識していたからだ，と述べ，持続可能な開発に照らして条約規定を解釈すべきであると述べている（WT/DS58/AB/R, 12 October 1998, paras.129-130, 153, 168）。さらにベルギー・オランダ間のライン鉄道事件判決で，この事件を扱った仲裁裁判所は，リオ宣言原則4およびガブチコヴォ・ナジュマロシュ事件判決の上記部分を参照しつつ，国際法もEC法も経済開発活動の計画・実施において適切な環境保全措置の統合を要請している，開発が環境に重大な損害を生じさせる場合，その損害を防止・軽減する義務は今や一般国際法上の原則になっている，と判じた（CPA, sentence, 24 mai 2005, *Affaire du chemin de fer du Rhin de fer (Belgique c. Pays-Bas)*, RSA, vol.XXVII, paras.221-223）。ここで仲裁裁判所が明示的に認めた統合原則は，後のICJのウルグアイ川パルプ工場事件の仮保全措置命

令および本案判決においても確認されている（CIJ, arrêt, 20 avril 2010, *Affaire relative à des unines de pâte à papier sur fleuve Uruguay (Argentine c. Uruguay)*, para. 177）。

7) 国際法協会（ILA）の「開発のための持続可能な天然資源開発における国際法の役割」委員会は，持続可能な開発およびその構成要素が資源開発分野の諸条約にどのように取り入れられ，そこにどのような限界・課題が生じているかについて第1報告書をまとめ，2016年8月にヨハネスブルグで開かれたILA第77回研究大会にこれを提出した。詳しくは以下を参照。ILA, Committee of Role of International Law in Sustainable Natural Resource Management for Development, *Draft Conference Report 2016 Johannesburg* (http://www.ila-hq.org/en/committees/index.cfm/cid/1044).

8) ILAの「持続可能な開発にかんする国際法」委員会は，持続可能な開発およびその構成要素が普遍的・地域的な紛争解決機関においてどのように解釈・適用・援用され，そこにどのような限界・課題が生じているかについて最終報告書をまとめ，2012年8月にソフィアで開かれたILA第75回研究大会にこれを提出した。詳しくは以下を参照。ILA, Committee of International Law on Sustainable Development, *Conference Report Sofia 2012* (http://www.ila-hq.org/en/committees/index.cfm/cid/1017).

9) A/RES/70/1 (http://www.un.org/ga/search/view_doc.asp?symbol=A/RES/70/1&Lang=E).

10) A/RES/55/2 (http://www.un.org/en/ga/search/view_doc.asp?symbol=A/RES/55/2).

11) https://unfccc.int/files/meetings/paris_nov_2015/application/pdf/paris_agreement_french_.pdf

12) Virginie Barral, *Le développement durrable en droit international Essai sur les incidences juridiques d'une norme évolutive*, Bruylant, 2016.

13) Virginie Barral, "Retour sur la function du développement durable en droit international : de l'outil hermeneutique à l'obligation de s'efforcer d'atteindre le développement durable", Société française pour le droit international, colloque de Lyon, *Droit international et développement* (Pedone, 2015), pp. 411-426.

14) ORD, Organe d'appel, Rapport, 6 novembre 1998, *Etats-Unis-prohibition à l'importation de certaine crevettes et de certains produit à base de crevettes*, WT/DS58/AB/R, para. 129.

15) CPA, *Affaire du chemin de fer du Rhin de fer*, préc., paras. 220-221.

16) CIJ, *Affaire du projet Gabčkovo-Nagymaros*, préc., para. 140.
17) CIJ, *Affaire des unines de pâte à papier sur le fleuve Uruguay*, préc., para. 177.
18) CPA, *Affaire du chemin de fer du Rhin de fer*, préc., para. 59.
19) CIJ, *Affaire des unines de pâte à papier sur le fleuve Uruguay*, préc., paras. 75-77.

第5章　生命倫理規範のグローバル化と
　　　　実務的対応

終末期医療における患者の承諾と自律

只 木 　 誠

1. はじめに

　現在，交通や通信技術の革新的な発達によって諸外国との「距離」は飛躍的に縮まり，世界はより一層均質化している。とはいえ，一年の終わりに，日本では賑やかにクリスマスを過ごし，除夜の鐘には「煩悩滅却の静寂」を思うのに対して，ヨーロッパでは心静かにキリストの降誕祭を祝い，新年の始まる瞬間には花火や爆竹で賑やかに祝うというように，行動や考え方，また法意識はその社会の宗教や文化に根ざして異なっている。

　とりわけ，人の生命の「始まり」と「終わり」についての観念の相違は，関連する法制度のあり方にも大きく反映している。ヨーロッパでは，脳死を人の生命の「終わり」すなわち「人の死」とするのがすでに一般である。わが国では，人の生命の終わりについての定義が定まらないまま1997年に臓器移植法が成立したが，これによって，一定の要件のもと，脳死も心臓死と同様に人の死として認められることとなった。この妥協的決着は，日本人の「死」，すなわち，人の生命の「終わり」に対する想念が極めて情的で濃いことに由来するであろう。これに対して，例えばオランダの安楽死法のように，ヨーロッパの人々の「死」に対する感情は淡泊で，即物的であるようにさえ見える。他方，日本では，人の生命の「始まり」への関心・意識は必ずしも

高いとはいえない。着床前診断（Präimplantationsdiagnostik：PID）における胚・受精卵（Embryo）の保護に関して社会の議論は高まらず，それどころか，わが国の刑法上は禁止されている堕胎も母体保護法のもとでは制限がなく行われているというのが実態である。例えばドイツではPIDも堕胎も厳しく制限されており，その背景には胚・受精卵の保護を重要視する法文化的背景があることと比較すると，このような状況の相違は，非常に特徴的である。

ところで，急速に超高齢社会を迎えているわが国の終末期医療にあって，安らかに眠りにつきたいという患者の希望にどのように沿うべきか，法律上の対応が大きな課題となっている。

死に瀕している患者に対して，例えば薬剤を用いて医学上必要な緩和・鎮痛措置を施すことでその間接的効果として結果的に生命を短縮し死期を早める間接的臨死介助，また，苦痛を長引かせるだけのような生命維持の措置（延命治療）を開始しない，あるいはこれを差し控え，終了することにより死の惹起へと導く消極的臨死介助（治療中止，尊厳死）の両者については，わが国，またドイツ，スイス等においても，医師に法的な責任は課されないとされている。これに対して，患者の生命を，その肉体的苦痛の緩和ないし除去を目的として意図的・故意的に断絶することをいう積極的臨死介助については，ドイツやスイスでは患者の承諾のもとでも許容しないという立場であり，わが国でも同様である。

本稿は，終末期医療における臨死介助や治療中止などの課題を検討しつつ，法化社会のグローバル化にあって，法体系を同じくする国々において，人間の尊厳や個人の自律，あるいは承諾にどのような価値が付与され，いかなる解釈原理となっているのか，いかなる文化的，宗教的背景が法制度に影響を及ぼしているのかを比較法的に検証し，法律学という理論と裁判実務および医療実務との対話の在り方を検討しようとする試みの1つである。

2. 終末期医療における臨死介助・治療中止・自殺幇助の現況

　一旦治療を引き受けたならば医療基準に基づいて患者の生命を維持する保障人たる義務が医師には生じるが，一方，判断力のある患者においては，治療内容や方法を選択・決定することが可能である。西欧諸国においては，「病気である権利」，人間としての尊厳を保ちつつ死を迎える権利，死ぬ権利[1]が「人権と基本的自由保護のための条約（European Convention on Human Rights：EMRK）」によって保障され，各国の法律によって自殺行為が処罰されないかぎり，患者には自身の命の終末について決定する権利があるとされ，ドイツでは，自殺の不可罰性は憲法（基本法）上保障された個々人の自律の表現であるとされる。患者が延命措置を拒否すれば，すなわち，医師の義務は生命保持から看取りへと代わる。もし，患者の意思に反して医師が延命措置を行うならば，ドイツ，スイスでは，「専断的医療行為（医的侵襲）」として傷害罪にあたるとされている。

　一方，積極的臨死介助と消極的臨死介助との中間にある医師による患者の自殺の幇助について[2]，日本では嘱託・承諾殺人のほか，自殺関与も刑法の処罰対象とされているが，正犯行為を共犯行為の従属性の要件とするドイツ，スイスでは，自殺関与は基本的に罰せられないとされ，自殺関与に関する処罰規定はない。

　このような終末期医療における臨死介助や治療中止，医師による自殺幇助の問題につき，ドイツやスイス等では医師の行為の法的免責を担保する法整備が進められる一方，ドイツでは，昨年，業として行う医師の自殺幇助を処罰する法律も制定されており[3]，それらの議論の内容とその示す方向性とは，わが国の今後の対応に参考となると思われる。また，1980年代にスイスに発足した，自己決定として自らの死を選択した患者の自殺の援助を請け負う臨

死介助協会は，現在ドイツにも広がっているが，このような組織への対応を含め，終末期医療の問題についてわが国の議論はまだ端緒についたばかりというのが現状である。

　わが国では，平成7年東海大学病院安楽死事件判決で示された，a）患者が耐え難い肉体的苦痛に苦しんでいる，b）患者は死が避けられず，死期が迫っている，c）患者の肉体的苦痛を除去・緩和するために方法を尽くし，他に代替手段がない，d）生命の短縮を承諾（同意）する患者の明示的意思表示がある，という4基準が安楽死の許容指針とされているところ，いずれも厳格な判定が求められることから，実際には，この基準は「末期医療における安楽死を事実上封殺したもの」とも評された[4]。治療行為の中止（消極的臨死介助，尊厳死）事案に属する近時の川崎協同病院事件で，1審は，治療中止の許される要件として，東海大学安楽死事件と同様，「患者の自己決定権」と「（医師の）治療義務の限界」を挙げたが，高裁ではかかる基準が現在一般に承認されているとはいえないとされ，最高裁[5]はいずれの立場にも与せずに，ただ，結論においては，本人の意思が不明な場合に認められるべき「患者の推定的意思」に基づく行為ではないなどとして，1審，2審同様に，被告人に有罪の判決を下している。もっとも，最高裁の立場は1審判決の挙げた基準を支持しているといえよう。

　このような中，かかる終末期患者の医療に携わる医師は，どのような要件のもと自己の行為が許容されるのかが判然としない，不安定な状況にあるのであり，判例も指摘するように，法的な，ないしガイドラインによる早急なルール作りが必要であろう。もっとも，一方で，法律やガイドラインが確立することにより，患者やその家族に不当な圧力がかかることになるのではないかとの強い懸念も示されているところではある[6]。

　臨死介助においては，重要な保護法益である人の生命の終焉をめぐって，個人の意思の自由の尊重のもとどのように自己決定（権）を確保するのか，

そもそも自らの死を選択することは自己決定権のうちに入るのかといった根本的な問題について答えを導くことは極めて難しい問題である。ドイツにおける自己決定原則，治療義務の限界を核とした臨死介助，治療中止をめぐる議論をわが国ではどのように受け止め，活かすべきであろうか。

3．治療中止・自殺幇助と患者の自己決定

(1) わが国の状況

「日本では，事前の延命治療差控えに対してはかなり寛大に許容しつつ，1度開始した延命治療・措置に対しては，中止すれば殺人罪になる懸念があるとして過剰に抑制的である」とも指摘されるが[7]，上記川崎共同病院事件で，最高裁が治療行為の中止についての要件を示したその意義は大きい。もっとも，その中で示された「余命および回復可能性」と「患者の推定的意思」という要件のいずれか単独でも正当化は可能なのか，前者は後者の要件なのか，どの段階をもって「余命および回復可能性」が見込めないといえるのか，治療の可能性があっても治療行為の中止は可能なのか，自己決定権の行使があっても，共犯を処罰している現行法202条といかに整合させるのか[8]等々の問題は依然として残るのであり，また，治療中止は家族の代行承諾（代諾）ではなく患者本人の推定的意思をもって判断するとしているところ，家族の恣意の排除や家族の範囲の確定等についても，明らかにされるべき点は多い[9]。

(2) ドイツの状況

一方，ドイツでは，承諾殺人罪（刑法216条）は存するが自殺関与の規定は存在せず，このため，不可罰である自殺関与・幇助，可罰的である承諾殺人，そして両者に境を接する医師による臨死介助行為を巡って，日本とは異

なる議論が展開されてきた[10]。

　すなわち，まず，いまだ死に至ってはいないが病気の経過が不可逆的である臨終のステージ（生物学的な終焉段階）において医師に患者の生命を維持する権利および義務がないことは，一致した意見である。その際医師が行うべきは，尊厳を保ち，苦痛なく患者に死を迎えさせることであり[11]，それは「臨終における介助」と表現されている[12]。

　他方，臨終のステージに達していない段階においては，積極的臨死介助，間接的臨死介助，消極的臨死介助，そして，直接的臨死介助（＝生命短縮を目的とした臨死介助）と消極的臨死介助の中間に位置する自殺関与が問題となる[13]。積極的臨死介助は，ドイツ，また，スイスでも，患者の明示的な意思表明の存否にかかわらず，これを許容していない。間接的臨死介助については，現時点でドイツやスイスの実務ではこれを不可罰としている。そして，消極的臨死介助については，緩和医療の発展に伴い「耐え難い苦痛」というものが事実上なくなってきて，生物学的終焉段階以前において問題となる事例の殆どが当該の事例となるなか，安楽死・尊厳死の議論はそこに集約されつつある。最後に，自殺関与については，欧米各国で「死ぬ権利」の承認や安楽死，積極的臨死介助・自殺幇助の合法化，尊厳死法の整備等が進むなか，ドイツでは，民法改正による対応が模索された。すなわち，患者のリビングウィル，自己決定に法的な拘束力を肯定した世話法の第三次改正，具体的には1901a条以下の規定がこれである[14]。

4．臨死介助，治療中止，自殺幇助の不処罰の根拠

(1) 患者の自己決定権と臨死介助

　近時，（積極的）臨死介助に関するこれまでの論証に検討を加えたNeumann[15]

は，患者の自己決定権の尊重を訴える。すなわち，自殺の違法性を肯定する見解に反して，生命権から「生きる義務」は導かれず，「生命は最高の価値である」との主張は人間の尊厳原則との関係では相対化されるべきであるとし，刑法216条をもってする論拠も，同条は他人の殺人を念頭においた規定であり自殺行為に関与するものではないとする。また，人間の尊厳の要請から（積極的）臨死介助の禁止を導く考えには，医師の職業倫理を根拠にするならば，その前提として，自殺幇助が非道徳的である旨の証明が必要であるという。

さらに，患者の「自律性」について，Neumannは，「臨死介助の措置を正当化する有力な論拠は，人間の尊厳原則から導かれるところの人の自律的な自己決定原則に由来するものであり，この論拠によって，とりわけ，死を望む者が自らの生命を自らの手で絶つことができないような場合には，他者の助けを借りてこれを実現することに法的な可能性を開くべしとの要求が裏づけられる」とし，このような前提に立って，（積極的）臨死介助にあたるような事例にもドイツ刑法34条（正当化的緊急避難）の適用の可能性をみるのである。

(2) 患者の自己決定権と治療中止

1) 治療中止を刑法34条の正当化緊急避難に求める見解

可罰的な積極的臨死介助との区別が問題となる治療中止の事例について，従来，ドイツでは，「作為による不作為」と構成することで刑法211条（謀殺罪），212条（故殺罪），216条（承諾殺人罪）の構成要件該当性を否定し，行為者の処罰の回避を図ろうとする見解が有力であった[16]。他方，患者の現実の意思を考慮した人工延命治療の中止（例えば，胃瘻チューブの切断や人工呼吸器のスイッチを切ること）を作為と評価してこれを合法であると判示し，消極的臨死介助には作為・不作為が共存するが，そのいずれであるかは可罰性にとって決定的でない（作為と不作為の上位概念としての「治療中止」と

いう概念の創設）とした2010年のPutz判決（BGHSt 55, 191.）は構成要件該当性ではなく違法性レベルで問題解決を図ったものとされ，これにより不作為犯構成によらずとも治療中止が正当化される余地が認められることとなった[17]。すなわち，「（同判決は）治療の中止は多くの積極的・消極的行為を包含しているので，これに関連する全ての行為を「治療の中止」という規範的・評価的な上位概念に包摂させることが有意義であるとする。なぜならば，基本法1条1項，2条1項から導かれる個人の自己決定権は，人が自己の生と死について他者の影響を受けずに決断する権利を保障しているので，患者が治療を行わないことを要求しうるならば，それは望まない治療の終了についても同様に認められなければならず，たとえば人工心肺装置や栄養補給ゾンデの取り外しがそうであるように，取り外しという積極的な行為とするか，あるいはその後の治療措置を行わないという不作為とするかはどちらでもよいからである」とされたのである[18]。

現在のドイツの学説では，治療中止の正当化は正当化的緊急避難の理によるのが多数説であろう[19]。Sinn[20]は，Roxinに代表される上記不作為犯構成を批判しつつ，以下のように主張する。すなわち，延命機器を停止する医師は，不作為，すなわち，「救助行為から手を引くこと」を行っているわけではない。むしろ，患者の具体的な死を作為によって導き，生の時間を短縮しているのである。不作為犯構成は，刑法216条の可罰性を排除するトリックであり，技巧的である。治療中止は，治療の継続についての承諾能力のある患者による有効な承諾が欠けており，したがって治療を継続することが身体に関する自己決定権の侵害である場合に許容され，同時に，必要とされる。医師による治療権が消滅すれば，その生命延長義務もなくなる。医師は，救命措置を望まず，確実な死を甘受する患者の自己決定権を尊重しなければならない[21]。作為義務のない者による合意に基づく治療中止は不可罰であるが，それは，患者の自己決定権に従っているからであり，その理論的根拠は，刑

法34条の正当化緊急避難によるべきである，と．

2) 治療中止を患者の承諾の理論に求める見解

これに対して，刑法34条は個人間の法益の衝突にのみ妥当し[22]，同一法益主体内の法益の衝突には適用できないとして，治療中止の正当化の根拠を承諾論にみいだそうとするのはDuttgeである．Duttgeはいう．概念的には「治療中止」ではなく「療法（Therapie）制限」の用語が適当である．療法制限の正当化事由は自己決定権の表現としての承諾か推定的承諾であり，療法が医学上も必要で患者の意思に沿う場合には，さらにその継続が必要である．重要なのは，刑法216条の要求に基づく積極的・直接的な治療中止による殺人との関係から，許される生命救助が違法な行為へと，必要的致死行為が可罰行為へとかわる限界，許される治療中止と可罰的な治療中止との区別を正しく明らかにすることである[23]，という．

Hilgendorfも，医的侵襲の正当化は緊急避難ではなく承諾理論によるべきで，より適切に患者の自律を考慮しうるという点で推定的承諾による正当化もまた刑法34条の正当化的緊急避難による正当化よりも優先されるべきであって，これは治療拒否にも当てはまるという[24]．

一方，わが国では，上記川崎協同病院事件最高裁決定で示された，本人の自己決定権やその推定的意思に基づく家族の意思を[25]，また，治療義務の限界に由来することを治療中止の正当化の根拠とする見解がある．前者には家族による代行意思の可否，後者には「限界」の線引きの困難[26]等が指摘されている．また，治療中止における刑事訴追の回避に一定の効力が得られるとして，ガイドラインに則った——そこには上述の注意点も存するものの——手続の有無を重視する見解も存する[27]．

そして，有力に主張されているのは，患者の自己決定の思想に依りつつ，ドイツの「作為による不作為犯」という構成に立ち，「治療行為を最初から差し控えること」と「開始した治療を中止すること」とは刑法上同列とされる

べきとする見解である[28]。同説に立てば川崎協同病院事件における抜管という「作為的行為」についても正当化が可能で，同説に好意的な評価は少なくないが，ドイツではPutz判決のように異なる理論構成に立つ判例が現れて新たな理論の段階にさしかかっており，今後の展開が期待されるところである。

(3) 患者の自己決定権と自殺幇助

ドイツでは，刑法上不可罰とされる自殺関与と可罰的な積極的臨死介助との区別が大きな問題であるが，両者の区別は極めて相対的であり，許容される医師による自殺幇助の要件とその根拠が模索されてきた。判例の推移のなか，Putz判決のように治療中止に自己決定権に基づく死の権利を尊重する理が当てはまるならば，真摯かつ十分に考え抜かれた自由答責的な自殺の意思も当然尊重されるべきとされ，現在，ドイツでは，患者の自己答責的な自殺行為における医師の幇助については，民法1901a条以下の規定の影響下のもと，その可罰性は否定されるとする見解が有力である[29]。確かに，可罰的な承諾殺人との倫理的な差異はわずかであるが，しかし，不可罰的な自殺の幇助は患者の自己答責性・自由答責性，そして完全な意思の存在によって導かれるという点において両者は法的に区別されるというのであり[30]，このような理解はドイツ法曹大会刑法部門においても共有されている[31]。

一方，間接的臨死介助は推定的意思をもって許容・正当化され，また，終末期医療で問題となる事例の大部分が医師の介助による消極的臨死介助であることから，わが国では，自殺関与（幇助）に関しても，類型として消極的な不作為形態である「消極的自殺関与」という類型のもとで，違法性判断において正当化する見解もある[32]。すなわち，自殺関与を「自殺患者をその真摯な願望に応じて死にゆくにまかせる不作為による幇助である『消極的自殺関与』」と，「致死薬の調合ないし自殺装置の調達による幇助である『積極的自殺関与』」とに分類した場合，前者は輸血拒否，消極的安楽死，さらには人

工延命拒否（尊厳死）に通じており，当該医師の行為は自殺関与罪の構成要件に該当しても，違法性判断においては治療拒否ないし延命拒否という対抗利益が優越するため正当化できると考えられる。これに対して，後者の場合には，実質的には積極的臨死介助と差異がなく，正当化は困難であり，場合によって責任阻却による不可罰が導かれるに止まると解すべきであろう，というのである。

5．臨死介助協会の現状と「業としての自殺援助処罰法」

(1) 臨死介助協会の現状

　終末期医療の問題が上記のような状況である一方，近時注目されるのは自殺幇助を専門的に提供する先述の臨死介助協会の広がりである。臨死介助協会による自殺幇助の件数は年々増えているが，これらの協会の活動を直接に規制する独自の法律は存在せず，死を望む者にも幇助を行う者にも移動の自由があることから，議論は一国固有の問題ではない。

　加えて，組織的な自殺幇助の広がりにおいて懸念されるのは，臨死介助協会を介して生死を選ぶ決定権の一般化によって生じる権利の濫用の危険性であり，また，逸脱や規範違反の基準が明確でないことから，そのような例に気づきにくく，対処も困難で，しだいに道徳的価値観の変遷や，本来効果的である管理メカニズムや良心の作用の衰退を招くことであるとされている。そのため，有効かつ広範囲な規制と予防的保護策の早急な構築が必要である，と主張されているのである。これに対する刑法学者の批判があることはいうまでもない。

　臨死介助協会の活動について，国ごとに対応は異なるものの，その一律の禁止に対しては，主に自己決定権の見地から異議が唱えられるであろうし，

同時に，すでに多数の会員を有している協会の場合，実際に禁止することは困難であろう。むしろ，重要なのは，臨死介助協会が遵守すべき注意基準を定め，自殺を望む者がその意思を自由に決定し，明示したか，その意思は熟慮に基づき，また，継続したものであるかを，明確にさせることである。

さらに，判断能力のない患者についてはどのようにするのか。医師の関与はどのようにあるべきか。そして，どのようにしたら自殺が営利目的の対象にならないかについても，明らかにされるべきである。

(2) 業としての自殺援助処罰法

このような状況の中，ドイツでは，2015年末，長らく議論が続いていた自殺介助に制限を加えようとする新規定，刑法217条（自殺援助処罰法）が多くの刑法学者による批判の声がある中，可決・成立した[33]。同規定は，組織化された自殺介助が商業化・ビジネス化するまえに，これに歯止めをかけようとしたものであるといえようが，マスコミでも大きく取り上げられ，議論をよぶこととなった。

新217条は以下のような規定である。

　217条　業としての自殺援助
　(1)他人の自殺を援助する目的で，業として自殺の機会を付与し，調達し，あるいは斡旋した者は，3年以下の自由刑又は罰金に処する。
　(2)自ら業として行為せず，かつ第1項に規定する他人の親族又はその他人と密接な関係にある者は，共犯として処罰しない。

同条文にかかる処罰には，死に至る機会の付与，創設，仲介を反復または継続して行うこと，またその目的が必要とされるが，手段には，死に至る方法の情報の提供も含まれている[34]。

この新規定の問題性について，議論を整理・確認しつつ検討し，いち早く反論を加えたのは，HilgendorfとRosenauである。その内容は，概要，以下のとおりである[35]。

すなわち，法案は，①基本法にも刑法的にも，医事法的にも拒否されるべきであり，②近年の立法者や裁判所による自殺幇助の非犯罪化に逆らうものであり，そのような法案がなくとも，③警察法や刑法が，自殺者の自由意思が十分に確認されない場合には有効な手段となりうる。患者との信頼に基礎を置き，刑法的規制に敏感である医師の活動領域が，熟慮なき刑法の拡張によって処罰可能なグレーな領域に組み入れられることは誤りではなかろうか，とする。

そして，2人が反論の具体的根拠として挙げているのは，次の点である。

a) 消極的・間接的臨死介助の議論においては，患者の明示の意思による自殺介助の望みを尊重しこれを許容することは，たとえ生命の短縮に結びついたとしても許容されるとして，すでに，長きにわたって承認されてきた〔歴史的根拠――〔 〕内は筆者の注。以下同じ〕。

b) ホスピスや緩和病棟では継続的に組織的な臨死介助が行われ，その結果，生命の短縮に結びつくとしても，このような行為は無制限に肯定的に評価されてきた。そして，刑罰によって阻止される代わりに，十分な資金的援助によって支えられてきたのである〔事実的根拠〕。

c) 自殺は可罰的でないからその幇助も可罰的でないというのが，実証された刑法理論上の原則である〔理論的根拠〕。

d) 基本法2条1項とあわせて1条1項によって保障された個人の自己決定権は，自らの死についても及ぶ。2009年制定の患者の指示法によって立法者はこれを明確に示している。新規定は自己決定権を侵害し，比例原則に反しており，そこでは，刑法は「最後の手段」でなければならないとする原則も考慮されていない〔基本法的根拠〕。

e) 医師と患者の関係が法的に規制されるのは限定的に許される場合のみであり，刑法にあってはなお一層のことである。医師の自殺介助行為の可罰性は，したがって明白に否定されるべきである。医師の良心の自由——基本法4条1項——は，医師と患者との関係をも含む。新規定は基本法上の理由からも拒否されるべきである〔自由権的根拠〕。

f) 医療倫理や社会倫理ならびに刑法の基準に照らして許容される，あるいはそれどころか肯定的に評価される医師の措置を，医師の職業法は禁止すべきではない。死に際しての医師の介助は良心に基づく決定として許されるのである〔職業法的根拠〕。

g) 自殺を望む者には特別な配慮と寄り添いが必要であるが，自殺介助を可罰的とすることで処罰を恐れて医師が患者と距離を置くことになれば，それによって医師の専門的な援助は困難ないし不可能となり，その結果，患者をして残酷な方法での自殺に向かわせることになる。目標とすべきは，反対に，できるだけ多くの自殺希望者に寄り添い，ドイツにおける自殺者の数を減少させることである。そのための方策として，刑法的手段は全く適していないのである〔倫理的根拠〕。

　新刑法217条のもっとも大きな問題性は，適用範囲が不明確であるということである。とりわけ，「業として」という法概念は不明確である。立法関与者は，この法案において扱う行為は反復することを意図した組織的な行為であると説明するが，末期の患者を扱う医師は，自殺を一度ならずも嘱託されることがあるだろうし，そうした場合にその嘱託を実行すれば可罰的となると批判がなされている。

　これに関連して，Hilgendorfは，217条の成立範囲を限定するアプローチとして——結論的にはいずれも不十分であるとしつつも——，①「自殺の機会の提供」を，作為的な自殺に限定し，不作為犯的な，例えば絶食死や治療中止などによる自殺を排除すること，②「業として」という要件に関して，

緩和医療や終末期医療に関しては，業務性を否定すること，③主観的要件に関して限定を加えること，などが考えられる，というのである[36]。

6．結びに代えて

　ドイツでは，自己決定権に基づく治療行為の中止，自己答責的な自殺に関与する医師の行為についてはこれを犯罪としないという方向性が国民各層の議論の中で生じており，また，近時の判例や患者の事前指示法によってもこの動きは確認される。このような流れは今後ますます趨勢を得ていくであろう。生物学的終焉段階以後の場合にはもちろん，それ以前の段階におけるすべての臨死介助も——そのほとんどがわが国と同様消極的臨死介助ではあるが——，自己答責的な自殺幇助についても，不可罰とする方向にあるのである。判例も立法も，このような推移の中にあることは本文で示したとおりである。すなわち，治療中止については，患者の意思に基づくかぎり，病気の種類や段階を問わず，死への過程がすでに始まっているかいないかを問わず，また，作為・不作為のいずれによる場合でも，これを治療行為の1つと解することで正当化を図ろうとしており，ここでは，自己決定権は国家の保護義務に優先し，患者の意思に反する治療は，むしろ専断的治療行為として，刑法223条の傷害罪の対象となりうるとされているのである。このような認識は，法曹界の間でも，医師会の間でも，一般に承認されている。なるほど，治療中止の正当化については，刑法34条の正当化的緊急避難の法理に根拠を求める見解と，被害者の承諾の法理に基礎をおく見解があるが，いずれにおいても，患者の自律に基づく自己決定権と，それによる医師の治療義務の喪失が確認されている。

　自殺援助処罰法制定などの動きはあるにせよ，ドイツにおいて治療中止や

医師の自殺関与行為の不処罰化の流れは止まらないであろうことを思えば，わが国においても，来るべき国民の意識の変容に備えて，終末期医療におけるチーム医療体制の構築や医療コーディネーター関与体制の充実などとともに，治療中止や尊厳死，さらには医師による自殺関与の問題についても，これをいかにすべきか，そのガイドラインの策定およびその終末期医療の実務における定着，それに基づく医療中止等の措置について刑事司法側からの尊重などが一層望まれているというべきではないかと思われるのである[37]。具体的には，治療中止については，上記「患者の自己決定」と「治療義務の限界」という2つの基準を治療行為の中止の正当化の根拠とすべきであり[38]，各ガイドラインに則ることで少なくとも医療行為における刑事訴追が回避されるような環境整備がなされるべきであろう。そのためには，わが国では，まず，リビングウィルの明示という文化を根付かせることが重要であり，その普及によって，医療現場においてもリビングウィルを尊重することが一般となっていき，それがさらに国民の間に共通の認識として浸透することが期待されるのである。

　もっとも，その前提として，いくつか確認されるべきこともある。

　臨死介助にかかる諸問題を解釈する際に，憲法13条を根拠とする患者の自己決定権を基礎にすることは，当然のこととして確認されるべきである。判例では，患者の自己決定の理論ならびに無意味な延命治療は義務ではないとする医師の治療義務の限界という点に，治療中止の法的根拠が求められた。もっとも，自己決定を議論の前提とするときには，自由な意思に基づいた自己決定権が行使される状況が整っていることが肝要であり，「強制的あるいは義務的な自己決定」とならないように，周到な配慮が求められるであろう。

　また，自己決定は，真意に基づく自己決定でなければならない。自殺幇助を一定の要件の下で非犯罪化しようとするドイツにおいても，自殺者の自己答責性の問題が議論の俎上にのぼっている。彼の地では，暗数や未遂事例を

除き，自殺件数は約 11,000 から 12,000 件といわれているところ，自殺に関する研究によれば，自己答責的な自殺はむしろ例外的なものに属し，多くは統合失調症や鬱（うつ）など，病的な精神的障害に基づき生じているとされている。ドイツの議論でつとに強調されているように，患者の真意による意思決定であるかについては，医師による十分な確認がなされなければならない[39]。

そして，上記の指摘は，いうまでもなくわが国の患者の意思の確認に際しても妥当するものであろうと思われる。わが国において，自己決定の尊重を基礎とした，治療中止の正当化等の臨死介助をめぐる諸問題については，実は，その解決を模索する端緒についたばかりともいえるのであり，今後，われわれは，課題の1つ1つに，真摯に，かつ時間をおくことなく向き合っていかなければならない。

ドイツ刑法 217 条の自殺援助処罰法の立法化は[40]，自殺介助組織の行為を対象としているが[41]，その背景には，医療費の高騰や医療制度への国民の不安を背景として，将来なんらかの外在的な圧力によって死を決断させられるのではないかという多くの市民の潜在的な不安が広がっていることが想起されよう。自殺は，ドイツの社会において，次第に「通例」となり「社会的に相当」であるとみなされかねず，自殺がタブーでなくなることも危惧されているといわれているのである[42]。そのほか，ドイツにおける政治的背景，すなわち，死に関するビジネスをタブー視し，死は個人が自ら決定すべきことではなく，神の意思に委ねなければならないという，CDU（キリスト教民主同盟）の一部の会派の主張も反映しているとみられている。他面で，そこにはポピュリズムが見え隠れしている。

ドイツでは，刑法 217 条の規定によって自殺介助組織の活動はかなり制約されることになったといえよう[43]。とはいえ，新たな処罰規定をみれば，自殺介助組織のみに対象が限定されることはなく，私人を含めて誰でも，業と

して自殺介助行為を行えば可罰的となりうる[44]。抽象的危険犯である構成要件は不明確であり，また，処罰の早期化，刑法的介入の前倒しが図られている。さらに，対象者の保護の必要性は高くなく，保護の手段も抽象的かつ間接的でもある，と批判されている[45]。

ドイツでは自己決定権に基づく（意識的かつ自由答責的な）自殺が，権利とまではいえずとも[46]，保障されるべき自己決定権の行使の1つとされ，その意思は可能な限り尊重されるとされているが，その観点からすると，当該217条の構成要件は基本法が要請する「最後の手段」といいうるのか，補充性を充たすのかについては異論があり，自殺幇助の可罰性の範囲の拡大は，多くの研究者の危惧するところである。加えて，この法律によって，医師と患者との関係に軋みが生じる可能性も指摘されている[47]。これらの批判の一方で，臨死介助協会の活動を制限するとしても，自殺介助に否定的な連邦医師会を前にして，その受け皿をどうするかも問われており，そこで，現在では，医師による自殺介助の不可罰性を法律で明記すべきであるとする主張もなされている[48]。

これら自殺介助についての分析枠組みは，ヨーロッパと異なり死期について特有の感じ方を有しつつも，終末期医療のあり方についても彼の地に徐々に近づきつつあるわが国の臨死介助をめぐる考察にも，裨益するところは少なくない。ドイツおよびスイスにおける自殺幇助の議論にあって注目されるのは，死とは取り返しのつかない不可逆的なものであるから，死について，最終的な決定を自ら自由に行ったとするためには，患者の病気の有無や精神状態を医師が正しく把握し，国家の側では，その決定のプロセスについて不断のコントロールが必要であるとされている点である。これに関して，他方，上述のごとく，自殺の多くは自己答責的なものなどではなく，鬱病等，何らかの精神の病によるものであるとする主張は[49]，自殺という行為の本来的意味を問う点で極めて傾聴に値するものであり，わが国の議論にも資するもの

である。自殺援助処罰法については，ドイツにおいては多くの刑法学者によって批判されているが，自殺幇助を処罰し，脳死をもって人の個体死とすることについても，それが法的確信となるまでには至っておらず，人の終期の問題に敏感なわが国では[50]，受け止め方を異にするであろう。自殺援助処罰法の処罰範囲が広範囲であることを危惧する見解が多いが，自殺の実体が上記のようなものであることを踏まえ，上記処罰法の保護法益とかかる組織の拡大を直視すれば，ドイツにおいても一概に補充性がないとまではいえないと思われる。

現在，急激な高齢化の中，終末期における耐え難い苦痛，自律の喪失と第三者への完全な依存への不安というものを背景に，ドイツやスイスにおける組織的な自殺介助組織は拡大しているとみられている[51]。しかし，わが国において自殺幇助は処罰の対象となっていることから，自殺を幇助する活動を行うDignitasのような組織に自殺希望者を送り込む行為や，当該組織について情報の提供をした者は，自殺教唆や自殺幇助として処罰されうるであろう。イギリスでかつて問題となったように[52]，日本国民が臨死介助協会での自殺を目的として出国しようとした場合，公的機関はこれを阻止できるのかも問題となりうる。

自殺者の精神的状況については，何らかの精神の病によるものである可能性が大きいことから，法政策的にも自殺違法説が法的安定性に資するとする説も有力である。これに対して，自己決定権の保障と生命という絶対的法益の保護の相克にあって，死を選択する権利は，憲法13条の基本権に含まれるとする考えもあるが[53]，死を目前にした患者に限定しての立論であり，生きる義務を否定したにすぎないともみることができる。自殺適法説を基礎にした，刑法202条違憲説も有力であるが，まだ試論の域を出ないように思われる。わが国では，同条の規定があるかぎり，これを根拠に，自殺幇助につながる行為については，これを阻止できると考えるのである。

彼の地においては，事前の患者の指示書に関する法律がある。患者が事前に，どのような状況の下で治療中止を望むか，これに記入するのである。わが国でも，同様に，自己決定に基づいた死とその迎え方を考えるリビングウィルの文化が芽生えつつあるが，その雛形をそこにみることができる。臨死介助を行う組織が今後も存続していくであろうことについては，大方の意見の一致を見ているが，事前の指示書があれば，判断能力のない患者についても自殺を認めるのかについては議論が多い。また，医師の関与のあり方はいかにあるべきか，医師が自殺を看取ることは必要か，事前にどのような説明をなすべきなのか，自殺幇助は臨死の時期にある患者に限るのか，それとも重い慢性疾患のある者，あるいは，健康であるが鬱病を患っている者にも可能なのか，などは重要な課題とされている。同時に，彼の地でも，緩和医療・ホスピスと自殺幇助は両立し，いずれからのアプローチも不可欠であるとの意見が大勢であることは確認されるべきであろう。そして，これらの議論は，リビングウィルのあり方を含め，自殺幇助の可罰性についてはいまのところ大きな争点となってはおらず，消極的臨死介助，すなわち，治療行為の差し控えや中止（尊厳死）が中心的課題であるわが国の議論にも参考となるものと思われる。そして，臨死介助協会の今後の推移は，上述のように，すでに，日本人を対象とした自殺介助の事例が報告されていることから，わが国にとっても，もはや他国での無縁な話題としては片付けることのできない状況にあると考えられるのである。

　グローバル化が進んでいても，洋と和の違いがあり，その最たるものの1つが生命倫理と法の分野でいえば死生観の相違であり，人の始期と終期を巡る見方・感じ方も異なるのである[54]。

　医師による自殺幇助・治療中止・臨死介助の問題についての法整備に関しても，したがって，ベネルクス3国では積極的安楽死・自殺幇助を明文にお

いて認めており，フランスでは，いわゆる尊厳死法によって人工延命治療の差し控え・中止を認めており，ドイツでは，第三次世話法改正（成年後見制度の改正）により民法の規定によって治療行為の中止につき法的な解決を図った。他方，尊厳死・治療行為の中止については，イギリスやスイス，あるいは日本では，法整備という方策ではなく，ガイドラインによって対応（遵守していれば犯罪として起訴しないという運用）しようとしている国もある。死生観や文化的背景，あるいは，医療制度や家庭医制度の浸透の度合いにも左右されよう。

ドイツでは，基本法1条の人間の尊厳から直接に導かれる自己決定権が，終末期医療における個々の承諾論にストレートに結びつき，医療行為や法解釈の基礎をなしていること，物事を決する基本的な価値として承認されていることは，上述の通りである。自己決定という自由主義哲学が広く浸透しているともいえよう。その点，医療パターナリズムの側面が相対的には依然として残っているわが国とは異なる。

ドイツ刑法217条の業としての自殺幇助禁止法誕生の背景には，臨死介助協会の拡大を危惧する，CDUの聖職者・教権支持者の役割が大きかったといわれている。この点も，わが国の状況とはかけ離れているといえよう。

ドイツにおける，医学と法学の日常的な理想的な対話の環境にも注目すべきである。

交通や通信技術の革新的な発達による社会のグローバル化にともない，諸外国との「距離」は飛躍的に縮まり，物や人の行き来は日常化し，世界はより一層均質化している。その中で，終末期医療に関する取り組みは，種々の理由・背景から，いまだヨーロッパ諸国とわが国では異なる部分が少なくない。とはいえ，これまでの潮流を俯瞰すれば，以下のようにいうことができよう。すなわち，欧米と比べ生命の始期に対してより格段に深いと思われる終期への複雑な執着によって脳死や終末期の議論についてもいまだきちんと

した終着点をみてはおらず，これが治療行為の中止や死の迎え方の問題にも反映しているわが国の状況の中にあって，しかし，議論は終末期医療の欧米化の流れの着地点を探る，ないし，ヨーロッパの状況を後追いしているといってよいであろう。とはいえ，わが国においても，自己決定やリビングウィルの考え方は浸透してきており，その意味ではヨーロッパとの距離は縮まっているといえるのであり，今後，国民の法的確信に基づくコンセンサスが生まれるならば，事の是非はともかく，彼の地の実情とわが国の実情との，また，医学と法学との距離は縮まって行くであろう。

［付記］本研究は，日本学術振興会科学研究費（課題番号：26380097）の助成を得た研究成果の一部である。

1) Vgl. BGE 133 I 58, 66; BGHSt 37, 376, 378.
2) Tag（ターク）：フィーヴェーガー陽子訳（只木誠監訳）「組織的な臨死介助と自殺幇助」『グローバル時代の法律学・国教を越える法律問題』（2011年）69頁。Vgl. auch Glück, Die aktuelle Debatte, Höfling/Rösch (Hrsg.) Wem gehört das Sterben? 2015, S.12.
3) 拙稿「臨死介助協会と自殺援助処罰法」『浅田和茂先生古稀祝賀論文集［上巻］』（2016年）647頁。この法律案にはほとんどの刑法学者が反対の意見を表明したが，多くの医療関係者は歓迎しているようである。
4) 町野朔「『東海大学安楽死判決』覚書」ジュリスト1072号（1995年）113頁など。
5) 最決平成21年12月7日刑集63巻11号1899頁。
6) ドイツの自殺援助処罰法の制定過程でも同様に危惧する意見が存した。佐藤拓磨「ドイツにおける自殺関与の一部可罰化をめぐる議論の動向」慶應法学31号（2015年）355頁。
7) 甲斐克則「イギリスにおける人口延命治療の差控え・中止（尊厳死）議論」甲斐克則編『医事法講座第4巻 終末期医療と医事法』（2013年）163頁。
8) 原田國男「座談会　終末医療と刑法」ジュリスト1377号（2009年）99頁。
9) 加藤摩耶「判批」判例セレクト（2010年）30頁。なお，橋爪隆「座談会　終末医療と刑法」ジュリスト1377号（2009年）102頁。
10) ドイツにおける臨死介助に関する近時の学説・判例を紹介した論考として，鈴木

彰雄「臨死介助の諸問題」法学新報122巻11＝12号（2016年）267頁以下。
11) Tag, Der Körperverletzungstatbestand im Spannungsfeld zwischen Patientenautonomie und Lex artis, 2000, S.327f.
12) Tag, Sterbehilfebetrachtet im Lichte des Strafrecht, Vom Recht auf einen menschenwürdigen Tod oder: dar ich sterben, wann ich will?, Menschenbild und Menschenwürde am Ende des Lebens, 2010, S.153ff.
13) Tag・前掲（注2）65頁。これらの概念の区別が相対的であり，適法と違法，可罰と不可罰の境も紙一重であることはドイツ，日本でも共通の認識である。
14) 鈴木・前掲（注10）279頁以下。
15) Neumann, Standards valider Argumentation in der Diskussion zur strafrechtlichen Bewertung von Maßnahmen der "Sterbehilfe", Festschrift für Hans-Ullrich Paeffgen, 2015, S.317. Vgl auch Hillenkamp, Ärztliche Hilfe beim Suizid - ver- oder geboten, Festschrift für Kristian Kühl, München 2014, S.532; Hilgendorf, Die Autonomie von Notfallpatienten. Festschrift für Christian Kühl, 2014, S.518.
16) Roxin, strafrecht, AT. Band Ⅱ, 2003, §31. Rdn.99f. 115f.
17) 本判決は，患者の意思を尊重することには拘束力があるとして患者の指示書について定めたドイツ民法の世話法の改正後に出された。詳細は，武藤眞朗「ドイツにおける治療中止」甲斐克則編『医事法講座第4巻　終末期医療と医事法』（2013年）194頁など参照。
18) 鈴木・前掲（注10）341頁。同判決は，「憲法上保障される患者の自己決定権を根拠にして，治療中止の問題を，事実的ないし推定的同意による違法性阻却の問題として解決しようとしたものであり，これを作為とするか不作為とするかは，判決の文脈上，必ずしも重要な意味をもつものではないと思われる」とされている。
19) ドイツおよびスイスでは，間接的臨死介助の正当化根拠については，正当化緊急避難の枠組みの中で検討されているというのは，神馬幸一「間接的臨死介助（安楽死）の正当化根拠」獨協法学101号（2016年）196頁以下参照。
20) Sinn, Systematischer Kommentar zum Strafgesetzbuch, 8. Aufl., 2013, §212 Rn.28, 51f.
21) BGHSt 32, 378; BGHSt 37, 378; 40, 262. その際考慮されるべきは現在の意思であり，それと反する患者の指示書ではないとされる（患者の指示書に対する患者の意思の優先）。
22) この問題については，山中敬一「臨死介助における同一法益主体内の利益衝突について」近畿大学法学62巻3＝4号（2015年）265頁以下参照。
23) Duttge, Das geltende Sterbehilferecht in Deutschland, Human Dignity at the end of

life, Ethical, medical, sociological and juridical aspects, 2017, (im Erscheinen).
24) Hilgendorf, a.a.O. (Fn.15), S.509.
25) 代表的なものとして，甲斐克則「安楽死・尊厳死」西田典之・山口厚・佐伯仁志編『刑法の争点』（2007年）37頁，同「終末期医療における病者の自己決定の意義と法的限界」飯田亘之・甲斐克則編『終末期医療と生命倫理』（2008年）39頁以下などを参照。
26) 井田良「座談会　終末医療と刑法」ジュリスト1377号（2009年）103頁，同・前田正一ほか編『救急・集中治療における臨床倫理』「安楽死と尊厳死」（2016年）71頁以下参照。
27) 特に，樋口範雄『続・医療と法を考える』（2008年）79頁以下が示唆に富む。
28) 井田良「終末期医療における刑法の役割」ジュリスト1377号（2009年）83頁，井田・前掲（注26）80頁など。
29) Hillenkamp, a.a.O. (Fn.15), S.536. Hillenkampは，少なくとも極限状態において，医師による自殺幇助を認めることは望ましいどころか必要とされるべきで，それが倫理的にも正当で，医師の使命とも両立しうる「最後の貢献」であるとしている。
30) 自己決定権は国家の保護義務に対しても貫徹されることから，自由答責的な自殺における本人の意思に反する保護は基本的秩序と一致しないパターナリズムに陥るともされる。武藤・前掲（注17）188頁，206頁。神馬幸一「ドイツ連邦通常裁判所二〇一〇年六月二五日判決（Putz事件）」法学研究84巻5号（2011年）109頁，甲斐克則「ドイツにおける延命治療中止に関するBGH無罪判決」年報医事法学26号（2011年）286頁など参照。
31) 自殺を決意した者の自由答責性をどのような基準にしたがって判断すべきかについて，ハロー・オットー（鈴木彰雄訳）「自殺の幇助と自殺の介助」比較法雑誌50巻1号（2016年）117頁。
32) 甲斐克則『医事刑法への旅Ⅰ』（2004年）218頁。さらに，医師による自殺幇助の法制化を主張する考えもある。神馬幸一「医師による自殺幇助」甲斐克則編『医事法講座第4巻　終末期医療と医事法』（2013年）79頁以下。
33) 拙稿・前掲（注3）647頁以下参照。
34) BT-Drs.18/5373 18. もっとも，間接的，消極的臨死介助は，自然の病気の経過に介入しないので，不処罰であるとされている。Duttge, Strafrechtlich reguliertes Sterben, NJW 3/2016, S.122f.
35) Hilgendorf/Rosenau, Stellungnahme deutscher Strafrechtslehrerinnen und Strafrechtslehrer zur geplanten Ausweitung der Strafbarkeit der Sterbehilfe, medstra, 2015. Heft 3, S.129ff., Rosenau/Sorge, Gewerbsmäßige Suizidförderung

als strafwürdiges Unrecht? NK, 25. Jg. 2/2013 S.109. 詳細は，拙稿・前掲（注3）654頁以下参照。

36) Hilgendorf, Neue Regeln für den assistierten Suizid, 比較法雑誌 50巻1号 (2016年) 31頁。Hilgendorf は，いずれのアプローチも不十分であるとしても，自由答責的な自己決定，すなわち，被害者の承諾を根拠として正当化を図ることが可能であるとしている。その際，自由答責的ないし決定という要素が重要となり，立証を確実にするためにも，この意思表示を「書面」に表すことが必要であるとする。

37) 樋口・前掲（注27）79頁参照。ガイドラインとしては，厚生労働省のガイドライン（「終末期医療の決定プロセスに関するガイドライン」），日本救急医学会のガイドライン（「救急・集中治療における終末期医療に関するガイドライン──3学会からの提言」）などがある。

38) なお，患者の自己決定権のみによる正当化の問題性については，辰井聡子「治療不開始／中止行為の刑法的評価」明治学院大学法学研究86号（2009年）57頁以下参照。

39) なお，患者の指示書には不可避の構造上の欠陥があり，それは，実際のところは患者の意思の真の表現でもなければ，法的安定性の要請を満たすものでもないとする指摘がある。拙稿・「臨死介助・治療中止・自殺幇助と「自己決定」をめぐる近時の理論状況」井田良ほか編椎橋隆幸先生古稀記念『新時代の刑事法学［下巻］』(2016年) 143頁以下参照。

40) https://www.bundesverfassungsgericht.de/SharedDocs/Entscheidungen/DE/2015/12/rk20151221_2bvr234715.html

41) 2015年には92人の自殺に関わったとしている臨死介助ドイツ協会は，217条は自己決定権を否定するもので基本法違反であると，いち早く声明を出している (http://www.sterbehilfedeutschland.de/)。

42) Vgl. Kangarani, Das neue Verbot der "geschäftsmäßigen Suizidförderung" im StaStrafgesetzbuch, Forum für neue kulturelle Dimensionen 1 2016, S.49.

43) すでに，緩和医療において，この問題は顕在化している (http://www.lto.de/recht/hintergruende/h/gesetzgebung-sterbehilfe-tatbestandsmerkmale-analyse/)。

44) Kangarani, a.a.O. (Fn.42), S.49.

45) 佐藤・前掲（注6）368頁は，「自殺の非タブー化や終末期患者の自殺の日常化に対する懸念から，自殺の商業化を招くおそれのある行為を刑法上禁止することは，およそ不合理だとはいえないように思われる」としている。

46) 自殺が純粋に権利であるとすれば，身体が動かなくなった場合に，国家は生命の断絶を行う義務があることになる。

47) 医師と患者との関係への悪影響については，Duttge, Strafrechtlich reguliertes Sterben, NJW 3/2016, S.124.; Hilgendorf, a.a.O. (Fn.36), S.4.
48) 佐藤・前掲（注6）366頁。
49) 拙稿「医師による自殺法の可罰性について」中央ロージャーナル5巻1号（2008年）84頁参照。
50) Tadaki, Zur gegenwärtigen Situation der Organtransplantation von Hirntoten, (im Erscheinen) 参照。
51) Bundestagsdrucksache 18/5373, S.8f. このような状況に危惧を覚え，2010年，スイスでは海外からの「自殺ツアー」を規制し，2011年，ドイツ医師会は「自殺介助」に制限を付したのであった。
52) 今井雅子「イギリスにおける自殺幇助をめぐる最近の動き」東洋法学54巻3号（2011年）236頁。裁判所は，地方当局による出国の差止めを認めなかったとのことである。
53) 松居茂記「安らかにしなせてほしい」『スターバックスでコーヒーを飲みながら憲法を考える』（2016年）11頁。
54) 拙稿・前掲（注50）参照。

補遺　シンポジウムにおける医療側からの意見

●畝本恭子氏
I　自殺幇助に対する新たな法規制について
1. ドイツにおいて'狭義の自殺援助団体'があり，これに対する自殺幇助活動を制限する法律を策定しなければならなかったことが驚きであった．本邦においてはこのような前提がない．
2. また，本邦では終末期医療・緩和医療における'自殺の機会の付与'という概念もないと思われる．ただ，私自身はがん患者の主治医となることはなく，緩和医療の経験もないため，その分野では議論の対象となるのかもしれない．
3. 本法は，緩和医療，終末期医療に限定されているのであろうか？　我々のような救急医療の現場には，医師が処方する薬剤での作為的自殺行為がしばしばみられる．多くは，安定剤や睡眠導入剤など相当量服用しても死に至ることは稀なものであるが，これらは'うつ'や'双極性障害'，'統合失調症'など，自傷に走る可能性が高い患者のケースであり，漫然と，あるいは，一度に1か月分以上の処方を行う行為には責任が生じるとも考えられる．一方で，健康な生活を送るために必要な血糖降下薬，インシュリン，降圧薬などを自殺目的で大量摂取する患者もいる（この方がむしろ重症脳障害，ショックの遷延など生命に危険が及ぶことが考えられる）．日常の外来診療で処方する中では予測不可能である．本人が希死念慮を訴えれば，専門医に紹介するなどの義務が生じることは首肯できるが，それでも，降圧薬やインシュリンの処方を中止することはできない．
4. 本講演要旨の後半では「正当化」という概念が出てくる．これも本邦では想像しにくい概念のように思われる．'絶食死のための部屋貸し'というような事案が本邦にあるとは考えにくい．承諾があれば（自殺が予見されて，間接的臨死介助となっても）正当化されうる，ということには，'自死'の権利に関する国柄の相違を感じさせる．

●北村俊則氏
I　業としての自殺幇助禁止法について
　自殺幇助はいけないが，安楽死の実行は許容するという原則について疑念があります．そもそも安楽死の許容・援助と自殺幇助はどこで異なるのでしょう．この区別が明瞭のように見えて，実は大変不明確であることが問題の根底にあります．終末期医療における患者の死のスタイルについては，治療を開始しない（withholding of treatment），いったん開始した治療を中止する（withdrawing of treatment），医師による自殺幇助（physician-assisted suicide），安楽死（euthanasia）が含まれる．これらは

自殺幇助ではないのでしょうか？　医療におけるこうした死への援助について，医療者の態度は，国によっても，職種によっても大きく異なります。

　態度が異なることの理由はいくつも想定できます。例えば，そのもののパーソナリティ，死の看取り経験の有無が影響します（北村俊則（2014）．終末医療において生命を短縮させる処置に関する態度の決定要因：判断モデルと個人属性．先端倫理研究, 8, 53-89）。もう1つとは，精神の正常と異常の差の曖昧さです。安楽死容認を主張する意見の重要な一部は，「自殺は精神疾患に多く見られ，精神の異常によって発生するものであり，これにはパターナリスティックに介入すべきである。一方，安楽死を希望するものは精神疾患ではないので，個人の自律的決定を尊重し，むしろ死を早める援助をしなければならない」というものです。しかし，精神の正常と異常（健康と疾患）を客観的実証的に峻別することは，ほとんど不可能といえます。

　「自殺幇助はいけないが，安楽死の実行は許容する」という議論を深める場合，「継ぎ目のところで自然にノミを入れて彫刻する（carve nature at the joints）」ように，心理現象の中で他から質的に異なる病理現象を取り出す作業が必要になります。これは科学倫理学 science ethics の重大な課題であり，法学者は自己の研究手法の中に，医学，統計学，倫理学の手法を組み込むことになるでしょう。

只木報告へのコメント

鈴 木 彰 雄

　只木教授の報告「終末期医療における患者の承諾と自律」（以下「本報告」という）について，当日の報告原稿に基づいてささやかなコメントを述べたいと思う。

1．はじめに

　周知のように，終末期医療のあり方は医学や生命倫理学のみならず法律学においても活発に論じられており，そこには人の死期を人為的に操作することができるようになった現代医学の状況と，医療や生死に関わる問題を自分の判断で解決しようとする人々の意識の高まりが反映されている。本報告は，終末期医療について特に議論の多い「臨死介助」ないし「治療中止」をめぐる刑事法上の問題を，ドイツ法の状況を参照しつつ検討し，あわせて2015年に施行された「業としての自殺幇助禁止法」（ドイツ刑法217条）の問題点を論じたものである。このテーマは，患者の自己決定権のあり方，医師等の医療従事者の治療義務の限界，あるいは治療に同意しない患者を強制的に治療することの是非など，多岐に渡る問題を含んでいる。そこで本稿では，「臨死介助」をめぐる議論において，ドイツ法の出発点とされている理念ないし価

値観を明らかにしたうえで，本報告が示した方向性とその意義を明らかにしたいと思う。

2．ドイツ法の理念

　私見によれば，臨死介助をめぐるドイツ法の基本的な考え方は次の2点にある。
　第1は，人の生命は基本法によって保護されるべき最上位の法益であるから，生命の尊厳を守ることはドイツ基本法2条2項にいう国家の義務であり，医師等の優先的な任務でもある，という認識である。したがって，社会的有用性や患者の病状のいかんによって要保護性を相対化させることは，道徳律と憲法に反することになる（生命の不可侵性ないし絶対性）。
　刑法216条が禁止する要求による殺人も，第三者が重病者の死の願望に従うことを禁じることによって重病者を保護しており，医師等に対して，回復の見込みがあるかぎり救命に向けて医療を尽くすべきことを求めている。
　第2に，しかしながら，現代の医療においては，あらゆる手段を用いて生命を維持すべしというヒポクラテスの原則は，もはやその厳格性ないし絶対性を失っている。医師等には死に臨んだ生命をなんとしても維持すべき法義務はない，技術的に可能であるという理由だけで延命措置をとらなければならないとはいえない，治療義務の限界を画するのは医療機器の効率ではなく，人間の尊厳に向けられた個別事例に即した判断である，という認識がある（人間の尊厳を根拠とする治療義務の限界）。
　ドイツの判例は，自己決定権に，生命の権利と同格の特に高い価値を認めている。これによれば，原則として患者の意思に反する「強制治療」を行うことはできず，患者の意思に基づかなければ「医師の治療権」も認められな

い，あるいは「治療の権利と義務は患者の自由な決定権にその限界を見いだす」ことになる。この自己決定権は，医学的には主張しえない患者の自己決定をも保護しており，患者はいわば「無分別の権利」をもっているので，患者が自律的な判断に基づいて治療を拒否している場合には，治療に関する権利も義務も認められず，医師等は死に瀕した患者の同伴者となり，患者の基本看護についての保障人となるにすぎない，ということになる。

では，以上の2つの理念が衝突する状況についてどのように考えるべきか。それは，本報告がとりあげた2つの問題，すなわち患者に自殺意思がある場合と，患者に承諾能力がなく，しかも回復の見込みがない場合の医療のあり方の問題にあらわれる。

前者について，ドイツ法の通説的見解は次のようにいう。基本法は「自殺の権利」を認めておらず，法秩序は自殺を違法なものと評価しているが，自殺者は他人の外的な自由を侵害していないので，法的には重要でない。したがって，自己答責的に意欲され実現された自殺は「他人の」殺害を処罰する殺人罪の構成要件に該当せず，自殺に関与した者は，違法な正犯行為を欠くので，教唆犯または従犯として処罰されることはない。しかし，法秩序は，人の自殺に他人が積極的に関与することを原則として否認しており，ドイツ刑法216条も要求による殺人を故殺罪の減軽規定としている。「人間の尊厳」を保った諸条件のもとで死ぬ権利を認めるべきか否かについても，こうした生命保護の原則的な優位性が尊重されるべきである，と考える（生命保護の原則的優位性）。

では，患者が同意能力を失い，その回復の見込みがなく，医療措置を尽くしても患者の死へ至るプロセスを幾分か長引かせるにすぎない場合はどうか。ドイツの判例によれば，やはり自己決定権が尊重されるべきであるから，世話人も代理人も任命されていない場合には，たとえば患者の指示によって表

明され，あるいは推定的同意によって確認しうるそれ以前の患者の意思を明らかにしなければならない。延命措置をとることが必要か，あるいはどこまで必要かを決定するのは，このようにして確認される患者の意思，あるいは推定的意思であり，治療に当たる医師や親族の評価や裁量は問題にならない（患者の意思の尊重）。したがって，医師等は患者の意思に反する「強制治療」を行うことはできず，患者の意思に基づかなければ医師の治療の権利も認められないことになる。

　もっとも，その救命措置ないし延命措置の医学的適応性がなくなった場合には，医師等はそうした措置をとらないことが許される。なぜならば，患者の自己決定権は防衛権であり，延命効果のない措置を第三者に行わせる権利を基礎づけるものではないからである。その点で，医学的適応性が医師の治療義務を限界づけることになる（治療義務の限界）。ただし，これは患者の状態が確実に回復不能と判断される場合についてであり，その判断に疑いがある場合には，医師等は憲法上保障された生命保護の優位性に拘束され，常に「生命の利益に」（pro vita）判断しなければならない。以上がドイツ法の基本的な出発点である。

3．本報告の方向性

　ところで，本報告は，終末期医療をめぐる日本とドイツの現況を概観したうえで次のように論じている。

(1) 臨死介助について

　まず，臨死介助をめぐる議論について，3つの見解が紹介されている。第1は，患者の自己決定権を尊重し，「生命は最高の価値である」という理念は

相対化されるべきであるとして，積極的臨死介助にも緊急避難（ドイツ刑法34条）を適用しうるとする見解（Neumann），第2は，同一法益主体内の法益衝突に緊急避難の法理を用いることはできないので，治療中止の正当化の根拠は承諾論にあるとする見解（Duttge），第3は，治療中止に関するガイドラインを策定し，これを遵守すれば刑事免責の効果を認めうるとする見解（樋口）である。本報告では，自己決定権の尊重を基本としつつ，治療中止の観点から作為と不作為を同列に論ずることができるとする考え方の展開が期待される，という方向性が示されている。

　私見も，本報告の指摘が適切であると考える。もっとも，正当化の根拠が承諾論にあるとしても，患者本人の意思が明らかでない場合には，本人の事前の指示，親族等による本人の意思の推定，あるいは本人の意思をもっともよく忖度しうる代理人等の判断に頼らざるをえず，それは結局，自己決定権の尊重と同じ方向を目指すものといえるであろう。これに対して，ガイドラインの遵守を求める見解によるならば，一定の手続を履践しなかったことを理由として殺人罪等の責任が問われることになるので，刑事罰の過度の拡張が懸念される。わが国では，医師と家族の暗黙の了解のもとで治療の中止が医師に委ねられることが多いといわれている。意思表示できなくなった患者の意思をどのような根拠と手続によって判断すべきか，なお検討すべき問題が残されている。

　なお，近時の判例（「Putz事件」判決）が，これまで一般に承認されていた「積極的臨死介助」と「消極的臨死介助」の区別を放棄して，「治療中止」という包括的な概念を用いて，治療中止の根拠を世話法の第三次改正による民法1901a条以下の諸規定に求めたことが注目される。これにより，「同意能力のない患者によってあらかじめ表明されていた意思あるいは推定的意思は，その患者の疾病の種類と段階を考慮することなく拘束力をもち，世話人ならびに主治医を拘束する」とされたのである。

(2) 承諾能力のない患者に対する強制治療について

次に，本報告は，承諾能力のない患者に対する強制治療について，ドイツの理論と実務を紹介している。すなわち，①承諾能力なしとされた患者の自己決定権を軽視するのは障害者権利条約に違反するので，その者の自己決定を可能なかぎり促進すべきこと，②承諾能力なしとされた患者も治療を拒否することができることを認めたうえで，医学的に根拠のある治療であっても，明らかに本人の意思に反する場合には行うべきでないこと，③承諾能力がなくとも拒否能力が認められることがあるので，明らかに本人の意思に反する場合には行うべきでないとすることに合理的な理由があること，④世話人等の代理人による強制治療の承諾は，法定の要件が満たされた場合にかぎって正当化されること，⑤そこでは，被世話人の承諾のみならず，世話裁判所の関与が予定されていることを指摘している。他方で，学説の中には，こうした制度は厳格に過ぎるので，緊急避難による正当化を認めるべきであるとする意見もあるが，本報告では，患者の自己決定を尊重する立場から緊急避難による相対化は否定されるべきであるという方向性が示されている。こうした見解の相違を検討することは，わが国における今後の議論の進展に寄与するところが大きいと思われる。

(3) 「業としての自殺幇助禁止法」の問題点

本報告のもう1つの意義は，「業としての自殺幇助禁止法」の問題点を明らかにしたことにある。この問題は，わが国の解釈論を左右する議論ではないが，自殺幇助罪の処罰根拠を考える際に貴重な素材を提供するものである[1]。

周知のように，ヨーロッパではスイス，オランダ，ベルギー，ルクセンブルクのように，一定の要件のもとで積極的臨死介助を許容する国があり，これを禁止するドイツ等から自殺希望者を募ってツーリングを業とする組織が活動を始めた。こうした状況に直面して，ドイツ連邦議会が刑法217条を導

入したが，本報告が指摘するように，これに対して学説の一部から，適用範囲が不明確であるという強い批判が向けられている。とりわけ重要な批判は，他者の自由領域を侵害することのない自殺を「業として」援助することの不法内容が明らかでないという指摘である。すなわち，法益保護に裏打ちされない行為，換言すれば結果関連性を有しない行為に刑罰を科すのは，法治国家的自由主義に反する嫌疑刑を科すことになりはしないか，という疑問である（Duttge）。わが国でも，終末期の患者の自殺に関与した医師や家族について，一律に自殺関与罪（刑法202条前段）を適用することができるかがあらためて問われなければならないであろう。

4．今後の課題

最後に，終末期医療をめぐって法律学が取り組むべき今後の課題として以下の2点を指摘したい。

第1に，原理的な問題として，キーワードとされる「人間の尊厳」（Human Dignity：Menshenwürde）の意義を再確認する必要がある。その系譜はギリシャ哲学にさかのぼるといわれるが，カントによって哲学的基礎を与えられ，第二次世界大戦後の「国連憲章」や「世界人権宣言」に盛り込まれるとともに，諸国の憲法において承認されるに至った理念である。ところが，20世紀後半以降は，科学技術・医療技術の高度化による伝統的な死生観の変容の中で，この概念に新たな実践的意義が与えられるようになった。ここでは，「『尊厳』を先端医療技術や先端科学技術に関する議論を停止する概念（Argument Stopper）として機能させるのではなく，先端医療技術などを社会の中にどのようにうまく定着させるのか，あるいは，どうすれば適切に社会的に受入れ可能か（または，拒否可能か）を問う批判的概念として練り上げる必要があ

る」[2]といえよう。

　第2は，実践的な問題の1つとして，患者の自律を担保する制度的保障のあり方を考えなければならない。これについては，たとえばカリフォルニア州自然死法の「リヴィングウィル」のように，あくまでも患者の自己決定を重視する方向と，ドイツの世話制度のように，一定の要件のもとで（場合によっては世話裁判所の関与のもとで）患者の意思決定の代行ないし代諾を許容する方向がある。わが国では，事前指示を制度化しようとする「尊厳死法案」があるが，判断能力が減退して重症化すると，人の利益や関心が根本的に変化することがあるという（人の心は変わりやすい）。これまでの生命倫理学は自律的に自己決定できる人間像をモデルに構築されてきたが，「非自律的存在」に焦点化することが求められている[3]。法律学においても「非合理的な」患者の自由と権利をどこまで尊重し保護すべきかが問われている。

　本報告が終末期医療をめぐる現在進行中の法律問題の概要を明らかにし，進むべき方向性を示したことの意義は大きいが，わが国の議論はいまだ熟しておらず，なお検討すべき問題が山積している状況にある。

1) ドイツ刑法217条については，すでにわが国でも多数の研究が公表されている。最新の文献として，神馬幸一「ドイツ刑法における「自殺の業務的促進罪」に関して」獨協法学100号（2016年）117頁以下；同「ドイツ刑法新217条の法律案理由書」獨協法学100号（2016年）223頁以下等がある。
2) 加藤泰史「尊厳概念史の再構築に向けて——現代の論争からカントの尊厳概念を読み直す」『思想』1114号（2017年2月号）8頁以下。
3) 松田純「尊厳死と安楽死——「死ぬ権利」の法制化は「尊厳ある最期」を保障できるか」『思想』1114号（2017年2月号）74頁以下。

刑法的グレーゾーンの死
―― 終末期医療・緩和医療において刑法 217 条（自殺援助）の
新設により生じる臨死介助の新たな問題 ――

Sterben im Schatten des Strafrechts:
Neue Probleme der Sterbehilfe in Hospizien und Palliativstationen
durch die Reform des assistierten Suizids in §217 StGB

Prof. Dr. Dr. Eric Hilgendorf

訳　根　津　洸　希

　2015 年の自殺援助の新法制定（刑法 217 条）は，ここ数十年でドイツ刑法学界からもっとも明確に反対された刑法改正である[1]。その理由は，刑法学者たちが自殺援助や「Dignitas」「Sterbehilfe Deutschland」のような臨死介助を業とする組織に対して著しくリベラルな態度をとったから，というわけではない[2]。むしろ専門家が大きな疑念を抱いている理由は，新法 217 条が自己矛盾を孕んでいるだけにとどまらず[3]，現在では死の際にてなされる人道的な医療活動の一部と捉えられるべき態度すらも，同法は広範に捕捉してしまうおそれがあるからである。緩和医療・終末期医療実務は，ドイツにおいてはいまだなお緒に就いたばかりであるが，処罰リスクの不明確さこそが障害となる。単にそういった処罰のリスクがあるだけで，医師と患者の関係性は著しく損なわれかねない。医師と患者の関係性は，重病患者や死に瀕している患者との寄り添いかたとして非常に重要なものであるにもかかわらず，である。

　それゆえこの法律を審議している段階で，150 人を超える刑法学者たちが

批判を口にした[4]。刑法学者らによる批判はたしかに耳目を集めるものではあったが，結局その批判が実を結ぶことはなかった。連邦専門家会議が召集され，刑法学者らと同じく刑法217条にいう「自殺援助者」を狭義の意味に限定する可能性について疑義を投げかけ，同会議の見解を詳細に説明した[5]。幾度も専門家の意見が提示されているのに，それがなぜ立法者の耳に入らなかったのかは，それ自体検討に値するであろう[6]。

これ以上，終末期医療や緩和医療に困難をもたらさないようにするために，以下では新法による処罰のリスクを説明し，限定的な法解釈について論じるものとする。本稿が明らかにしようとするところは，医師や看護師が刑法217条により著しく広範に刑法的グレーゾーンに置かれてしまうおそれがある，ということである。それによって医師や看護師の活動に著しい支障が生じたり，場合によってはその活動が全く不可能になってしまうかもしれないのである。たとえば外来の緩和医療業務の一環で日常的に行われる，多量の鎮痛剤の処方や交付はもとより，絶食死を可能にすることも，刑法217条の射程に含まれうる[7]。それが直接関わるのは，死の際にある患者である。というのも，患者が臨死介助を望んでいる場合には，その際に必要となる助けを得ることができなくなってしまうおそれがあるからである。さらには，一方で終末期医療や緩和医療は支援されねばならない[8]としつつ，他方で緩和医療における重要な活動が処罰されるという意味で，立法理由が矛盾しているということもある。

1．臨死介助――用語を巡る争い？[9]

近時の臨死介助を巡る議論をみてみると，専門的な見解の相違よりもむしろ用語法の問題のほうが争われているといった印象を受けるかもしれない。

臨死介助というのは通常，重病患者ないし死に瀕している患者が自ら望む尊厳ある死を迎えさせしめる，あらゆる作為・不作為と定義されている[10]。とりわけ配慮，看護並びに鎮痛剤の投与が，たとえ死期を早めうるにとどまるものであったとしても，これに含まれる。

　法律学や神学，道徳哲学において現在支配的な用語法によれば，第一に積極的臨死介助と消極的臨死介助が区別される。その区別基準として重要なのは，積極的な作為（たとえば鎮痛剤の投与など）があったのか，それとも単なる不作為（たとえば治療を継続しないなど）に過ぎないのか，である。さらにここに間接的臨死介助が加わる。これは，苦痛の緩和が主目的である（作為ないし不作為による）行為ではあるが，それによりやむをえず余命を短縮することになる，という点にその特徴がある[11]。その代表的な例として，苦痛を緩和する作用を有するが，死期を早める薬剤の投与が挙げられる。現在議論の中心となっている第四の類型は，自殺の援助である。たとえば親族や医師が援助者となる場合である（いわゆる医師による自殺援助[12]）。その概念は専門家の間でのみよく知られているというものではなく，連邦通常裁判所（BGH）の判例[13]にもみられ，立法者もその用語を用いている[14]。

　無論，積極的臨死介助，消極的臨死介助，間接的臨死介助，自殺援助を区別したところで，用語の不明瞭さが全て解消されるわけではないということは，とうに知られている。ひとつには，これら専門用語と日常用語との間には相当に隔たりがあるのである。非常に重要で，万人にかかわる問題を扱う場合には，「一般市民にもより分かりやすい」言葉が望ましいであろう。もうひとつには，とりわけ積極的作為と（消極的）不作為の区別は道徳哲学と法律学において争いがあるのである。刑法において，この区別は数十年以上議論されてきた[15]。

　近時，日刊紙や大衆紙においては，他人の「手の中で（an der Hand）」死ぬ，という言葉が，他人の「手にかけられて（von der Hand）」死ぬ，という

言葉の対義語として区別されることがよくある。この用語法は，許容される臨死介助と許容されない臨死介助との区別を明瞭にするためのものである。一部では，「臨死介助」という概念そのものを放棄しようとする試みもみられる。「手」の喩えは分かりやすく，どこか詩的な響きをもっている。我々は手で，挨拶や別れを表現したり，十字を切ったり，また友好的関係を示したりする。これらは一部の例にすぎない。友人や親戚，あるいは医師や救助者の「手の中で」死ぬ，という言葉は，安心，信頼，安全といった心情を想起させる。これとは逆に，他人の「手にかけられて」死ぬという言葉は，むしろ故殺や謀殺のような犯罪と結びついている。さらなる例を挙げれば，たとえば自殺によって「自らの手で死ぬ (eigenhändiges Sterben)」という言葉がそれである。

　上述の例から明らかなように，他人の「手の中で」死ぬあるいは「手にかけられて」死ぬという言葉は分かりやすく，心に訴えるものであるが，他方多様な異なる解釈をも許してしまう。このように解釈の幅が広いからこそ，レトリックによって，異なって評価されるべきものが同じものとして受け取られてしまう可能性を開いてしまう。まさにこういった理由からジャーナリストはこのイメージを用いるのを好むのではあるが，同時に，倫理的・法的に全く異なって評価されるべき行為態様が「手の中で」死ぬという言葉に包摂されてしまうおそれもあり，誤魔化しのために用いられてしまうことになりかねない。

　それゆえ，比較的精緻であり，倫理的・法的に重要な差異を捕捉しているところもあるため，従来から定評のある先述の用語法を用いる方がよかろう。まさに刑法学の視点からは，積極的作為と不作為の区別が取り去られてはならないのである。というのも，すでに示したように，不作為においては積極的作為におけるのとは異なる可罰性要件が要求されるからである[16]。

2．臨死介助の刑法的評価

　臨死介助は，特殊な条件下においてのみ刑法的な問題を生じる。たとえば看護の拒絶あるいは鎮痛剤の拒絶などのような，治療拒否が挙げられよう。このように，治療をしないことは（不作為による）身体傷害罪と評価されうる。あるいはその不作為によって死期を早めた場合には，殺人と評価されることすらありうる。この不作為による傷害や殺人とは区別されねばならないのは，治療中止が正当化される場合，すなわち患者の望みに基づいてさらなる延命措置をとらない場合である。患者が治療の継続を放棄した場合，通常その限りで[17]医師は保障人の地位から退くものとされる。患者の意思に反する強制的な治療継続は，刑法223条の身体傷害罪，刑法240条の強要罪にあたる。ほかにも，たとえば患者が病院から出ようとするのを妨げれば，刑法239条の自由の剥奪罪〔訳者注：我が国でいう逮捕監禁罪〕にあたる。

　しかし基本的に刑法上問題となるのは，生命を短縮する，つまり死期を早める積極的作為である。このことは，他人の望みに基づき意図的にこの者を殺害するという，刑法216条の要求に基づく積極的・直接的殺人の場合で，なお一層明瞭となる[18]。積極的間接的臨死介助も，長きにわたって処罰の大きなリスクにさらされてきた。その際問題となるのは，鎮痛作用があるが同時に余命を短縮してしまう作用をも有する薬剤の投与である。連邦通常裁判所は，20世紀も90年代に入ってようやく，この種の臨死介助がたしかに要求に基づく殺人の構成要件には該当するが，正当化される，という判断に至った。連邦通常裁判所がいうには，保全法益，すなわち苦痛からの解放並びに間接的にではあるが患者の人間の尊厳もが，当該薬剤投与によって侵害される法益，すなわち患者の生命を，著しく優越しているという[19]。現在この判例は少なくとも結論において，刑法学の中でほぼ受け入れられている[20]。

現在の臨死介助をめぐる議論は、医療関係者は患者の自殺を手助けすることを禁じる、という一文が新たな医師の模範職業規則（2011）に組み込まれたことにより決着した[21]。無論、当該規則に法的拘束力はないのだが、一部の州医師会がこれに従っている[22]。患者の自殺に該当するのはたとえば、患者が自殺する意図で薬剤を過剰摂取する場合や、自殺する意思で、過剰摂取により生命を短縮してしまうほどのモルヒネ注射をする場合などである。患者の自殺はほかにも、栄養供給を断つこと（いわゆる絶食死）や薬剤治療による延命継続の拒否などの類型がある。

医師の幇助行為が構成要件に該当する場合として考えられるのはほかにもたとえば、患者が自ら服用するために、生命を短縮する作用を有する薬剤を処方すること（あるいは単に「手の届く範囲に置いておく」こと）や、患者が過剰摂取できるようにモルヒネの注射を用意してやること、（基幹看護を継続する場合）絶食死の際に強制栄養をやめること、薬剤の投与を断つことなどが挙げられる。

3．臨死介助の刑法的理解に対して新法217条が与える影響

患者の自由答責的な自殺を幇助することは、刑法上常に不可罰であるとされてきた。このことは、正犯行為が構成要件に該当せず、違法とはいえないならば、その幇助行為も処罰されないという一般原則から導かれる[23]。2015年12月10日、業としての自殺援助の処罰に関する法律[24]が施行された。当該法律によれば、今後自殺に際して業として手を貸した場合には処罰されるという。新法217条の文言は以下の通りである。

「他人の自殺を援助する意図で、この者に業として自殺の機会を提供し、

調達し，又は斡旋した者は，3年以下の自由刑若しくは罰金刑に処する。自らの業として行為したのではなく，かつ第1項にいう他人の親族またはごく親しい者は，共犯として処罰されない。」

　立法理由においては，死に関しても自己決定権が及ぶことが明文で認められている。「自己決定に関する包括的な基本権は，基本法2条2項における身体の完全性，同法1条1項と関連する2条1項における人格性の保護に対する基本法上の保障に根拠を置いており，この基本権の保護は医療の領域にも及び，とりわけ治療に関する自律的な判断には拘束力が付与される。この自己決定権には，自らの死を決断する権利も含まれる。それゆえ承諾能力ある人が，判断に際して重要となる具体的事情を知った上で，治療の継続を望まないという決断を下したのであれば，この決断は医療関係者・看護関係者を拘束する」[25]

　死を自己決定する権利からは他人にその手助けを求める一切の権利は生じないとする立法者の指摘は正当である[26]。無論，国家が基本法上保障された死に際しての自己決定を過剰に制約しないように求める権利はあるのだが，立法者はこの点を十分に明確に表現しきれていないかもしれない[27]。

　刑法の観点からは，新法の構成要件の構造は以下の通りである。すなわち，自殺の機会の提供，調達，斡旋は客観的構成要件に含まれる。したがって自殺という意味での「構成要件的結果」は不要である。またその活動が「業として」なされることがさらに要求される。主観的構成要件としては，他人の自殺を援助する意図が認められねばならない。しかし立法者の意思によれば，自殺それ自体に関しては単に故意が存すれば足りるとされる。

　新法217条が間違いなく適用される事例として，以下のような例が挙げられよう。すなわちAは死を望む者に自殺の機会を与えてやるために，致死作用を有する物質を日常的に提供している。Aは致死作用を有しうる物質によ

って死を望む者に，自殺の機会を調達している。「業として」の行為とは，一定の行為ないし一定の一連の行為を反復することを指す。すなわち「業として」が意味するところは，いわば「常日頃から」と同じといってよい。その際，反復される各行為の間に比較的長い期間が空いてしまっても，問題にはならない。したがって先ほどの事例において，たとえAが死を望む者にたとえば2〜4週間分の薬剤を処方したにすぎない場合でさえ，Aの行為は業としての行為にあたる。これにより，Aは新法217条の客観的構成要件を充足したことになる。たとえAは自殺自体を目的としていなくとも，自殺を援助することになるかもしれないという意図で行為している。したがって主観的構成要件も充足される。正当化事由や免責事由がなければ，Aは刑法217条によって処罰されうる。

　自殺の機会の提供あるいは調達は，法律の文言によればどのような方法でもよいとされる。自殺の機会の提供は，「場所を貸すことや自殺に供することのできる薬剤を渡すこと」によってもなされうる，と新法217条の立法理由が指摘したのは適切である[28]。たとえば，「死ぬための場所」を利用させることや，単体でも自殺ができるような薬剤あるいは複数組み合わせることで自殺が可能となる薬剤を渡すことがこれにあたる。たとえば（院内治療並びに外来の）緩和医療にて用いられているような鎮痛剤も，過剰摂取により死に至ることがありうる。患者にそういった鎮痛剤を自殺するに十分なほど多量に処方しあるいは渡した場合，この患者に刑法217条にいう自殺の機会を調達してやった（あるいは提供した）ことになる。

　仮に，Aが死を望むBに場所を利用させ，その場所でBは薬剤の過剰摂取により自殺することができるとしよう。このような事例は法律の文言からすれば，刑法217条の適用を受けるであろう。なぜなら，AはBに自殺の機会を提供しているからである。同じようなことが一度ならず複数回生じたとすれば（その際に，各提供行為の間に時間的隔たりがあったとしても），業務性

の要件も満たされる。Aの行為は主観的構成要件も充足している。なぜなら，Aは自殺の手助けとなってしまいうること自体を意図しており，自殺に関しては少なくとも未必の故意を有しているからである。たとえAが医師や看護師であっても，この帰結になんらの変更はない。

　自殺とは，人が作為ないし不作為によって自らの生命を断つあらゆる行為である。致死量の薬剤を過剰に摂取することのみならず，死んでしまうと知りつつも生命維持に必要な薬剤を断つこと，あるいは治療の継続を拒否することも，自殺である。栄養供給を拒絶することも自殺にあたる。この結論は緩和医療や終末期医療に対して憂慮すべき帰結をもたらす[29]。治療継続を拒み，死を望む重病患者に，基幹看護のみがなされ緩やかに死ぬことができる場所を貸した場合，死を望む者に自殺の機会を提供したことになってしまうのである。他人に絶食死する機会を与えてしまった場合も同様である。このような自殺の手助けを一度のみならず複数回あるいは日常的にしている場合には，刑法217条の構成要件に該当するのである。

　さらには，助言や情報提供によって自殺援助が認められるということも考えられよう。仮に，末期患者Aが医師Bに，もし自分が特定の薬剤を摂取するのをやめたとしたら，自分は死んでしまうのだろうか，と尋ね，医師がこの問いに素直にそうだと答えたとしよう。Bはこの場合，その患者に情報を提供することで，自殺の機会を調達したことになる[30]。Bが医師としての良心に基づき，同じような場合にはいつも包み隠さず情報を提供していた場合，刑法217条の客観的構成要件を満たすことになる。

　この規定がこのような帰結を生ずることに立法者が気付いていなかったということが，少なからず影響している。この法律は，「Sterbehilfe Deutschland」や「Dignitas」といった臨死介助を業とする組織のドイツ国内での活動を禁じることを目的としていたのであって，終末期医療や緩和医療における医師や看護師の職務を困難にすることを目的としていたわけでは決してない。し

かし刑法においては，法律はその文言に従って適用されねばならないという原則が存する。そこに表れている，刑事司法が法律に拘束されるという考え方は，法治国家の要素の中でも中核的であり，非常に多くの努力によって得られたものであることは歴史的にも明らかであり，そして常に危うい位置にあるのである[31]。法律から読み取ることのできる立法者意思というのは，その法律の文言が不鮮明な場合にのみ，解釈指針となる。しかし今回はそうではない。この法律が死ぬための場所を貸すことを捕捉しているということは，立法理由に明文で記述されてすらいるのである[32]。

この問題を一層ややこしくするのは，「Sterbehilfe Deutschland」や「Dignitas」といった臨死介助を業とする組織が，簡単に外国へと逃げてしまうことができるということである。スイスやオランダへは，ドイツのおよそどこからでも電車やタクシーで数時間で行くことができる。終末期医療施設や緩和医療施設の場合，そうはいかない。これらの施設はその土地から移設することができず，外国に移るということはできない（また，してはならない！）。こうしてみると，新法217条はまさに「緩和医療妨害法」という様相を呈しているのである。

4．第一の帰結

以上からいえることは，この新しい法律は，臨死介助を業とする組織の不適切な活動を抑止することには適していない，ということである。なぜなら，自殺を望む者は大して苦労することもなく，スイスやオランダで自殺の機会を得ることができるからである。これに対して，刑法217条は，その文言によれば，たとえば緩和医療の一環で比較的多くの，致死量にもなりうる量の鎮痛剤を患者に処方した場合や，治療中止後に場所を貸したり，絶食死をす

るための場所を貸すといった医療実務をも捕捉してしまうのである。「Sterbehilfe Deutschland」や「Dignitas」といった臨死介助を業とする組織とは違い，終末期医療施設や緩和医療施設は簡単には外国に移設することもできない。立法者は明らかにこのような帰結を意識していなかった。

5．広範に過ぎる法律を限定的に解釈する可能性

　刑事司法と刑法学は，──立法者もその支援を明言している──緩和医療と終末期医療を刑法的グレーゾーンから救い出すために，刑法217条を限定的に解釈するという使命を負っている。絶食死や治療中止が基本法上，権利として保障されているのだとすれば[33]，憲法に反しないような厳格な解釈が試みられねばならない。

(1)　「自殺」という概念
　ひとつめのアプローチとしてありうるのは，「自殺の機会」という文言を，積極的になされた，すなわち自らの作為による自殺に限定するということである。この方法によれば，少なくとも，絶食死あるいは治療中止による死のために場所を貸すような事例を，刑法217条の適用領域から排除しえよう。立法者が本条を創設するにあたって，（栄養供給や生命維持に不可欠な薬剤の服用をやめるなどの）不作為による自殺の可能性を考慮していなかったという事情は，このアプローチの裏付けとなる。しかしこのアプローチは，失敗に終わる。なぜなら，「自殺」には，日常用語のみならず法律用語に照らしても，作為と不作為がありうるからである。不作為による自殺は，たとえば保険法の領域でも一般的に認められている[34]。倫理的な観点からも，「消極的自殺」の可能性は難なく想定可能である[35]。もし立法者が不作為による自殺を

本法の射程外としようとしたならば，条文の文言からそれとわかるような表現となっていたはずである。

「自殺」という概念はまた別の観点からしても，法制審議会において想定されていたよりもはるかに広い概念なのである。法学でも用いられる日常の用語法からすれば，人が故意に自らを殺める，すなわち死期を早めることを自殺という。そこに含まれるのは，自身の作為や不作為により直接的に自殺することだけではない。他人や自然の力を利用して死ぬ，という状況に故意に自らをさらすといった形態での自殺もありえよう。たとえば，死刑囚とこっそり入れ替わり，死刑に処された場合，これは自殺であるといえる。自らの死を妨げている要因を故意に除去するような場合も，自殺であるといえる。たとえばその作為・不作為によって死ぬとわかっていてなお，ペースメーカーを外したり，生命を維持する薬剤を摂取しないといった場合がそれである。したがって，故意に治療中止をした場合も，それが死期を早めているのであれば，刑法217条にいう自殺と評価されよう[36]。また，自殺を行おうとする動機も，自殺かどうかの判定に大した意味をもたらさない。動機としては，痛みへの恐怖もありえようし，戦争において友軍のために犠牲となること，宗教上の理由（犠牲死）もありうる。政治的動機（たとえば政治的アピールとして自らに火をつけること）や学問的動機（死ぬ可能性がある新薬を自らで試してみること）も考えられうるし，愛するがゆえの死（ロミオとジュリエット）や，復讐・加害目的での死（たとえば「秘密を墓場まで持っていく」こと）も考えられる。

自殺であると認定されると困るのは，自身の作為・不作為が確実に死期を早めているといえるような場合ではなく，むしろ死期を早めたことがある程度蓋然的であるとしかいえず，本人もそれを知っている場合である[37]。とりわけ，問責対象となる作為ないし不作為と実際に生じた死という結果との間に大きな時間的隔たりがあるような場合がこれにあたる。死期を早めうるよ

うな，あるいはもはや死期を早めることが蓋然的であるといえるほどに多量のタバコ，酒，薬物を摂取している場合，これを自殺ないし自殺未遂と呼ぶことはできるだろうか？ これについての用語法は一義的に決定することができない[38]。ただはっきりいえるのは，刑法217条をこれら事例群に適用してもまったく意味はないということである。

結局，刑法217条にいう「自殺」という概念は，この新たな構成要件を十分に限定することができないほどに広い，ということが確認されよう。

(2) 業としての行為

広範に過ぎる刑法217条を限定するふたつめのアプローチとして考えられうるのは，「業として」という文言に着目し，緩和医療や終末期医療の活動の場合は業務性を否定するという方法である。「自殺」概念の場合と違って，立法者はこの「業務性」概念をできるだけ厳密に定義しようとした。立法者意思によれば，この「業務性」は，許されるべき自殺援助と禁止されるべき自殺援助とを区別する要素なのである[39]。しかしこの第二のアプローチにも大きな難点があるのである。

立法理由によれば，「その職務の対象としてなされ，同種行為を反復しようとする」[40]あらゆる行為が業としての行為にあたる。そのうえ，一回目の行為であっても，「継続的活動の開始」[41]であれば業務性は満たされうる。したがって，日常的になされ，あるいは少なくとも反復しようとしてなされるあらゆる作為と不作為は，「業としての行為」にあたるものと考えられねばならないであろう。しかし当然，緩和医療の医師は，外来で通院している患者に日常的に多量の薬剤を渡しており，もしその薬剤を患者が一度に服用すれば死んでしまうような薬剤を渡すことも一度や二度のことではない。むしろ，たとえば「緊急時の鎮痛剤セット」を渡すことなどは，外来緩和医療実務の中心的な役割である。こういったことは一度限り行われるのではなく，日常的

に，すなわち業として行われているということになる。したがって，緩和医療の医師の事例を，業務性の構成要件要素が欠けるものとして刑法217条の適用領域から除外することは容易ではないのである。

絶食死のための場所を貸すことについても事情は全く同じである。こういった絶食死のための場所を貸すということは一度きりのことではなく，そのような場所は日常的に提供され幾度も利用されている。というのも現在，患者の死にたいという望みは通常尊重されているからである。その上，上述したように[42]，強制栄養は強要や身体傷害として処罰されうる。現在多くの緩和医療施設や終末期医療施設では絶食死のための場所を設置しているということがスタンダードになっているといっても過言ではない。そうだとすれば，これら全ての場合に，日常的に，反復しようとする，業としての行為が認められうることになってしまう。そこから結論として生ずるのは，業務性の構成要件要素を文言に忠実に解釈してしまうと，新法217条の適用領域を適切に限定することはできなくなってしまうということである。

業務性という要素はいかにして限定的に解釈することができようか？ あらかじめ注意されたいのは，立法者がその概念の定義自体に多大なる労を割いたような場合，新たな法律を限定的に解釈することが，周知の通り方法論的に格別に難しいということである。立法者が画定した意味の範囲でその概念を用いるということこそが，立法者意思を尊重することにつながることはいうまでもない。立法者意思に従わないとすれば，「業務性」の要素を限定的に解釈するためには，基本的には2つの方法がありうる。すなわち，客観的な所為事情において，行為者や行為者群の特定の外観的特徴を基準に盛り込む方法[43]と，主観的な所為事情において，行為者に特定の目的設定や動機を要求する方法[44]である。これら両試みはすでに始まっている。

Gaedeは近時，刑法217条にいう「業務性」の概念を客観的所為事情において厳格に解釈することを提案している[45]。それによると，「反復的に自殺援

助がなされており，それが主たる活動といえる場合，もしくはそれが患者との関係においてもはや最終手段であるとはいえないような態様でなされた場合」にのみ処罰されうるという。この方法によれば，場合によっては絶食死による自殺のための場所を貸すことを処罰範囲から外すことができるかもしれない。しかし，日常的に多量の強力な，過剰摂取すれば死んでしまうこともありうる鎮痛剤を処方している，緩和医療の外来業務を処罰範囲から除外することはできない。Gaede の提案は検討に値するものではあるが，たとえその提案を徹底したとしても，解決するのは問題の一部にしかすぎないであろう。

すでに立法理由においても，「業務性」の概念を主観的に限定することが提案されている。すなわち，「たとえば病院，終末期医療施設，その他の緩和医療施設の，医学的治療における医療関係者」は刑法 217 条によって処罰されない。なぜなら，自殺の援助というのは「このような職や施設に対する理解と（相容れ）ず，……したがって原則的に医療関係者によってこれが提供されることはない」といわれるからである。「しかし具体的事例において医療関係者によって自殺援助が提供されたとしても，それは『業として』なされたのではなく，すなわち自殺援助を反復的または長期的に職業的活動の一部とする意図はなかったという場合がその典型である」[46]。

この立法理由はどのように評価されるべきであろうか？　上述の形態での自殺の援助――絶食死のための特別な場所を用意しあるいは貸したり，外来緩和医療の一環で死ぬ可能性もあるほど多量の薬剤を処方するなど――は，多くの終末期医療施設や緩和医療施設において，死に瀕した者への処置として適切かつ倫理的に要請されてすらいる，との理解に反するものではない。したがって，立法理由におけるこの理解と矛盾する部分の主張は誤っている。そのような介助は多くの医療施設にてすでになされている。新法 217 条はこのような活動を十分な理由付けなく刑法的グレーゾーンへと引き込んでしま

うのである。ごくわずかに存在する熱心すぎる「自殺援助者」からの保護という建前が，生き続けることを非常に広範な領域で強制することとなってしまうのである[47]。絶食死を支援する場合や外来の緩和治療の場合には，「反復的または長期的に職業活動の一部とする意図」が欠ける，という主張があるが，やはり明らかに妥当ではない。死ぬための場所や多量の鎮痛剤の処方はむしろ原則的に，人道的な終末期医療や緩和医療の義務であるとすら考えられうる。

結論としていえることは，「業務性」という要素も，臨死介助を業とする組織の活動と，終末期医療施設や緩和医療施設などにてなされている活動とを確実に区別することはできないということである。たとえ立法者意思を超えて，「業務性」の客観的・主観的要件に，さらなる制限をかける観点を導入したとしても，同じことである。

(3) 主観的構成要件

広範に過ぎるこの刑法規範を限定するみっつめのアプローチは，主観的構成要件にかかわる。無論このアプローチは2つの理由から困難に直面する。ひとつに主観的構成要件要素，すなわち故意や（認識ある）過失の検討は周知の通り立証が難しい。心理的経過は客観的にはほぼ認識できず，また立証もできない。それゆえ（被告人の防御の）主張が乱発されるおそれがある。もうひとつに主観的構成要件の検討に入るということは，客観的構成要件が充足されたと評価されたことを意味することになる。しかし，現在の刑事立法論や刑法理論の理解によれば，客観的構成要件は不法形式を記述する[48]。つまり，たとえば故殺・侮辱・器物損壊など（が客観的には存在しているということ）を記述するのである。医師が患者に多量の鎮痛剤を渡し，あるいは絶食死のための場所を貸した場合，我々はほんとうにその医師が不法構成要件を実現したといえるだろうか？　大多数の市民が有する道徳的な視点から

刑法的グレーゾーンの死　209

すれば，これは直観的に誤っている。そのうえ通常は，薬剤を渡した場合であろうと場所を貸した場合であろうと，そのような医師の行為は社会倫理的に肯定的に評価されるべきであって，不法なものと考えられるべきではない，とすらいえよう[49]。

　刑法217条は主観的構成要件において故意と，さらには自殺を援助する意図を要求している。少なくとも絶食死のための場所を貸す場合には，主観的構成要件は確実に充足されるであろう。なぜなら，医師は死を望む者が自殺を計画していることを知っているのであり，場所の用意，すなわち「自殺の機会の提供」に関しても故意を有しているからである。医師は自殺を援助する「意図」をも有しているのであろうか？　場所を貸す，という行為は一定の目的に従ってなされる，それゆえに，意図的である。しかし，「自殺」を援助するというのは，医師の意図するところではないのではないか，と考えられるかもしれない。つまり，たしかに医師は患者が自殺することをわかっており，それを仕方がないと思っていて，場合によっては確実なものとして予見していた（認識）かもしれないが，医師は自殺を一定の目的に従って実現しようとしていたわけではなく，そういった意味で意図としての直接的故意（dolus directus 1. Grades）を有していたわけではないのではないか，と[50]。基本的にはその考えは正しいといえよう。ただし，立法者は立法資料において，専ら援助行為それ自体が意図的に為されれば足り，自殺，すなわちいわゆる「援助行為の結果」までをも意図していなくともよい，と明文で強調したのである[51]。立法資料とは異なる解釈を採ろうとすれば，臨死介助を業とする組織に属する者に，実際に自殺が行われることを意図していなかったとの抗弁を許すこととなってしまう可能性がある[52]。したがって，医師が死ぬための場所を貸した場合，「自殺を援助する意図」が肯定されざるをえないのである。

　このように援助行為と援助目的を主観的構成要件において「分ける」とい

うことは，法律の素人にとっては簡単に理解できるものではない。しかしこのように分けること自体は，従来から刑法学において承認されてきた区別に反するものではない[53]。たとえば，AがBを激しく殴打する事案を想定してみよう。殴打に先立ち，Aは杖を寄越すようCに促したところ，CはAがこれを歩くために用いるのだと考え，Aに杖を手渡す。しかし実際にはAはBを殴るために杖を用いたのである。この場合，「正犯行為」はBに対するAの杖による殴打行為である。CはAに杖を手渡したことで，(客観的には)正犯行為を援助している。この援助行為に関していえば，Cには意図がある。なぜならそこで問題となったのは，Aに杖を渡すことだからである。しかし援助目的や「援助結果」（杖による殴打）に関していえば，Cは援助意図を有していない。CはAが楽に歩けるようにしてやりたかっただけであって，身体傷害に手を貸すつもりはなかったのである。したがって身体傷害に関していえば，杖がこのように用いられることをCが知らなかったならば，最低限度の故意形態である「未必の故意」すら認められない。

　立法者意思によれば，刑法217条においては，援助行為に関してのみ意図があり，援助目的（自殺）に関しては未必の故意があれば足りるとされる。したがって，相手が自殺する可能性を認識し，それも仕方がないと思った場合には，刑法217条の主観的構成要件は充たされることになる[54]。

　では患者に外来の緩和治療の一環で，死ぬ可能性があるほど多量の鎮痛剤を手渡した緩和医療関係者はどうなるであろうか？　その医療関係者は援助行為，すなわち「自殺の機会」を「提供」または「調達」していることに関しては故意がある（確定的故意 dolus directus 2. Grades，すなわち認識があるといえよう）。その医療関係者は「自殺を援助する意図」，すなわち援助目的に関して故意があるだろうか？　そのような意図はない，と言うことができるかもしれない。なぜなら，その医療関係者は苦痛の緩和を意図していたのであって，自殺の援助を意図していたのではないのだから，と。しかし，その

ように考えた場合，援助行為それ自体，すなわち鎮痛剤を手渡すことは一定の目的に従ってなされており，したがって意図的になされているということが見落とされてはいまいか。自殺自体（援助目的）は，立法者意思によれば，立法理由にてたしかにそう書かれているように，行為者の意図の射程には含まれていないのである[55]。

いまいちど，立法者が行った[56]対比，すなわち，医師が過剰摂取すれば死に至る鎮痛剤を手渡すという行為と，致死作用がある薬物を臨死介助者（場合によっては医師もこれにあたるが）が手渡す行為との対比を参照するのが有益である。両行為は構造的には同じである。前者の行為について刑法217条にいう援助意図を否定しようとすれば，後者の行為についても同様に否定せねばならない。なぜなら，いずれの場合にも，「自殺援助者」としての医師は薬剤を手渡した者の自殺に関して，何らの個人的な利益関心を寄せていないからである。場合によっては（あるいは蓋然的に？），医師にとってはまずもって，激しい痛みやその他恐ろしい苦痛から他人を解放してやることが重要なのである。自殺それ自体に関していえば，医師は通常「意図」の要素を充足しないのである。

したがって，緩和医療の医師が外来患者に多量の鎮痛剤を処方した場合や，終末期医療において絶食死のための場所を貸した場合にも，新法217条の客観的構成要件と主観的構成要件は満たされるという結論に至らざるをえない。無論，それをもって可罰性がなお否定される余地がなくなるわけではない。医師の行為には，正当化や少なくとも免責がなされる可能性は残っている。

(4) 正当化の可能性

正当化の段階では，とりわけ承諾が問題となる[57]。患者はまさに鎮痛剤の受領に承諾しており，また同様に，栄養供給を断つことによって自殺するための場所を借りることに同意しているのである。悩ましいのは専ら，ここで

問題となっている法益が患者の処分権に服するものなのか否か，である。これは，そもそも刑法217条の保護法益は何なのかという，そう簡単には答えられない問いにかかわる。たとえばRoxinなどがいうように，学説においては，そもそも法益が観念されうるのか，ということに疑念を抱く声がある[58]。立法理由によれば，保護法益として患者の自己決定権と，患者の生命が挙げられよう[59]。

　自己決定権が処分可能であることは当然である。自己決定を保護するために患者の自己決定を制限しようというのは矛盾しよう。より難しいのは，刑法217条で保護されている生命という法益が法益主体の処分権に服するものなのか否か，である。支配的見解によれば，刑法216条に鑑み，生命処分権は否定されるべきである。たしかにその他すべての法益を処分することはできるが，生命法益の処分は有効にはなりえないのである[60]。もっとも，最近の判例，とりわけ比較的近時の連邦通常裁判所の判例[61]の展開に照らせば，この立場が今後も維持されるかは疑わしい。

　しかしその点に立ち入る必要はない。というのも，立法者が挙げた明確な基準によれば，刑法217条は結果犯ではなく，危険犯だからである。刑法学における圧倒的多数説によれば，法益主体が自身の生命の危殆化に承諾することは，それがたとえ具体的危殆化に対する承諾であっても，有効であるとされる[62]。そうでなければ，たとえば生命に危険をもたらすほど難しいが，成功すれば命が助かるかもしれない手術をする，ということが許されないこととなってしまうであろう。そこからいえるのは，刑法217条においても承諾を観念することができる，ということである。立法者が，業として死に瀕した者と接している緩和医療関係者や看護師を処罰したいとは思っていないということが立法資料からも明らかに読み取れるということは，この結論を裏付けるものである[63]。

　もし刑法217条が個人的法益ではなく，「生命」あるいは「生命が一切危殆

化されないこと」を個人的法益を超えるものとして保護しようとしており[64]，それゆえ（個人的な）承諾があってもなお正当化されえないとすれば，事情は異なるものとなろう。無論，立法者の言葉遣いからは，立法者がこの「生命」という語にドイツ刑法学における通常の理解とは異なる意味を込めているようには思われない。そのように広く意味を改めようとしたのであれば，少なくとも立法者はそれを多少なりとも明確に言語化する必要があったであろう。この点で，立法理由が多くの点において，いかに言葉足らずであり，説明不足であったかが改めて明らかとなる。

承諾による正当化が可能であるとすれば，当然に（深刻な！）問題が生じる。緩和医療や緩和医療施設に従事している医師・看護師による自殺援助と，臨死介助を業とする組織に所属する医師・看護師による自殺援助は構造が同じであるから，臨死介助を業とする組織も承諾の存在を言い訳にできてしまうのである。これによってこの新たな法律は非常に適用範囲が狭くなるため，結局のところ，業としてなされた自殺援助のすべての事例は承諾の問題に帰着することとなろう[65]。このような方針は場合によっては法政策的には意味があることかもしれないが，これが立法者の意図したところなのかは疑わしい。

若干付け加えると，刑法217条が問題となる事例では，刑法34条による正当化緊急避難による正当化も考えられる[66]。もっとも，反復的な自殺援助を必要とする緊急状況など，そうそうあるものではなかろう。たとえば刑法35条の免責緊急避難による免責の可能性も考えられうる。もし両親や近しい親族が自殺に必要な手助けをした場合などがそれである。医師や看護師にとってより重要なのは，基本法4条の良心の自由を抗弁として用いることができるのか否かである。医師や看護師としての良心に基づき，著しい苦痛に苛まれている患者に自殺の機会を与えてやることを要請されているのだと感じた場合，通常基本法4条を援用できる。

6. 第二の帰結

これまでの検討でわかるのは，明確性の原則や刑法解釈上必要とされる明晰性・一義性を維持しつつ刑法217条を憲法に反しないよう限定的に解釈することはできないということである。とりわけ問題なのは，限定的解釈のアプローチをすれば，それが終末期医療や緩和医療のみならず，「法が本来予定していた」自殺援助者にまでも有利にはたらいてしまいうるということである。したがって刑法217条という新たな刑罰規定は，刑法適用領域を著しく不安定にし，緩和医療や終末期医療に従事する医師や看護師を処罰のリスクにさらすことになるのである。その際忘れてはならないのは，警察官や検察官が，犯罪の被疑者をすべて調査し，捜査することを法的に義務付けられているということである[67]。

7. 親族や他の関与者の処罰リスク

刑法217条は業としての自殺援助を処罰するものであり，この援助行為を独立の正犯行為として規定している。したがって刑法217条の行為への関与（刑法26条，27条）も考えられうる。とりわけ，両親の自殺を援助した親族や，生きるか死ぬかの相談に答えたり，その際場合によっては問い合わせに基づいて自殺の機会についても説明したりする者（業としての情報提供による幇助）にとって重大な処罰のリスクが生じる。

Aが，死を望んでいる自分の父をスイスで自殺させるために同行した場合，この作為は（スイスにてなされる[68]）業としての自殺援助の幇助（刑法217条，27条）であると評価されうる。刑法217条2項によってAの可罰性が否

定されるのは，Aの行為が自らの業としての行為ではない場合のみである。しかし立法理由によれば，1回目の行為の際に，あらかじめ似たような状況で2回目を行うこともあると考えていたのであれば，その行為は業としての行為であるとされる[69]。このような状況はたとえば，息子が父になしたことと同じことを母にもやってやろうと心積もりしていた場合などがそれにあたる。

たとえば日常的に問い合わせに基づいて，Dignitasや同種組織の助けを借りて自殺をする機会について情報提供している相談所や弁護士にも，似たような処罰のリスクが生じる。これもまた，スイスにてなされた刑法217条の援助行為の幇助であると評価されうる。刑法217条2項の親族特例は，ここでは適用がない。その上，業務性の要素が充足されるのである。

両事例において，あくまで死を望む者を幇助したのであって，臨死介助を業とする組織を幇助したのではない，と主張することも考えられる。法律学上の観点からは，死を望む者と自殺援助者，両者を幇助したといってもよい。死を望む者をチューリヒやその他相応の場所に連れて行くという点が，客観的には自殺援助の幇助とみなされうるのである。その親族（幇助者）は意識的に，諸々の状況を知って行為したのだから，認識という意味での故意あるいは少なくとも未必の故意は存する。援助の意図が，死を望む者に対してしかない（つまり臨死介助を業とする組織の活動に対して援助の意図はない）ということは，何らの妨げにはならない。というのも，幇助の成立にとっては未必の故意ないし認識で足りるからである（そして臨死介助を業とする組織の活動に対する未必の故意ないし認識は難なく肯定される）。

情報提供による幇助の場合でも似たようなことになる[70]。死を望む者が，助言によって，臨死介助を提供している施設とのコンタクトをとり，その者が相応のサービスを得られるようなった場合，客観的には幇助行為であると認められうる。主観的にも，少なくとも未必の故意ないし認識というかたちで援助故意がある。

上述の結論とは違い，あくまで死を望む者を幇助したのであって，臨死介助を業とする組織を幇助したのではないのだから，チューリヒへの移送や臨死介助を業とする組織とのコンタクトをとるための助言の場合，刑法217条，27条にはあたらないのだ，と主張するとしよう。その場合，死を望む者を業としてスイスの自殺援助施設へ移送したり，生きることに疲れた者に日常的に自殺の機会の情報を提供したりする企業が設立されたとしても，それを受け入れねばならないであろう。その場合，その企業も自殺援助者を援助しているのではなく，死を望む者を援助しているにすぎないことになろう。そうすると，刑法217条2項に示される，立法者が意図していた幇助犯成立の可能性はおよそなくなってしまうであろう。この点で，さらに正犯性を巡る議論にてすでに述べた問題が明らかとなる[71]。すなわち，悩ましい問題のために展開した限定的な解釈が，立法者が刑法でもって処罰しようとした者たちにも有利にはたらいてしまいうる，という問題である。

8．最終的な帰結

本稿の結論は以下のようにまとめることができる。すなわち新法217条は「Dignitas」や「Sterbehilfe Deutschland」といった臨死介助を業とする組織の活動を処罰するのみならず，たとえば，外来の緩和医療や，絶食死のための場所を用意することにつき，終末期医療や緩和医療に従事する医師や看護師にも処罰のリスクを生むものである。緩和医療や終末期医療のようなサービスが基本法上保障されるとするならば，刑法217条を憲法に反しないように限定解釈する必要が生じる。限定解釈の試みは，客観的構成要件（「自殺」，「業務性」），主観的構成要件（「自殺を援助する意図」），違法性の段階（承諾？）においてなされうる。しかしいずれの限定解釈の試みも，この深刻な

問題を解決するものではない。とりわけ,刑法217条を限定すると必然的に,本来立法者が禁じようとした活動を行う者たちにも有利にはたらいてしまうのである。医師や看護師,さらにはとりわけ死に瀕している者にとって,この処罰リスクは深刻な負担となる。人間の尊厳にふさわしい,人道的な死を保障するために,広きに失するこの刑法217条[72]を適切に限定する方法を見つけることが急務なのである。

1) その一部として,*Duttge*, NJW 2016, S.120 ff.; *Eidam*, medstra 2016, S.17 ff.; *Gaede*, JuS 2016, S.385 ff.; *Grünewald*, JZ 2016, S.938 ff.; *Hecker*, GA 2016, S.454 ff.; *Hillenkamp*, KriPoZ Bd.1 (2016), S.3 ff.; *Hoven*, ZiS 2016, S.1 ff.; *Kubiciel*, ZiS 2016, S.396 ff.; *Magnus*, medstra 2016, S.210 ff; *Rosenau*, Bay Ärzteblatt 2016, S.10 f.; *Roxin* NStZ 2016, S.185 ff.; *Sowada*, ZfL 2015, S.34 ff.; 神学の観点から検討を加えるものとして,*Kreß*, Jahrbuch für Wissenschaft und Ethik 2016, S.29 ff. 法律の公布以前から批判的なのは,*Verrell*, FS Paeffgen 2015, S.331 ff.; *Hilgendorf*, JZ 2014, 545 ff.
2) 臨死介助を業とする組織の活動に対する厳格な規制に賛成するものとして*Hilgendorf*, Jahrbuch für Recht und Ethik 2007, S.479 ff.
3) これについて詳細には前掲(注1)にて挙げた諸論文を参照。
4) medstra 2015, S.129-131.
5) Entwurf eines Gesetzes zur Strafbarkeit der geschäftsmäßigen Förderung der Selbsttötung‐Brand et al. (BT-Drucks 18/5373)‐Gesetzgebungskompetenz des Bundes und Bestimmtheitsgebot (WD 3 3000-188/15).
6) ここでは他の誤りを孕んだ立法と同様,政府官僚の事実的な排除が少なからず影響している。彼等の経験は,一般公衆にとってセンセーショナルなテーマを扱う際には,ますます背後に押しやられる。これは立法のクオリティにとっては損失である。
7) その他の例については*Hilgendorf*, Stellungnahme in der öffentlichen Anhörung des Ausschusses für Recht und Verbraucherschutz des deutschen Bundestages am 23.9.2015, vgl. auch schon *Hilgendorf*, JZ 2014, 545 ff.
8) Bundestags-Drucksache 18/5373, S.9 und passim. 終末期医療・緩和医療法は2015年12月8日に施行された(BGBL. I 2015, S.2114)。この法は上述の領域を明文で支援せねばならないとした。これについては*Rixen* u.a. NJW 2016, S.125 ff.

9) 以下の文章はすでに in Pflegerecht 9/2016, S.556-563 にまとめられている。
10) この重要な定義は，Roxin の医事刑法ハンドブックによる。同書 83 頁には以下のようにある。「臨死介助（安楽死）というのは，その重病患者の有しているイメージに即した人間の尊厳にかなう死を可能にしてやるために，その者の望みに基づき，あるいは少なくとも推定的意思に鑑みてなされる手助けである」。
11) 事例群に対する体系的な展望についてはたとえば *Hilgendorf*, Einführung in das Medizinstrafrecht, 2016, Kap.4 Rn.5 ff.; ausführlich Ulsenheimer, Arztstrafrecht in der Praxis, 5. Aufl.2015, Teil 3 (S.398-448).
12) 比較法の観点から *Weißer* ZStW 2016, S.106 ff.
13) 連邦通常裁判所は，その有名な判決（BGHSt 55, 191 ff.）において作為と不作為の区別可能性を否定せず，正当にも，治療中止の不可罰性にとって外部的な作為・不作為の差は問題とはなりえないと確認した。これにより，従来積極的臨死介助と呼ばれてきた事例が不可罰となった。患者の承諾による治療中止に含まれたからである。
14) 最新の Bundestags-Drucksache 18/5373, S.10, 18 und passim.
15) *Jesckeck/Weigend*, Lehrbuch des Strafrechts. Allgemeiner Teil, 5. Aufl.1996, §58. を参照。
16) その概要については *Hilgendorf/Valerius*, Strafrecht Allgemeiner Teil, 2. Aufl. 2015, §11.
17) ただし医師や看護師には緩和治療を含めた基幹看護の義務は残る。
18) これについて詳細には *Hilgendorf*, in Arzt/Weber/Heinrich/Hilgendorf, Strafrecht Besonderer Teil, 3. Aufl. 2015, §3 Rn.13 ff.
19) BGHSt 42, 301 (305).
20) Vgl. nur *Roxin* (Fn.10), S.86 ff.
21) 詳細には *von Zezschwitz*, Ärztliche Suizidbeihilfe im Straf- und Standesrecht. Diss. Würzburg 2016, Teil 2 Kap.2 III.2.b.
22) *Von Zezschwitz* (Fn.21), Teil 2 Kap.3.
23) *Hilgendorf/Valerius*, Strafrecht Allgemeiner Teil (Fn.16), §9 Rn.107.
24) BGBL. I, 2015, S.2177.
25) Bundestags- Drucksache 18/5373, S.10.
26) 同上。
27) *Hilgendorf*, JZ 2014, S.545 (549).
28) Bundestags-Drucksache 18/5373, S.18.
29) *Hilgendorf*, Medizinstrafrecht (Fn.11), Kap.5 Rn.18 ff.

30) 法学者や司祭が，たとえばスイスにおける自殺の機会を具体的に情報提供した場合にも同じことがいえる。
31) *Hilgendorf*, Gesetzlichkeit als Instrument der Freiheitssicherung: Zur Grundlegung des Gesetzlichkeitsprinzips in der französischen Aufklärungsphilosophie und bei Beccaria. In: Hans Kudlich, Juan Pablo Montiel und Jan C. Schuhr (Hg.), Gesetzlichkeit und Strafrecht. Berlin 2012, S. 17 ff.
32) Bundestags-Drucksache 18/5373, S. 18.
33) いずれにせよ Bundestags-Drucksache 18/5373, S. 10. は治療中止については明らかにこの意味で保護している。
34) Vgl. § 161 Abs. 1 S. 1 VVG:「死亡事故の保険の場合，保険会社は，被保険者が保険契約締結後3年以内に故意に自殺した場合，履行の義務を負わない」。
35) これについて正当にも *Birnbacher*, www.hpd.de 参照。
36) これに対し，治療中止は保険法161条の意味では自殺にはあたらない。なぜなら，一方で自己決定権に基づき治療中止を許容しておきながら，他方であとになって保険債務の履行を拒否するのは（評価）矛盾であろうからである。したがって，保険法161条1項1文における「自殺」概念を刑法217条よりも狭く解し，治療中止や絶食死のような自殺をこの概念に含めない，とすることが有意義であり憲法的にもそう要請されているように思われる。
37) 死を望む者は，いわば虎の檻に入るようなものなのである。虎がその者に襲いかかって殺してしまうということもありうるが，必ずそうなるとはいえない。この用語法によれば，死を望む者がその死を意図している，あるいは知ったうえで死のうとしている，それとも虎が自分を殺してしまうことを仕方ないと思っている場合には，自殺（虎に殺される場合）ないし自殺未遂（虎が襲ってこない場合）となる。常に前提となっているのは，虎が襲ってくるよう仕向ける行為が自由答責的になされたということである。
38) 注意せねばならないのは，「助言に基づく自殺」という言い回しが日常用語に存在することである。
39) Bundestags-Drucksache 18/5373, S. 16.
40) Bundestags-Drucksache 18/5373, S. 17.
41) 同上。
42) 2. の冒頭を参照。
43) 糸口となりうるのはたとえば勤務場所（病院，終末期医療施設，私設医院）や医師の開業免許，医師の専門分野などである。しかし，このような基準を使っても，明確な区別には至りえないように思われる。

44) 考えられうるのは，たとえば殺人の意図あるいはより一般的な殺人の意思の存在，または死を望む者が死ぬことについての個人的な利益関心の存在である。しかしこのような主観的要素をもっていたりいなかったりするのは，医師や看護師であっても，臨死介助を業とする組織の者であっても同じであるということは，容易に思い至る。後者は通常，痛みへの共感や利他主義的な衝動から行動を起こすのであろう。これは医師や看護師にもよくあることである。通常の事例では，関与者の誰も，殺人の意思が主たる動機であったとは認められえない。
45) Gaede, JuS 2016, S.385 (390).
46) Bundestags-Drucksache 17/5373, S.18. *Hillenkamp*, KriPoz 2016, S.3 (8 f.) も参照。同論文は，「業務性」の認定の際に，再度の行為に関しても意図を要求しようとする。すなわち行為者は，いわば実行行為を一度のみならず複数回行う意図を有していなければならない。しかしこの方法は，本稿で議論している外来の緩和医療における鎮痛剤の問題と絶食死の問題の処罰リスクを十分に限定することができない。
47) Gaede は後々発覚するタイプの，死の際での過剰治療（これについては *Thöns*, Patient ohne Verfügung, 2016) に鑑み，慎重に考えねばならないとしている。我々の健康の経済化が死の商業化という極めて非人道的な現象をもたらしたのは明らかであるが，この新法217条のせいでそれがまた見えにくくなり，促進されてしまった。
48) *Jescheck/Weigend*, Strafrecht Allgemeiner Teil (Fn.15) S.207 は，「当該犯罪に典型的な違法性の要因の総体という意味での不法構成要件」という説明を用いている。
49) 無論，絶食死を援助することや死ぬ可能性があるほど多量の薬剤を渡す外来の緩和医療も，好意的な評価がなされるものではない。（禁止されるべき）自殺の幇助ないし（過失による）生命の危殆化と評価される余地はある。この立場に立てば，刑法217条に合致する態度様態を処罰することも妥当であるように思われるかもしれない。
50) 故意形式の概観について *Hilgendorf/Valerius*, Strafrecht Allgemeiner Teil (Fn.16), Rn.79 ff.
51) Bundestags-Drucksache 18/5373, S.19.
52) 同上。
53) *Jescheck/Weigend*, Strafrecht Allgemeiner Teil (Fn.15), S.695に多くの例が示されている。
54) Bundestags-Drucksache 18/5373, S.19.
55) 同上。

56) 同上。
57) *Hilgendorf*, Medizinstrafrecht (Fn.11), Kap.5 Rn.20. 正当化事由としての承諾の要件については *Hilgendorf/Valerius*, Strafrecht Allgemeiner Teil (Fn.16), §5 Rn.109 ff.
58) *Roxin*, NStZ 2016, S.185 ff.
59) Bundestags-Drucksache 18/5373, S.10.
60) *Hilgendorf/Valerius*, Strafrecht Allgemeiner Teil (Fn.16), §5 Rn.116 ff.
61) BGHSt 55, 191 ff.
62) *Frister*, Strafrecht Allgemeiner Teil, Kap.15 Rn.27; *Neumann*, FS Kühl (2014), S.569 (581 f.); vgl. auch BGHSt 53, 55, 62 f.
63) Bundestags-Drucksache 18/5373, S.18.
64) そのように主張するのは *Hecker*, GA 2016. S.460.
65) 同様の見解に立つものとして *Kubiciel*, ZiS 2016, 396 (402)。同論文は「生きることについて軽率に考えてしまうおそれ」に着目する。
66) 正当化緊急避難の要件につき，より詳細には *Hilgendorf/Valerius*, Strafrecht Allgemeiner Teil (Fn.16), §5 Rn.69 ff.
67) Vgl. §§ 152 Abs.2〔起訴法定主義〕，169〔上級地方裁判所及び連邦通常裁判所の捜査判事〕，163〔捜査手続における警察官の責務〕StPO.
68) 刑法9条2項2文に基づき，その行為がスイスでは処罰されていないにもかかわらず，正犯行為に構成要件該当性と違法性があることが擬制されうる。
69) Fn.40と41を参照。
70) 上述3.の，正犯となる場合の事例を参照。
71) 4.参照。
72) 本稿で扱わなかったもうひとつの問題は，刑法217条は，たとえば自殺教唆を捕捉することに関してなど，他の観点からすると狭くなりすぎはしないか，というものである。これについては *Grünewald*, JZ 2016, S.938 (942 f.).

文献リスト

Gunter Arzt/Ulrich Weber/Bernd Heinrich/Eric Hilgendorf, Strafrecht Besonderer Teil, 3. Aufl. Bielefeld 2015.

Dieter Birnbacher, Ist Sterbefasten eine Form von Suizid? In: http://hpd.de/artikel/10237.

Kasten Gaede, Die Strafbarkeit der geschäftsmäßigen Förderung des Suizids - §217 StGB. In: Juristische Schulung (JuS) 2016, S.385-392.

Gunnar Duttge, Strafrechtlich reguliertes Sterben. Der neue Straftatbestand einer geschäftsmäßigen Förderung der Selbsttötung. In: Neue Juristische Wochenschrift (NJW) 2016, S. 120-125.

Lutz Eidam, Nun wird es also Realität: § 217 StGB n. F. und das Verbot der geschäftsmäßigen Förderung der Selbsttötung. In: medstra. Zeitschrift für Medizinstrafrecht 2016, S. 17-22.

Helmut Frister, Strafrecht Allgemeiner Teil, 7. Aufl. 2015.

Anette Grünewald, Zur Strafbarkeit der geschäftsmäßigen Förderung der Selbsttötung. In: Juristenzeitung (JZ) Bd. 71 (2016), S. 938-947.

Bernd Hecker, Das strafrechtliche Verbot geschäftsmäßiger Forderung der Selbsttötung (§ 217 StGB). In: Goldammer's Archiv für Strafrecht 2016, S. 454-471.

Eric Hilgendorf, Zur Strafwürdigkeit von Sterbehilfegesellschaften. Aktuelle Strafbarkeitsprobleme im Kontext der assistierten Selbsttötung. In: Jahrbuch für Recht und Ethik Bd. 15 (2007), S. 479-489.

Eric Hilgendorf, Gesetzlichkeit als Instrument der Freiheitssicherung: Zur Grundlegung des Gesetzlichkeitsprinzips in der französischen Aufklärungsphilosophie und bei Beccaria. In: Hans Kudlich, Juan Pablo Montiel und Jan C. Schuhr (Hg.), Gesetzlichkeit und Strafrecht. Berlin 2012, S. 17-33.

Eric Hilgendorf, Zur Strafwürdigkeit organisierter Sterbehilfe. In: Juristenzeitung (JZ) Bd. 69 (2014), S. 545-552.

Eric Hilgendorf, Stellungnahme zur öffentlichen Anhörung des Ausschusses für Recht und Verbraucherschutz des deutschen Bundestages am 23.9.2015, abrufbar unter https://www.bundestag.de/blob/387792/03e4f59272142231bb6fdb24abe54437/hilgendorf-data.pdf.

Eric Hilgendorf, Einführung in das Medizinstrafrecht. München 2016.

Eric Hilgendorf, Neue Strafbarkeitsrisiken für Ärzte und Pflegekräfte durch die Neuregelung des assistierten Suizids. In: Pflegerecht Bd. 20 (2016), S. 556-563.

Eric Hilgendorf, Henning Rosenau, Stellungnahme deutscher Strafrechtslehrerinnen und Strafrechtslehrer zur geplanten Ausweitung der Strafbarkeit der Sterbehilfe. In: medstra. Zeitschrift für Medizinstrafrecht 2015, S. 129-131.

Eric Hilgendorf, Brian Valerius, Strafrecht Allgemeiner Teil. München 2015.

Thomas Hillenkamp, § 217 StGB n. F.: Strafrecht unterliegt Kriminalpolitik. In: Kriminalpolitische Zeitschrift (KriPoZ) Bd. 1 (2016), S. 3-10.

Elisa Hoven, Für eine freie Entscheidung über den eigenen Tod. Ein Nachruf auf die straflose Suizidbeihilfe. In: Zeitschrift für Internationale Strafrechtsdogmatik (ZiS) 2016, S. 1-9.

Hans-Heinrich Jescheck, Thomas Weigend, Lehrbuch des Strafrechts. Allgemeiner Teil. 5. Aufl. Berlin 1996.

Hartmut Kreß, Medizinisch assistierter Suizid – Regulierungsbedarf im Strafrecht? Kritische Gesichtspunkte zur Neufassung von § 217 StGB in politischer, grundrechtlicher und rechtspolitischer Hinsicht. In: Jahrbuch für Wissenschaft und Ethik Bd. 20 (2016), S. 29-49.

Michael Kubiciel, Zur Verfassungskonformität des § 217 StGB. In: Zeitschrift für Internationale Strafrechtsdogmatik (ZiS) 2016, S. 396-403.

Dorothea Magnus, Gelungene Reform der Suizidbeihilfe (§ 217 StGB)? In: medstra (Zeitschrift für Medizinstrafrecht) 2016, S. 210-218.

Ulfrid Neumann, Das sogenannte Prinzip der Nichtdispositivität des Rechtsguts Leben. In: Festschrift für Kristian Kühl zum 70. Geburtstag. Herausgegeben von Martin Heger u. a. München 2014, S. 569-583.

Stefan Rixen, Georg Marckmann, Jürgen von der Schmitten, Gesundheitliche Versorgungsplanung für die letzte Lebensphase – das Hospiz – und Palliativgesetz. In: Neue Juristische Wochenschrift (NJW) 2016, S. 125-129.

Henning Rosenau, § 217 Strafgesetzbuch (StGB). Neue Strafnorm gegen ein selbstbestimmtes Sterben in Deutschland. In: Bayerisches Ärzteblatt 2016, S. 100-102.

Claus Roxin, Zur strafrechtlichen Beurteilung der Sterbehilfe. In: Handbuch des Medizinstrafrechts. Herausgegeben von Claus Roxin und Ulrich Schroth. 4. Aufl. Stuttgart u. a. 2010, S. 7-121.

Claus Roxin, Die geschäftsmäßige Förderung der Selbsttötung als Straftatbestand und der Vorschlag einer Alternative. In: Neue Zeitschrift für Strafrecht (NStZ) 2016, S. 185-192.

Christoph Sowada, Zur Straf – und standesrechtlichen Beurteilung des ärztlich assistierten Suizids und der organisierten Suizidbeihilfe. In: Zeitschrift für Lebensrecht, 2015, S. 34-43.

Matthias Thöns, Patient ohne Verfügung. Das Geschäft mit dem Lebensende. München/Berlin 2016.

Klaus Ulsenheimer, Arztstrafrecht in der Praxis, 5. Aufl. Heidelberg 2015.

Torsten Verrell, Vereine und Ärzte helfen nicht, nimm dir selbst den Strick! Anmerkungen zur Diskussion über die Kriminalisierung von Suizidbeihilfe. In: Strafe und Strafprozess im freiheitlichen Rechtsstaat. Festschrift für Hans-Ulrich Paeffgen zum 70. Geburtstag am 2. Juli 2015. Herausgegeben von Karl-Friedrich Stuckenberg und Klaus Ferdinand Gärditz, Berlin 2015, S. 331-343.

Bettina Weißer, Strafrecht am Ende des Lebens – Sterbehilfe und Hilfe zum Suizid im Spiegel der Rechtsvergleichung. In: Zeitschrift für die gesamte Strafrechtswissenschaft 2016, S. 106-138.

Ulrike von Zezschwitz, Ärztliche Suizidbeihilfe im Straf- und Standesrecht. Diss. Würzburg 2016.

自己決定と配慮とのバランス
――承諾能力のない患者に対する強制治療――

Zwischen Selbstbestimmung und Fürsorge:
Zwangsbehandlung einwilligungsunfähiger Patienten

Prof. Dr. Martin Böse

訳　冨川雅満

1. 導　入

　医師による配慮（Fürorge）と患者の自己決定権との関係性は，医事刑法における最も古い，かつ最も議論されてきた問題の1つである。ライヒ裁判所（RG）は1894年に，医師による治療行為はそれ自体で正当化されるわけではなく，この治療行為への承諾が存在した場合にのみ正当化されるのであって，承諾がない場合には――身体への侵襲が存在する限りでは――傷害罪による処罰がありうるとして，患者の自律性に優先的な地位を認める判断を下した[1]。この原則は，患者の権利法の施行により，2013年に実体法においても根拠のあるものとなった（民法630条d第1項1文）[2]。しかしながら，法益主体がその自己決定権をもはや自由答責的には行使できない場合に，この患者の自律性の優越的地位は危機にさらされる。というのも，この法律は，承諾付与につき権限を有した他人によってなされた代諾が聞き入れられるべき場面を想定しているからである（民法630条d第1項2文）[3]。ここでは，承諾能力のない人に対する治療行為が問題となる場合に，医師による侵襲が

世話人（Betreuer）の代諾に基づいているとしても，被世話人（Betreute）の意思に反しても良いのかが問われることになる。

　本稿は，この問題を扱うものである。ここにいう強制治療とは，健康侵害を回避するために患者の自然的意思に反して行われる医的措置を指すものである[4]。この問題につき，本稿は，以下の2つの観点に検討を絞ることとする。1点目に，刑法上，強制治療においては医師による治療行為の正当化だけではなく，さらに，患者に治療措置を強いるその他の行為，たとえば，逮捕監禁罪（刑法239条）や強要罪（刑法240条）の正当化も問題となるが，本稿ではこのうち前者の治療行為を扱う[5]。2点目として，強制治療が行われる状況には多様なものが考えられうる。そこで，本稿は，承諾能力のない患者がその意思に反して治療を受けるとの基本状況に検討を限定する。これ以外にも，公法上の命令（Anordnung）に基づいて入院している者（ノルトライン＝ヴェストファーレン州における精神病患者の入院時の援助及び保護措置に関する州法18条4項および5項：PsychKG NRW[6]）や，刑罰・処分実施中の者（ノルトライン＝ヴェストファーレン州の行刑法78条：StVollzG NRW[7]）など，とくに保護の必要のある者についての特別規定が存在するが，これらについては本稿における検討の対象としない[8]。ドイツにおける近時の議論が承諾能力のない成人に対する強制治療に焦点を当てたものであったことから，本稿においても同様に承諾能力のない患者に検討を限定し，――憲法上とくに保護されている（基本法6条2項）――親の配慮権（elterliches Sorgerecht）（民法1626条，1631条）にも言及しない[9]。本稿は2つのパートから構成される。前半では，承諾能力のない患者にも自己決定権がどの程度認められるかとの問題に取り組む（2.）。後半では，強制治療が正当化されるための諸条件およびその限界について検討する（3.）。

2．承諾無能力者における自己決定

　患者には自己決定権が認められるのであるから，承諾能力のある患者にその意思に反した治療を行うことは認められない。それゆえに，強制治療が問題となるのは――一般には――，承諾能力がないゆえに自分では治療に法的に有効な承諾を行うことのできない患者に限られる。すでにこのことを理由としても承諾無能力を認める基準には中核的な意義が認められ，かつ，この基準は，ある問いに解答するための道筋をつけるものでもある。すなわち，承諾能力がないと評価されるにしても，その患者には自己決定がどの程度可能であるのか，そしてその自己決定はどの程度尊重されるべきであるのか，との問いである[10]。

(1) 承諾無能力とその相対性

　承諾に際して，法益主体は自己の価値序列に従い，介入から生ずる利益と不利益を衡量し，この衡量に基づいて承諾するか否かを決定する[11]。これに応じて，承諾能力は，第1に認識的要素を必要とする。つまり，法益主体は，承諾の対象となる財（Güter）と利益が自らにとってどのような価値や重要さを有しているのか，その判断に際してどのような事実が問題となっているのか，どのような帰結とリスクがそこから生じるのか，そして，追求する目的を達成するためには他にどのような代替策があるのかを理解できなければならない[12]。これに加えて，承諾能力は意思的要素も必要とし，すなわち，患者は，なされようとしている侵襲を理解し，その理解に基づいて決定を行う能力を有していなければならない[13]。

　この両要素からは，承諾能力ないし承諾無能力とは，その都度行われる侵襲と密接に関連付けられて決定されるべきことが明らかとなる。医的侵襲は，

その重大性や複雑性に応じた程度での患者の理解力を要求しているのである。つまり，ある侵襲については承諾能力を有する者が，他の侵襲に関しては承諾能力を有しない，ということも考えられうる（承諾能力の相対性）[14]。

(2) 承諾無能力者の自律性

　承諾無能力者であると判断された場合，その患者に代わって他の者が承諾の可否を判断すべき必要性が生じる。しかしながら，そのような場合であっても，個人の自律性を尊重せよ，との原理は妥当しなければならない[15]。なぜならば，患者が自己決定をなす能力は，「あり／なし」といった2元的なものではなく，——承諾（無）能力が相対的であるがゆえに——その程度にはグラデーションがあるからである。つまり，患者は，その都度の侵襲に関して，自己の理解力に応じて多少なりとも，侵襲を行うか否かの決定に共働することもできるし，あるいはしないこともできる[16]。患者の能力は——それが限定的なものであるにせよ——，医師による治療の許容性を問題とする際に，考慮されるべきである[17]。

　承諾無能力とされた患者の自己決定権が法的には重要ではないとするならば，これは，国際法上の基準，つまり，ドイツの批准する障害者権利条約（UN-Behindertenrechtskonvention）にも違反する[18]。この条約によれば，条約加盟国は，精神障害に基づき承諾無能力となっている人の権利能力・行為能力を保障しなければならず，各人がそれらの能力を発揮するために必要な支援を行わなければならない（同条約12条）。ここにいう支援とは，承諾無能力の患者に対してパターナリスティックな決定を行うということではなく，その患者の自己決定を可能な限り促進するということである[19]。このことを理由として，たとえば，承諾能力を持たない患者も，実施される侵襲についての説明を受ける権利（民法630条e第5項）を有している[20]。それゆえに，患者の自律性は基本的には，その患者にどの程度自己決定が可能であるかと

の問題とは無関係に，認められるのである。単に，その自己決定権から導かれる処分権の範囲がその能力によって決定されるにすぎない。患者が承諾能力を持たない，つまり，単独では治療行為に承諾するかどうかを完全には決定できない場合，その患者の自己決定権からは，その者の能力に応じて，侵襲に関する決定を行う際に自己の意思を実現させる権利が生じる[21]。

(3) 拒否権としての承諾無能力者の希望

　以上の基本的考察は，下位法である世話法（Betreuungsrecht）の枠組みをも規定するものである。この法規定の基本的関心事のうちの1つは，被世話人である患者の自律性を可能な限り広く認めることにある[22]。したがって，世話人は，世話が必要とされる範囲でのみ，その使命を果たすこととなり（民法1896条2項1文），つまりは，配慮の射程は個別に「処方」されるのである[23]。これは，承諾能力の有無の検討が個別に行われること（上述 **(1)**）にも合致する。しかも，自己決定能力が存在せず，それに応じて，世話人が健康問題の配慮のために選任されている場合でも，世話人は基本的に被世話人の希望に応じなければならない[24]。それゆえに，被世話人の希望は，本人の意思の表明として，決定的に重要な意義を有するのである。

　しかし，被世話人の希望に応じよとの世話人の義務も，その希望が被世話人の福祉（Wohl）に反しないことをただ1つの留保としている（民法1901条3項1文）。この制限は，被世話人がまったく自己決定を行う能力を持たず，世話人による配慮を必要としているとの事情を反映するものである。しかしながら，被世話人の福祉は，もっぱら客観的な基準（たとえば，健康や生命）によってのみ決定されうるものではない。民法1901条2項2文によれば，被世話人の能力の枠内でその生活を自己の希望やイメージに応じて形成する可能性も，被世話人の福祉に含まれる。つまり，財の維持についての客観的利益に加え，その者の人格の発展についての主観的利益も考慮されるの

である[25]。被世話人には，世話を受けていない通常人に認められるような自由もやはり認められるべきである[26]。世話は，法の下の平等（Rechtsgleichheit）を実現させるためのものである[27]。

　これは，患者の自己決定権との関連では，次のようなことを意味している。つまり，承諾能力のある患者は自由に医学上の治療を拒否できるのであるから，この自由は，被世話人である患者にも，カテゴリカルには否定されえない，と[28]。これに応じて，連邦憲法裁判所（BVerfG）は，「病気でいる権利」を承諾能力のない患者にも明示的に認めている[29]。自分が病気であるとの認識（病識：Krankheitseinsicht）が欠けているとしても，この事情は，身体的病気に罹患している（承諾能力のある）者と平等な扱いを精神病患者に対して，はなから否定することの口実とされてはならないのである[30]。被世話人のイメージと希望を指針とする点では，これは推定的承諾との類似点を指摘できる[31]。推定的承諾においては，当該決定が客観的基準によれば「理性的」とされるとしても，それが法益主体の意思に明らかに反する場合には，正当化事由は認められない[32]。これと類似の機能が，被世話人の福祉を決定するにあたって，被世話人の希望やイメージにも認められる。被世話人が，医師による治療を望まないと真摯に申し述べている場合，あるいは，それ以上に医師による治療に激しく抵抗している場合，この治療行為は，承諾無能力者の——それ自体は，客観的に見れば，患者のためになると評価される——福祉を論拠としては正当化されない。つまり，その限りでは，拒否権が認められるのである[33]。

　もっとも，承諾能力を持たない患者の意思が規範的には，承諾能力を持つ者の意思と同程度の拘束力を要求するわけではない点には注意が要される。この点に，推定的承諾との決定的な相違点が見られる。これが意味するのは，被世話人の意思は，彼の福祉が客観的に医師による治療を必要としているほどに彼の法益が危険にさらされている場合には，その重要性を減じられなけ

ればならない，ということである[34]。そのような生命・身体保護の優先にとっての限界線は，民法1906条3項から生じている。この点については，のちに改めて詳細に扱うこととする（後述3.参照）。

(4) 承諾能力を持たないにもかかわらず，拒否能力はあるのか

このように承諾無能力者に拒否権を認めることに対しては，まずもって患者の承諾能力がないことを認め，それゆえに医師による侵襲の実施に関して判断を行う能力を患者に否定しながらも，同時に，そのような判断権限を拒否権という形で認めることは，矛盾ではないかとの批判が考えられよう[35]。医的侵襲に承諾するためには承諾能力が必要とされ，これを拒否するためには必要ではないとするのは，患者の能力に対する要求がその患者の決断の結論に応じて変更されることを意味し，このような変更は許されないのではないか，と[36]。

しかしながら，このように承諾と拒否権にそれぞれ異なる要求を設定することは，次のように説明できよう。つまり，患者の身体の無傷性への侵襲として承諾による正当化を必要とするのは，医療行為の実施が問題となる場合であって，拒否権が問われるような医療行為の不実施が問題となる場合ではない，と[37]。そのような正当化は，医的侵襲が行われない場合には，基本的には必要ではない。このことを理由に，当該人の能力に対する要求は限定的なものとできる。なぜならば，拒否権には，承諾と同程度の重要性は認められないからである。このような見方は，法律上の特別規定が「拒否能力」に対する要求を別途定義し，承諾能力と区別していることとも整合的である。つまり，青少年が臓器摘出に承諾できるのは満16歳以上であるが，拒否は満14歳を超えていればできるのである（臓器移植法（TPG）2条2項3文）。

拒否能力は，つまり，承諾能力と同じ程度での理解力や判断力を前提としていない[38]。民法1901条3項1文によれば，希望として表現された自然的意思で足りるとされているのであるから，被世話人の拒否能力に対しては，基

本的に特別な要求はなされていないのである[39]。

3．強制治療の正当化

さて，後半では，強制治療の刑法上の正当化とその限界に話を進める。考えられうる正当化事由としては，代理人（世話人）の承諾や，世話法における法律上の特別規定，正当化緊急避難が挙げられる。

(1) 代理人の承諾

この場合，1つに，法益主体は承諾能力を有していないことを理由に，そして，もう1つに，各治療措置を受けることを望まないとの意思が明示的に表明されていたことを理由に，法益主体の承諾による正当化は考えられない。それゆえに，承諾による正当化の基盤は，患者の承諾に権限を持つ代理人（世話人）による決断しかない（民法630条d第1項2文）。しかしながら，承諾を行うのは法益主体自身ではなく，代理人であるから，この承諾がもはや自己決定（自己の法益の処分）のためではなく，他者決定のための道具として用いられる危険が存在する。少なくとも患者は，治療を強制された場合，そのように感じるであろう[40]。この点で，世話人による承諾が強制治療を正当化しうるのか，つまり，強制治療に伴って生ずる身体的無傷性への侵襲を正当化するのに十分な基盤となりうるのか，との疑問が生ずる。

世話人の任命は，被世話人のための国家的配慮制度である。これが世話人の機能であることは明らかで，連邦通常裁判所（BGH）はこのような機能から，世話人は――国家同様に――その使命を遂行する際に被世話人の基本権に拘束されるとの結論を導いた[41]。それゆえに，強制治療が身体的無傷性に対する基本権への介入にあたるとすれば，これは十分に明確な法律上の授権

(Ermächtigung）を必要とし，この授権が存在しないとすれば，被世話人である患者の意思に反した医師の治療行為は許容されない，と[42]。この2012年の連邦通常裁判所の判断は従前の判例からの方針転換を示すものであるが，これにより，連邦通常裁判所は，一連の連邦憲法裁判所の判断に応えることとなった[43]。連邦憲法裁判所によれば，強制治療が州法にいう公法上の収容（Unterbringung）のもとで行われるに際して，法律上の授権に瑕疵があった場合には，当該治療は憲法に反するという。この判断の帰結は，世話人の承諾が被世話人である患者の身体的無傷性への侵襲を正当化するには不十分で，その限りでは法律上の基盤を必要とする，ということである[44]。この結論は，その場合，刑法上の評価にも，貫徹されることになる。つまり，世話人が，強制治療の実施について承諾を行う権限を有していないのであれば，この承諾には正当化効果は認められえないのである。

　しかしながら，世話人は国家的権力を行使しており，その際に，基本権に拘束されるとのテーゼには，矛盾がないわけではない。その際，とくに，世話とは，世話人の自己決定を実現し，確証するものであることが指摘される[45]。つまり，世話とは，介入的な性質のみならず，救助的性質も有しているのである。被世話人が法的に行為能力を有していない限りでは，世話人はその移譲された権限に基づき，被世話人の行為能力の欠損を埋める存在である[46]。世話人は，国家の代弁者なのではなく，被世話人の代弁者なのである[47]。もっとも，このように考えたとしても，結論においては，とくに重大な侵襲や自由の制限のための要件（民法1905条, 1906条）は厳格に定義されなければならないことに変わりはない。もちろん，この結論は，法律の留保から導かれるのではなく，国家の義務，正確には，手続法的保障と厳格な法律上の基準により実効的な基本権保護を保障する国家の義務から導かれる[48]。それゆえに，世話人の救助的性質に着目する考えに従ったとしても，世話人の承諾は，法律上の承諾付与要件が遵守された場合に限って，正当化的効果を持

つにとどまる。次に，その諸要件に詳細に検討を加える。

(2) 法律上の特別規定（民法1906条3項，3項a）

連邦通常裁判所が被世話人の強制治療は法律上の明文規定がなければ許容されないと判示した，その1年後には，ドイツの立法者は，強制治療を実施するための授権の規定を導入した[49]。現在では，民法1906条3項1文に，どのような条件のもとで世話人が医師による強制治療の実施に承諾を与えて良いのかが，規定されている。この規定の位置からしても，立法者は施錠的収容の枠内でのみ強制治療を許容したのであって，自己の保護のために自由を剥奪された者の治療だけを念頭に置いていることがわかる（民法1906条1項）[50]。その際には，強制治療の実体的要件が強調されており，この要件は比例原則の要求を具体化するものである。

まず1つ目に，強制治療を正当化するためには，被世話人が承諾無能力であることが前提とされている（民法1906条3項1文1号）。これは，上述の観点からしても，自明のことである。被世話人が承諾能力を有している限りでは，被世話人の明示的意思に反する治療がなされてはならない[51]。承諾能力を有していた状態で示されたかつての意思表示も，強制治療に対抗しうる（民法1901条a）[52]。これにより，ますます多くの患者が，精神病に関する患者の事前指示（Vorausverfügung）において医師による治療（や医薬品）の限界を設定することができることとなった[53]。

2つ目に，承諾能力を持たない患者の意思に反する治療は，ウルティマ・ラチオ（最終手段）であるということである。このような治療が考慮されるのは，治療に先んじて，その治療が必要であることについて被世話人を説得し，それに基づいて被世話人の了承を得るような努力がなされた場合に限られる（民法1906条3項1文2号）[54]。説得の努力は真摯に，十分な時間をかけて，つまりは，しっかりとした対話のなかで行われなければならない[55]。

その際に，たとえば，医師による措置が強制的に行われるといった脅しをかけて，患者に圧力をかけてはならない[56]。説得を試みる人は，第一次的には医師の助言を受けた世話人であるが，場合によっては，治療を行う医師や親族・友人から選出された信頼のおける人物でも良い[57]。

3点目に，被世話人の生命や身体への配慮がその自然的意思に優越すると認められるためのハードルが設定されている。つまり，強制措置は，被世話人の健康に著しい害が差し迫っており，かつこの害を回避する（民法1906条3項1文3号）ために必要でなければならない。これは，とくに，病気の結果として自己加害行為（自殺や自傷行為，中毒）の恐れがある場合に，考慮される[58]。そのような危険性が，患者の承諾無能力の原因となった病気に基づくものなのか，あるいは（その他の）合併症に基づくものなのかは，重要ではない[59]。

さらに，強制治療への承諾は，差し迫った健康侵害が被世話人にとって期待可能な他の医療措置によっては回避されえないこと（民法1906条3項1文4号），そして，強制治療によって見込まれる利益が差し迫った侵害を明らかに超えていること（民法1906条3項1文5号）を前提とする[60]。この比較衡量にあたっては，とくにネガティブな結果や，患者の意思に反する治療の成功見込がどちらかといえば低いことなどが考慮されるべきである[61]。使用した薬剤（とくに精神安定剤）の副作用が人によっては著しいものとなる場合，このことに鑑みて，被世話人の（主観的）福祉を指針とした決定にとっては，その薬剤がどの程度負担と感じられるか，そして，場合によっては必要とされる患者への有形力の行使がどの程度屈辱的なものと感じられるかが重要となる[62]。

形式的な観点では，世話人の承諾が必要とされるだけではなく，世話裁判所（Betreuungsgericht）が強制治療を許可していなければならない（民法1906条3項a）。裁判所の手続にとっては，被世話人の利益を裁判所の手続において保持する手続監護人（Verfahrenspfleger）が選任される（家事事件ならびに

非訟事件の手続に関する法律312条3文および276条：FamFG）。加えて，強制治療の必要性に関する鑑定書が，治療を行う医師ではなく，(中立的な) 専門家によって作成されることとなっている（FamFG 第321条1項5文）[63]。

　これらの条件を充足していれば，強制治療は正当化される。つまり，その場合には，医師は身体傷害を理由に処罰されることはない。これを裏側から捉えれば，民法1906条3項および3項aにいう諸要件が認められない場合には，正当化が認められないということである。このように考えた場合の帰結がいかに問題を含んでいるかは，2016年の夏に下された連邦憲法裁判所の判断[64]を考慮すると，よく分かる。

　本判断の事案は，精神病を理由に承諾無能力であったがん患者がその治療（手術，および科学治療）を拒否した，というものであった。患者は寝たきりで，自ら動くこともできない状況にあったために，裁判所は閉鎖施設への収容を認めなかった。というのも，強制治療の実施に，自由の剥奪（Freiheitsentziehung）が不要であったからである。しかし，法律上の規定は，閉鎖施設への収容が行われた場合にのみ強制治療を許容していたために，世話裁判所の見解によれば，そのような閉鎖施設外での強制治療は許容されないとされた。つまり，強制治療と収容とが結びついていることで，承諾能力を持たず，かつ自発的に動くこともできない患者を救助するための強制治療それ自体が違法，ということになるのである。

　連邦憲法裁判所は，以上の事案につき，生命および身体の無傷性に対する基本権介入を認めた（基本法2条2項1文）[65]。この基本権から導かれる国家による保護義務は，承諾無能力者には，その自然的意思に反していたとしても，その者に重篤な健康侵害が差し迫っている場合には，医学的治療が施される可能性を認めるように，命じている[66]。動くことのできない患者にも強制治療の法律上の余地を作ることは，立法者に課せられた課題であった。これに対応する規定が発布されるまで，連邦憲法裁判所は，同種の事案に対し

て民法1906条3項を準用するよう命じた[67]。

　この命令は，先の事例の当事者にとっては，あまりに遅すぎた。その患者は，連邦憲法裁判所の手続の途中で，死んでしまったのである。憲法裁判所の命令が，将来起こりうるこの種の事案にとって，強制治療を可能とするものであるとしても，近時の判例の帰結に問題があったことは明らかとなった。つまり，立法者の想定していなかった状況が，承諾無能力者の保護に間隙を生むこととなった。というのも，法律で予定されていない強制治療は，それゆえに，法律の留保の理論を厳格に用いた場合には，否定されているからである[68]。このことを敷衍すれば，強制治療の正当化が認められるのは，明確かつ明文による法律規定を根拠としている場合で，かつその規定の基準に従っている場合に限られる。この法律規定が対象としていない事案が問題となった場合，世話裁判所には，この間隙を暫定的な命令によって埋める可能性を憲法裁判所に与えるために，自己の所見の違憲性を具体的規範統制の枠内で陳述することしかできない。

(3) 緊急避難（刑法34条）

　上述の事案が示すように，このようなやり方は難儀なものであって，連邦憲法裁判所による命令が当該被世話人にとってあまりに遅くなるとのリスクを伴う。とすれば，学説上，「緊急事例」に正当化緊急避難（刑法34条）を適用する見解が支持を受けているのは，当然ともいえる[69]。

　しかしながら，――連邦通常裁判所のように――世話人が責任を負うべき基本権介入を強制治療に認める場合，刑法34条の補充的参照には憲法上問題がある。というのも，このやり方を認めると，十分に明確な法律上の授権という要件が意味をなさなくなるからである[70]。もっとも，この批判には反論も考えられる。つまり，法律の留保を厳格に適用すること（上述(1)参照）は，上述の連邦憲法裁判所の判断が示しているように，場合によっては，基本権

の保護の範囲を狭めることにもなる，との反論である。連邦憲法裁は，法律の留保を焦眉の緊急事例に厳格に要求することは妥当しないし，あるいは少なくとも無制限に妥当するものではないことを示唆していた[71]。この留保は，同時に，強制治療を厳格に禁止すると，その病気に基づいて承諾無能力となった患者が見捨てられるとの，医師からの批判に対応するための安全弁を提供している[72]。他方では，刑法34条の適用によって，立法者の作った手続が無意味なものとなってはならないことは，確実に指摘できる[73]。これが強制治療の正当化にとって意味することは，立法者がその限りで作った特別規定は，一般的な緊急避難規定に優先するということである[74]。

この優先は，基本的には，民法1906条3項および3項aの諸条件を満たさない強制治療の場合にも及ぶのであって，それゆえに，刑法34条を補充的に適用することは排除される。しかも，この特別規定の優先は，とくに，強制治療の正当化が問題となる場面では，同一人物内での法益衝突，つまり自己決定権と健康・生命の維持の権利という2つの法益衝突を解決することが問題となっている点にも反映されている[75]。刑法34条の基準にいう利益衡量は，手続法上の保障（世話裁判所の許可）を遵守せずとも，そして，場合によって，それどころか世話人の承諾を得ずとも[76]，正当化を認める可能性を開くものであろう。これは，患者の自己決定権に認められる意義と著しく反するばかりか，患者の権利法における承諾要件に関する立法者の考えにも反することとなろう。それゆえに，強制治療を刑法34条によって正当化することは否定される[77]。承諾無能力の患者における患者の自律性をこのように強めることには，もちろんのこと，その対価が必要とされる。たとえば，新しい法律規定に関する報告によれば，治療を拒絶する被収容患者が病気を理由に加害行為を行い（民法1906条1項），その結果として他の患者や病院勤務者の保護のために器具を用いた保安措置（拘束など）が必要とされる事案が増えているという。他方では，強制治療を広く放棄することは，多くの患者

が治療の必要性について説得を受けることに寄与するものである[78]。

4. ま と め

　以上の検討から，強制治療は，立法者が数年前に設定したごく限られた範囲でのみ許容されることが明らかとなった。世話人の承諾は，――強制治療の裁判所による許可同様に――正当化の絶対条件である。民法 1906 条 3 項および 3 項 a という新規定は，これらの規定が医師による強制措置に，厳格かつ明確に定義された条件を設定することで，承諾能力のない患者の自己決定権を強めていることからして，歓迎されるべきである。正当化緊急避難（刑法 34 条）を持ち出すことで，この厳格な要件を掘り崩すことは許されない。しかしながら，この新規定の契機となった連邦通常裁判所および連邦憲法裁判所の近時の判例の功績は，逆の面も有している。つまり，強制治療がこの法律規定の認める射程外では許容されず，それどころか，十分に明確な法律上の基盤が欠けている場合には違憲なのである。承諾能力のない成人との関連では，連邦憲法裁判所は，すでに一度，修正を行わなければならなかった。しかしながら，強制治療の正当化に要求される実体的な要件が高いものであることに鑑みれば，そのような状況が依然として絶対的な例外とされることが期待される。

1) RGSt 25, 375 (378). 医師による医的侵襲の構成要件該当性については，*Paeffgen*, in: Kindhäuser/Neumann/Paeffgen (Hrsg.), Nomos Kommentar zum StGB, 4. Aufl. 2013, § 228 Rn. 56 ff. m.w.N.
2) 2013 年 2 月 20 日施行の患者の権利の改善に関する法律（BGBl. I S. 277）。
3) 代諾については，*Roxin*, Strafrecht Allgemeiner Teil Bd. I, 4. Aufl. 2006, § 13 Rn. 92 ff.
4) 医師による強制措置の法的定義については，民法 1906 条 1 項および 3 項参照。精

240　第5章　生命倫理規範のグローバル化と実務的対応

神病患者における強制治療に関する連邦医師会の倫理委員会による態度表明については，Deutsches Ärzteblatt 2013, A 1334 f.; *Dodegge*, NJW 2013, 1265 (1266).
5) この点については，*Böse*, in: FS Roxin II (2011), S.523 (531 ff.). その限りでは，現在では，正当化が認められるのは，民法1906条の基準を充たす場合に限られる（以下，3. 参照）。
6) 1999年12月17日のPsychKG（GV. NRW S.662）は，2011年11月22日に改正された（GV. NRW S.587）。
7) 2015年1月13日のノルトライン＝ヴェストファーレン州の行刑規定に関する法律（GV. NRW S.75）。
8) 処分執行における強制治療については，*Pollähne*, in: Henking/Vollmann (Hrsg.), Gewalt und Psyche‐Die Zwangsbehandlung auf dem Prüfstand, 2014, S.17 ff.; *Schöch*, GA 2016, 553 ff.
9) この点につき，連邦憲法裁判所や連邦通常裁判所の新しい判例を含めて，*B. Hoffmann*, NZFam 2015, 985 ff.
10) 以下の点については，すでに*Böse*, in: FS Roxin II (2011), S.523 (524 ff.).
11) 承諾に関する基本的なことについては，*Amelung*, ZStW 104 (1992), 525 (544 ff.).
12) *Amelung*, ZStW 104 (1992), 525 (551 ff., 558); *ders.*, Vetorechte beschränkt Einwilligungsfähiger in Grenzbereichen medizinischer Intervention, 1995, S.10 f.
13) *Amelung*, ZStW 104 (1992), 525 (555 f., 558); *ders.*, Vetorechte (Fußn.12) S.11.
14) *Amelung*, ZStW 104 (1992), 525 (557); *Paeffgen*, in: Kindhäuser/Neumann/Paeffgen (Fußn.1), § 228 Rn.14; *Prinz von Sachsen Gessaphe*, Der Betreuer als gesetzlicher Vertreter für eingeschränkt Selbstbestimmungsfähige, 1999, S.347. 臨床実務における承諾無能力の認定については，*Pollmächer*, in: Henking/Vollmann (Fußn.8), S.169 (175 ff.); s. auch *Vollmann*, ebenda, S.153 (156 ff.).
15) BVerfG FamRZ 2016, 1738 (1742).
16) *Rehbock*, Ethik in der Medizin 2002, 131, 136, 138.
17) *Amelung*, Vetorechte (Fußn.12), S.24 f. (Anknüpfung an Teilfähigkeiten).
18) 障害者の権利に関する2006年12月13日の国連条約（BGBl. 2008 II S.1420）。解釈の補助として本条約を参照することについて，BVerfGE 128, 282 (306 f.).
19) 詳細については，*Schmahl*, BtPrax 2016, 51 ff.; vgl. auch BVerfG FamRZ 2016, 1738 (1743 f.).
20) BVerfGE 128, 282 (310); *Deutsch/Spickhoff*, Medizinrecht, 7. Aufl. 2014, Rn.497; *Taupitz*, Empfehlen sich zivilrechtliche Regelungen zur Absicherung der Patientenautonomie am Ende des Lebens?, Gutachten A zum 63. Deutschen

Juristentag, in: Verhandlungen des 63. DJT (2000), A 59 f. 実務上の現状については，倫理委員会の態度表明書（Fußn. 4), A 1335.
21) *Schmahl*, BtPrax 2016, 51 (52).
22) 成人のための後見及び保護に関する法（世話法：BtG）の改正法草案（BT-Drucks. 11/4528）を参照。*Lipp*, Freiheit und Fürsorge: Der Mensch als Rechtsperson, 2000, S. 17; *Prinz von Sachsen Gessaphe* (Fußn. 14), S. 23.
23) 必要性の原則については立法趣旨（BT-Drucks. 11/4528, S. 58 ff.）を参照。詳細は，*Prinz von Sachsen Gessaphe* (Fußn. 14), S. 214 ff.
24) 自然的意思の基本的優先については，立法趣旨（BT-Drucks. 11/4528, S. 67) および，*Schwab*, in: Münchener Kommentar zum BGB, 6. Aufl. 2012, § 1901 BGB Rn. 11, 14 m.w.N.
25) 立法趣旨 BT-Drucks. 11/4528, S. 133.
26) *Honds*, Die Zwangsbehandlung im Betreuungsrecht, 2008, S. 89.
27) *Lipp* (Fußn. 22), S. 154 f.
28) *Lipp* (Fußn. 22), S. 156.
29) BVerfGE 58, 208 (226); 128, 282 (304).
30) *Marschner*, Psychische Krankheit und Freiheitsentziehung, 1985, S. 130 f.
31) Vgl. *Lipp* (Fußn. 22), S. 49; *Taupitz* Gutachten (Fußn. 20), A 71.
32) *Roxin* (Fußn. 3), § 18 Rn. 5.
33) *Golbs*, Das Vetorecht eines einwilligungsunfähigen Patienten, 2006, S. 194.
34) BVerfG FamRZ 2016, 1738 (1742); *Schwab*, in: MüKo-BGB (Fußn. 24), § 1901 Rn. 14 m.w.N.
35) Vgl. *Heide*, Medizinische Zwangsbehandlung, 2001, S. 172.
36) *Schweitzer*, FamRZ 1996, 1319.
37) *Hufen*, NJW 2001, 853; *Taupitz* (Fußn. 20) A 73; *Verrel*, Patientenautonomie und Strafrecht bei der Sterbebegleitung, Gutachten C zum 66. Deutschen Juristentag (2006), C 70 f.
38) 裏を返せば，承諾無能力者の自然的意思にそのような制限的（で非対称的）な法的意義が認められなければならないことは，認知症患者が患者の指示書において生命維持措置を拒否していた場合においても，明らかであるが，いまではこれが要求されている。この点については，*Gärditz*, ZfL 2010, 47 f.; s. auch die Entwurfsbegründung zum 3. BtÄndG, BT-Drucks. 16/8442, S. 14 f.
39) この点について，そして，その他の点で当該人の保護のために配慮する特別法上の規定（たとえば，§ 4 Abs. 2 KastrG）において拒否能力に対する要求が高めら

れていることについては，*Golbs* (Fußn.33), S.148 ff., 166 ff.
40) BVerfGE 128, 282 (302 f.) も参照のこと。
41) BGHZ 193, 337 (347).
42) BGHZ 193, 337 (352).
43) BVerfGE 128, 282 (322); NJW 2011, 3571 (3571 f.); 2013, 2337 (2341).
44) BGHZ 193, 337 (353).
45) *Lipp*, in: Henking/Vollmann (Fußn.8), S.69 (78 f.); *Mittag*, ebenda, S.41 (42 f.).
46) *Prinz von Sachsen Gessaphe* (Fußn.14), S.170 ff, 181; s. auch *Lipp* (Fußn.22), S.130 ff. 上述2.(2)における法の下の平等の実現についても参照。
47) *Lipp*, in: Henking/Vollmann (Fußn.8), S.69 (78 f.); *Mittag*, ebenda, S.41 (42 f.).
48) *Lipp*, in: Henking/Vollmann (Fußn.8), S.69 (76 f.); *Mittag*, ebenda, S.41 (44).
49) 医師による強制措置への世話法上の承諾の規制についての2013年2月18日の法律（BGBl. S.266）。
50) 政府草案理由書（BT-Drucks. 17/11513, S.6 f.) も参照のこと。
51) 政府草案理由書（BT-Drucks. 17/11513, S.5) および倫理委員会の態度表明書（Fußn.4), A 1335 も参照のこと。
52) 政府草案理由書（BT-Drucks. 17/11513, S.7); BVerfG FamRZ 2016, 1738 (1743); *Mittag*, in: Henking/Vollmann (Fußn.8), S.41 (51); 精神病に関する患者の事前指示者の効力や射呈についての詳細は *Duttge*, in: Pollähne/Lange-Joest (Hrsg.), Heilung erzwungen? – Medizinische und psychologische Behandlung in Unfreiheit, 2013, S.157 (164 ff.).
53) 2010年9月9日のDIE ZEITの記事参照（http://www.zeit.de/2010/37/M-Patientenverfuegung (2016年12月6日確認))。そのひな形は，連邦精神科医組合（BPE）のサイト（www.patverfue.de (2016年12月6日確認)) で確認できる。
54) 政府草案理由書（BT-Drucks. 17/11513, S.7)。BVerfGE 128, 282 (309 f. m.w.N.) も参照のこと。
55) *Dodegge*, NJW 2013, 1265 (1267). その実施においては，なお多くの問題が残されている（*Zimmermann*, NJW 2014, 2479 (2480 f.) による批判も参照のこと）。
56) BGHZ 201, 324 (328 ff.).
57) BGH NJW 2014, 2497 (2498).
58) *Dodegge*, NJW 2013, 1265 (1267).
59) 政府草案理由書（BT-Drucks. 17/11513, S.7)。
60) この点については，すでに，BVerfGE 128, 282 (309, 311).
61) BVerfG FamRZ 2016, 1738 (1743); BGH NJW 2014, 2497 (2498). 倫理委員会の態度

表明書（Fußn. 4），A 1336 も参照のこと。
62) *Dodegge*, NJW 2013, 1265 (1268).
63) この点およびその他の手続規定については，*Dodegge*, NJW 2013, 1265 (1268 ff.); *Lipp*, in: Henking/Vollmann (Fußn. 8), S. 69 (94 ff.); *Mittag*, ebenda, S. 41 (60 ff.).
64) BVerfG FamRZ 2016, 1738. 連邦憲法裁判所に先行する判断として，BGH FamRZ 2015, 1484.
65) BVerfG FamRZ 2016, 1738 (1740 f.).
66) BVerfG FamRZ 2016, 1738 (1741).
67) BGBl. 2016 I S. 2159.
68) S. bereits BGH FamRZ 2008, 866 (867); s. auch LG Kassel BeckRS 2012, 20957. 2013 年の新規定においては，通院患者に対する強制治療の規定が意識的に放棄された。この点については，*Mittag*, in: Henking/Vollmann (Fußn. 8), S. 41 (64); 政府草案理由書（BT-Drucks. 17/11513, S. 6）。
69) *Dodegge*, NJW 2013, 1265 (1268); *Zimmemann*, NJW 2014, 2479.
70) *Henking*, in: Henking/Vollmann (Fußn. 8), S. 103 (115).
71) BVerfG NJW 2013, 2337 (2338); s. auch BVerfGE 128, 282 (315).
72) 近時の連邦憲法裁判所の判例についての，ドイツ精神科医・精神療法医・神経医学者会による 2012 年 1 月 17 日態度表明書における批判（http://www.dgppn.de/direct-mail/pm-zwangsbehandlung.html（2016 年 12 月 6 日確認））も参照。
73) *Jakobs*, Strafrecht Allgemeiner Teil, 2. Aufl. 1991, Abschn. 13 Rn. 36; *Neumann*, in: Kindhäuser/Neumann/Paeffgen (Fußn. 1), § 34 Rn. 119.
74) BGH FamRZ 2015, 1484 (1490). 措置執行における強制治療については，*Schöch*, GA 2016, 553 (560).
75) *Henking*, in: Henking/Vollmann (Fußn. 8), S. 103 (116 f.).
76) この点については，民法 1906 条 3 項 2 文および 1846 条にいう世話裁判所の緊急権限や政府草案理由書（BT-Drucks. 17/11513, S. 7）も参照のこと。
77) *Henking*, in: Henking/Vollmann (Fußn. 8), S. 103 (117).
78) 初期調査の概観については，*Albus/Brieger/Schreiber*, Recht und Psychiatrie 2015, 193 (194 f.). 医師の視点からは，この関連では，もちろんのこと，患者にとって場合によっては強制的拘束が薬剤による強制治療よりも負担となりうることが指摘されている。*Vollmann*, in: Henking/Vollmann (Fußn. 8), S. 153 (160 f.).

資料：2013年2月18日施行の民法1906条（BGBl. I S.266）

1906条　収容に際しての世話裁判所の許可
(1) 世話人による被世話人の収容は，それが自由の剥奪を伴うときは，以下の各号を理由に当該収容が被世話人の福祉に必要となる限りで許される。
　1．被世話人の精神病若しくは精神障害に基づき，被世話人が自死する若しくは自己に著しい健康侵害を加える危険性が存在すること，又は
　2．差し迫った著しい健康侵害を回避するために，健康状態の調査若しくは治療行為，医的侵襲が必要であり，その際に，それらの手段が被世話人の収容をしなければ不可能であって，かつ，被世話人が精神病若しくは精神障害に基づいて収容の必要性を認識できない若しくは自己の分別に従って行動できないこと
(2) 収容は，世話裁判所の許可があるときにのみ，許容される。許可のない収容が許容されるのは，収容の延期により危険が生じるときに限られる。ただし，事後的に遅滞なく許可を得ることとする。収容条件がなくなったときには，世話人は収容を終えなければならない。世話人は，収容の終了を世話裁判所に届け出なければならない。
(3) 1項2号にいう医師による措置が被世話人の自然的意思に反するとき（医師による強制措置），世話人が当該措置に承諾できるのは，以下の各号に当たる場合に限られる。
　1．被世話人が精神病または精神障害に基づいて医師による措置の必要性を認識できない又は自己の分別に従って行動できないこと
　2．医師による措置の必要性について被世話人を説得することが事前に試みられていたこと
　3．医師による強制措置が1項にいう収容の枠内で，差し迫った著しい健康侵害を回避するために，患者の福祉にとって必要であること
　4．著しい健康侵害が被世話人にとって期待可能な他の措置によっては回避されえないこと
　5．医師による強制措置の見込まれる効用が見込まれる侵害を明らかに優越していること
　1846条は，世話人が自己の義務を履行することを理由に阻害される場合に限り，適用されうる。
(3a) 医師による強制措置への承諾は，世話裁判所の許可を必要とする。医師による強制措置のための条件がなくなった場合には，世話人は医師による強制措置への承諾を取り消さなければならない。世話人は，取り消したことを世話裁判

所に届け出なければならない。
(4) 被世話人が収容施設又は収容所，その他の施設に収容されずに滞在しているときで，機械的装置又は薬剤，その他の方法で長期間又は定期的に自由を剥奪される場合には，1項及び2項が適用される。
(5) 代理人による収容及び3項並びに4項にいう措置への代理人による承諾は，代理権が書面で移譲されかつ1項及び3項，4項にいう措置を明示的に含んでいることを前提とする。これに該当しない場合には，1項乃至4項が適用される。

第6章　決済取引のグローバル化と実務的対応

Fintech による電子商取引・決済法の生成と展開

福 原 紀 彦

1. はじめに

　情報技術・金融技術の進展により，電子商取引・電子決済の取引実務は，Fintech の主要領域の一角を占めて，史上に経験のない新たなステージを迎えようとしている。世界の各国と各地域では，従来型の取引や決済を想定する一般的な法規律では対応しきれない電子商取引・電子支払決済のための法制度整備を課題として，国際的協調を図りながら，さまざまな取組みを急激に進める傾向がみられる。そこに生成・展開する新たな法現象（法原理・法原則）の解明は，比較法研究にとって未来指向の先端的で極めて重要なテーマである。

　グローバルな視点で捉えると，一方で，伝統的で重厚な法システムを擁しつつ当該課題に取り組む国や地域があり，他方で，電子的ネットワーク・決済システムなどのインフラ整備と当該課題を契機にして関連法制度（民商法・金融法・消費者法）整備を進める国や地域がある。しかし，いずれにおいても，技術と実務と理論を架橋する総合的・比較法的研究の必要性がいっそう増しているように思われる。

　国連国際商取引法委員会（UNCITRAL），経済協力開発機構（OECD），欧州共同体（EU）等の国際的イニシアティブのなかで提起され討議される課題

に対して、わが国は、電子消費者契約法、電子記録債権法、資金決済法等をいち早く制定し、その後も必要に応じた改正や議論を進めている。欧米に先進的取組みがみられる一方で、近隣の東アジア（とくに中国と韓国）に優れた取組みがみられる。

　本稿は、そうした法現象を対象に総合的・比較法研究を進めてきた共同研究の報告の一環として[1]、そこで得られた知見を活用して、生成・展開する電子商取引法と電子支払決済法の特徴を素描し、課題認識と問題解決の視点を提示しようと試みるものである。

2．電子商取引法の生成期・展開期の特徴

(1)　電子商取引法生成期の背景・動向・課題

　情報技術（IT＝Information Technology）の目覚ましい発達により、社会のさまざまな分野において、情報の電子化と電子データの活用（電子情報活用）が進み、情報の果たす役割がいっそう増大し重視される社会＝「高度情報化社会」が到来した。高度情報化社会では、電子情報の活用により、企業その他の組織運営や取引活動のあり方、日常生活における取引のあり方等が大きく変容した。すなわち、組織運営と取引活動が、「各種情報の電子化と電子データの交換」を通じて実現され、「膨大なデータの自動処理とオープンネットワークの利用」によって展開されるようになった。

　情報の電子化と電子データの活用には、次のような有用性と経済的機能がある。すなわち、①企業その他の経済主体にとっては、種々の行動の迅速・正確化と省力化に役立ち、経済活動の合理性、効率性および利便性を向上させる。②経済市場に対して質的に大きな影響を及ぼす。すなわち、情報流通コストが引き下げられて分権的な意思決定を特徴とする市場メカニズムが機

能しやすい環境が生み出され，市場の公正と透明性の確保（市場の高コスト構造の是正）を促進する。③社会全般においては，経済主体間で各種情報が共有されやすくなり，経済主体間での提携・協同の機会や，新たな価値創造の機会が増加する。

　高度情報化社会では，まず，電子情報活用の有用性と経済的機能を保障するために，一定の政策方針が策定され，その下に法的環境整備が進められた[2]。

　法的環境整備の課題は，既存のさまざまな法領域に及んでいるが，それらの共通の目的は，大きくは，①既存の法的環境にあって電子情報活用の実現と展開を妨げる法的障害を除去すること，および，②電子情報を活用した取引の安全（Transaction Security）を法的に確保することにあった。

　それらの課題を解決する具体的な立法改革のあり方としては，大規模で全般的な立法措置を講じる方法もあれば，中小規模で個別的な法改正や立法措置を積み重ねていく方法もある。企業社会の成熟度が高く先進的であるために豊富な産業法制を擁している場合には，直ちに前者の方法を採ることが困難であるから，後者の方法を採らざるを得ない[3]。

(2) 生成期の電子商取引法の特徴

　取引は，引き合いと交渉に始まり，契約の締結を経て，債務の履行と支払・決済がなされるというプロセスを辿り，そのプロセスで必要となる情報の一部または全部を電子化して，その電子データを活用し，コンピューター・ネットワーク上で取引の一部または全部を行うものを「電子商取引（Electronic Commerce）」または「電子取引（Electronic Transaction）」という。電子商取引は，情報の電子化の効用が最も大きく発揮される実務領域であり，その機能を保障する法領域が「電子商取引法（The Law of Electronic Commerce）」と称されて生成した。その生成期の特徴は以下のように指摘できる。

1) 規範の内容上の特徴

生成期の電子商取引法では，法的障害を除去するために既存法領域との整合性を保つ法的技術として，「機能等価（Functional Equivalent）アプローチ」が採用され，電子データを文書・書面の代替として認める立法措置が講じられた。

そして，従来から文書・書面の果たしていた多様な役割が点検され，これを電子データに担わせる工夫が検討されるとともに，書面上の署名の意義（文書の真正な成立）を電子署名にも認めるための立法措置が講じられた。その際，標準技術として公開鍵暗号方式を利用した電子署名と認証の制度が実務的に構築されたが，法的には，後の科学技術の発展に備えた「技術中立性（Technological Neutrality）の原則」が採用された。

わが国では，この時期の民事規律における注目すべき特別立法として，「電子消費者契約及び電子承諾通知に関する民法の特例に関する法律（平成13年法律95号）」（＝電子消費者契約（民法特例）法，2001（平成13）年6月22日成立）が，消費者が行う電子消費者契約の要素に操作ミス等の錯誤があった場合，および，隔地者間の契約において電子承諾通知を発する場合に関して民法の特例を定めた[4]。

2) 規範の形成上の特徴（グローバル化への主導）

電子商取引法は，その対象となる活動がインターネットを介した電子情報の活用によってグローバルに展開されるため，その法規範の形成は生成期からグローバルな傾向を有していた。

各国の法制度が整った後で，国際的な紛争のための法規範を統一したり，条約により法規範の国際的統一を図るといった事後調整型の国際法規範形成の手法ではなく，未だ各国での法制度整備が完成しないうちに，国際機関の主導による事前協議を経たモデル法の策定やガイドラインの勧告を通じて，グローバルに共通した法規範の形成が図られようとしたことは大きな特徴で

ある。UNCITRALの「電子商取引モデル法」やOECD理事会勧告による「電子商取引における消費者保護ガイドライン」がその例である。

3) 規範の性質上の特徴

電子商取引法は，その規範が複合の法領域に亘っている。しかし，科学技術の進歩と経済的合理性，情報電子化による効用の水平的性格に照らして，求められる法規範は，管理・規制型より対話・契約型が重視される傾向が強く，また，ハードロー（法規範，ルールベース）とともにソフトロー（準則，プリンシプルベース）によるルール形成が図られた。この法現象は，工業社会から情報ネットワーク社会への法規範や組織経営実務の変容と対応している。なお，わが国でも，2002年から経産省において「電子商取引に関する準則」（2007年からは「電子商取引及び情報財取引等に関する準則」）が制定されている[5]。

4) 消費者保護の必要性

電子商取引法の形成においては，当初から，グローバルな視点での消費者保護の考慮が強く働いた。また，BtoBの法規範をBtoC向けに修正するのではなく，双方を視野に入れた規範形成が試みられた。

これらの点で，1999年の理事会勧告に結実したOECD主導の取組みが大きな貢献を果たしている。同勧告によるガイドラインでは，その冒頭に，「電子商取引に参加する消費者には，少なくとも他の商業形態において与えられている保護水準において，透明かつ効果的な消費者保護が与えられなければならない。」と謳われている。このように，既存の消費者保護と少なくとも同一水準で透明かつ効果的な保護を求める一方で，新しい環境下での消費者保護のあり方が模索されていた。同ガイドラインには，オンラインによる情報開示の必要性も強調されている。

わが国では，この脈絡において，割賦販売法や特定商取引法の改正がなされ，とりわけ，電子商取引は特定商取引法が規制する通信販売の延長に位置づけられて規制対象とされた。

5) 支払決済法分野の生成待機

電子商取引が登場した頃の支払決済手段は，クレジットカードが主流を占めており，OECD では，消費者保護のために，国際ブランドの果たす役割やチャージバックルール適用の推奨が議論された。しかし，上記ガイドライン制定時までに，支払決済分野での法形成に向けた具体的な取組みは十分な形を現すことはなかった。

(3) 展開期を迎えた電子商取引法の背景

2015（平成 27）年の日本国内の BtoC-EC（消費者向け電子商取引）市場規模は，13.8 兆円（前年比 7.6％増）まで拡大し，同年の日本国内の BtoB-EC（企業間電子商取引）市場規模は，狭義の BtoB-EC は 203 兆円（前年比 3.5％増）に，広義の BtoB-EC は 288 兆円（前年比 3.0％増）に拡大した。ここに狭義 EC とは，インターネット技術を用いたコンピューター・ネットワークシステムを介して，商取引（受発注）が行われ，かつ，その成約金額が捕捉されるものをいい，広義の EC とは，コンピューター・ネットワークシステムを介して，商取引（受発注）が行われ，かつ，その成約金額が捕捉されるものという。また，EC 化率は，BtoC-EC で 4.75％（前年比 0.38 ポイント増），狭義 BtoB-EC で 19.2％（前年比 0.7 ポイント増），広義 BtoB-EC で 27.3％（前年比 0.8 ポイント増）と増加傾向にあり，商取引の電子化が引き続き進展している[6]。

2015（平成 27）年において，日本の消費者による米国および中国事業者からの越境 EC（越境電子商取引）による購入額は 2,200 億円（前年比 6.9％増），米国の消費者による日本および中国事業者からの越境 EC による購入額は 9,000 億円（前年比 11.1％増），中国の消費者による日本および米国事業者からの越境 EC による購入額は 1 兆 6,000 億円（前年比 32.7％増）となった。また，平成 31 年までの日米中三か国相互間の越境 EC 規模を試算したところ，消費国としての推計市場規模は，2015（平成 27）年から 2019（平成 31）年まで

の間に日本は約 1.5 倍，米国は約 1.6 倍，中国は約 2.9 倍の規模となり，日米中三か国間における越境 EC による購入総額合計は，2019（平成 31）年までに約 6 兆 6,000 億円にまで拡大する可能性があるとの推計が得られた。

このように，電子情報処理の手段と方法の発達と多様化，情報通信環境の整備とモバイル端末の普及，コンビニ・宅配による配送・支払チャンネル，オムニチャンネルの整備により，電子商取引は普及し今後もいっそう拡大することが予想されている。電子商取引は，もはや，従来型の通信販売の延長という位置づけから脱却して，異業種参入も含めた多様なビジネスモデルの登場とともに大規模な市場が形成されようとしている。そして，欧米主導からアジアでの急速な発展という傾向が顕著にみられ，越境電子商取引が普及している。

(4) 展開期の電子商取引法の特徴
1) 複合法領域性の克服と独自法規範体系の構築

電子商取引法は，複数の既存法領域にわたって必要な法規範を生み出してきたが，最近では，その複合法領域性を克服して，独自の法領域を形成しながら展開しているようにみることができる。

その一つの潮流は，大規模な法規範体系を構想・構築するものであり，最新の成果は，中華人民共和国の「電子商取引立法」草案（2016 年 6 月公表）である。同法は，電子商取引事業主体（電子商務経営主体，E-commerce operational subject）の概念のもとに，電子商取引事業者（電子商務経営者，E-commerce operator）と電子商取引基盤事業者（電子商務交易平台経営者，E-commerce transactional platform operator）の概念を置き，多様なビジネスモデルに対応した民事規律（権利・義務・責任の既定群）を設け，電子契約のほか電子支払・宅配サービスをも規律し，消費者保護・紛争解決，越境電子商取引等の課題も含めて，下記のような包括的な規範体系を構築している[7]

```
中華人民共和国【電子商取引法】草案 2016 の構成
第1編　総則：電子商取引立法の規律対象と立法原則
第2編　電子商取引事業主体の権利・義務と責任
　　第1章　電子商取引事業者
　　第2章　電子商取引基盤事業者
　　第3章　その他の規定
　　第4章　電子商取引事業者の法的責任
第3編　電子商取引と関連サービス
　　第1章　電子契約
　　第2章　電子支払
　　第3章　宅配便と配送
第4編　電子商取引データ情報
第5編　消費者保護と紛争解決
　　第1章　消費者保護
　　第2章　紛争解決
第6編　電子商取引の安全確保
第7編　越境電子商取引
```

　もう一つの潮流は，小規模解決規範の蓄積であり，それ自体から体系の構築はみられないものの，その成果は体系書を誕生させたり，ソフトロー（準則）に体系化の役割を担わせたりしている。わが国の最近の状況に窺える傾向である[8]。

　2）消費者保護の展開——同一保護水準の維持と施策の具体化促進

　電子商取引における消費者保護の規範化がグローバルに進んでいる。その国際的イニシアティブとして，当該テーマに関する OECD 理事会勧告のガイドライン 2016 年改訂版がある。同ガイドラインは，その制定時から引き続いて，従来の商業形態における消費者保護水準との同一性を維持するとともに，消費者保護の施策を促進するためにガイドラインの内容の具体化・充実化が図られている。本勧告は，近年の電子商取引の動向と消費者が直面している諸問題を踏まえて，電子商取引における消費者保護の枠組みを示したものである[9]。

> 「電子商取引における消費者保護に関するOECD理事会勧告」(2016)
> 第1部　一般原則（GENERAL PRINCIPLES）
> 　A.　透明かつ効果的な保護（Transparent and Effective Protection）
> 　B.　公正な事業，広告及びマーケティング活動
> 　　　（Fair Business, Advertising and Marketing Practices）
> 　C.　オンライン上における情報開示（Online Disclosures）
> 　　　一般原則（General Principles）
> 　　　事業者に関する情報（Information about the Business）
> 　　　商品またはサービスに関する情報（Information about the Goods or Services）
> 　　　取引に関する情報（Information about the Transaction）
> 　D.　確認プロセス（Confirmation Process）
> 　E.　支払（Payment）
> 　F.　紛争解決及び救済（Dispute Resolution and Redress）
> 　　　内部苦情処理（Internal complaints handling）
> 　　　裁判外紛争解決（Alternative dispute resolution）
> 　　　救済（Redress）
> 　G.　プライバシー及びセキュリティ（Privacy and Security）
> 　H.　教育，啓発，デジタル能力・適正（コンピテンス）
> 　　　（Education, Awareness and Digital Competence）
> 第2部　執行原則（IMPLEMENTATION PRINCIPLES）
> 第3部　グローバルな協力の原則（GLOBAL CO-OPERATION PRINCIPLES）

　この勧告は，OECD加盟国等を法的に拘束するものではないが，各国はそれぞれの実情を考慮した手法により，ガイドラインの内容を実現することが期待されている。OECDの取組みを忠実に実践し，大規模で体系的に実現させている立法例を，韓国にみることができる。

　韓国では，2002年に「電子商取引等における消費者保護に関する法律」が制定されている。既存の「訪問販売等に関する法律」に規定されていた従来の通信販売制度では，インターネットを活用する電子商取引に対処するには限界があることから，通信販売に関する事項を個別に分離して，同法の適用対象を明確にして，電子商取引において通信販売業者などが遵守すべき事項等を規定した。同法は，同法上の義務に違反した者に対する是正措置命令や

課徴金制度を導入するなど,公正な取引の秩序を確立し,消費者を保護する目的のもとに構成された。その後,度重なる改正を経て,2016年改正では,申込受付と代金決済などの取引過程で重要な業務の一部を直接実行するオープンマーケット,アプリストアなどの通信販売仲介業者に対して,その役割に応じた責任を課している[10]。

```
大韓民国電子商取引消費者保護法2016年改正法
第1章　総則
第2章　電子商取引及び通信販売
第3章　消費者の権益保護
第4章　調査及び監督
第5章　是正措置及び課徴金の賦課
第6章　補則
第7章　罰則
附則
```

3) グローバル化の実現過程の進行

　電子商取引法のグローバル化は,各国での立法に先立つ国際機関での事前協議にもとづくイニシアティブに特徴があったが,各国での事後の具体的な規範形成があってこそ成果は現実のものとなる。電子商取引法の展開期は,そのグローバル化の実現過程の進行期でもある。また,電子商取引について,国際的な紛争解決が国際私法の領域に委ねられつつも,「越境電子商取引」があらためて注目され,各国における電子商取引法での取組みが進むことで(上記の中国の立法草案,参照),グローバル化対応がいっそう強化されようとしている。

4) 支払決済法分野の急速な発展

　電子商取引法の生成期では,必ずしも支払決済法規範の充実を伴っていな

かった。しかし，その後，電子支払決済手段の開発，利便性向上・普及，電子商取引における支払決済手段の多様化・高度化に伴って，支払決済法分野が急速な展開をみせている。このことは，電子商取引法の展開期の特徴の一つに加えることができる。この点に関する法現象は，項を改めて取り上げる。

3．Fintech と電子支払決済法制の展開

(1) 支払決済法の生成

　取引が目的を達成するためには，取引当事者間で発生する債権債務関係を対価の支払いによって解消すること（すなわち「決済」）が必要である。決済は，取引当事者間での金銭の授受によって行われるだけでなく，約束手形・為替手形・小切手等の有価証券が手段として利用される場合，相殺や交互計算等が利用される場合，クレジットカード，デビッドカード，プリペイドカードや電子マネー等の手段が用いられる場合がある。さらに，経済規模の拡大とグローバル化を背景にして，企業相互間や金融機関相互間では大規模かつ複雑な決済が必要となり，資金決済システム，証券決済システム，貿易決済システム等の組織的な決済の仕組みが開発されて利用されている。

　企業取引の支払と決済が安全で効率的に行われるために，その取引を担う事業の組織や活動に関する規制や規整が発達しており，民事的規律では，従来から，民法，商法，手形法・小切手法等の伝統的な分野に法的規律が設けられてきた。今日では，さらに，次々と新しいタイプの決済手段が開発されるようになり，それらが安全性と信頼性を確保して利用されるように新たな法制度の開発・整備が課題となる[11]。

(2) 支払決済法の展開の背景

1) 支払決済手段・方法の電子化と多様化・高度化

　リテールの支払決済手段は，証票のプラスチックカード化，マグネットストライプからICチップ搭載へ，NFC等の非接触型ICチップ搭載へと電子化が進み，クレジットカードに加えてプリペイドカードやデビッドカードの普及が進んでいる。電子マネーの呼称は，広く現金に代わる電子的支払決済手段を指して用いられることがあるが，狭義には，プリペイドカード等の電子的前払式支払手段を指す。交通系電子マネーを中心に普及しており，最近では，ICカード型とともにスマートフォン等の携帯端末やウェアラブル端末の利用が進んでいる。また，電子商取引とくにインターネットショッピングの支払決済の手段や方法として，電子資金移動・インターネットバンキングが普及している。

　こうした電子支払決済サービスの提供は，Fintechビジネスの重要な一分野を形成しているが，さらに，インターネットに加え，クラウドコンピューティングやモバイルプラットフォーム等を技術的背景として，Fintech2.0スタートアップ企業が続々と登場し，今日，電子商取引および電子支払決済の多様化と高度化がいっそう進もうとしている。この分野でも，アメリカ主導のグローバルスタンダード化の傾向が強くみられるものの，最近では，中国経済の興隆に伴う中国発イノベーションの影響が大きい。

2) 消費流通のオムニチャンネル（Omuni-channel）と取引・決済の変容

　日本の電子消費者取引（BtoC）におけるリテール決済を整理してみる。日本でも今世紀に消費者向けの電子商取引が普及したが，その基礎には，他の国々と同様に高速のインターネット通信環境の整備と廉価での普及があった。そして，日本では，とくに，宅配便による配送網とコンビニエンスストアの全国的な展開が消費者向け電子商取引の普及を支え，消費者への商品流通経路（Channel）が，固定店舗での対面販売のほかに，既存の通信販売，そし

て，インターネットショッピング（Internet Shopping）が加わって多様化し，オムニチャンネル（Omuni-channel）化した。これと併行して，消費者向けの電子商取引に必要な決済方法として，すでに普及していた銀行振込・口座振替・クレジットカード決済が，ネット上でも行われるようになり，さらに，プリペイドカードと呼ばれる前払式証票がICカード化され，携帯電話やスマートフォンにもプリペイドカードの機能が搭載されるなどして，電子決済の手段や方法が多様化した。大都市部を中心に，市民が毎日利用する鉄道やバスの乗車賃の支払や，コーヒーショップやコンビニエンスストアでの支払が，ICチップ搭載のプリペイドカードで行われることが日常化した。また，宅配便の利用では，代引き決済（Collect on Delivery）により，電子商取引を普及させ，さらに，その代引きが現金だけでなく多様な電子決済が活用できる方向に進んでいる。コンビニエンスストアでは，税金や公共料金，大学受験料の支払がバーコード読み取りのデータ転送システムを活用したコンビニ決済（Convenience Store Payment）で可能となり，さらに，ATMの設置をはじめ，コンビニ事業者が銀行業や金融業に進出している。

　多様化する電子決済の手段や方法を生み出す金融技術の進展は，Fintechと呼ばれるようになったが，今日では，さらに発展した世代の金融技術は，Fintech2.0と呼ばれ，そのなかで，電子決済の手段や方法の多様化が各手段の融合によって著しく進んでいる。

(3) 電子支払決済の進展と規範形成の視点
1) 電子支払決済の「多様化」と「融合」

　電子支払決済の手段と方法は，今日，その「汎用性」と「流通性」が増大していることが特徴である。ここに「汎用性」とは，さまざまなものと交換できる性質（物的交換性）をいい，「流通性」とは，不特定多数人との間で決済に利用できる性質（人的交換性）をいう。電子決済手段の汎用性と流通性

は，複数・業際サービスや，仲介（決済代行）ビジネスの普及とともに，法定の現金通貨を代替する役割をいっそう強く担うことになる。

　最近では，企業によって独自に価値を与えられたマイレージやポイント等が，企業通貨（Corporate Currency）として，法定通貨と一緒に支払の手段としても利用されている。日本では，消費税の引き上げやデフレ脱却政策の影響での値上げによる消費者の購買意欲の減退を，各種ポイント付与で軽減している節もみられる。今のところ，公的な解釈では，ポイントやマイレージはマーケティング・サービス（Marketing Service）としての「おまけ」にすぎないとして，法規制の俎上にのぼっていないが，共通ポイントなどの他業種との連携が進むと汎用性を大いに増すことになり，流通性を帯びてくることになる。

　また，交通系ICカード型のプリペイドカードでは，通貨価値のチャージ残高が一定以下になるとクレジットカード決済用の銀行口座から引き落とすことにして，継続的な利用ができるというオートチャージ・サービスが普及している。この実務では，前払いする通貨価値をクレジットカード取引の仕組みで後払いしていることになる。このプリペイドカードで多様な商品の購入ができることで，汎用性が増しており，無記名のプリペイドカードは事実上の流通性を有する。

　しかし，電子支払決済の手段が汎用性と流通性を増しても，そこでは，まだ法定通貨の価値が置き換えられただけで，場合によっては預金を基礎に預金通貨として利用されているにすぎない。これに対して，Fintech2.0の最大の産物の一つであり，暗号技術・タイムスタンプ技術・ブロックチェーンを基礎にして登場した仮想通貨（Virtual Currency, Digital Currency, Crypto Currency）は，発行主体による法定通貨を基礎とする価値保証を伴わずに，従来型の電子マネーとは異なって，汎用性と流通性，場合によっては投機性を伴って普及し始めている。電子マネーが発行体の集中管理のもとに置かれ

るのに対して，仮想通貨は分散管理される。日本では，仮想通貨の実体法上の理解に議論の余地を残しつつ，2016(平成 28)年改正資金決済法上では，決済手段として，利用者保護を図るべく法規制の俎上に載せられた。従来型の電子マネーについてはもちろん，仮想通貨についても，それらが利用されて最終的な決済として債権債務関係が消滅するまでの私法上の法律構成を論じておくことが，法的課題となっている[12]。

2) 電子支払決済ルールの任務と規範形成の視点

電子支払決済を規律するルールを設定する場合の任務には，二つの次元があるように思われる。その一つは，プロセスとしての電子商取引が経済的な最終目標を達成するために，電子決済の部分に，消費者保護のための一定の役割を担わせることである。この場合には，チャージバックルールやエスクロー機能などを定めることが，その手段となる。もう一つは，電子支払決済そのものについて，利便性の向上と利用者の保護を図るということである。この場合には，電子商取引のための法制度整備に際して認識された視点，すなわち，「法的障害除去」（技術の発展を法が妨げないように法改正を行うこと）と「法的安全確保」（新しい技術環境での取引の法的安全を確保するように法制度を整備すること）が，引き続き，重要な視点として認識されなければならない。

さらに，Fintech2.0 が促進する電子金融・電子支払決済への法的対応のあり方は，以下のような傾向を伴っている。第一は，厳格な法定通貨の管理や為替・資金移動の規制を含む金融法規制と対峙しつつ，一部その規制緩和を促しながら支払決済法の独自領域が形成されるという傾向である。第二に，従来のモザイクのような業態別業者別対応といえる規制監督の枠を超えて，トータルで横断的・総合的な対応が要請される傾向であり，そこでは，法規制の間隙に新たに登場している中間的サービス業者の存在を正しく認識して法的規律に組み込むことが求められている[13]。

(4) 電子支払決済ルールのグローバル化

電子支払決済ルールの法規範形成においても，電子商取引一般の場合と同様に，国際的な協調による整備が必要となる。UNCITRAL や OECD の国際的イニシアティブの活動に期待が寄せられるが，電子商取引についてはモデル法や理事会勧告といった成果がみられたものの，電子決済については僅かな言及しかみられなかった。もっとも，OECD では，2014 年に「モバイル・オンライン決済に関する消費者政策ガイダンス」が定められ，注目される[14]。

電子支払決済立法の指針としては，現在，欧州共同体指令が（2007 年 11 月 EU 決済サービス指令，EU Payment Services Directive=EU-PSD, 2015 年 12 月同改正，EU-PSD2)[15]が有力であり，欧州各国ではもちろん，わが国を含むアジア各国でも，関連法の改正や新規立法において参考にされている[16]。

EU 決済サービス指令 2015（PSD2）
PSD2（Directive（EU）2015/2366）

第 1 編　規律事項，適用範囲および定義
第 2 編　決済サービス提供者
第 3 編　決済サービスの取引条件の透明性および情報提供義務
第 4 編　決済サービスの提供および利用に係る権利義務
第 5 編　委任法令及び規制技術標準
第 6 編　附則
付属文書　決済サービス（PAYMENT SERVICES）

EU-PSD2 は，伝統的法規制の上に小規模的解決立法の蓄積を経て横断的な立法へと進む上で有力な手法を備えている。とりわけ，E-payment Service Provider という包括的概念の下に，業態・業者を横断して，国際的に共通のルールを開発していることは優れた法技術である。この法技術は，多くの国々で新立法の手掛かりとなろう。

他方，電子支払決済については，さらに，新規の大規模解決立法を断行する取組みが，もう一方の国際的イニシアティブとして登場している。前出の中華人民共和国全人代による電子商取引立法における充実した支払決済関係規範がそれである[17]。

(5) 日本における電子支払決済法制の展開

1) 全般的な特徴と傾向

日本における電子支払決済法制は，決済サービス業の規制体系として観察されるが，前記の電子支払決済の高度化と多様化を受けて規制体系としての整備を進めるにあたり，その問題点として，①資金移動業への近接，②為替取引のみ行う業者の存在，③損失分担ルールの欠落，④中間的業者の存在が指摘されている[18]。

2) 割賦販売法の改正動向

今日，電子決済の手段と方法が多様化し融合されていくなかで，また，国際的な展開のなかで，クレジットカード取引の利用実態が変化している。その特徴として，①一つには，クレジット業者が加盟店管理業務も扱うオンアス取引に加えて，カード発行（イシュアー，Issuer）業務と加盟店管理（アクワイアラ，Acquirer）業務とが機能分化して別の法主体によって行われるオフアス取引が常態化していること，また，② PSP（Payment Service Provider）といった一種の決済代行業者が介在することが多くなったこと，③マンスリークリアー（Monthly Clear）型の利用が増えていること等である。さらには，国際的対応と国内法制との整合を図ることがいっそう必要であり，そこでは，国際ブランド会社の実務に始まったチャージバックルール（Charge Back Rule）の役割を，各国の法制度とどのように接合させるかといった問題がある。

こうしたことから，今日，クレジットカード取引の利用実態の変化に対応

させて，割賦販売法を，消費者契約法や特定商取引法とともに改正することが要望され，2016(平成28)年12月に同法が改正された[19]。さらには，リテール決済・電子決済としてのクレジットカード決済の機能に注目して，総合的なクレジットカード法制を電子決済法制として整備する方向が目指されるべきと思われる。

3) 資金決済法の制定と改正

 i 新法の制定（2010(平成22)年）と基本的内容

日本では，前払式証票（プリペイドカード）でIC化されたものが電子マネーと呼ばれて普及している。そして，近年の情報通信技術の発達や利用者ニーズの多様化等の資金決済システムをめぐる環境の変化に対応して，(1) 前払式支払手段，(2) 資金移動業，(3) 資金清算業（銀行間の資金決済の強化・免許制）を内容として，2010(平成22)年に資金決済法が制定され，同法は同年4月1日から施行されている。

前払式支払手段では，「前払式証票の規制等に関する法律」の適用対象となっていた紙型，磁気型，IC型の前払式支払手段に加え，サーバ型の前払式支払手段が法の規制対象に加わった。これに伴い前述の「前払式証票法」は廃止された。

資金移動業では，銀行等の免許を受けずとも，資金決済法による登録をした者は，資金移動業者として為替取引（1回あたり100万円以下）を行うことができることとなった。もっとも，利用者保護のための履行保証金の供託のほか，いわゆる金融ADRへの対応が必要とされている。さらに，日本では，法律（ハードロー）による規制とともに，産業界等の自主的な規制（ソフトロー）によって，市場の信頼と安全を確保し，利便性を向上させている[20]。

法的基盤整備と認定協会による普及活動等を受けて，2013（平成25）年度には，前払式支払手段の発行額は22兆632億円（前年比7.5％増），資金移動

業の総取扱高は 3,307 億円（前年比 75.4%）という高い成長を記録し，協会の会員数は 236 社を超えるに至った。プリペイドカードは，その決済金額が 2011 年度の 4 兆 9,000 億円から 2016 年度には 6 兆 9,000 億円程度にまで拡大し，資金決済法による新たなビジネス機会の活用や NFC 登載スマートフォンの普及などにより，今後も多様な場面での利用拡大が見込まれている。

　ⅱ　5 年後見直し改正法（2016(平成 28)年 5 月 25 日成立）

　資金決済法附則第 36 条には，同法施行より 5 年経過後に，同法の施行状況，社会経済情勢の変化等を勘案し，資金決済に関する制度について検討を加え，必要があると認めるときは，その結果にもとづいて所要の措置を講ずるものとすると規定されていた。これに対応して，資金決済業協会では「資金決済法に関するフォローアップ委員会」を設置し，資金決済制度全般について改めて幅広い観点から検討を行い，見直しの提言が行われた[21]。他方，自民党 IT 戦略特命委員会資金決済小委員会において「日本における資金決済の将来像 2014 年版」が公表され，そこでは，資金決済の将来に対する基本的な考え方が提言された。とりわけ，2020 年の東京オリンピック・パラリンピック開催時に備えて，ATM における海外カード対応の実施とともに，新たな資金決済システムの構築（スマートフォンアプリを活用したデジタル・ウォレット・システムを構築など）に関する提言がなされている[22]。

　これらの提言を含めて，金融庁の「決済業務等の高度化に関する WG」での議論と金融審議会の審議を経て，2016(平成 22)年 5 月に Fintech 関連法[23]の一角で，資金決済法の改正が行われた。今回の資金決済法の改正では，そうした電子マネー関係の改正と，仮想通貨に関する規定の新設がなされた。電子マネー関係の改正部分は，「IT の進展に対応した決済関連サービスの提供の容易化と利用者の保護」と題されている。

　最近，スマートフォンなどと連動させて利用する電子端末，いわゆるウェアラブル端末（腕時計型端末や指輪型端末）にプリペイドカード機能が搭載

されているものが登場している。しかし，資金決済法が定める表示義務も規定では，プリペイドカード自体に利用限度額などを表示することになっており，新しい型の端末を電子決済に活用することが妨げられてしまう。そこで，新法は，有体物に記載することが合理的でない場合には，インターネットでの情報提供を可能にした。もう一つは，プリペイドカードの普及に伴って，利用者がトラブルに巻き込まれる事案が増加していることから，発行者は苦情処理体制を整備する必要があることを明確にした。今回の法改正では，この間に行われた提言内容がすべて採用された訳ではない。関連の内閣府令の整備にも期待しながら，理論と実務の双方を検討して，今後も必要な改正の提言を続ける必要がある。

　日本では，金融規制全体がルール・ベースからプリンシプル・ベースへと緩和される傾向にあり，経済規制全体にしても，ハードローとソフトローのベストミックスを求めて，行政規制・民事規律・自主規制のトライアングルを整え直す傾向にある。そして，決済や送金に関する制度も，銀行法を中心とする厳格な金融規制のもとにありながらも，同様の傾向を強め，技術革新と国際化に対応して，資金決済法の制定・改正や今回のFintech関連法の制定が行われた。

4．おわりに——比較企業法研究としての新地平を求めて　　（Fintechビジネス法の展望）

　最後に，電子商取引法・電子支払決済法の比較法研究の意義に言及して，本稿の結びに代える。
　従来から，実質的意義における商法（＝企業法）分野の発展傾向上の特色として，進歩的傾向と国際的傾向とが指摘されてきた。それは，対象とする

企業活動が，経済的合理主義を基調として高度に技術的であることにもとづいている[24]。したがって，比較企業法研究は，先端技術の開発・導入によるイノベーションと連動する先進的な法技術を発見・継承する役割を担ってきた。取引法・支払決済法の電子化による展開を比較法研究の対象とする場合も，基本的に同様のことがいえよう。しかし，そこにはさらに，比較企業法研究としての新地平を見出しておかなければならないように思われる。

その全容はさらなる研究によって明らかにされなければならないが，これまでの研究成果の中間報告として，電子商取引法・電子支払決済法の分野のグローバルな特徴を述べるとすれば，① Fintech という先端的技術の「直接的」影響によって従来と比べものにならないほどのグローバル化が急速かつ大規模に進行していることであり，②ビジネス環境・生活環境の選択肢としての法制度間（新旧・内外）の相克を止揚する意味でのグローバル化が進行していることである。

さらに，この法分野は，Fintech を共通要素として，Fintech ビジネス法へと昇華すべきことはいうまでもない。そして，そこでは，取引法と監督・規制法との間，取引法と組織法との間に存在していた従来の役割分担に囚われない法制度設計や研究の視点が必要と思われる。

1) 1948 年に東洋初の比較法研究機関として創設された「日本比較法研究所」においては，多様なテーマをめぐって数多くの共同研究グループが組織されてきたが，そのうちの一つである「電子商取引・決済法研究会」は，1997 年に活動を開始した。研究会創設の契機は，当時，電子商取引に関する法的ルールがグローバルな規模で形成される気運が高まり，先進国に共通するルール形成を主導する経済協力開発機構（OECD）において議論が始まったことにある。同理事会勧告により 1999 年にガイドラインが策定されるが，それに先立ち開催されたパリ国際会議に日本代表団の一員として福原が当時の通商産業省より OECD パリ本部に派遣され，同会議でのセッションスピーカーを務めた後，同専門委員として検討に加わった。その帰国後には，同ガイドラインを受けて日本で進められた関連法律の制定等にお

いて，各種審議会委員等を務めて関与した（その成果は OECD 刊行物の会議録および比較法雑誌 34 巻 2 号等に掲載されている）。これらを契機に，当共同研究グループの前身である「電子商取引法研究会」が創設された。当研究会の設置目的を述べた当時の一文には，「電子商取引の実用化にともない生成・発展しつつある新たな法分野を電子商取引法と称して認識し，同分野における諸問題の分析と検討につき，国際的交流と協調を図りつつ，比較法研究を中心にした学際的・総合的研究を行う」とある。

その後の推移のなかで，電子商取引が普及するとともに，その手段・基盤が技術的にさらなる発展を遂げ，加えて，取引場面とともに支払決済場面での電子化が目覚ましい発展を遂げた。当研究会は，今日，創設 20 周年の節目に向け，国際機関，海外の大学・研究所，内外の官庁・関係諸団体と連携して進めてきた調査研究活動のプラットフォームと成果をベースに，Fintech の時代における電子商取引・支払決済の法的対応について，理論的・実務的な研究を続けている。

最近では，後楽園キャンパスまたは市ヶ谷キャンパスで開催の定例研究会において，2014 年度より今日まで，「アジア諸国における資金決済の法制度整備の動向」をテーマとしたシリーズ報告と検討を行い，比較法雑誌 50 巻 3 号には「電子商取引における消費者保護ルールの新展開」と題して，続く同 4 号には「電子支払決済法制の新潮流」と題して，それぞれ，国際的イニシアティブの動向と中国および韓国の動向を紹介している。本稿は，それらの資料をもとに考察を加えた部分が多く，その意味では当研究会の共同研究の一環である。但し，視点に提示や法現象の特徴の抽出は，筆者の個人的判断にもとづいている。

2) 福原紀彦「電子商取引法の生成と消費者保護の課題」戸田修三先生古稀記念論文集『現代企業法学の課題と展開』文眞堂（1998 年）333 頁。
3) わが国の法制度整備も同様の傾向にあり，以下のように立法が進んだ（福原紀彦『企業取引法』文眞堂（2015 年）209-217 頁，同『企業組織法』文眞堂（2017 年），参照）。

   ⅰ 電子情報活用のための法的障害除去
   ① 文書・書面から電子データへの移行をはかる「書面の交付等に関する情報通信技術の利用のための関係法律の整備に関する法律（平成 12 年法律 126 号）」（＝IT 書面一括法，2000（平成 12）年 11 月成立，2001（平成 13）年 4 月施行）がある。
   ② IT 書面一括法で保留された会社関係の書類および手続の IT 化は，2001（平成 13）年 11 月の改正商法（平成 13 年法律 128 号）と同整備法（平成 13 年法律 129 号）において実現に向かい（会社書類・株主総会招集通知等の電子化

や電子投票制度の導入等），2004(平成16)年の改正商法（平成16年法律87号）において「電子公告制度」が導入された後，2005(平成17)年成立の「会社法（平成17年法律86号）」にて集約された。
③　いわゆる電子政府・電子自治体推進のための行政手続のオンライン化を実現するために，「行政手続等における情報通信の技術に関する法律（平成14年法律151号）」(2002(平成14)年成立）等が整備された（いわゆる行政手続オンライン化関係3法）。同法では，個別に各法を改正して束ねる方式ではなく，全手続を対象にオンライン化を可能とする通則法の方式が採用された。
④　「民間事業者等が行う書面の保存等における情報通信の技術の利用に関する法律（平成16年法律149号）」(2004(平成16)年12月成立，2005(平成17)年4月施行）および「同整備法（平成16年法律150号）」，いわゆる「e-文書法」（前者を通則法，後者を整備法と呼ぶ）が制定され，当初からパソコン等で「電子文書」として作成された場合だけでなく，一定の技術要件（個別法令ごとの担当主務法令により，概ね，見読性・完全性・機密性・検索性の要件を定める）を満たせば，原本が紙媒体の文書をスキャニングしてイメージデータ化した「電子的文書（電子化文書）」も原本として保存することが容認され，書面の保存等の係る負担の軽減が図られた。

ⅱ　電子情報活用における取引安全確保と情報セキュリティ
　　複製や改竄が容易であるというデジタルデータの脆弱性のゆえに，第三者が当事者に「なりすまし」たり，送信を「否認」したり，盗聴や複製・改竄による不正が行われ易く，また，それら不正が検出し難いという事情が存在するため，電子情報の活用にあたってはセキュリティの問題を克服することが不可避となる。
①　2000(平成12)年4月の改正商業登記法により「商業登記に基礎をおく電子認証制度」(2000(平成12)年10月10日運用開始）が導入され，同商業登記法改正と同時の公証人法および民法施行法の一部改正により「公証制度に基礎をおく電子公証制度」が導入された。取引の効力に重大な影響を及ぼす企業組織事項を公示し，取引の相手方の信頼の基礎として利用されてきた商業登記制度は，登記情報の電子化と電子認証への活用という新たな局面を迎え，「電気通信回線による登記情報の提供に関する法律」(1999(平成11)年12月22日公布）により，オンラインによる証明事項の照会制度が設けられた。
②　他方，公証制度に基礎をおく電子公証制度の導入により，公証人は，従来の文書と同様に，電磁的記録についても電子署名をした者につき認証し（公証人法62条ノ6第1項），電磁的記録に確定日付を付与することができ（民

法施行法5条2項)，その記録の保存とその内容の証明（公証人法62条ノ7，民法施行法7条）により後日の紛争に備えることができるようになった。
　③　また，「電子署名及び認証業務に関する法律（平成12年法律102号）」（＝電子署名法，2000(平成12)年5月成立，2001(平成13)年4月1日施行）が制定されている。同法は，本人による電子署名のある電磁的記録は真正に成立したものと推定し，従来の手書き署名や押印のある文書が真正に成立する（本人の意思にもとづく）と推定する民事訴訟法228条4項の効力を電子文書にも与える（電子署名法3条）。
　④　いわゆる行政手続オンライン化関係3法の一つとして，「電子署名に係る地方公共団体の認証業務に関する法律（平成14年法律153号）」（＝公的個人認証法，2002(平成14)年12月公布）が制定され，同法にもとづくサービスが2004(平成16)年1月29日から開始された。
4) 重過失があるときは錯誤無効を主張しえないとの民法95条但書の規定は，消費者が行う電子消費者契約の申込み又はその承諾の意思表示について，その電子消費者契約の要素に特定の錯誤があった場合は，事業者等が消費者の意思表示を行う意思の有無について確認を求める措置を講じた場合等を除き，適用しない（同法3条)。消費者はネット取引におけるクリックミス等で不当な法的拘束を受けないことになり，事業者は確認画面等の工夫が求められる。また，隔地者間の契約において電子承諾通知を発する場合については，隔地者間契約における承諾に意思表示の効力発生時期を発信主義とする現行民法規定は適用しないこと，すなわち到達主義への復帰を定めた（同法4条)。
　同法の制定過程の議論には興味深いものがあったが，その議論は，今次の民法（債権関係）改正に引き継がれ，民法における原則として，承諾の意思表示は対話者間・隔地者間を問わず到達主義が採用されることになった（改正法整備法により，同法4条は不要となり削除され，同法の名称が改称された)。この法現象は，情報化社会による法のグローバル化として意義深く，比較法研究の見地から，なお検討の余地も残されている。
5) 最新版は，松本恒雄（編）『平成28年度電子商取引及び情報財取引等に関する準則』別冊NBL158号・商事法務（2016年)。
6) 経済産業省「平成27年度電子商取引に関する市場調査報告書2016」同省（2016年6月)。
7) 中華人民共和国の「電子商取引立法」草案（2016年6月公表分）につき，福原紀彦（監訳）毛智琪（訳）「中華人民共和国電子商取引法草案2016」比較法雑誌50巻3号452頁（2016年12月)。なお，同法案は，その後の意見照会手続を経て若

干の修正が行われた模様である。修正は形式的な部分が多いが，消費者保護のために電子商取引基盤事業者への消費者の先行賠償制度が導入されたこと等，注目すべき点もある。この 2016 年 12 月草案が全人代に提出され，公開後，調査と意見聴取を経て，本年 8 月に第 2 読会が開催される予定である。今後の推移を含めて，比較法雑誌の誌上等で改めて紹介したい。

8) 松本・前掲書（注5），その他，松本恒雄＝齋藤雅弘＝町村泰貴『電子商取引法』勁草書房（2013 年）．
9) 神山静香（訳）「電子商取引における消費者保護に関する OECD 理事会勧告 2016」比較法雑誌 50 巻 3 号 409 頁（2016 年 12 月）．
10) 李賢貞（訳）「大韓民国電子商取引消費者保護法 2016 年改正法」比較法雑誌 50 巻 3 号 425 頁（2016 年 12 月）．
11) 福原紀彦『企業取引法』文眞堂（2015 年）5 頁．
12) 仮想通貨の法的性質について，伊藤亜紀「決済分野の FinTech をめぐる規制法体系と契約実務における課題」NBL1073 号 18 頁，参照．また，仮想通貨の税法上の問題点については，本書所収の酒井克彦論文がある．
13) 安念宜子「フィンテック環境を整備する法規制への提言」金融財政事情（2016.5.2 号）36 頁，参照．また，電子決済等代行業の法規制に関する日欧比較法の考案については，本書所収の杉浦宣彦論文がある．
14) 神山静香（訳）「OECD モバイル・オンライン決済に関する消費者政策ガイダンス」比較法雑誌 50 巻 4 号 191 頁（2017 年 3 月）．
15) 重要条文の翻訳として，杉浦宣彦（監訳）吉田祈代＝山本千恵子（訳）「EU 決済サービス指令 2015（PSD2）」比較法雑誌 50 巻 4 号 223 頁（2017 年 3 月）．
16) 例えば，大韓民国電子金融取引法 2016 年改正法は，包括的な規程を擁している．李賢貞（訳）「大韓民国電子金融取引法 2016 改正と支払決済」比較法雑誌 50 巻 4 号 235 頁（2017 年 3 月）．
17) 中華人民共和国電子商取引立法草案（2016 年 6 月公表分）第 3 編第 2 章「電子支払」の部分，福原＝毛・前掲稿（注7）461 頁，参照．
18) 金融庁「日本における決済サービス業の規制体系と論点」金融庁金融制度 WG 第 1 回資料 2（2016 年）．
19) 最近の割賦販売法の改正内容を方向づけた報告書として，「クレジットカード取引システムの健全な発展を通じた消費者利益の向上に向けて」と題する産業構造審議会割賦販売小委員会報告書（2015(平成 27)年 7 月 3 日，追補版 2016(平成 28)年 6 月 2 日）がある．改正割賦販売法は，2016 年 12 月 9 日に公布された．
20) 資金決済法の施行に伴い，前払式証票発行協会から移行し名称変更した「日本資

金決済業協会」が，同法に規定する認定資金決済事業者協会として内閣総理大臣から認定を受けている。会員をはじめ法曹界，大学，消費者団体関係者も参加する自主規制委員会のほか，総務委員会，政策委員会の3委員会に加え，専門分野に特化した資金決済業者会議を設置して，資金決済取引の適正化と利用者のニーズに応える運営を推進している。この協会の代表理事である会長は，協会創設時から本稿の筆者が務めている。

21) 福原紀彦「資金決済基盤整備の新展開」金融法務事情2006号1頁（2014年11月）
22) 自民党IT戦略特命委員会資金決済小委員会「日本における資金決済の将来像2014年版」（2014年6月19日）。
23) 「情報通信技術の進展等の環境変化に対応するための銀行法等の一部を改正する法律」（平成28年3月4日提出，5月25日成立，6月3日公布〔平成28年法律第62号〕）。
24) 福原紀彦『企業法総論』文眞堂（2015年）25頁。

電子決済法制についての比較法的考察
―― 欧州と日本の電子決済等代行業をめぐる
　　法制の比較を中心にして ――

杉　浦　宣　彦

1．はじめに

　ビットコインに代表されるようなインターネットやモバイルツールの発展に伴って，世界的に決済の方法のキャッシュレス化が以前にまして加速化している。特に，金融分野の場合，フィンテック（Fintech）という言葉に代表されるようなIT活用による新たなサービスの出現や，これまでの大型コンピューターを使うメインフレーム型ではなく，クラウドなどの様々な方法を用いることで，費用をかけずに柔軟な形での金融サービスを考えていくことが容易になってきている。このような状況に対して，既存の法制度が追いついておらず，イノベーションの推進を妨げているのではないか，また，利用者保護が追い付かないのではないかという点については，わが国のみならず，諸外国でも同様の悩みを抱えている現状にある。しかし，これまでの各国の法整備状況を観察してみると，各国のビジネスモデルの進展度合いなどの状況の違いを背景に様々なアプローチをとっている。
　本稿では，このうち，電子決済法制に関連して，特に欧州との違いを通じて，わが国とのアプローチの違いとわが国における課題を考察するが，そのうち，欧州と日本の比較をするという観点から，未だ，欧州内でも各国で見解が分かれるビットコインに関連する規制は今回取り上げず，主に決済にお

ける中間的事業者とされる決済指図伝達サービス業者等への規制である電子決済指令と，日本では銀行法改正という形で規制を加えた電子決済等代行業に対する法規制の比較を検討範囲とする。

2．欧州の電子決済法制の現状

(1) 欧州の電子決済指令（PSD）

　ユニバーサルバンク制度を取り，英国の金融市場サービス法のように，金融サービス全般を包括的に規制する欧州でも，電子金融取引については，新しい決済手段やサービスの登場とともに新たなルールを規定する形で対応してきた。

　欧州では，銀行発行のキャッシュカードにデビットカード機能を付けたものが1980年代後半から普及し始め，クレジットカード決済の普及とは別に，キャッシュレス決済が進行していたが，電子決済技術の向上とともに，これまでわが国と同様のような電子マネーの発行計画等がいくつも登場し，90年代にはフランスのMoneoやドイツのGeldkarteのように準国家的なプロジェクトとしての電子マネープロジェクトが登場するにあたり，欧州委員会により電子マネー指令（E-Money Directive 2000）が出された。しかし，発行業者への規制内容の厳しさや，デビットカード慣れした利用者から見れば，利用範囲が限定的な電子マネーは決して便利なモノではなかったことから，現在も普及は頭打ち状態にある。インターネットの発達とそれに伴う電子商取引の発展とともに，これまで銀行中心に行われていた送金業の世界に様々な業者が進出し，これらの決済サービス業者に対して新たな規制の枠組みを検討しなければならなくなり，その結果として出されたのが2007年に欧州委員会により採択されたPayment Service Directive（欧州決済サービス指令。以降，

「PSD1」とする）である。

　PSD1は，決済サービス業者の責任や決算完了期間までの期間短縮等では一定の効果をあげていたが，その後の新たな決済サービスの登場により，対象になるのか疑義のあるケース等も増えてきたことから，2013年以降改正作業が本格化し，2015年11月にPSD1の改正案（以降，「PSD2」とする）が採択され，加盟国は2018年1月までにPSD2を国内法化することで，各国検討が進められているところである。PSD1とPSD2はその構成自体に大きく変わりはないが，以下のような中間的決済サービス事業がPSD2の規制対象となったことは大きな変更点の一つである。中間的決済業者としては，Payment Initiation Service Provider（決済指図伝達サービス業者。以降，「PISP」とする）や，Account Information Service Provider（口座情報サービス業者。以降，「AISP」とする）が明記されたが，その背景には金融機関の保有する口座情報や決済の仕組みを，第三者に開放するオープンAPI（Application Programming Interface）が欧州では活用されており，そのオープンAPI[1]を活用するFintechの中心的なプレーヤーとして中間的事業者の存在価値の高まりがある。これら中間的事業者への参入規制等を設定することで，取引関係者間での適切なリスク分担を図ることが法規制の目的となっている。その他，業者が事務リスクやセキュリティ・リスクの管理態勢を整備しなければならないとする規定や，強力な顧客認証手段を用いなければならないとする規定についても，PSD2における新設事項となっている。

　また，PSD2は，具体的に「決済サービス業者（payment service provider）」や，「決済サービス（payment service）」に関するルールを定めている。「決済サービス業者」とは，①銀行，②電子マネー機関，③各国法上決済サービスを行うことを認められている郵便振替機関，④決済サービス機関，⑤欧州中央銀行および各国中央銀行，⑥加盟国および加盟国の地方政府，⑦決済サービスを提供するものの少額取引であることを理由として認可に関する手続

の適用除外となる者，⑧口座情報サービス業者，である。そのうえで，④の決済サービス機関は，欧州域内で「決済サービス」を提供することについてPSD2のもとで認可を得た者であると定義し，「決済サービス」の事業内容については，①決済取引のために利用者が有している口座（以後，「決済口座」とする）への現金の入金サービスや決済口座に関する事務処理，②決済口座からの現金の出金サービスや決済口座に関する事務処理など8つのサービス内容が挙げられている。

(2) PSD2の規制

PSD1にもあったPSD2における決済サービス業者に対する規制は，主に以下の通りである。
 (1) 参入規制（決済サービス機関のみ）
 (2) 自己資本や資金の管理に関する規定（決済サービス機関のみ）
 (3) アウトソーシングに関する規制（決済サービス機関のみ）
 (4) 利用者に対する情報提供義務
 (5) 無権限取引に関するルール
 (6) 決済取引の不実行・瑕疵ある実行・遅延
 (7) セキュリティ・リスク対策
 (8) ADR制度の導入

また，利用者が消費者でない取引・少額取引などについては，それぞれ現状に合わせた改正がなされているが，特にPSD2では，新たにPISPやAISPといった中間的業者についての規定があり，これらのサービスは支払者から資金を預かることはないものの，銀行や利用者との間で支払指図の発信や口座情報の集約を行うなど，利用者に便利なサービスの提供が行われていることを背景に，まず決済サービスの利用者の権利として，中間的業者を利用す

る権利を認めつつ，登録制，自己資本規制，リスクに備えての保険あるいはそれに相当する保証を備えなければならないという規定などを導入することで，業者の健全性を確保しようとしている。また，サイバーセキュリティの問題を背景として，決済サービス業者のセキュリティ・リスク対策はPSD2の重要な課題となっており，各業者のリスク軽減のための態勢づくりや，監督当局への事故報告義務，さらにセキュリティ強化のために，顧客認証手段の強化なども新たに義務付けられている。

このように，新たに発生してきたリスクに応じた改正をしつつ，いずれの業者にも適用される決済サービスについての包括的規制の形態を維持しているのが，PSD2の特徴となっている。

(3) PSD2の現在の評価

2018年までのPSD2を国内法化しなければいけないが，現状では加盟国の動きはスローな状況にある。すべての金融サービスは基本的に銀行に起因するという考えが主流を占める欧州の状況を反映して導入された自己資本比率規制や，利用者情報へのアクセス権に関する規定などは，新たに参入しようとする決済サービス業者（とりわけ中間的業者）にとって，コスト面も含めハードルが高い規制内容であり，PSD1の時も問題となった，定義されたサービスにどこまで入るのかについては，今回も様々な議論が各国である。PSD1の時と同様に加盟国間での適用除外を認める条項の内容についての相違が生まれるのではないかという懸念もあり，新しく参入を予定しているサービスや業者の数も限定的な状況であり，スケジュール通りにPSD2の導入が進んでいくかについては注視する必要がある。

3．日本法の現状と比較

　日本では，以下の図のように，金融法制は従来，業種別に分かれている金融ビジネスの垂直統合モデルに合わせて，業法が形作られており，そのうち，決済ビジネスについては，「為替」[2]取引に関連する規定が銀行法第2条第2項にあり，長らく，決済業務は基本として銀行により担われてきた[3]。その結果，電子金融取引のように，金融機関だけでなく，一連の為替取引のなかでITベンダーや今回のような電子決済等代行業者が入っている場合に，それらの機関がどこまで「為替」に関与しているのかどうかなどは明らかでない状況にある。

金融業務における垂直統合モデルと水平分離モデル

	銀行	証券	保険
垂直統合モデル	システム／インフラ／マッチング／チャネル	システム／インフラ／マッチング／チャネル	システム／インフラ／マッチング／チャネル
	顧客	顧客	顧客
水平分離モデル	銀行サービス	証券サービス	保険サービス
	クラウドコンピューティング（システム）		
	プラットフォーム（マッチング）		
	スマートフォン（チャネル）		
	顧客		

（出所）増島雅和・堀天子編著『FinTechの法律』（日経BP社　2016年）より

しかし，日本も欧州と同様，一般のニーズに応える形での業規制の緩和という形で，2008 年に制定された資金決済に関する法律（以後，「資金決済法」とする）において，少額の場合（100 万円以下）に限って銀行以外でも送金業務ができるようになり，規制緩和が進行したが，さらに，2016 年 12 月の金融審議会金融制度ワーキング・グループでの審議をふまえ，2017 年 5 月には，「銀行法等の一部を改正する法律」が可決され，①電子決済等代行業者に対する規制の整備，②金融機関におけるオープン API に対応できる体制の整備，③電子決済等代行業者導入を受けた銀行代理業の取り扱いについて，今回，銀行法を一部改正することによって規制等を定めている[4]。

審議会での議事録等では，電子決済等代行業者とは，中間的業者とも呼ばれているが，顧客からの委託を受けて，その顧客と銀行の間でサービスを提供する業者のことを指す。具体的には，顧客が口座を開設している複数の銀行等から口座情報を取得し，それらを統合・解析した形で顧客のスマートフォン上に一覧表示するサービス（口座管理サービス，口座情報サービス）を行う業者が出てきていることを受け，これらのサービスが銀行サイドではなく，あくまでも顧客サイドからの委託を受けて業者が行っていることを鑑み，銀行からの委託を受けて，預金・融資・為替に関する契約の代理等を行う「銀行代理店」とは違うものということを明確化することも目的としている。

具体的には，

① 電子決済等代行業者に対する登録制の導入
② 電子決済等代行業者に対する規制
　―利用者に対する説明
　―銀行が営む業務との誤認防止
　―電子決済等代行業に関して取得した利用者情報の適正な取扱い・安全管理
　―業者の外部委託を行う場合における業務の健全・適切な運営を確保す

るための措置
　　―業者の誠実義務
　　―決済等代行業者と銀行との間での利用者へ損害が発生した場合における賠償責任の分担や利用者の情報の適切な取扱い・安全管理措置などを明示した契約を締結してその事項を定めなければならない

などの内容が盛り込まれている。また，オープンAPI導入に係わる努力義務も定められており，全般的には，日本にも欧州と同様にPISPやAISPが登場してきたことを前提にFintechの推進という政策的な目標，加えて，一定の利用者保護も織り込んだ形で，PSD2を意識した改正になっている。

4．比較法的観点から見るわが国のFintechならびに決済に関する法制の課題

(1) 法制度のパッチワーク状態

　上記のように，銀証分離型の日本とユニバーサルバンク型の欧州ではそもそも，業者向け規制の構造が違っているものの，やはり近時に登場してきている新しい決済手段に対する規制は，新しく登場したサービスに応じて新たな法規制の必要性を検討し，既存の法制度の上に指令や法改正で補足的に対応しており，日本も欧州も未だパッチワーク的部分が多い。

　その背景には，まず，様々なITベンダーとのコラボレーションを通じて，金融機関も様々な新たなサービス開発を行ってはいるものの，キラーコンテンツとなるようなサービスは登場しておらず，ビットコインやPISPやAISPも含め，登場してくる新たな決済サービスに対して，取りあえずの法的見解を示すとともに，利用者保護の観点から，業者の登録制度や安全対策義務を定めることで当面の対策とするという状況にある。このような状況は，日本

の法整備状況でも，資金決済法が資金決済業と前払式証票発行業など業態毎に分かれていることからも窺える。

現段階では，新しい決済サービスの登場とともに，欧州・日本ともに既存金融機関の決済サービスの「骨抜き」が進行してはいるとは言われるものの，それらのサービスプロバイダーの決済尻等の調整では，やはり既存金融機関間の口座を経由したやり取りが行われているのが現状で，ICT を活用した廉価版金融サービスや金融機関とのアプリケーション等を通じた仲介の提供という領域を出ていないことや，ビットコインなどの仮想通貨に関してもその信頼性の問題から法貨となりうるレベルには達しておらず，当面の間，このようなパッチワーク状態は続いていくと予測される[5]。それらのサービスがどの程度の発展を見せ，また，利用者からの支持を受けるのかにより，業法を部分改正していけばよいのか，それとも，新しい業として認めていくかが決まってくると考えられる。

今回，日本のアプローチは，既存法で規定されている業種との類似性をベースに基本的には既存法の改正で暫定的に対応しようとしているのに対して，欧州であれば，加盟国それぞれの監督法制が共通の内容になるような，とりわけ，参入規制や安全対策基準の統一化などを織り込んだ新たな指令の策定が第一義的には必要になるであろうし，日本の場合でも，改めて，資金決済法の中に新たな章を設けて，新たな業態をして認定しつつ，規制内容を再検討するのか等を考える必要がある。その場合も，昨今の新しい決済サービスの提供者がグローバルな展開をしている以上，諸外国の法制度の内容とのハーモナイゼーションをどのようにするのかは課題となるだろう。

(2) 指図理論の再構築の必要性──責任論の明確化について

法制度のパッチワーク状況は同じ状況であるとしても，日本と欧州の法制度の間の比較という観点から見れば，その大きな違いの根本にあるのは，電

子的であるかないか，そういった支払い手段の普及度とかではなく，もっと基本的な法概念の部分について検討する必要があると考える。すなわち，現行決済法制におけるある法概念の不透明さが，わが国の電子決済法制のパッチワーク化以上に業者間責任問題の不透明さを生む可能性があることが考えられる。それは「指図」をめぐる問題である。

　言うまでもなく，もともと資金移動取引には，手形，小切手，信用状等の貿易為替やクレジットカード，さらには銀行振込・振替，インターネットバンキング，電子マネー等，様々なものがある。この中でも為替手形や小切手については，手形小切手法の規定が別途整備されているものの，もともと法的性質が「指図」であるという点から，指図研究の主たる対象[6]となってきた。しかし，振込やクレジットカード，電子マネーなどの資金移動取引については，その法的性質が明らかではなく[7]，とりわけ資金移動取引における「指図」という法律行為が基礎となっているにも拘らず，「為替」も「指図」もその法的概念・定義・規律付けが日本にはなく，決済取引に係る業者数は増加しているものの，取引時における業者間の法的責任の分界点をわかりにくくしており，最終的な資金決済を行う銀行との契約内容ですら一定のものがない状況にある。

　これに対して，フランスでは，指図（délégation）の定義として，「ある者（非指図人）が他の者（指図人）の指図に基づいて，第三者（受取人）に対して義務を負う法的取引」[8]であるとされ，フランス民法典1275条ならびに1276条で規定されている。フランスの指図には，①指図人が受取人に対する義務からの解放という効果，②非指図人が指図人に対する義務から解放されるという効果があるとされ，指図人は，指図をした時点で，受取人に対して債務者たる非指図人の支払能力に責任を持つなどが定められ，一般的に指図の効果を被指図人の受取人に対する債務負担として捉えている。決済時において，指図者と非指図人である金融機関・銀行などの法的責任は上記の行為の実行

義務にあるとされ，電子決済時においても，事故時における責任は，指図人と介在した金融機関が中心に負うもので，PISPやAISPには技術やセキュリティ面での安全管理責任を除けば，基本的には債権債務に及ぶような責任はないという見解となっており[9),10)]，日本における，電子決済等代行業者をめぐる法的責任論の不明確さとは対照的なものになっている。

5．おわりに

　Fintechという言葉で代表されてきたようなデジタル金融サービスや新しい金融サービスは，マスコミ等により連日のように大々的に紹介・報道されているが，ネットバンキングなどのデジタルチャネルでの取引の停滞がすでに明らかになっており，効率的な経営の実現のために被対面チャネルの活用を経営課題として金融機関は捉えているが，その思惑通りには進んでいない。そのような中，今回の銀行法の一部等改正で電子決済等代行業者に向けの法改正は，このような状況下，決済等代行業者の部分だけが，普及は急速に進んできているということをわが国の監督当局も認めていることを示している（欧州も同様である）。

　このような中，業者の情報安全対策についての懸念については欧州もわが国も従前より様々なところで主張されており，ドイツは2017年6月中に技術的な安全基準を発表する予定になっているが，技術の発展とともに，アップデートを行う必要もあり，どの程度まで基準として定めていけるかは難しい状況にある。また，同国では，指図理論を通じた法的責任論が理論上はある程度固まってはいるものの，電子決済技術の進歩（特にモバイル化）により多くの業者が取引過程に入り込む可能性があり，それらの業者が今後発生する可能性のある事故に対して，何らかの責任があると判断された場合に金銭

的に十分な補償ができるレベルにはないのではないかという観点から，利用者被害が発生した場合に，業者間の責任関係を議論する前に，業界主導で保険制度のようなもので，カバーできる体制を整える動きもある。

　今回の銀行法の一部改正を通じて，当面の利用者保護等の目的を果たすために，表面的には欧州と同様の電子決済等代行業者に対する法制度の整備が進んだが，今回の銀行法改正は，施行日から2年以内を超えない範囲の政令指定日までに電子決済等代行業者と銀行との契約締結を行わなければならず，その内容がどのようなものになるかが利用者にとって重要になるが，現状の為替ならびに指図概念が明確でないままの状況は，むしろ為替取引時における責任関係の不透明さを助長した形になって，場合によってはFintechの進展にも影響を及ぼしかねない。今次の民法改正には織り込まれなかったが，指図概念と為替の法的定義の確立については現実的な立法課題として今後も検討を進めていくべきだろう。

1) API（Application Programming Interface）とは「銀行以外の者が銀行のシステム上に接続し，その機能を利用することができるようにするためのプログラム」のことを指す。このうち，銀行がFintech企業等にAPIを提供し，顧客の同意に基づいて，銀行のシステムへのアクセスを許諾することを「オープンAPI」という（金融庁金融審議会金融制度WG報告脚注8などより）。
2) もっとも，この為替取引の定義に関しては，銀行法や資金決済法その他の法令でも明確にされていない。「『為替取引を行うこと』とは顧客から隔地者間で直接現金を輸送せずに資金を移動する仕組みを利用して資金を移動することを内容とする依頼を受けて，これを引き受けること，又はこれを引き受けて遂行することをいう」（最決平成13年3月12日刑集55巻2号97頁）と判例にはあるが，これは地下銀行の事案向けの定義であり，明確な「為替」の定義とは言い難い。
3) 実際，明治23年銀行条例でも「為替業務」を行うのは銀行であると定めている。
4) 詳細な内容等についてはhttp://www.fsa.go.jp/common/diet/193/01/riyuu.pdf参照。
5) 2016〜2017年3月にかけて，数回に分けて，欧州や米国の金融当局等とのインタ

ビューも行ったが，Fintech の更なる進展により新しい金融ビジネスの進展には期待はしているものの，現状，既存の金融サービスをテイクオーバーするだけの内容のものが現れている段階ではないという見解は共通している。

6) その内容は人的抗弁の個別性，権利濫用の抗弁，二重無権の抗弁，原因と不当利得の抗弁権との関係など（例えば，大塚龍児「原因関係と人的抗弁――手形の無因性と直接の当事者間における人的抗弁の基礎，人的抗弁の個別性，権利濫用の抗弁，二重無権の抗弁権等の理解のために」『Law School』18 号（1980）51 頁）。

7) もっとも平成 22 年 11 月 9 日開催の法制審議会，民法（債権関係）部会第 18 回会議部会資料によると，指図に関連して，「振込依頼人に当たるのが指図をする者，「指図者」，銀行に当たるのが指図を受ける者，つまり「非指図者」で」，「この場合に，指図者が銀行に対して指図をして，銀行が受益者に対してその指図に従って給付をする。これによって，銀行が指図者に対して負っている債務，例えば預金債務，それから指図者が指図受益者に対して負っている債務，例えば，代金の支払債務がこの指図に従った給付により同時に弁済されたことになる」と説明されている。

8) Francois Terre, Philipe Silmler et Yves Lequette, Droit Civil, Les obligations, 9éd, Paris, 2005 n1439 p.1358

9) ベルギー・フリューゲル研究所　ニコラス・ベノン主任研究員へのインタビュー（2015 年 2 月）でのコメント。

10) また，ドイツ法においてもほぼ同様な指図（Anweisung）が存在しており，ドイツでの指図をめぐる法理論については，隅谷史人『独仏指図の法理論――資金移動取引の基礎理論』（慶應義塾大学出版会，2016 年）15-148 頁参照。

仮想通貨と租税法上の問題
――ビットコイン取引に係る損失への所得税法上の配慮――

酒 井 克 彦

1．はじめに

　我が国の租税行政庁は，「ビットコイン（Bitcoin）」を代表とする仮想通貨について，消費税の課税対象として取り扱ってきていたところ[1]，平成29年（2017年）度税制改正においてこの考え方が変更された[2]。かような意味では，消費税法上の問題はひとまず解決の方向に向かいつつあるといってよいかもしれない[3]。しかしながら，仮想通貨に関する租税法上の問題といえば，とかく消費税法上の取扱いが注目されるところではあるが，当然ながら，それのみでは決してない。

　インターネット上の仮想通貨ビットコインの取引所「Mt. Gox（マウントゴックス）」を運営する大手取引仲介会社「MTGOX（マウントゴックス）」（東京都渋谷区）が2014年2月28日，東京地裁に民事再生法の適用を申請し，経営破綻した。同社のマルク・カルプレス最高経営責任者（CEO）は会見を開き，「システムに弱い所があってコインがなくなり，迷惑をかけて申し訳ない」と，何者かのハッキングによってビットコインが消失したとの見解を明らかにした。消失したのは顧客分75万ビットコインと自社保有分10万ビットコインの計85万ビットコインといわれている。カルプレスCEOは114億円程度の損失としているが，取引所の直近の取引価格が1ビットコイン約

550ドルであることを考えると，約470億円の損失になるようである。このほかにも，購入用預り金の約28億円も金融機関からオンラインで引き出された可能性があると報道されており[4]，損失は合計で約500億円にも上るとみられている[5]。

さて，かような損失騒動を生じさせたマウントゴックス事件などを眼前にすると，ビットコインをはじめとする仮想通貨から生じ得る損失に対する課税上の取扱いについて考える必要性を強く感じざるを得ない[6]。

そこで，本稿においては，仮想通貨から生じる損失について，特に所得税法上の取扱いに焦点を当てて検討を加えることとしたい。なお，仮想通貨には様々なものがあるが，紙幅の都合を考え，ここでは議論の素材を分散型仮想通貨であるビットコインに絞って論じることとする。

具体的には，まず，仮想通貨の性質に簡単に触れた上で，租税法において仮想通貨がどのようなものと整理されるかについて確認し[7]，仮想通貨から生じる損失に係る所得税法上の取扱いについて検討することとしたい。

2．仮想通貨の性質

(1) 問題関心

仮想通貨に関する確立した定義はないと思われるが，一般的には，中央銀行を介することなく発行され，独自の計算単位を持つものと理解され，支払や送金等の手段として取引されるデジタル通貨の一種である。

この仮想通貨のうち，いわゆる分散型仮想通貨の一つである「ビットコイン」[8]は，①法定通貨ではなく，②不特定多数との交換が可能であり，③決済・取引管理にブロックチェーン技術が用いられる点に特徴がある。ブロックチェーン技術を用いると，中央銀行を介さずに不特定多数の経済的インセ

ンティブを通じて取引記録を管理し，二重使用や取引記録の改ざんを防ぐことが可能となるとされている。中央銀行のような決済・送金システムを介さずに取引を行うことから，利用者に課されるコストが低いという点がメリットとされている。このブロックチェーン技術は，暗号技術やプルーフ・オブ・ワーク（Proof of Work）といった仕組みによって支えられている。具体的には，仮想通貨を通じた取引はハッシュ関数や公開鍵・秘密鍵といった暗号技術によって暗号化され，不特定多数の関与者が存在したとしても電磁的な記録の改ざんがなされないような仕組みが採り入れられている。この暗号化された取引に関して多重利用を生じさせないために不特定多数の取引検証者にインセンティブを与え，取引を確認し，記録する仕組みが，プルーフ・オブ・ワークである[9]。

　仮想通貨とは取引履歴そのものである。すなわち，AがBにコインを支払うということは，単にそのコインの最後にBのアドレスを追加するだけの作業となる。ネットワークは，誰がいくら持っているかではなく，コインごとにその持ち主が誰であるかを管理している。

　すなわち，以下のような暗号技術やプルーフ・オブ・ワークといった仕組みにより，ブロックチェーン技術という中央銀行を介さない独特なシステムが形成されている点に新規性があるといえる[10]。

① 　取引情報が全ノード（node）[11]に拡散される。
② 　各ノードは取引情報からブロックを生成し，演算量の証明を行う[12]。
③ 　演算量の証明を最初に行ったノードがそのブロックを生成する。
④ 　③のノードが全ノードに拡散される。
⑤ 　各ノードはブロックを受け付けるに当たり，多重使用のない取引であることを確認する。
⑥ 　各ノードは，受け付けたブロックをハッシュ化[13]したハッシュ値を埋め込んだブロックを生成する。

ビットコインは金融機関を介在させることなく，個人間の仮想通貨の取引を可能とする[14]。オープンソースを使い，全体を統括するような統合サーバーを有しないP2P（Peer to Peer）型[15]の情報システムによって，取引記録を行うのが特徴である。なお，仮想通貨は，国家が発行する通貨ではないため，国家による信用の裏付けがない。

(2) 仮想通貨がもたらす課題

仮想通貨は新たな課題を生み出している。

具体的には，①マネーロンダリング及びテロ資金供与といった違法行為の決済に利用される可能性があること，②利用者保護の観点で脆弱性が存在すること，③脱税や二重課税といった税制上の問題が発生し得ること[16]，④資金フロー管理の迂回など当局の政策運営に支障を来し得ること[17]などが挙げられる。

例えば，①に関しては，「シルクロード（Silk Road）」という電子商取引ウェブサイトで違法行為目的の情報等の取引の決済にビットコインが使用されていたことが問題となった[18]。ビットコインは匿名性を有するため利用者の特定が困難になり，違法行為の温床となり得ることが露呈したのである[19],[20]。また，②に関しては，2014年当時，前述した世界最大規模の「ビットコイン」の取引所であった，MTGOX社の代表者が顧客からの預り資金を着服していたことが象徴的な事例として挙げられる。

本稿では，このうち，③について関心を置く。脱税の温床となり得るという危惧については引き続き今後の検討課題であると思われるものの，「仮想通貨が財産か通貨か」という論点に関して，通貨として扱うという結論が平成29年（2017年）度税制改正大綱において示されたところでもあるので，ここではこの論点に関心を置くこととしたい。

もっとも，この点についての対応は各国によって異なる。日本においては，

従来，仮想通貨は所得税法，法人税法，消費税法等に定める課税要件を満たす場合には，課税の対象となるとの方針が示されていたが，基本的には仮想通貨は資産であるとの立場に立っていると思われる。例えば，仮想通貨に関する消費税法上の取扱いをみた場合，仮想通貨の購入は，通貨・小切手・手形といった支払手段に該当しないとし，課税の対象として捉えてきた。

3．仮想通貨の法的性質

(1) 関係法令からみた性質

1) 銀行法改正

2016年5月，「情報通信技術の進展等の環境変化に対応するための銀行法等の一部を改正する法律案」が可決成立した。同法案は，仮想通貨法と呼ばれる銀行法等の一部を改正する法律である。

この改正法は，仮想通貨に関連する改正を盛り込んでいる。同法改正の内容は，仮想通貨の売買などを業として行う仮想通貨交換業者に対して登録制を導入し，マネーロンダリング防止や利用者保護などのための規制等を整備するものである。

これは，前述のように2014年に起きたマウントゴックス事件を背景とするものであるといえるし，仮想通貨の普及に伴うマネーロンダリングやテロ資金供与に活用されるリスクに対する国際的な懸念などを受けたものであるともいえよう。

2) 資金決済法改正

a) 概観

上述のとおり，2016年5月，「情報通信技術の進展等の環境変化に対応するための銀行法等の一部を改正する法律案」が成立したが，同法成立に伴い

「資金決済に関する法律」も改正されている。そこでは，後述するとおり，仮想通貨の定義が示され（資金決済2⑤），不特定多数間での物品購入・サービス提供の決済・売買・交換に利用できる「財産的価値」と位置付けられた。ここでは，情報処理システムによって移転可能なものと定義されている。このことから，仮想通貨は，同じ決済手段の一つである法定通貨と法的性格を異にすることが明確にされたといえよう。また，仮想通貨交換業に係る制度が整備された。すなわち，「仮想通貨交換業」が定義され（同2⑦），仮想通貨交換業者に対して内閣総理大臣への登録が義務付けられた（同63の2）。そして，仮想通貨交換業者は利用者への取引内容や手数料等の情報提供，システムの安全管理のために必要な措置を講じることとされ（同63の8，63の10），また利用者財産と自己資産の分別管理を行わなければならず，その状況について公認会計士又は監査法人の監査を定期的に受けなければならないこととされた（同63の11）。そのほか，帳簿書類・報告書の作成，監査報告書を添付した報告書の提出などが義務付けられるとともに，立入検査，業務改善命令等の監督規制を受けることになったのである（同63の13～63の19）。

この改正に伴って，犯罪収益移転防止法上の義務を負う「特定事業者」に仮想通貨交換事業者が追加され（同2②三十一），同法に規定される口座開設時の本人確認義務（同4）や，疑わしい取引の当局への届出義務が適用されることになった（同8）。これらの改正は，マネーロンダリング対策としての意味を有する。

b）仮想通貨の定義

資金決済法2条《定義》5項においては，以下のとおり「仮想通貨」が定義されている。

① 物品を購入し，若しくは借り受け，又は役務の提供を受ける場合に，これらの代価の弁済のために不特定の者に対して使用することができ，かつ，不特定の者を相手方として購入及び売却を行うことができる財産的価値（電

子機器その他の物に電子的方法により記録されているものに限り，本邦通貨及び外国通貨並びに通貨建資産を除く。次号において同じ。）であって，電子情報処理組織を用いて移転することができるもの（1号）
② 不特定の者を相手方として前号に掲げるものと相互に交換を行うことができる財産的価値であって，電子情報処理組織を用いて移転することができるもの（2号）

つまり，資金決済法上,「仮想通貨」とは，①「通貨」又は「通貨建資産」には該当しない電子的に記録された「財産的価値」であり，かつ，不特定の者との間で，商品・役務の代金決済に使用すること及び売買することが可能であって，情報処理システムで移転が可能なもの，並びに②「仮想通貨」と相互に交換できる「財産的価値」であって，情報処理システムで移転が可能なものということとなる。

このように，同法の定義では，仮想通貨が不特定の者との間での決済利用，売買，交換ができるものとされているため，仮想通貨の資産性が肯定されているようにも思われる。

次に，近時の裁判例を参照した上で，仮想通貨の法的性格について考えてみたい。

(2) 裁判例における性質論

仮想通貨の法的性格を理解するのに参考となる事例として，いわゆるビットコイン引渡等請求事件東京地裁平成27年8月5日判決（判例集未登載）がある。同事件では，ビットコインが所有権の客体となるか否かが争われた[21]。以下，やや引用が長くなるがこの事例を取り上げ，仮想通貨の法的性質，特にビットコインに着目し，その資産としての性質について検討する素材としたい。

1) 素材とする事案の概要

本件は，破産手続開始決定を受けた MTGOX 社（以下「本件破産会社」という。）が運営するインターネット上のビットコイン取引所を利用していた原告が，本件破産会社の破産管財人である被告に対し，原告が所有しており，したがって本件破産会社の破産財団を構成しないビットコイン 458.8812618btc（「btc」はビットコインの単位である。）を被告が占有していると主張して，同ビットコインの所有権を基礎とする破産法 62 条《取戻権》の取戻権に基づき，その引渡しを求めるとともに，被告が原告に対し上記ビットコインの引渡しをしないことにより，ビットコインを自由に使用収益あるいは処分することを妨げられ，766 万 5,580 円の損害を被ったとして，不法行為に基づく損害賠償として上記損害額と同額の金員の支払を求めた事案である。なお，原告は，被告に対し，破産法 78 条《破産管財人の権限》2 項 13 号に基づく破産裁判所の許可を得ることも求めていた。

本件の前提事実は以下のとおりである。

① 本件破産会社は，IT（情報技術）システムの構築及びコンサルティング，インターネットサイトの運営及び管理等を目的とする株式会社であり，インターネット上において，ビットコインの取引所（以下「本件取引所」という。）を運営していた。

② 原告は，本件取引所において，「D」という名称のアカウント（以下「原告アカウント」という。）を使用していた。

③ 本件破産会社は，2014 年 2 月 25 日，本件取引所への利用者のアクセスを停止し，同月 28 日，東京地方裁判所に対し民事再生手続開始を申し立てたが，同年 4 月 16 日頃には，破産手続が行われることとなり，同月 24 日，同裁判所から破産手続開始の決定を受けて，被告が破産管財人に選任された。

④ 破産手続開始後の本件破産会社のサイトにおいては，原告アカウントの残高は，以下のとおりとされている。

ア　ビットコイン　458.8812618btc（以下，原告アカウントの残高とされているビットコインを「本件ビットコイン」という。）
　イ　日本円　10.762円
　ウ　アメリカドル　0.00002米ドル
　2）当事者の主張
a）原告の主張
　所有権の客体となるのは「有体物」であるが，権利の客体としての性質を重視すれば，法律上の排他的な支配可能性があるものは「有体物」に該当する。ビットコインは，多数の電子計算機上に現実に存在する電磁的記録の一種であり，単に観念的存在ではなく，排他的な支配が可能であるから，有体物として民法85条《定義》の定める「物」に該当し，所有権の客体となる。
　なお，ビットコインの排他的支配可能性は，特定のビットコインアドレスにビットコインの有高が確認できる場合，当該アドレスを所有する者が有高に相当するビットコインを所有しているのであり，同人が当該アドレスの秘密鍵を秘匿して管理していれば，同人の意思に反して当該アドレスのビットコインの有高を増減させることはできないことにより認められる。
b）被告の主張
　所有権は「物」すなわち「有体物」を客体とするものであり，無体物を客体とすることはできないところ，「有体物」とは，空間の一部を占める有形的存在であり，広義に解すれば電気等の自然力が含まれるものの，単なるデータ等の情報や権利等の観念的存在はこれに該当しない。
　ビットコインは，ビットコインネットワークにおいてその送付を行う場合にも，送付元となるビットコインアドレスの秘密鍵を管理・把握する者から送付先となるビットコインアドレスの秘密鍵を管理・把握する者に対し送付されるビットコインを表象する電磁的記録等を送付することはないのであり，上記送付元から送付先に引き渡されるべき送付対象のビットコインを表象す

る電磁的記録自体が存在しない。このように，個々のビットコインを表象する電磁的記録はなく，ビットコインは純粋に観念的な存在であるから，「有体物」には該当せず，所有権の客体とならない。

したがって，原告が本件ビットコインの所有権を有することはなく，これを基礎とする取戻権を有することもない。

3）判決の要旨

判決は所有権の客体となる要件について次のように論じる。

「ア　所有権は，法令の制限内において，自由にその所有物の使用，収益及び処分をする権利であるところ（民法206条），その客体である所有『物』は，民法85条において『有体物』であると定義されている。有体物とは，液体，気体及び固体といった空間の一部を占めるものを意味し，債権や著作権などの権利や自然力（電気，熱，光）のような無体物に対する概念であるから，民法は原則として，所有権を含む物権の客体（対象）を有体物に限定しているものである（なお，権利を対象とする権利質〔民法362条〕等民法には物権の客体を有体物とする原則に対する明文の例外規定があり，著作権や特許権等特別法により排他的効力を有する権利が認められているが，これらにより民法の上記原則が変容しているとは解されない。）。

　　また，所有権の対象となるには，有体物であることのほかに，所有権が客体である『物』に対する他人の利用を排除することができる権利であることから排他的に支配可能であること（排他的支配可能性）が，個人の尊厳が法の基本原理であることから非人格性が，要件となると解される。

イ　原告は，所有権の客体となるのは『有体物』であるとはしているものの，法律上の排他的な支配可能性があるものは『有体物』に該当する旨の主張をする。原告のこの主張は，所有権の対象になるか否かの

判断において，有体性の要件を考慮せず，排他的支配可能性の有無のみによって決するべきであると主張するものと解される。

　このような考えによった場合，知的財産権等の排他的効力を有する権利も所有権の対象となることになり，『権利の所有権』という観念を承認することにもなるが，『権利を所有する』とは当該権利がある者に帰属していることを意味するに過ぎないのであり，物権と債権を峻別している民法の原則や同法85条の明文に反してまで『有体物』の概念を拡張する必要は認められない。したがって，上記のような帰結を招く原告の主張は採用できない。

　また，原告は，法的保護に値する財産性を有すれば民法85条の『物』すなわち『有体物』に該当するとの趣旨の主張もするが，法的保護に値するものには有体物も無体物もあるから，法的保護に値するか否かは，民法85条の『物』に該当するか否かを画する基準にはならないというべきである。したがって，この主張も採用できない。

ウ　以上で述べたところからすれば，所有権の対象となるか否かについては，有体性及び排他的支配可能性（本件では，非人格性の要件は問題とならないので，以下においては省略する。）が認められるか否かにより判断すべきである。」

次に，ビットコインについての検討を以下のように展開する。

「ア　ビットコインは，『デジタル通貨（デジタル技術により創られたオルタナティヴ通貨）』あるいは『暗号学的通貨』であるとされており……，本件取引所の利用規約においても，『インターネット上のコモディティ』とされていること……，その仕組みや技術は専らインターネット上のネットワークを利用したものであること……からすると，ビットコインには空間の一部を占めるものという有体性がないことは明らかである。

イ　また，……以下の事実が認められる。

　（ア）　ビットコインネットワークの開始以降に作成された『トランザクションデータ』（送付元となるビットコインアドレスに関する情報，送付先となるビットコインアドレス及び送付するビットコインの数値から形成されるデータ等）のうち，『マイニング』（ビットコインネットワークの参加者がトランザクションを対象として，一定の計算行為を行うこと）の対象となった全てのものが記録された『ブロックチェーン』が存在する。ビットコインネットワークに参加しようとする者は誰でも，インターネット上で公開されている電磁的記録であるブロックチェーンを，参加者各自のコンピューター等の端末に保有することができる。したがって，ブロックチェーンに関するデータは多数の参加者が保有している。

　（イ）　ビットコインネットワークの参加者は，ビットコインの送付先を指定するための識別情報となるビットコインアドレスを作成することができ，同アドレスの識別情報はデジタル署名の公開鍵（検証鍵）をもとに生成され，これとペアになる秘密鍵（署名鍵）が存在する。秘密鍵は，当該アドレスを作成した参加者が管理・把握するものであり，他に開示されない。

　（ウ）　一定数のビットコインをあるビットコインアドレス（口座A）から他のビットコインアドレス（口座B）に送付するという結果を生じさせるには，ビットコインネットワークにおいて，〈1〉送付元の口座Aの秘密鍵を管理・把握する参加者が，口座Aから口座Bに一定数のビットコインを振り替えるという記録（トランザクション）を上記秘密鍵を利用して作成する，〈2〉送付元の口座Aの秘密鍵を管理・把握する参加者が，作成したトランザクションを他のネットワーク参加者（オンラインになっている参加者から無作為に選択さ

れ，送付先の口座の秘密鍵を管理・把握する参加者に限られない。）に送信する，〈3〉トランザクションを受信した参加者が，当該トランザクションについて，送付元となる口座Aの秘密鍵によって作成されたものであるか否か，及び送付させるビットコインの数値が送付元である口座Aに関しブロックチェーンに記録された全てのトランザクションに基づいて差引計算した数値を下回ることを検証する，〈4〉検証により上記各点が確認されれば，検証した参加者は，当該トランザクションを他の参加者に対しインターネットを通じて転送し，この転送が繰り返されることにより，当該トランザクションがビットコインネットワークにより広く拡散される，〈5〉拡散されたトランザクションがマイニングの対象となり，マイニングされることによってブロックチェーンに記録されること，が必要である。

このように，口座Aから口座Bへのビットコインの送付は，口座Aから口座Bに『送付されるビットコインを表象する電磁的記録』の送付により行われるのではなく，その実現には，送付の当事者以外の関与が必要である。

（エ）　特定の参加者が作成し，管理するビットコインアドレスにおけるビットコインの有高（残量）は，ブロックチェーン上に記録されている同アドレスと関係するビットコインの全取引を差引計算した結果算出される数量であり，当該ビットコインアドレスに，有高に相当するビットコイン自体を表象する電磁的記録は存在しない。

上記のようなビットコインの仕組み，それに基づく特定のビットコインアドレスを作成し，その秘密鍵を管理する者が当該アドレスにおいてビットコインの残量を有していることの意味に照らせば，ビットコインアドレスの秘密鍵の管理者が，当該アドレスにおいて当該残量のビットコインを排他的に支配しているとは認められない。

ウ　上記で検討したところによれば，ビットコインが所有権の客体となるために必要な有体性及び排他的支配可能性を有するとは認められない。したがって，ビットコインは物権である所有権の客体とはならないというべきである。」

(3)　金銭債権としてのビットコイン

　上記事件において，原告は，ビットコインに対する所有権を主張したが，これは，全額回収を狙った主張であったとみることができるように思われる。かかる主張が通れば全額回収を可能とすることができたのであるが，判決においては，そもそも，ビットコインが民法85条にいう「物」すなわち「有体物」ではないとされ，排他的支配可能性が否定されたのである[22]。この判断は，ビットコインの所有権は預かった者にあるということであり，預けた者に所有権はないということを意味していると解される。つまり，デジタル通貨あるいは暗号学的通貨と呼ばれるビットコインは[23]，預けた者にとってみれば所有権ではなく，あくまでも預かる者に対する金銭債権を有するにすぎないと整理されることになろう。

　ところで，内閣は，2014年3月に，参議院議員からのビットコインに関する質問主意書に対する答弁書を閣議決定している。この答弁書は，①ビットコインは，通貨の単位及び貨幣の発行等に関する法律，日本銀行法や民法の規定による通貨に該当せず，外国為替及び外国為替法の規定による外国通貨にも該当せず，その他の法律においても，ビットコインを通貨の定義に含めている規定は存在しないこと，②ビットコインは通貨ではなく，それ自体が権利を表象するものでもないため，ビットコイン自体の取引は，銀行法に規定する銀行業として行う行為ではなく，金融商品取引法に規定する有価証券等の取引には該当せず，その他の法律にもビットコインを明確に位置付けているものは存在しないこと，③ビットコインを対価として債務の弁済に使用

することを一律に禁止する法律は存在しないこと，④ビットコインによる取引については，所得税法，法人税法，消費税法等に定める課税要件を満たす場合には，課税の対象となること，⑤犯罪による収益の移転防止に関する法律（犯罪収益移転防止法）に規定する特定事業者に対し，顧客等との一定の取引について，ビットコインの使用の有無にかかわらず，本人特定事項等の確認等の義務を課していることを回答している。

かように，政府は，ビットコインが通貨や有価証券ではないことを示している[24]。上記判決からすれば，ビットコインに資産性が認められるとしても，有体物たる物としてではなく，金銭債権ということになろう。そしてこの理解は，上記の質問主意書に対する答弁とも齟齬を来してはいないと思われる。以後は金銭債権とした場合に，いかなる問題が惹起されるかを検討することにしよう。けだし，ビットコインが金銭債権以外の財産としての意味を明確に有するといえるのであれば，ビットコインの譲渡に係る損失についての所得税法上の問題は，ビットコインが金銭債権であると性格付けられた場合のそれに比べれば取り立てて大きな問題とはならないと解されるからである。

このような考え方からすれば，ビットコインをはじめとする仮想通貨を用いた物品やサービスの購入に関しても消費税が課税されることになる。このことは，仮想通貨の購入及び仮想通貨を用いた物品やサービスの購入という2回のタイミングで課税される可能性があることを示しているといってよかろう[25]。

4．所得税法上の対応

(1) 金銭債権の譲渡損失

それでは，ビットコインの法的性質を上記のように理解した場合，かかる

金銭債権から生じた損失の取扱いはどのようになるのであろうか。

まずは、ビットコインの譲渡から譲渡損失が生じると考えるべきか否かについて考察を加えることとしよう。

所得税基本通達33-1《譲渡所得の基因となる資産の範囲》は、「譲渡所得の基因となる資産とは、法第33条第2項各号に規定する資産及び金銭債権以外の一切の資産をいい、当該資産には、借家権又は行政官庁の許可、認可、割当て等により発生した事実上の権利も含まれる。」とする。金子宏教授は、「金銭債権が事業上生じたものである場合には、それが貸倒れになると、貸倒れ損失として事業経費に算入される（所得税法51条2項）。したがって、それが譲渡され譲渡損が生じた場合も、それを事業損失に算入するのが首尾一貫している。次に、金銭債権が事業上のものでない場合には、それが雑所得の基因となるものであるとき（つまり利息付であるとき）は、それについて生じた損失（貸倒れ等）は、その損失の生じた年度の雑所得の金額を限度として必要経費に算入される（同51条4項）が、それが雑所得の基因となるものでないとき（つまり無利息のとき）は、それについて生じた損失は所得計算上考慮されない。これに対し、それが譲渡された場合に生ずる損失が譲渡損失に該当するとすると、その損失の全額が譲渡所得の計算上控除され、控除し切れない部分は損益通算の対象とされることになり、やはり首尾一貫しない結果が生ずる。いずれにしても、金銭債権を33条1項の資産に含め、その譲渡による損失を譲渡損失として扱うことは合理的でない。」とし、所得税基本通達33-1はそのことを考慮した結果であろうと推測される[26]。もっとも、文理解釈を重視する観点から同通達を眺めれば、解釈論上問題があるといわざるを得ないし、租税法律関係の下で法源性のない通達を法的根拠とすることはできない[27]。

これに対して、所得税法33条《譲渡所得》1項にいう「資産」をキャピタル・ゲインを生ずる資産として捉えようとする考え方がある。この考え方は、

所得税法 33 条がキャピタル・ゲインの清算であることを明確に意識した上で「資産」を捉えるものである。つまり，資産をキャピタル・ゲインを生ずる資産とそれ以外の資産に分けた上で，所得税法 33 条 1 項にいう「資産」とは前者を指すという考え方である。そして，金銭債権の譲渡益はキャピタル・ゲインではなく利息であるとする立場からは，金銭債権は後者に位置付けられることになる[28]。金銭債権からはキャピタル・ゲインが生じないといい得るのであれば，所得税法 33 条 1 項の「資産」から金銭債権を除外することの意味が肯定されよう[29]。

　この点について，国税不服審判所平成 13 年 5 月 24 日裁決（裁決事例集 61 号 246 頁）は，「所得税法第 33 条第 1 項に，譲渡所得とは，資産の譲渡による所得をいう旨規定されており，この譲渡所得に対する課税は，資産それ自体の値上がりによりその資産の所有者に帰属する<u>資産の価値の増加益</u>を所得として，その資産が所有者の支配を離れて他に移転するのを機会に，これを清算して課税しようとする趣旨と解される。この趣旨からすれば，所得税法第 33 条第 1 項に規定する資産とは，譲渡所得の基因となる資産すなわち同条第 2 項各号に規定する資産及び金銭債権以外の資産価値の増加益を生ずべき資産をいい，当該資産には，取引慣行のある借地権又はいわゆる反射権と呼ばれる行政官庁の許可，認可，割当等により発生した事実上の権利など一般にその経済的価値が認められ取引の対象とされるすべての資産が含まれるものと解されている。〔下線筆者〕」とする[30]。

　さらに，名古屋地裁平成 17 年 7 月 27 日判決（判タ 1204 号 136 頁）は，「明文の規定がないにもかかわらず（むしろ，……資産とは，一般にその経済的価値が認められて取引の対象とされ，資産の増加益の発生が見込まれるようなすべてのものと解されている。），およそ金銭債権のすべてを譲渡所得の基因となる資産から除外する見解は，金銭債権の譲渡により生じる利益なるものは，その債権の<u>元本の増加益すなわちキャピタル・ゲインそのものではな</u>

く，期間利益に相当するものであるとの理解に基づいていると考えられる。〔下線筆者〕」と説示している。もっとも，金銭債権を所得税法33条1項の資産から排除するというよりも，金銭債権の譲渡により生ずる利益はキャピタル・ゲインの清算所得たる譲渡所得に当たらないと理解する方が分かりやすいようにも思われる。さればとて，通説も譲渡所得にいう「資産」の概念を固有概念であると解していることからすれば，所得税基本通達33-1のような解釈が成り立たないとはいい切れない。

　しかし，そもそも，金銭債権からはキャピタル・ゲインが生じないという理解は妥当なのであろうか。また，かかる利益，すなわち，金銭債権の譲渡から生ずる利益が「利息」であるとすると，利息とキャピタル・ゲインを画するメルクマールは奈辺にあるのであろうか。この点については，必ずしも明確にされていないのではないかと思われる。例えば，100の債権を30で買い取った者が，かかる債権を40で売却した際の差額10は利息といえるのであろうか。上記の名古屋地裁も，金銭債権の譲渡により生ずる利益が利息としての性質を有する場合があることについては否定できないとしつつ，「現実の経済取引の実態に照らせば，金銭債権の譲渡金額は，むしろ債務者の弁済に対する意思及び能力（に関する客観的評価）によって影響を受けることが多く，これは元本債権そのものの経済的価値の増減（ただし，債権額を上限とする。），すなわちキャピタル・ゲイン（ロス）というべきである」として，利息とみる見解に対しては，「一面的にすぎるとの批判を免れ難く」，所得税基本通達33-1については「合理性には疑問を払拭できない」との判示を下しているのである。

　これまでは，金銭債権からはキャピタル・ゲインが生じないと理解され，所得税法33条はキャピタル・ゲインを生ずる資産の譲渡と解釈されてきたのであるから，かような意味では，所得税基本通達33-1の考え方が同条の解釈として導出されると考えられてきた。かような点からは所得税法33条の解釈

通達において金銭債権による所得を譲渡所得から除外するという解釈論が示されていることに一定の合理性を認めることもできよう。しかしながら，これまで想定してこなかった金銭債権による譲渡益が現出している現在においては，キャピタル・ゲインが金銭債権以外の資産からの所得であることを常素といえたとしても，要素とはいい切れないといえよう。所得税法は，金銭債権からの利益をキャピタル・ゲインによるものではないという理解をし，同法33条1項から除外することによって，結果として（そのように考慮してそうしていたとはいえ），金銭債権からの譲渡損失を同法51条《資産損失の必要経費算入》の貸倒れのルールにおいて処理するという取扱いを行ってきた。金銭債権の譲渡益からキャピタル・ゲインが生じ得るということを考えると，もはや所得税法33条の従来の解釈論によって金銭債権を譲渡所得の基因となる資産から除外するというのは困難ではなかろうか[31]。

もっとも，現在，通説の採用する解釈論は，上記のとおり所得税基本通達33-1の考え方に従っているのであるから，それによればビットコインの譲渡による譲渡損失を観念することには消極的となろう。

(2) 雑損控除の適用
1) 所得税法72条にいう「資産」該当性

例えば，マウントゴックス事件などのように，ビットコインが消失したような場合はどのように考えるべきであろうか。

一部報道によると，同社の社長による横領が発端であったとされているが，ここでは，かかる事件の真相を解明することが目的ではない。

所得税法72条《雑損控除》は，居住者又はその者と生計を一にする配偶者その他の親族で政令で定めるものの有する資産について災害又は盗難若しくは横領による損失が生じた場合（その災害又は盗難若しくは横領に関連してその居住者が政令で定めるやむを得ない支出をした場合を含む。）において，

その年における当該損失の金額のうち一定の金額を，その居住者のその年分の総所得金額，退職所得金額又は山林所得金額から控除すると規定する。同条の規定による雑損控除の適用は，その要件として，その損失が，「災害又は盗難若しくは横領」によるものである必要がある。仮に，ビットコインなどの仮想通貨の交換所において盗難や横領により損失が生じたのであれば，同法72条の適用があるとみるべきであるように思われる。もっとも，かかる損失が，「災害又は盗難若しくは横領」によるものであったとしても，かかる損失の対象となる資産が，同法62条《生活に通常必要でない資産の災害による損失》1項に規定する「生活に通常必要でない資産」に該当しないことが要件とされているので，この点についても考えなければなるまい。

　ところで，所得税法72条にいう「資産」が同法33条1項にいう「資産」と同義であるとすれば，居住者の有する「金銭債権」についての損失は雑損控除の対象とはならなくなる。しかしながら，同法33条1項にいう「資産」から金銭債権が除外されているのは，前述のとおり，金銭債権がキャピタル・ゲインを生じない資産であると解されているからである。すなわち，譲渡所得課税に特有の理由で，「資産」概念が縮小解釈されているのである。これに対して，所得控除である同法72条の雑損控除は，納税者の担税力の減殺要因に対する配慮がその趣旨であるから，同法33条の縮小解釈が雑損控除の対象となる資産の解釈にまで及ぶとは考えづらい。この点，同じ法律内における同一の概念を条文ごとに別異に解することについては，租税法律主義が要請する法的安定性を著しく阻害し，予測可能性を担保できないという反論も想定されるところではあるものの，縮小解釈という目的論的解釈はあくまでも法条の趣旨に合致させるべく許容される解釈論であるから，金銭債権に雑損控除が適用されることが同法72条の趣旨に悖るという理論を導出できない限り，同条にいう「資産」から金銭債権を除外するという縮小解釈は妥当しないと解される。むしろ，目的論的解釈という文脈で同条を解釈するとすれば，

金銭債権に係る損失であったとしても，担税力を減殺していることは他の資産に係る損失と同様であるから，雑損控除の適用がなされるべきという結論の方が座りがよいことになろう。

すると，雑損控除の適用において残された問題は，ビットコインをはじめとする仮想通貨が所得税法62条にいう「生活に通常必要でない資産」に該当するか否かという点に尽きることになる。

2）所得税法62条にいう「生活に通常必要でない資産」非該当性

所得税法62条は，「生活に通常必要でない資産」の範囲を政令に委任している。

それを受けて，所得税法施行令178条《生活に通常必要でない資産の災害による損失額の計算等》1項は，①競走馬その他射こう的行為の手段となる動産（1号），②通常自己及び自己と生計を一にする親族が居住の用に供しない家屋で主として趣味，娯楽又は保養の用に供する目的で所有するものその他主として趣味，娯楽，保養又は鑑賞の目的で所有する資産（①又は③に掲げる動産を除く。）（2号），③生活の用に供する動産で所得税法施行令25条《譲渡所得について非課税とされる生活用動産の範囲》の規定に該当しないもの（3号）を，「生活に通常必要でない資産」と規定する。

ここで問題とされ得るのは，ビットコインをはじめとする仮想通貨が，①の射こう的行為の手段となる動産か否か，②趣味，娯楽，保養又は鑑賞の目的で所有する資産か否か，③生活の用に供する動産で生活に通常必要な動産に該当しないものか否か，という点である。

3）カジノチップ事件

参考となる事例として，いわゆるカジノチップ事件大阪高裁平成8年11月8日判決（行裁例集47巻11＝12号1117頁）[32]がある[33]。

同高裁は，「本件チップはマカオの賭博場のものであり，同賭博場で賭博の点数取りのために用いられる札であるから，『射こう的行為の手段となる動

産』であることは明らかである。すなわち，右法令にいわゆる『射こう的行為の手段となる動産』に該当するか否かは当該動産の性質から客観的に判断すべきものであって，その動産の帰属者がそれを保有するにいたった目的やその保有・使用状況等の主観的要素を加えて判定すべきものではないというべきところ，本件チップの客観的性質からすれば，それが賭博の手段となる動産であることは明らかである。」として，課税庁側の主張を容認した。

「生活に通常必要でない資産」を損益通算の対象から除外する理由は，①「射こう的行為」や「趣味，娯楽，保養又は鑑賞」に不当な利益を与えないようにすること，②その損失は，所得の処分にすぎないこと，③その利益の捕捉が困難で，損益通算を認めれば，損失のみを容認する結果となるおそれがあることに求められる[34]。

ここでは，「射こう的行為の手段となる動産」該当性について，もっぱら主観的観点からの判断によることになるのかどうかが問題とされる。主観的観点からではなく，その動産の性質から客観的に判断すべきとするのが上記大阪高裁判決の立場である。もっとも，客観的観点からの観察によるといっても，保有目的などを客観的な見地から判断するという意味ではなく，資産の性質からみて客観的に判断すべきとしているのである。このような判断がなされるのは，所得税法施行令178条1項1号の規定振りと関係があると思われる。すなわち，同号は，「射こう的行為の手段となる動産」と規定しており，同条項2号にいう「趣味，娯楽，保養又は鑑賞の目的で所有する資産」というのとは規定振りを異にしている。つまり，どのような目的で保有しているかという点を2号資産が問題視しているのに対して，1号資産はいかなる性質の動産であるかという点のみしか問題としていないのである。したがって，例えば，東京地裁平成10年2月24日判決（判タ1004号142頁）が，所得税法施行令178条1項2号の主たる所有目的の認定に当たって，所有者の主観的な意思を最優先すべきであるとの趣旨の原告の主張に対して，「個人

の主観的な意思は外部からは容易には知り難いものであるから，一般論として，租税法上の要件事実の認定に当たり，客観的事実を軽視し，個人の主観的な意思を重視することは，税負担の公平と租税の適正な賦課徴収を実現する上で問題があり，適当でないというべきである。……法施行令178条1項2号の要件該当性を判断する上でも，当該不動産の性質及び状況，所有者が当該不動産を取得するに至った経緯，当該不動産より所有者が受け又は受けることができた利益及び所有者が負担した支出ないし負担の性質，内容，程度等の諸般の事情を総合的に考慮し，客観的にその主たる所有目的を認定するのが相当である。」(仙台高裁平成13年4月24日判決（税資250号順号8884）も同旨）としているのとは性質を異にしている。なお，カジノチップが現金代わりに通用するとしても，賭博場のチップである限り，「射こう的行為の手段となる動産」には変わりないとみるべきであろう。

　すると，仮に，仮想通貨がゲームコインとしての性質を有する場合には，かかるコインの性質論が「生活に通常必要でない資産」該当性の問題として浮上してくるといってもよいと思われる。本稿においては，考察対象をビットコインに限定しているが，世界における仮想通貨の種類は少なく見積もって500を下らないともいわれている。さすれば，射こう的行為に供することが主たる目的ではないとしても，上記に取り上げたカジノチップ事件のように客観的性質として射こう的性質が認められれば，それは生活に通常必要でない資産（所令178①一）に該当するということになり得るのである。

　もっとも，ここで，上記大阪高裁が「チップを現金と同じように受け入れるかどうかは，個々の店舗等の自由であって強制通用力があるわけではなく，法律上も領収書にカジノ・チップによる支払を受けた旨記載することは禁じられている。」とし，「マカオにおいて本件チップが通貨もしくはこれに準ずるものとして通用しているものと認めることは困難であり，したがって，その性質を客観的に判断すれば，本来の用法である賭博の点数取りのための札

にとどまるものと認めるのが相当である。」と追加説示を行っている点を看過することはできない。すなわち，支払決済手段としての強制通用力[35]を有しているか否かという点も重要な論点になり得るということであり，支払決済手段としての性質を有する仮想通貨の性質論に，当該カジノチップの議論を直接当てはめることは妥当ではなかろう。

なお，所得税法施行令178条1項2号の趣味，娯楽等の保有目的資産という観点でも，上記の視角が重要性を有するのはいうまでもない。

5．結びに代えて

様々な時間的空間的制約が取り除かれ，過剰流通性を保ったままでグローバルな金融取引の中心が仮想空間に移っていくのかもしれないが[36]，そのような社会的変容を眼前にして，租税法がかかる変容に極端に後れをとることによって，足枷となるようなことがあってはならないと考える。

そのためにも，社会の変容に後れをとらず，租税法上の取扱いの如何を明らかにすべき責務が租税行政には課されているといえよう。

［追記］本稿脱稿後に以下のような情報に接した。
フィンテック株式会社は，平成29年8月25日付けで，「株式会社ビットフライヤーでのビットコイン盗難事件について」という文書を発表している。その中で，同社は，「弊社は仮想通貨取引の業界団体である一般社団法人日本仮想通貨事業者協会（http://cryptocurrency-association.org/）の正会員であり，改正資金決済法のみなし業者として仮想通貨取引所 Super bit brothers（http://www.s-bitcoin.com/）を運営しておりました。さて，平成29年4月24日に弊社のビットコインの売買及び保管先として利用している仮想通貨取引所の一つである株式会社ビットフライヤー……の弊社口座内にて顧客資産を含むビットコインと預入金合わせて6300万円相当の盗難（以下「本件盗難事件」といいます。）が発生しました。……現在は本件盗難事件の

影響により営業を停止しておりますが被害回復後に登録申請の予定です。」とアナウンスしている。本稿の主題（仮想通貨から生じる損失に対する雑損控除の適用可能性）はかような問題に直接に接続するものである。

1) 2016年4月27日の第190回国会衆議院財務金融委員会において，麻生財務大臣は，「マウントゴックスという話でのスタートが何となくイメージが悪くなっちゃっているのが残念なところではあろうかと思いますけれども，ビットコインというようないわゆる仮想通貨と言われるものについては，現行の消費税法からいきますと，これは，非課税として限定列挙されております支払い手段というものは，御存じのように法定通貨とか小切手とか，そういったような物品切手に該当しませんので，課税対象になるということになるんだと思っております。」と答弁している。この考え方が政府の代表的な見解であるといえよう。
2) その背景には金融庁の税制改正要望があったと思われる。金融庁は，平成29年（2017年）度税制改正要望として，「支払・決済手段としての機能を事実として有する仮想通貨について，外為法上の支払手段等との比較や国際的な課税上の取扱いの状況等を踏まえ，消費税の取扱いを整理」すべしとする要望を提出していた。

そこでの政策目的は，「取引の対価の決済手段として利用される外為法上の支払手段や資金決済法上の前払式支払手段等の譲渡が消費税法上の非課税取引とされている点等を踏まえ，同様の機能を事実として有する仮想通貨の取扱いについての整理が行われることにより，仮想通貨に係る取引の消費課税関係の明確化を図る。」ことにある。また，かかる施策の必要性として次のように論じている。すなわち，「仮想通貨」については，現行の消費税法上，非課税対象取引と規定されていないところ（消費課税の対象），単に取引の対価の決済手段として利用される外為法上の支払手段（銀行券や小切手等）や資金決済法上の前払式支払手段（プリペイドカードなど）等の譲渡は，非課税対象取引とされている点や，欧州（EU）や米国（ニューヨーク州）においても，仮想通貨の譲渡に係る消費税は非課税とされているという点を踏まえて，「今般，『仮想通貨』が支払・決済手段としての機能を事実として有することに鑑み，資金決済法等を改正し，仮想通貨交換業者に対するマネロン・テロ資金供与規制及び利用者保護の観点からの規制」が整備される中にあって，「外為法上の支払手段等との比較や国際的な課税上の取扱いの状況等を踏まえ，仮想通貨に係る消費税の取扱いについて整理・明確化される必要がある」というのである。
3) スウェーデン・クローナとビットコインとの交換取引に係るVAT上の取扱いにつ

いて，欧州司法裁判所は，かかる取引が supply of service for consideration に該当するとし，VAT Directive135 条 1 項の非課税取引であると判断した（Skatteverket v. David Hedqvist, Case C-264/14. 我が国では，この Hedqvist 判決についての研究も進み（吉村典久「通貨と租税」金子宏監修『現代租税法講座〔第 2 巻〕家族・社会』324 頁（日本評論社 2017），浅妻章如「価値尺度と租税法」林康史編『貨幣と通貨の法文化』83 頁（国際書院 2016），畠山久志「仮想通貨と法的規制──ビットコインは通貨革命の旗手足りうるか」林・前掲書 49 頁，野一色直人「仮想通貨の取引に係る消費税法上の非課税措置の意義と課題」税研 194 号 31 頁など），消費税法上の議論として注目されている。）。

4) 2014 年 2 月 28 日付日本経済新聞。
5) MTGOX 社はビットコイン取引仲介会社の大手で，利用者の口座は国内外で 110 万を超えている。同社の顧客は 12 万 7,000 人に上るがその大半は外国人で，日本人は全体の 1％未満で 1,000 人程度といわれている。
6) 仮想通貨がいかなるものかという論点は，所得税法や法人税法といった所得課税法上，特にその損失の取扱いにおいて大きな影響を及ぼすと思われる。もっとも，法人税法上，事業取引に係る損失の取扱いは企業会計に準拠している以上，企業会計上の処理において，仮想通貨から生じる損失を損失計上できないとするルールは想定しづらいので特段の問題はなさそうであるが，所得税法においては，損失の取扱いが極めて独特であり，必ずしも控除の対象として扱うことができるか否かについては判然としないところがある。
7) 法的性質論については，例えば，片岡義広「ビットコイン等のいわゆる仮想通貨に関する法的諸問題についての試論」金法 1998 号 44 頁。
8) 中本哲史氏が 2008 年に発表した論文「Bitcoin: A Peer-to-Peer Electronic Cash System」を基に，全世界の数百名のプログラマによって共同で開発され，2009 年に完成した仮想通貨システムである。
9) プルーフ・オブ・ワークとは，各取引を認証するために算出しなければならないデータ又はそのようなシステムのことをいう。ここでは，ハッシュ関数が使われる。
10) 矢作大祐「仮想通貨は経済・金融システムをどのように変えるのか」大和総研調査季報 23 号 28 頁。
11) ここにいう「ノード」とは，ビットコインでは，「採掘（mining：マイニング）」を行っている PC やサーバ，専用マシンなどを指す。
12) データをハッシュ化しタイムスタンプに組み込むことにより，そのデータがその時点で存在したことを明確に証明する。また，タイムスタンプは，一つ前の段階のタイムスタンプをハッシュ化したものを組み込み，チェーンを作る。そのため，

タイムスタンプが後方に連なるに従って，信頼性が増していくことになる。
13) ハッシュ化とは，数値や文字列を「暗号学的ハッシュ関数」に通すことを意味する。暗号学的ハッシュ関数とは，「xが分かればf(x)は簡単に求められるが，yが分かってもf(x)=yとなるxを求めるのは非常に難しい」ような関数fをいう。ビットコインでは主にSHA-256という関数を使用する。
14) 山崎重一郎「仮想通貨に技術的飛躍をもたらしたブロック・チェーン技術」国立情報学研究所ニュース69号6頁。
15) P2P型とは，ネットワーク上で対等な関係にある端末間を相互に直接接続し，データを送受信する通信方式のことをいう。
16) この点に関しては，仮想通貨の有する匿名性や，取引が銀行といった第三者を仲介せずに行われること，クロスボーダーでの取引が容易であること等から，潜在的に脱税が行われ得ることが考えられる。各国における租税行政当局間の連携によって，取扱いのハーモナイゼーションなどについての積極的議論がなされる必要があろう。
17) 矢作・前掲（注10），35頁。
18) *See*, IMF "Virtual Currencies and Beyond : Initial Considerations," International Monetary Fund Discussion Note, pp.27, January 2016, FATF "Guidance for a Risk-based Approach : Virtual Currencies," pp.33, June 2015.
19) 反マネーロンダリング（AML）について，OECDのFATF（Financial Action Task Force：金融活動作業部会）は，「Virtual Currencies Key Definitions and Potential AML/CFT Risks」において，法定通貨又は他の仮想通貨と交換が可能な仮想通貨について，匿名性の高さ等に鑑み，マネーロンダリングやテロ資金供与に利用されるリスクを指摘している。そこでは，コスタリカの資金移動業者が仮想通貨を用いた匿名性の高いマネーロンダリングの手段を提供していたとされる事件である，インターネット通貨決済サービスのリバティリザーブ（Liberty Reserve）事件など，実際に仮想通貨がマネーロンダリングに利用されたケースなどが報告されている。また，同報告書では，仮想通貨と法定通貨を交換する交換所に対する登録ないし免許制の提案や，顧客の本人確認や疑わしい取引の届出，記録保存の義務等のマネーロンダリングや資金供与規制の提案を行っている。主要国のうち，米国，ドイツ，フランス，中国は，既存のマネーロンダリング及びテロ資金供与規制の枠組みを拡大する形で，仮想通貨の取引所も規制の対象とするような対応を取っている。日本においても2015年7月，金融審議会の中に「決済業務等の高度化に関するワーキング・グループ」（座長：森下哲朗教授）が立ち上げられ，同年12月22日に報告書「決済業務等の高度化に関するワーキング・グループ報告

――決済高度化に向けた戦略的取組み」が公表された。同報告書に基づき，2016年3月には，仮想通貨の取引所に登録制を導入すること，取引所に対してマネーロンダリング及びテロ資金供与規制や利用者保護に関する義務を課すこと等を内容とした銀行法，資金決済法の改正法案が国会に提出され，同年5月25日に可決，成立となった。

20) マネーロンダリング防止策としてのKYC（know Your Customer）の原則や報告義務，ニューヨーク州のBitLicenseについては，Arvind, Joseph, Edward, Andrew, and Steven: *Bitcoin and Cryptocurrency Technologies, A Comprehensive Introduction.* Princeton Univ., 2016〔長尾高弘訳〕『仮想通貨の教科書』310頁（日経BP 2016）参照。*See*, also, Brito, Jerry, and Andrea Castillo, *Bitcoin: A Primer for Policymakers*. Fairfax, VA: Mercatus Center at George Mason Univ., 2013, Popper, Nathaniel, *Digital Goid: Bitcoin and the Inside Story of the Misfits and Millionaires Trying to Reinent Money*. New York Harper, 2015.

21) そのほか，原告が被告に対しビットコインの取戻権を行使し得るか否かも争点とされているが，割愛する。判例評釈として，鈴木尊明・速報判例解説19号〔法セ増刊〕59頁参照。

22) 排他的支配可能性は，海洋や天体等を排除するための理論であるとして，この説示に疑問を寄せる見解として，鈴木尊明・新判例解説Watch〔TKCローライブラリー民法（財産法）〕107号3頁。

23) 自民党IT戦略特命委員会「ビットコインをはじめとする『価値記録』への対応に関する【中間報告】」は，「これまで『仮想通貨』，『暗号通貨』と呼ばれていたものを，通貨でもなく物でもない，『価値記録』として新たな分類に属するもの」と定義している（同報告書3頁）。

24) 土屋雅一「ビットコインと税務」税大ジャーナル23号75頁。なお，同稿はモノとして整理している。これが民法上の「物」を指すものとは思えないが，本稿では金銭債権性を中心に議論を展開する。

25) 欧州においては，欧州司法裁判所が仮想通貨の売買を付加価値税の対象外と判断したことから，今後は仮想通貨を用いて物品・サービスを購入する際に課税されるような法制度が整備されていくものと考えられる。同一国家内の当局間で対応が異なるケースもある。米国を例に挙げれば，米国CFTC（Commodity Futures Trading Commission：商品先物取引委員会）は仮想通貨建てのオプションをコモディティと認識し，その取引サービスを提供する米国の仮想通貨の取引所に対してCFTCへの登録を要求している。また，米国SEC（Securities and Exchange Commission：証券取引委員会）はマイニング（取引の整合性を確認し，記録する

の報酬として得られる仮想通貨に紐づいた契約書を有価証券とみなし，その有価証券を提供するマイナーが詐欺行為を働いたとして告訴した。さらには，NYSDF (New York State Department of Financial Services：ニューヨーク州金融監督局) は，ニューヨークで仮想通貨に関するビジネスを行う企業に対して，NYSDFへの登録を要求している。米国における仮想通貨に対するまちまちな対応は，監督当局の分権化構造が原因の一つとして考えられるものの，コモディティや有価証券など様々な規制対象に含まれ得る仮想通貨の拡張性も影響しているといえよう。以上のように，仮想通貨が提起した課題に対して各国当局や国際機関は法制度の整備を進めてはいるが，十分に煮詰まってはいないといえそうである。この辺りの整理は，矢作・前掲（注10），38頁参照。

26) 金子宏「所得税とキャピタル・ゲイン」同『課税単位及び譲渡所得の研究』100頁以下（有斐閣 1996）。
27) 当然ながら通達には原則として法源性が認められない（酒井克彦『アクセス税務通達の読み方』56頁（第一法規 2016））。
28) 今村隆ほか『課税訴訟の理論と実務』240頁以下（税務経理協会 1998）。
29) 酒井克彦『所得税法の論点研究』178頁（財経詳報社 2011）。
30) この事例は，所得税法33条1項にいう「資産」の意義を縮小解釈して，金銭債権を除くとの解釈を導出し，結果として破たんしたゴルフ場に係るゴルフ会員権の譲渡損失を認めなかった事例である（酒井克彦『レクチャー租税法解釈入門』76頁（弘文堂 2015）。また，かかる考え方が妥当するのであれば，立法的に解決すべきであると思われる（金子宏教授は，「この取扱いが，法の明文の規定をまたず33条の趣旨解釈として出てくるかどうかについては，問題が残る」とされる（金子・前掲（注26），101頁））。
31) 金銭債権の譲渡による債権額以上の利益があった場合については，明確にされていないとの指摘もある（岡村忠生ほか『ベーシック税法』145頁（有斐閣 2013））。
32) この事件は，原告（被控訴人）が，マカオより香港に入るための通関手続を済ませ，靴の修理屋で靴の修理を頼んでいる際，ボストンバッグの中に入れてあったカジノチップをバッグごと盗難されたことに伴う雑損控除の適用が争点とされた事例である。本件カジノチップは，マカオの賭博場のものであり，同賭博場で賭博の用に供されるものであるが，賭博場以外においても換金性を有し，一般的に現金代わりに通用するものでもあった。原告がかかる損失を雑損控除として申告したところ，税務署長（被告・控訴人）はこれを否認して更正処分を行ったため，原告はこれを不服として提訴したという事例である。判例評釈として，山田二郎・平成元年度主要民事判例解説〔判タ臨増〕350頁，高野幸大・ジュリ943号120頁，

酒井克彦『ブラッシュアップ租税法』184頁（財経詳報社2011）など参照。
33) 第一審京都地裁平成8年1月19日判決（行裁例集47巻11＝12号1125頁）は，「令178条1項1号所定の『射こう的行為の手段となる動産』に該当するかどうかは，生活に通常必要でない資産であるかどうかに照らして判断すべきものであるが，この見地からすると，右『射こう的行為の手段となる動産』とは，専ら射こう的行為の手段となる動産であることが必要であり，そして，右『射こう的行為の手段となる動産』に該当するかどうかの判断にあたっては，対象となる資産の性質，右資産を保有するに至った目的及びその保有・使用状況等を総合的に考慮すべきものと解するのが相当である。」とした上で，「本件チップの性質，流通状況，原告の保有の意図・目的，使用状況等を総合考慮すると，本件チップは，専ら賭博の用のみに供されるものとは認められずしたがって，令178条1項1号所定の『射こう的行為の手段となる動産』に該当すると認めることはできないものといわなければならない。」として原告の主張を容認した。
34) 柿谷昭男「所得税法の一部改正について」税弘12巻6号28頁も参照。
35) 柏木亮二「仮想通貨の未来」日経ビジネス1893号78頁は，仮想通貨がすでに支払決済手段として日常化しつつある点を指摘する。なお，特定銀行内の仮想通貨やゲーム内通貨に関する支払決済手段性には疑問も惹起され得る（片岡義広「仮想通貨の規制法と法的課題（上）」NBL 1076号59頁，本多正樹「仮想通貨に関する規制・監督について──改正資金決済法を中心に」金法2047号33頁）。
36) 羽田昭裕「金融と情報，そして仮想通貨」国立情報学研究所ニュース69号6頁。

第7章　リーガルサービスのグローバル化と弁護士法

ドイツにおける勤務弁護士とそれを取り巻く環境
―― 弁護士の独立性の一断面 ――

森　　　　勇

1. はじめに

　2015年12月17日の改正により，ドイツ連邦弁護士法(Bundesrechtsanwaltsordnung = BRAO, 以下 連邦弁護士法)に「勤務弁護士（Angestellte Anwälte)」という文言がはじめて登場した。それは，いってみれば企業等私的な団体に[1]雇用されている「団体内弁護士（Syndikus = Syndikusanwalt)」の[2]規律をせまられた立法者が[3]，そのこと自体学説判例がこぞって弁護士としての資格（責務）に何ら問題を生じさせないし[4]，そもそも弁護士法自体にもこれを前提とする規定（連邦弁護士法59条b2項8号）が以前からおかれている，雇用者が弁護士である場合と，少なくともドイツでは勤務先団体との関係では弁護士ではないとされてきた団体内弁護士の規律を，まずは明確に区別しておこうとしたものである。すなわち，従前の46条の規律は[5]，後者をイメージさせるものとなっていたが，前者については雇用者となれる範囲をどこまでとするかについては別に，特に法律をもって規定する必要はない。これに対し団体内弁護士については，その活動を大きく制限するものになることから，重要事項理論（Wesentlichkeitstheorie＝政令等へ委任する場合，規律の重要な点は法律で規定すべきだという原則）のもと，その要件・権限を法律上明確にしなくてはならない。そこで，両者を「雇用されている（Angestellte)」

でくくり[6]，雇用主体が誰かによりこれを二つ，つまり弁護士と同様の職業上の義務に服するいわゆる「士業」が雇用者になる者とそれ以外に分類して，後者を団体内弁護士と法律上カテゴライズし，その規律の基本的な部分を法律でさだめるという立て付けをしたのであった。

ドイツ弁護士法新46条1項は，団体内弁護士以外の勤務弁護士（以下「勤務弁護士」という表記は，特に修飾語等のないときは，これをさす。）について次のように規定する。すなわち，

「弁護士は，弁護士，弁理士あるいは弁護士事業協同体ないし弁理士事業共同体として活動している者の被傭者としてその職業を行うことができる。」[7]

弁護士が弁護士ないしはそれと同じ義務を負う者に雇用されることは，例えば守秘義務についてみれば問題はない。この義務が重なり合うことから，守秘義務の制度趣旨は確保される。問題は，その独立性（非自由属性）(Unabhängigkeit)である。そしてこの点は，実は問題とされ続け，勤務先団体との関係では，その雇用先団体のための活動は，いわゆる二重職業理論(Dopellberufstheoie)[8]の下弁護士としてのものではないとされてきた団体内弁護士と何ら変わらない。

わが国では勤務弁護士について特段の規定はおかれていないが，ドイツでは，第二次世界大戦以降この問題に目が向けられた。弁護士の独立性という観点をふまえ，その弁護士の地位にふさわしい雇用環境を求める規定が，かつての弁護士倫理要綱で定められ，現行の弁護士職業規則に引き継がれている。どのようなことが勤務弁護士そしてそれと同じ問題をかかえるフリーランスの雇用環境について問題とされているのか，これが本稿の課題である。まずはその前に，弁護士の独立とは何かをみていこう。

2．弁護士の独立性とは

(1) その展開

　現在では，連邦弁護士法1条が，「弁護士は法的紛争処理機構を構成する独立の一機関である。」と規定し，また，同3条1項は，「弁護士は……独立の助言者および代理人である。」と規定し「弁護士の独立性」を高らかに宣言し，これを受けて同43条a1項は，弁護士は，「職業の独立性を損なうおそれがあるいかなる義務も，これを引き受けてはならない」とし，加えて，同7条8号および8条2項8号は，「法的紛争処理機構を構成する独立の一機関であることと相容れず，あるいはその独立性に対する信頼を損なうおそれがある活動」に従事している者は弁護士としての認可を受けられず，他方，同弁護士が上記のような活動をする場合（していたことが判明した場合）には，認可を取り消しあるいは撤回すべしと定めている。興味深いのは，この弁護士の独立という，今ではいささかの疑問も差し挟まれることのない弁護士の本質をさすこの文言が，ドイツの弁護士法にいつ登場したかである。まずはこれをみておこう。

　それまでは各邦にゆだねられていた弁護士に関するドイツ全土統一の弁護士法が成立したのは，1878年であるが，そこには，弁護士の独立という文言はみられなかった。このことは，グナイストの「自由な弁護士」というアピールに応えて，弁護士を国家司法への従属から解放したのが1878年弁護士法であるということにてらせば納得がいく。市民に寄り添いその権利確保を擁護する弁護士が，国家司法の従者であってはならない。一言でいえば，これがグナイストの求めたところであり，「国家からの自由」の獲得こそがその主眼だったからである。この観点からすれば，自由と国家からの「独立性（非従属性）」(Staatsunabhängigkeit) は，メダルの両面であり，独立性という文

言をいうことそれ自体に特別の意味はない。「独立の意味するところは自由である」と[9]いわれるのは，少なくともこの局面だけをとらえるなら，正鵠をえている。そしてまた，1930年に出版されたフリードレンダー兄弟（Adolf u. Max Friedlaender）によるドイツではじめての弁護士法のコメンタールの[10]第3版が刊行されるが，この第3版の索引にも弁護士の「独立性」という項目はみあたらない。

とはいっても，弁護士の独立性（非従属性）が，国家以外によっても侵される可能性があることは，20世紀の初頭になると徐々に認識されてきた。独立性に影響をもたらす可能性があるファクターとして最初に取り上げられたのが事務所職員であり，ついで第一次世界大戦の後になると組織内弁護士が，そして，最後には依頼者とはどうかが問われることになった。

こうした中，1929年の弁護士倫理要綱[11]は，その63号において，弁護士はその事務所職員との関係においては「完全に自由」でなくてはならないと規定し，続いてその15号では，——これはあまりにも生活感覚から乖離しているが——「弁護士は，その職業の独立性に関し，自由な弁護士が受任関係にある際に受ける以上の制約に服さない場合のみ」依頼者と雇用関係を結ぶことが許されると規定した。そしてまた，その36号においては，依頼者との関係について，弁護士は「いかなる状況にあろうとも，その職業実践の独立を確保」しなくてはならないと定められていたのである。

この弁護士の「独立性」という言葉がドイツの弁護士法に登場するのは，皮肉にも，ナチスがその政権掌握後に悪名高い授権法に基づいて制定した，1935年（12月13日）の「帝国弁護士法（Reichsanwaltsordnung）」だったというのは，すくなからず驚きといって差し支えあるまい。同弁護士法はその序文に[12]おいて，弁護士は「すべての法的事件の独立の助言者であり代理人である」と謳ったのであった。もちろん，この独立性という概念は，当時にあっては，ナチスの世界観がいう良心に対しする究極の責任なるものに堕落

を余儀なくされてはいたことは指摘しておく必要があろう。とはいえ、この独立性という概念が用いられたことは、すべての人に対する独立性というものが、弁護士の職業実践の基本的な前提であったことを示していると評価してよさそうである。主には弁護士サイドの意見がまとまらなかったことでドイツ連邦共和国が成立した1949年から実に10年近くもの年月を経て1959年（8月1日）に成立した現在の連邦弁護士法の[13]3条1項は、その内容に手を加えることなくこれを引き継いだのも、こうした理解を前提としたものとみてよかろう。

(2) 懲戒規範としての独立性

それでは、弁護士の「マグナカルタ」[14]とさえいわれている弁護士の独立性とは、一般的には何を意味するのか。実のところ、その答えはかなり難しそうである。まずもって、独立性が、一義的には弁護士のいわば「立ち位置」、「心構え」ないしは「心構え（心意気）」の（あるいはそれだけの）問題であることはおよそ異論を唱えようのないところであろう。そして、現実的には、今日の分業を前提としそしてもはや自給自足とは無縁の現代社会では、完全な独立性など、夢のまた夢でしかない。であるとすると、ここで法が求めている独立性というは、一定の依存性を許容したものでなくてはならないし、それを前提としたものと考えざるをえない。ということで、学説では単に、独立性とは自由を意味する、あるいは自由と同義であるとしたり、国家からの自由と同義といってもよい国家からの独立のみを取り上げるにとどめるものもあれば、さらには、依頼者からの独立を一つの要素としてカウントするものもあるが、いずれにしても抽象的で、それではどこからが独立性が欠如したとされるのかその限界はみえない。この事情は、弁護士の独立性がその職業像にとって持つ意味に大きな注目をはらってきた連邦憲法裁判所の裁判例も同様のようである[15]。ともかくも、弁護士の独立性は、弁護士の職業実

践にとって非常に大きな意味があることは,はっきりしてはいるものの,それが何を意味しているのかとなると,かなりあやふやだということは,彼我の如何に関わらないようである。

(3) 独立性と懲戒

弁護士の独立性が,いわばアピールあるいはスローガン,きつくいうなら「お題目」とならざるをえない宿命のもとにあるといっても,はたしてそれが弁護士の職業上の義務であり,したがって懲戒(懲罰)事由の一つとなるのか。わが国では当然のこととしているようであるが[16],ドイツにおいては,1994年の大改正以前にあっては,この点に争いがあった。そもそものところ,一種スローガンであり,その内容が不明確であることからして,この方がむしろ当然であろう。しかし1994年の立法者は,弁護士の基本的義務を定めるにあたり,弁護士の独立性を弁護士の基本的義務と明記した。これが先にあげた連邦弁護士法43条a1項である。そしてこれに加え,立法者は,弁護士の基本的義務等について弁護士の代表からなる規約委員会が規約(弁護士規則)をもってその詳細を定めることとしたが,その授権事項の一つに,「独立性の確保」をあげたのである(連邦弁護士法49条b2項b))。もっとも,その内容の曖昧性がこれで除去されることにはならなかった。規約委員会は,独立性については,職業規則1条3項において単に「弁護士は,独立した助言者および代理人として……」と連邦弁護士法3条1項をほぼ鸚鵡返ししただけで,それ以外には,間接的に独立性に関わる規定を設けるに止まっている。できなかったといった方がよいかもしれない。そもそも内面的な立ち位置の問題といってよい独立性を,外側から計ることができる信頼性が有りかつまた一般化が可能で,しかも大方の弁護士からの承認をえられる基準を定立するのは至難である。

というわけで,義務と明記されたとしても,問題は実は残されたままとな

っている。この点に関し，Hensslerは，次のように述べる。すなわち，

「連邦弁護士法43条a1項は，機会均等・武器平等をつうじ，法的紛争処理機構の機能性を確保するためのものであることから，強行法規である。
　もっとも，この規定の目的が達成されるかは，受容してよい義務と弁護士の独立という利益の点から受忍できない義務との間の区別がはっきりしていないことにてらすと，疑わしい。例えば，弁護士が弁護士による弁護士の雇用は，それが独立性と相容れないことがはっきりしているにもかかわらず，以前からよしとされてきた。主として単一の大規模依頼者のために活動している独立の弁護士と勤務弁護士は類似しているといえるかもしれない。しかし，もし勤務弁護士の依存性と独立した弁護士の依存性を同じレベルでとらえるとしたら，それはパートナー社団法1条2項にあげられている自由な職業というその本質を否定するものである。しょせん経済的な依存性は職業法では捕捉できないという議論をもって，弁護士の独立性とその自己責任性（自分が法律事務処理の責任をとること＝自分の責任で法律事務を処理すること）をさらにより広く限定していくことを認めるのであれば，それは，弁護士共通の当然の理解に属する独立性の原則からそれを守る法的な外殻を奪うこととなる。独立性を損なう恐れのある義務を引き受けてはならないという禁止事項は，それが懲戒規範としては機能せず，ついには何らの拘束力もないアピールに堕してしまう。このような輪郭のはっきりしない職業上の独立性の有り様から，それはもはや国家のみに向けられた機能しか持たず，民事法の領域では何ら重要ではないという結論を引き出す者もいる。これはしかし，現行法に反している。現行法は，学説上ほぼ異論なくそしてまた判例となっている見解に合わせて，弁護士の自治をおかす恐れのあるあらゆる義務が本項の対象になるとし，国家機関に対する義務のみ

が対象となるとは決してしてはいない。法的拘束力はないものの，CCBEの2.1号は，このことをまごうことなき明確性を持って表現している。今日弁護士の自由は，国家からの影響よりも，経済的理由から依頼者との関係でもたらされる依存性によって危険にさらされているのである。

……連邦弁護士法43条a1項から，いうまでもなくすべての国民がしたがうべき，法律と法に違反する義務を負ってはならないということ以上のものを，実際のところもはや導き出すことができないとしたなら，弁護士は独立しているのだという宣言は，法の現実ではかなり前から存在していない弁護士の法的地位への単なる誓いとなってしまおう。職業倫理上の「内的な」独立性は，これによりいささかも変わることはないと期待するのは，非現実的である。「独立性」を弁護士なるものの自身の人生についての錯覚に変容させてしまうことは，心穏やかならしめる先の見通しでは決してあるまい。

見落としてならないのは，義務からの自由を法律あるいは規約（つまりは弁護士職業規則）によってかなり詳しく具体化することは，憲法上の問題を投げかけることになろう。「弁護士の職業実践は」，職業の自由という基本権（基本法12条1項）をにらんだ憲法適合的解釈により制限されないかぎり，「原則，個々人の自由かつ制約のない自己決定に服する。」弁護士の独立性をおかすおそれのある義務を引き受けることの禁止は，この憲法上の要請から導き出されるものである。しかしまた，義務を引き受けることも職業実践の自由である。弁護士の独立性というものがどのくらい多くの「義務」に耐えうるのか，換言すると，どのような独立性の契約による制限が弁護士には禁じられるのかという憲法上の問題の解明にとって，判例そして学説は，多くの響きがよい言葉を発してはいるが，それ以外さして寄与してこなかったのであった。」

と[17]。問題は残されたままというのが実情といってよかろう。

3. 勤務弁護士に関する規律の展開

 1) 現行の連邦弁護士法（Bundesrechtsanwaltsordnung）が制定されたのは，ドイツが占領を解かれ主権を回復してから（1949年）実に10年近くも経過した1958年である。ちなみに，なぜそんなにも多くの時間を要したのか。弁護士界の意見がまとまらなかったことが，間違いなくその大きな原因であった。とまれ，旧西ドイツが東西分裂の下で主権を回復し，連邦弁護士法が制定されるまでは，各占領地域ないしは各州個別に弁護士に関する規律を制定するという状況が続いた。もっともそれらは，1878年の弁護士法に大きく依拠したものだったといわれている。

 2) 各弁護士法は，よい意味でも悪い意味でもその時代の潮流を反映したものであるが，いずれの弁護士法も，単独かつ独立した弁護士，つまり，弁護士は（施設等の共同利用は別として）単独でその弁護士活動を行い，他の弁護士と共同して弁護士活動を行う（共同受任）ものではないし，ましてや（研修期間は別として）雇用されて弁護士の活動を行うものでもないという職業像に立脚していた点では共通していることはまず指摘しておかなくてはならない。共同受任については，実は1878年の弁護士法の下でも可能とはされていたが，ドイツで広く定着していくのは1980年代以降である[18]とされている。本稿の関心事である勤務弁護士についての事情も同様である。弁護士に雇用される弁護士は，1878年の弁護士法が成立したときからすでに存在していたが，1930年代には，「法的協力者・法的補助者（Juristischer Mitarbeiter od. Juristischer Hilfsarbeiter）」つまり勤務弁護士について，その独立性が制限される危険があることから，その許容性について一部ではかなり激しい議

論となっていたようである。たとえば，1930年のドイツ弁護士協会の機関誌では，ある地区の弁護士協会が，「弁護士が法的素養を備えた補助者 (Juristischer Hilfsarbeiter) を雇用することは，原則許されない」と決議した[19]ことを受けて，この問題が取り上げられていた[20]。もちろん当時から，そんなことはないと指摘されていたところである[21]。しかしこのことは，その後も引き継がれ，1947年にイギリス占領地区の弁護士会理事会連合会が定めた弁護士倫理綱要の[22]草案段階では，弁護士が完全法律家（Volljurist），つまりは弁護士となれる資格を持つ者を，その常勤の補助者として使用することを原則禁止する条項が盛り込まれていた[23]。勤務弁護士の存在は，否定すべきもない事実であるが，弁護士職業法上いわば「忌まわしき存在」，すくなくとも「日陰者」とされていたのであった。

弁護士が弁護士[24]を雇用することが規定上表立って承認されたのは，連邦弁護士会が1963年に制定した弁護士倫理要綱（Grundsätze des anwaltlichen Standesrechts vom 2./3.5.1963）に72条aが追加された1969年（1月1日）である。この規定は，弁護士が，弁護士ないしは法曹資格者を雇用するときは，雇用条件は適切でなくてはならず，また十分な（genugend）な報酬を支払わなくてはならないと規定したのであった。もっとも，その具体的内容，つまり何が適切な雇用条件か，まだどの程度の報酬が充分といえるかについて具体的に定めたものではなかった。その後1973年（6月21日）に，大幅な改正を加えた要綱（Grundsätze des anwaltlichen Standesrechts vom 21. Juni. 1973）がこれにとってかわったが，1963年の要綱72条a自体はほぼそのまま1973年の要綱の81条に引き継がれたのであった。ちなみに，この81条には，1963年の要綱中の「十分な（genugend）報酬を支払わなくてはならない」の部分は引き継がれていない。もっとも，このことは，勤務弁護士の報酬については，全面的に雇用する弁護士と勤務弁護士との間の契約自由にゆだねようとしたものではなく，適切な雇用条件の一つの重要な部分である

から，特にこれをも規定する必要はないとされたのであった。1980年代末になると，勤務弁護士は，事務処の巨大化とともにその数を急激に増していくこととなるが，なおこの時期にいたるまで，弁護士が労働法上の依存関係の下でその活動を行うとしたなら，それは連邦弁護士法が描く弁護士像とは調和しないし，法的問題処理機構の独立した一機関という弁護士の地位とは相容れないのではないかとの指摘がなされていたことは忘れてはなるまい[25]。

3) 1987年6月14日，連邦憲法裁判所はそれまでドイツ弁護士職業法の要であった弁護士倫理綱要に「違憲」のレッテルを貼り，連邦弁護士法の大改正をせまる決定を下した。この裁判が如何にドイツ弁護士界を震撼させたかは，この裁判が言い渡された日にちなんで，いわゆるバスチーユ（Bastille）裁判とよばれていることから容易に想像がつこう。1994年連邦弁護士法の改正はこれをうけたものであったが，違憲の裁判からそれに応える改正法の成立までなんと7年以上の歳月を要したことは，一方でバスチーユ裁判の衝撃の大きさを示す一方で，他方では，弁護士界内における問題意識そして弁護士の職業像についての見解のずれが如何に大きかったかを物語るものでもある。

4) この改正の目玉は，なんといっても弁護士の権利と義務に関わるものであるが，それとならぶ一つの大きな柱は，弁護士職業法の詳細を弁護士自治にゆだねる体制が確立されたことである。すなわち，ドイツでは，個人の人権を制約する規律の基本事項は，法律で定めなくてはならないとする原則（基本事項原則 = Grundsatz - prinzip）が，確立している。これを受けてバスチーユ裁判は，本来連邦弁護士法で規定すべき弁護士の権利・義務の基本が規定されていないし，さらには，明文が必要な弁護士の権利義務を敷衍する権限を弁護士自治にゆだねることもなされてはいないとして，連邦弁護士界が定めた倫理要綱に引導を渡したのであった。そこで，1994年の改正法は，一方では連邦弁護士法に弁護士の基本的権利義務の規定を盛り込んで基本事項原則にこたえるとともに，他方では，この弁護士の基本的権利・義務を敷衍す

ることを弁護士自治にゆだねるスキームを定めたのであった。それが，弁護士の「権利義務の詳細は，規約をもって職業規則においてこれを定める」と規定する1項と授権事項をリスティングする2項からなる連邦弁護士法59条bの新設であり，そしてその授権に基づき弁護士職業法の詳細を定める機関としての規約委員会の創設である（連邦弁護士法191条a以下）。ちなみに，授権が連邦弁護士会ではなく新たな機関にゆだねられたのは，連邦弁護士会のメンバーが日本弁護士連合会とは異なり，各単位弁護士会のみだからである。所属弁護士の数が大きく異なる単位弁護士会を一票としたのでは，弁護士のいわゆる民意を集約できない。そこで，規約委員会の構成メンバーである代議員を，一定数の弁護士ごとに1名選出する体制が，民主的な規約制定にとって不可欠だったわけである[26]。

ともあれ，こうして規約委員会に授権された事項には，「弁護士の雇用と関連する諸義務」があげられており，弁護士倫理要綱81条の規律内容もまた弁護士職業規則に取り込まれることとなったのであった。

5）もっとも，ここでもことはすんなりとはいかなかったようである。まずもって，そもそも規律を設けるべきかが争われた。すなわち，一方では，多くから，勤務弁護士（ないしは事務員）の雇用条件は，民事法が取り扱うべきことではないか（つまり，越権ではないか）という主張がなされた。他方これに対しては，従来弁護士の雇用は，法的にはグレーゾーンとなっており，これを規則で定めておく必要がある。また，規約制定権者は，民事法上許される雇用条件が，職業法からみて許容しうるものかどうかを規範という点から検討する権限があるのだという反論が繰り広げられたのであった。そしてまた，規定するとしても，その文言等をどうするかについての意見もおいそれとはまとまらなかった。当初「弁護士は，そのもとで勤務する弁護士，その他の従業員ならびに修習生と，明らかに不当な労働条件を合意してはならない義務を負う。」という文言の規定を提案されていたが，審議にかけられた

とたんに却下されてしまった。そこで浮上してきた案は，現在の文言に相応したものであったが，ここでも，そう簡単に意見の一致をみるにはいたらなかった。若干の委員から，このような規定では，懲戒等の根拠規定として使い物にならないと批判される一方，他方では，考えられている規定案では，問題を充分に押さえ切れておらず，そしてまた不明確であると指摘されたのであった。こうした中，雇用者となる弁護士には，勤務弁護士の継続研鑽費用を援助する義務があることを明文化すべしとの提案もなされていた。もっともこのような提案は，多数をえることはできず，最終的には現行規定が決議されたのであった。もっともこの決議も，賛成42，反対31そして棄権1と，若干薄氷を踏む感のあるものだったことは指摘しておいてよいであろう。この規定を26条とする弁護士職業規則は，1996年11月29日に規約委員会総会で可決され[27]，その後何らの改正もなく現在に至っている。

弁護士職業規則26条【弁護士およびその他の従業員の職員】
(1) 弁護士は，適切な（angemessen）条件をもってのみ就業させることが許される。適切な条件とは，以下のとおり。
 a) 雇用される者の知識と経験および雇用する弁護士の責任リスクを考慮してみて，ことにかなった依頼の処理を可能とするもの。
 b) 雇用される者の資質と能力およびその活動の範囲ならびにこの活動から雇用する弁護士が受ける利益に対応した報酬を保証するもの。
 c) 雇用する弁護士に対し，その求めに応じて研鑽のために妥当な時間を与えるもの。および，
 d) 競業禁止の合意をするときは，妥当な調整金（補償金）の支払いを約束するもの。
(2) 弁護士は，その他の職員および研修生を不適切な条件で雇用してはならない。

それでは次に，1項が定めている勤務弁護士にかかる法的な規律を，職業規則26条1項の解説によせて，かいつまんでみていくこととしよう[28]。

4．職業規則26条1項の人的適用対象

1) まずもって，本項の対象となるのは，ドイツ法曹資格を持ちドイツで弁護士として認可されている者（ドイツ弁護士）のみに限られない。大まかにいえば，ドイツで弁護士会の会員となっている者はすべてその対象となる。すなわち，

ⓐ　EU各国，ヨーロッパ経済領域条約加盟国（EEA）およびスイスの国民で，これらの国においてその国の法曹資格の下で弁護士として認可・登録されている者（ドイツ定住のヨーロッパ弁護士），

ⓑ　連邦弁護士法206条により，現資格国の職業表示をもって，現資格国ないしは国際法についての法的助言をすることが認められている者で弁護士会に所属している者，

がこれである[29],[30]。

ドイツであれ他の国であれ，弁護士でなくてはならないから，一方では，弁護士以外のたとえば公認会計士，弁理士といった共同経営が認められている職種の者であっても，雇用されるときは，本項ではなく2項の対象者となる。他方，弁護士として勤務する者でなくてはならないから，たとえばもっぱら法律状況の調査のみにあたり，直接依頼の処理にあたることのない者も，1項ではなく2項の対象である。

2)　(a) ところで，ここで一つ明確にしておくべきは，(正直あまり妥当な言葉が見つからなかったため) 二つの相異なるタイプを，従前「勤務弁護士」とひとくくりで表記してきた。正確には，就業関係（Beschäftigungsverhaltnis）

にある弁護士，あるいは「弁護士の下で就業する弁護士」と呼ぶのが（わかりにくいが）ふさわしいであろう。この中に含まれる異なる二つのタイプとは，今回明文化された連邦弁護士法 46 条 1 項の意味での（狭義の）勤務弁護士（Angestellteter Rechtsanwalt）とフリーランス弁護士（anwaltlicher freier Mitarbeiter）とである。両者は税法そして社会保険上の取り扱いを異にすることから，厳格に区別されてしかるべきものであり，その区別の基準が重要となる。少し脇道にそれるが，たとえばドイツの公的老齢年金は，全員加入が前提であるが，先にも述べたように特定の独立事業者は，一定の要件の下公的老齢年金への加入が免除されて，独自の【加入者への給付の点で有利な】共済老齢年金制度を立ち上げることができるとされている。弁護士も独立して事業を営んでいればこれにあたるが，勤務弁護士はあたらず，フリーランスはこれにあたるからである。

　まずは勤務弁護士であるが，これは，使用者側の弁護士（社団）と勤務弁護士が雇用契約を結ぶ場合である。これに対し，フリーランス弁護士というと，昨今わが国で話題となっているいわゆる「軒弁」を想起する向きも多いかとも思われるが，軒弁の中でも，「単に机をおかせる（ないしはそれに見合った程度の事務所運営費を負担させる），マーケティングはまったく独自に行い，収入があれば一定割合を供出する」というだけでは，フリーランス弁護士にはあたらない。この場合には，ドイツ流の分類によると複数の弁護士が事務所施設（ないしは事務職員）を共同利用するに過ぎないいわゆる合同事務所（Burogemeinschaft）に所属する弁護士として取り扱われることになろう。フリーランス弁護士をその弁護士としての活動という点からみてみると，一つには，特定の事務所に基本常駐し，その事務所ないしはそのメンバーからのいわば「下請け」をする者，俗っぽくいえば事件を「投げてもらう」弁護士が一番にイメージされる。新人ないしはキャリアの浅い弁護士がこのタイプである。したがって，雇用契約を結んでいる勤務弁護士とは紙一重とい

ってもよく，現実には雇用の回避に用いられ，問題とされてきたところである。なお，従前日本では，大方の勤務弁護士は雇用関係ではないとされてきたようである。だとすると日本の大方の勤務弁護士はこれに分類されることになろう。俗称「イソ弁」はこれを物語るうまい表現である。しかし「勤務」弁護士という呼称が妥当かは別として，はたしてこれを額面どおり受け入れてよいかは，大いに疑問ではある。もう一つのタイプは，事件ごとに支援に加わる弁護士である。たとえば，行政事件を受任・処理したことがない弁護士Ａが，顧問先から行政事件の依頼を受けた場合どうするか。専門弁護士制度が確立され格段に専門化が進んでいるドイツでは，Ａ弁護士のにわか勉強をもってしては，コスト的にも引きあわないであろうし，委任事務を適切に処理できなければ，恥をかくだけではすまず，顧客を失ったり，下手をすると弁護過誤の洗礼をうけることになりかねない。そこで，別に独立して開業している行政法専門弁護士Ｂに支援を求め，共同受任する，というのもフリーランスである。いうまでもなく，この種のフリーランスは，多くの場合特定分野に専門化した弁護士であり，いうまでもなくこの場合には，雇用ではないかという疑問符を投げられることはない。

　(b) それでは，ドイツ流の勤務弁護士とフリーランスをわけるメルクマールは何か。それを展開してきたのは，公的年金等に関わる紛争を所管する社会裁判所（Sozialgericht）であったことをまず指摘しておこう。両者の区別は，勤務弁護士は公的老齢年金加入義務を負うが，フリーランスは（弁護士のための共済老齢年金加入資格を持つために）負わないことから，保険料納付等にからんで社会裁判所が関係することになるからである[31]。

　両者の区別の中核は，人的独立性である。具体的に裁判例で，メルクマールとしてあげられているのは，
ⓐ　事務所組織に組み込まれているか
ⓑ　事務所の人的・物的資源，つまりは机等の施設と事務職員を利用する権

利の有無
ⓒ 事件をその責任で担当しているか（主任者となっているか）
ⓓ 自己資金を投入して事業者としてのリスクをとっているか
ⓔ 自分が役務を提供している弁護士にたとえば裁判所提出書面の草案を見せる（チェックを求める）義務があるか
ⓕ 報酬の態様，たとえば基本給と出来高払いの割合など

である[32]。

もちろんこの際には，契約書上の位置づけではなく，実態がどうかで判断されることはいうまでもない[33]。形だけフリーランスとしておくことは，税法上や社会保険上の問題を引き起こすことから，慎むべきとされるゆえんであり[34]，また，身分を「フリーランス」とする契約が締結されることが少なくなってきていることの原因でもある。

（c）ドイツでは，（広義の）勤務弁護士の多くは，雇用関係に立つ（狭義の）勤務弁護士である（以下特に指摘のない場合，「勤務弁護士」とは，この【狭義の】勤務弁護士を指す）。勤務弁護士の勤務条件の特徴は，「雇用者の指揮権」である。勤務弁護士はこれに拘束される。といっても，先にも述べたように，弁護士の独立性という観点から，具体的にどこまでおよぶかは，理論上はかなりの問題ではある。もっとも，職業法上の義務違反も含め違法な行為を命じることは，違法な指揮権の行使・公序良俗違反（ドイツ民法（BGB）138条）でありこれは論外であるから，実際のところ，独立性に絡めて雇用する弁護士側の指揮権の限界が現実に問題となることはあまり考えられないであろう。とくに，勤務弁護士は若年ないしは経験の浅い者が多い。共同事業体である事務処で，実際に労働法上の指揮件を行使するパートナー弁護士なりは，この勤務弁護士の「教育担当」でもあることからしても，実際のところでは，経験の浅い勤務弁護士は，通常あるいは少なくとも初期の段階では全面的に雇用する側の弁護士の指揮に服することになるであろうとされて

いる。独立性の根幹をなす独自の法的・倫理的判断そしてまた業務遂行にかかる自己の判断が正しいことを決して譲らないまでの確信を，これら弁護士が懐くことができる事態は，あまり想定できないからである。

　勤務弁護士のメルクマールは，フリーランスの裏返しであるが，ここではまず，①事務所組織に組み込まれ，事務所の人的・物的施設を利用できることが，雇用関係の大きな徴証である。ついで②休暇や事務所所在に関する取り決めや報酬の規律が判断要素としてあげられる。たとえば，弁護士Ａが他の弁護士Ｂとの関係で，仕事への従事はすべてＢ弁護士のためであり，Ａ弁護士自身が自分の事件として依頼を受けてはならないし，また，契約では一定の分野を担当するとされてはいるが，ＢはＡに別の事件の処理を命じることができ，あるいは担当とされる分野の事件を取り上げることができるか。また，Ａは通常の執務時間は事務所にいることになっているか。そしてまたＡ弁護士は，事務処の利潤にあずかりあるいは損失を負担するかである。ちなみに，仮に帰宅後あるいは休日にも仕事をしているということだけで，雇用関係が否定されることはないとされている。

　3）いうまでもなく26条は，パートナーなどの（弁護士である）共同事業者には適用はない。もちろん，本当に共同事業者かそれとも勤務弁護士かは就業実態により判断されるから，たとえば組合（Sozietät＝共同事務所）あるいはパートナー社団（partnergesellschaft）といった共同事業契約が結ばれていても，形式上の勤務弁護士とされる場合がある。問題となるのは，完全なパートナーの前段階である。日本のジュニアパートナーと呼ばれている者の中にも，これにあたる者がいそうである。ドイツの大規模事務所では，「サラリーパートナー（Salary-Partner）」，「ノンエクイティーパートナー（Non-Equity-Partner）」あるいは「フィックスシェアパートナー（Fixed Sahare-Partner）」などと呼称されているようである[35]。これらが勤務弁護士としてとらえられるかは，完全なパートナーとまったく対等の立場を与えられてい

なくともよいが，自由にその職業活動を行えるかないしは，完全なパートナーと同様に勤務弁護士に対し労働指揮権を行使する立場にあるかで決せられるとされている[36]。

4) 最後に指摘しておくべきは，弁護士の資格を有していても，弁護士としての仕事を反対給付とはしない勤務関係にある者，たとえば調査員あるいは個別的な法的ケースの検討のみをその仕事とする者は，本条1項の対象外である。

5．職業規則26条1項の適切な条件

それでは，具体的にどのような就業条件が適切とされるのかを，みていくことにしよう。一つこの点を把握するのに有益なのは，Appendix 1として後掲した「弁護士の給与に関するドイツ弁護士協会のパンフレット」である。そこには，雇用する側の弁護士の心得といったものが記載されている。以下では，それと重複する所もあるものの，各項目にわけてみていくこととするが，後に取り上げる連邦通常裁判所の説示にもあるとおり，最終的に就業条件が適切か否かは，すべての要素を総合的評価して判断されることはいうまでもない。

(1) ことにかなった受任の処理

職業規則26条1項2文a号は，「雇用される者の知識と経験および雇用する弁護士の責任リスクを考慮してみて，ことにかなった依頼の処理を可能とするもの」でなくてはならないとする。ここでの「ことにかなった依頼の処理」とは何であろうか。これについては，おおよそ次のように解説されている[37]。すなわち，この判断基準は，弁護士職の特殊性，つまり，一方では就

業している者の知識と経験，他方では就業している弁護士が損害賠償請求を受ける危険から導き出される。弁護士の職業実践の構造的な基準の一つは，弁護士の独立性である。この点は，勤務弁護士でもフリーランスでも同様である。他方，勤務弁護士は，いずれにしても雇用する側の弁護士の労働指揮権に服する。この独立性と指揮に服するという二つの原理は，勤務関係の場合には矛盾することがありうる。職業規則制定権を持つ規約委員会は，この点を認識していた。そこで本規定の制定過程では，「ことにかなった」に代えて「独立した」受任の処理という文言が提案されたが，取り入れられなかった。なぜなら，勤務弁護士には，完全な受任処理の自由がないからである[38]。もちろん，勤務弁護士に対する，弁護士ではない者が指揮するというのは，問題外であるが，雇用する側が同一の職業者である場合は別である。ということで，「ことにかなった」受任処理ということは，雇用者側に指揮権を認めるのを排除するものでは決してない。反対に，依頼の受任契約の履行という観点からすると，（たとえば，弁護士になったばかりのものについては，事件処理が充分になされているかを確保するためには）むしろ必要ですらある。指揮権には，勤務弁護士のチェックのために提示し，チェック（承認）を受ける義務を含むことがありうる。

　次に，勤務弁護士に対しては，ことにかなった受任処理のために必要となる仕事をするための機材・手段，たとえばデスクなどがすべて提供されなくてはならない。このほかに提供されるべきは，わけても裁判例集，データ・ベースあるいは文献などであるが，その有り様は，任された受任事件あるいは活動（担当する分野）ごと実に様々である。この際，受任する事件を特に限定していない事務処の新人弁護士に対しては，大規模事務処に勤務するある分野に特化した「アソシエート」よりも，より多くのデータ・ベースあるいは文献へのアクセスを可能にする必要があろうとされる。いずれにしても，「勤務弁護士が損害賠償を受ける危険」という観点からは，十分な文献・判例

集が用意されなくてはならない。また，勤務弁護士には，事件処理のために必要な十分な時間が与えられなくてはならない。つまりは拙速を求めたり，あるいはそうせざるをえないまでの仕事をさせてはならないということである。もっとも，事務処の規模・専門等は多様で有り，一般的に妥当する具体的基準をリストアップするのはできないというのが，結論ではある，とする。

独立性の観点からすると，「労働指揮権」の限界を那辺にみいだすかは，かなり難しいところがあることを，前段の解説からうかがうことができる。同じく一般的・抽象的にということにはなるが，フリーランスを含め勤務弁護士に対し，自らの意見に反する事件処理を強要してはならないというところに尽きそうではある。もっともこの際，依頼者に対し，自分と雇用する側に立つ弁護士の意見が違うことを開陳して依頼者に働きかけてよいかは，一つ問題とはなろう。独立性，すなわち，自己の責任でことを処理する（すべき）地位からして，許される，すなわち，雇用する側の弁護士の指揮権を侵害したとして，雇用契約上の義務違反を理由とする処分（たとえば解雇）は許されないと考えてよかろう。

(2) 報酬の保証

1) 報酬は，雇用される者の資質と能力およびその活動の範囲ならびにこの活動から雇用する弁護士が受ける利益に対応したものでなくてはならない。といっても，（わが国とは異なる「職能給」を基本とするドイツで）具体的にどの程度が新人弁護士の給与として適正なのか。いわゆる世間相場はどうかである。ただ，後に紹介する連邦通常裁判所の決定において問題とされている金額は，極端に低額であることから問題となったわけで，弁護士の初任給の相場とはまったくかけ離れたもののようであるし，また，「Appendix I『弁護士の給与に関するドイツ弁護士協会のパンフレット』」で取り上げられている金額も，自らもいうに，かなり開きが大きく，実態ははっきりしてい

ない。

2) 2004年から2010年までに認可を受けた弁護士をその調査対象としたソルダン研究所（Soldan Institut）の実態調査は[39]，少しく詳細に給与実態を示している。この調査によると平均初任給は，額面で4万3,674ユーロだ[40]とされている[41]。問題はその分布である。まずは少ない方からみると，2万ユーロまでが全体の3％，2万から3万ユーロが13％，3万ユーロから4万ユーロは32％で，もっとも多い。4万から5万ユーロが19％，5万から7万5,000ユーロが17％，7万5,000から10万ユーロまでが9％，そして10万ユーロ超が3％となっている。この新人弁護士の給与構造は，他の大卒者のそれとおおいに異なっている。すなわち，弁護士では，年俸で3万2,000ユーロまでが29％であるのに対し，ほかの大卒者（技術系が高い傾向にある）では，その割合は2％のみである，逆に，ほかの大卒者では，3万8,000から4万6,000ユーロが，各専門で差はあるものの，60％から70％である（つまりこのあたりを世間相場とみることができる）のに対し，2010年に認可を受けた弁護士では，この給与帯の者は20％しかいなかった。つまり，弁護士の初任給は，他の大卒者とはまったく異なり，非常に低額から非常に高額まで，広く分布していることが見受けられ，どのあたりが，給与の額が妥当なものかどうかの判断基準となる，「当該業種の一般的賃金」かは[42]，かならずしもはっきりとはしていないといってよいであろう[43]。初任給をめぐる裁判例も，このあたりで腐心している節がみられる。ちなみに，この事情は，わが国でも──むしろより格差が開く形で──同様である[44]。

(3) 継続研鑽の支援

雇用する弁護士に対し，その求めに応じて研鑽のために適切な時間を与えるものでなくてはならない。

出発点は，弁護士の継続研鑽義務である。連邦弁護士法43条a6項は，弁

護士の基本的義務の一つとして,「研鑽の義務」を明確に規定している。職業規則 26 条 1 項 c）は, これを受けたものである。ここでも多様な問題があるが, その概要をかいつまんでみていこう。なお, フリーランスについては, この支援義務はあまり問題とならない。なぜなら, フリーランスは労働指揮権には服さないから, いつ仕事をするかは自由だからである。

　1）求めに応じてと規定されている点からして, 雇用する側の弁護士が, すすんで研鑽義務の履行を要求する必要はない。ちなみに, その義務の程度, つまりは内容や時間数は, 専門弁護士規則 15 条と異なり, 本人に任されている[45]。

　適切な時間かどうかは, 勤務弁護士に与えられる仕事により判断される。処理を求められた仕事を処理するに必要な見識をえるための研鑽に必要な時間, 勤務弁護士が研鑽にいそしむことを, 雇用する側の弁護士は認めなくてはならないし, 特段の事情, たとえば緊急の事務処理の必要性がある場合を除き, 雇用する側の弁護士の同意を得ることなく, 研修のため職場を離れてもよい。専門弁護士資格を持つ勤務弁護士が専門弁護士規則 15 条の継続研鑽義務を満たすために「勤務弁護士は, 求めに応じて, 研鑽のために適切な時間を与えられなくてはならない」と規定する。したがって, 雇用する側の弁護士が, その指揮権の行使により, そもそも勤務弁護士を研鑽できない状態においたときは, 職業法違反となる。

　勤務弁護士が, 事務所と関係のないもっぱら自己の利益のみに役立つ研修を受けようとする場合については, ——もちろん, 契約段階で, 報酬の減額と引き替えにこれを認めるとされていれば別であるが——原則対象外とされる。このことは, 原則専門弁護士資格の取得に向けた研修にもあてはまる。そもそも, 専門弁護士の取得に向けた研鑽は, 弁護士の基本的義務とされる研鑽ではない。ただ, 専門弁護士資格が, 雇用する側にとってメリットとなる場合（当該専門弁護士資格者が事務処に所属していることが, その事務処のプレゼンスを高めるといったような場合）には別だとされている[46]。

2) 研鑽に割く時間についても，給与を支払うべきか。26条そのものはこの点を明らかにはしていない。もっとも，そうすると，これは就労時間を通常の勤務時間とずらすということでしかない。したがって，雇用する側が研修のために解放すべき勤務時間部分については，別の時間帯での就業を求めたり（俸給をカットする）することは許されない。問題となるのは，すべてあるいは主として雇用する側にとって利益をもたらすものではない場合である。この場合に，勤務弁護士独自の利益となる割合に応じて，研修を受けるために仕事を離れた時間，別の時間帯での就業を求めて良いことになる。もっとも研鑽のほとんどは，多かれ少なかれいずれの利益にもなるものがほとんどで，どちらにどの程度振り子が振れるかの程度問題であろう[47]。であるとすると，はたしてその割り振りをどうするかはかなり困難なのではなかろうか。

3) 次に，研鑽費用の負担はどうか。これも，研修がどの程度事務処の利益と関係するか，裏返すと，研修はもっぱらあるいはどの程度勤務弁護士の利益のためかによって決せられることになる。もっとも，何らかの利益を事務処にもたらすのであれば，一切負担しないのは許されない，所属事務所の業務と一切関係しない専門弁護士資格取得のための研修の費用を雇用する側は負担しなくともよいということは明らかだが，先に述べたように，どちらの利益になるかは，現実的にはほとんどの場合程度の問題であるから，振り分けは容易ではなかろう。現実に雇用側の弁護士がどの程度研修費用を負担しているかは，ないしはそれを考慮に入れて俸給額が定められているかは，興味を引かれるところである。

(4) 競業禁止と補償金

競業禁止の合意をするときは，妥当な調整金（補償金）の支払いを約束するものでなくてはならない。

わが国では，少なくとも雇用する側と勤務弁護士間の契約において競業禁

止等が明文化されているという話はあまり聞かないが，ドイツでは，――こうしたことについて職業規則が規定していることからすると――かなり以前からあったとみてよかろう。具体的に問題となるのは，①就業関係にある間の競業禁止，②就業関係終了後の競業禁止，③依頼者侵奪禁止条項（mandatenschutzklausel），そして④依頼者引受補償条項（mandatenübernahmeklausel）があげられている。以下ではその概要と調整金支払い義務との関係をみておこう。結果からいうと，就業関係終了後に何らかの形で競争を制限する契約は，どうもあまり実効性がないように思われる。

1）就業関係にある間の競業禁止

(a) ドイツ商法60条1項は，営業補助者（Handlunggehilfe）は，営業主の営業領域で，同一営業をしてはならないと定めている。そしてこの規定は，自由職業にも類推されるとするのが連邦労働裁判所（Bundesarbeitsgericht）の判例である[48]。したがって，その旨の合意を労働契約においてすることは，問題はなく，また広く行われている。雇用する側は，勤務弁護士に対し競争的活動についての情報提供を求めることができる（商法61条）。加えて，違反行為の差し止め請求も可能である[49]。ちなみにこの禁止は，特に定めのない限りは，就業時間内に止まり，勤務外で依頼を受けることは禁止の対象とはならない[50]。

(b) しばしば見受けられるのが，契約上，自分が依頼を受けることを原則ないしは全面的に判旨する合意である。これをふまえて，連邦労働裁判所は，営業補助者の「忠誠義務（Treupflicht）」を根拠に，勤務弁護士のすべての競争活動を不適法としている[51]。もっとも学説は，これは不適法としている。その理由は，このような広範な禁止は，競争活動の禁止の枠を越え，職業実践の自由を保障する基本法12条に抵触するからというものである。

(c) フリーランスに商法60条の適用がないのは当然であるが，公序に反し

ない限り，契約によりこうした制限を課すことはできる。

(d) 最後に，法文上，調整金の支払い義務は，この場合にも発生するかにみえる。しかし，競業禁止にともなう割増金の支払いは，労働の対価としての給与の問題であり，特に調整金としての支払いではない。

2) 就業関係終了後の競業禁止

就業関係終了後に一定期間競業を禁止する旨の合意をすることは，使用者と被傭者間での競業禁止合意を認める営業令（Gewerbeordnung）110条に営業補助者に関する商法74条に照らして認められる。調整金の支払いが必要となるケースであるが，26条によらずとも，類推される商法74条2項からしてすでに調整金の支払いは不可欠である。そしてその額は，最低でも最後の給与の半分である。ただ，調整金を支払えばどのような競業禁止も認められてよい（拘束力を持ち，必要な場合には差し止めの対象となる）ということではなく，基本法12条に照らし，相当なもの（Verhaltinsmässig），日本風にいえば比例原則にかなったものでなくてはならず，かつまた，かつて勤務弁護士だった者の職業実践の自由を過度に奪うものであってはならず，そうなると，以下3）で述べる依頼者侵奪禁止条項と同程度の範囲でしか拘束力が認められないこととなる[52]。そういうことで，実務ではこのような広範な競争制限合意かなされることはまずなく，3）で取り上げる依頼者侵奪禁止のみが定められることがほとんどだとされている。

3) 依頼者侵奪禁止条項

(a) 依頼者侵奪禁止条項とは，勤務中に勤務弁護士として相談等を受けた依頼者，つまりは雇用者であった弁護士のクライアントを自分のクライアントとしてはいけないという合意である。判例は，これを二つの類型に分けている。

(b) 一つは，原則として一切手を出してはいけないという「一般的（allgemein）な依頼者侵奪禁止」である。この禁止は，先にも述べたよ

うに真の意味での競争禁止に近い。したがって，商法74条の類推で調整金が必要になる。もう一つは，営業補助者と同様[53]その禁止期間は2年を超えてはならない[54]。2年を超える場合には，2年に減縮される[55]。なおここでも，商法74条が類推適用されるから，調整金の支払い根拠として本規定の出番はない。

(c) もう一つは「限定的（beschränkt）な依頼者侵奪禁止条項」と呼ばれるものである。この条項により禁止されるのは，元勤務弁護士のほうから，事務処のクライアントに対し働きかけていくことに止まる。この場合には，調整金を支払うことが，合意の有効要件とはされていない。

もっともこのような合意に意味があるかについては，疑問が投げかけられている。というのは，こうした合意に違反して元勤務弁護士が依頼を獲得したかは，かつての雇用主が当該クライアントにきかないとわからないが，このような質問は，関係者全員にとり気まずいものであり，あまり簡単にはできないと思われないからである。

なおこの場合は，商法74条2項の類推適用がないから，本号が直接意味を持つ。もっとも，上記のようにあまりその効果を期待できない合意であるから，調整金の金額は，商法74条2項2文よりかなり下回っても良い。

もし調整金の合意がなかったらどうか。本条は，後に述べるように職業法上の規律であり，懲戒等の根拠とはなるが，民事上の効力要件ではないから，結局職業法上のアピールの意味しかないということになる。

4) 依頼者引受補償条項

この条項は，勤務弁護士であったものが，雇用する側にあった弁護士のクライアントの相談等にのること，つまりは自分のクライアントにすることを制限するものではない。反対に，こうした場合には，かつて雇用されていた弁護士にペイバック，みかじめ料を払うという合意であり，したがって，競争を直接制限するものではないし，依頼者の利益にも配慮したものでもある。

判例も，このような合意は，ペイバックが報酬の20％を超えず，また2年以上にわたらない場合には，有効とされている[56]。もっともこうした合意がなされても，かつての勤務弁護士は，（依頼の有無までその対象となる）守秘義務との関係から，ペイバックを支払えるのは，クライアントが開示を認めた（守秘義務を解いた）場合に限られるから，元の雇用者たる弁護士の既存の利益擁護という観点からみると，あまり実効的ではないようである。

この場合にも，本号の調整金の対象となりうるが，判例は，極端に元勤務弁護士の業務に支障をきたすことがないのであれば，放棄することができるとしている[57]。

6．職業規則26条違反の効果

(1) 職業法上の位置づけ

ところで，就業条件が職業規則26条に違反する場合，その条件ないしは就業契約は，無効となるのか。そもそものところ，職業規則は，連邦弁護士法59条bにより認められた規約委員会（Satzungssammlung）の規則制定権に基づくものであり，まずもってその規律対象は弁護士職業法である。したがって，職業規則をもって民事上ないしは労働法上の規律をすること，つまりは，職業規則違反の民事法・労働法上の効果までを，結果的であれ定めることは，まさに越権行為ということになる。職業規則制定機関である規約委員会も充分に承知していたところであり，このことは，規約委員会の議事録においても「問題となるのは，もっぱら職業法上の関係であり，民事上の契約自由に踏み込むものではない」と，はっきりしめされている[58]。さらに，連邦労働裁判所も，連邦弁護士法および職業規則は，法的紛争処理機構がしっかり機能するためにあるのであって，事務処で勤務する弁護士を保護するも

のではないから，連邦弁護士法および職業規則が定める職業法上の義務違反は，労働契約の無効を招来しないとし，また職業規則26条それ自体は，適切な俸給の請求権の直接の根拠たりえない[59]としている。つまり，職業規則26条1項違反は，基本的には，雇用する側の弁護士に対する懲戒原因[60]となるだけである。もっとも学説には，職業規則26条は，「禁止法規（Verbotgesetz）」としてBGB134条の公序良俗違反をもたらす，あるいは，不法行為を定めるBGB823条2項の意味での「保護（Schutzgesetz）」にあたるとする見解も有力である[61]。このようななか，連邦通常裁判所も，初任給をめぐる事件において，契約条件がある限界を超える場合には，公序違反であるとする。事案の概要は以下のとおりであった[62]。

(2) 2009年11月30日連邦通常裁判所弁護士部決定
1) 事案の概要

抗告人Xは，四人の弁護士からなる共同事務所（Soziäta）に所属している弁護士兼公証人である。2006年7月，Xは職業紹介等のための公的機関（Bundesagentur für Arbeit）が運営する求人サイトのホームページ上に，【若手弁護士のための研修ポジション（Tranieestelle）】と銘打った求人広告を出した。その広告文には，どんな研修機会が提供されるかという説明に加え，次のような条件提示がなされていた。

「雇用期間は2年間であり，その間の社会保険はすべて雇用者が負担。加えて職業上の義務および弁護士会に関する費用も当方にて負担。これに加え，勤務にともなう交通費も同様。継続研鑽に関しても，セミナーの費用を負担することで若手弁護士を支援。修習生の給与を若干上回る俸給を，基本給として支給。加えて，研修性として受け入れる若手弁護士が，自身で開拓した依頼については，歩合給を支給する。」

2007年3月28日付の決定をもって，相手方（つまりXの書簡弁護士会＝著者注）は，不服申立についての教示を付した【指導的指摘（belehrenden Hinweis[63]）】をXに対して行った。この指導の内容は以下のとおりである。

「職業規則26条によれば，弁護士は，適切な条件でのみ勤務・就業させなければならない。……俸給の合意がないときは，民法612条2項にしたがい，通事用の報酬を支払わなくてはならない。下限に関してはBGB138条が明確な限界を示している。すなわち，弁護士が提供する給付と金銭的な反対給付が大きくバランスを欠いているところがその限界である。……

　理事会の見解によれば，弁護士が，修習生の給与を若干上回る程度の給与を提示する場合には，BGB138条に該当する不均衡が認められる。修習生に対する独身の生活費援助額（Unterhaltsbeihilfe）は，2006年1月1日の時点では，894.75ユーロであるから，修習生の給与を若干上回る給与というのは，1,000ユーロ以下となる。

　2002年版のドイツ弁護士協会（Deutsche Anwaltsverein = DAV）のリーフレット（Merkblatt）では，研修を終えた弁護士および公証人のパラリーガルが受ける給与額が示されており，これらがはじめて職に就く者の場合は，1,200ユーロから1,500ユーロとされている。……すでに研修を終えたこれらのパラリーガルの最低給がすでに1,200ユーロの給与であるなら，二回試験を終了した完全法律家を1,000ユーロ以下の給与で就業させるのは，公序に反する。

　理事会は，職業規則26条違反となるのは，弁護士が就業した場合，つまり，契約がすでに成立した場合のみであると理解している。しかしまた，本件では連邦弁護士法43条の枠内において，弁護士は，その職業を常に良心にしたがって実践していかなくてはならないというのも，同じ

く当理事会の見解である。契約が成立すれば職業規則26条違反となるような契約のオファーは，当理事会の見解によれば，連邦弁護士法43条が規定する，弁護士の良心に従った職業実践とは相容れない。」

この弁護士会理事会からの指摘を受けたXは，弁護士分限裁判所の[64]裁判を求める申立てをした[65]。申立てを受けた弁護士法院は，申立てを棄却[66]した。そこでXは，弁護士法院の許可のもと即時抗告[67]。

2) 決定理由

連邦通常裁判所は，次のように判示して即時抗告を退けた。

判旨

「関係条文 連邦弁護士法43条2文；職業規則26条；BGB138条1項

1. そもそも給付とその反対給付が，BGB138条の定める公序に客観的に違反するとされる顕著にバランスを欠くときは，職業規則26条の意味での不適切な就業条件となる。
2. 求人広告が雇用契約の締結にいたらなかったことは，職業規則26条違反を認定することの妨げとはならない。職業規則26条は，弁護士は適切な条件をもってのみ就業させなくてはならないとの職業上の義務を定めているが，この義務は，いずれにしても連邦弁護士法43条2文の一般条項と連動して，契約が締結される前でも機能し，そしてこの義務のもと弁護士は，公開の求人広告により，不適切な条件での就業関係締結をはかろうとすることを禁じられる。
3. 自分が受けた依頼に関しては歩合を支払うという予定となっていることは，給与の一部として顧慮されない。なぜなら，弁護士にはじめてなった者（初任者）には，成果を上げるような顧客取得活動をする

機会は経験的に照らすとまったくないので，歩合を受けるとされていることから，基本給以上の俸給をいつも受けられるとは考えられないからである。

連邦通常裁判所は，その理由を次のとおり敷衍する。

【10】正当にも相手方（所管弁護士会）Xがその責任を負う職業紹介等のための公的機関が運営する求人広告を「よろしくない」とした。Xは，この求人広告で，それが結ばれた場合には職業規則26条違反，したがって，そもそも連邦弁護士法43条2文に違反するとなる就業契約を提案した。
【11】求人広告をしたが契約成立にはいたらなかったことは，義務違反とされることに関係しない。

職業規則26条は，弁護士は適切な条件をもってのみ就業させなくてはならないとの職業上の義務を定めているが，この義務は，いずれにしても連邦弁護士法43条2文の一般条項と連動して，契約が締結される前でも機能し，そしてこの義務のもと弁護士は，公開の求人広告により，不適切な条件での就業関係締結をはかろうとすることを禁じられる。こうした就業関係を公開の場で勧誘することは弁護士に対する尊敬を脅かし，かつまた，他の職業従事者が同じような行動に出るのを後押しするという結果をもたらしかねない。したがって，弁護士は，不適切な就業条件を記載した求人広告をすれば，それだけで連邦弁護士法43条2文が定める義務，つまり，弁護士は，職務の内外を問わず，弁護士という地位が要求する尊敬と信頼にふさわしい態度をとらなければならないとの義務に違反したことになる。

【12】(1)適切な就業条件と不適切なそれとの限界付けをするためには，判断要素となる諸状況を包括的に評価することが必要である。はたして勤

務弁護士就業に関する労働法上の諸条件が適切かどうかは，勤務弁護士に支払われる給与の絶対額のみにより決まるものではない。職業規則26条1項2文b）号は，勤務弁護士に関する一定の「最低給」を規定したものではない（……）。基準となるのは，はたして給与が，就業する者の資質とそれがもたらす給付ならびにその活動の範囲と，就業させる側の弁護士がこの活動から得る利益に見合っているかである。

したがって，給与の適正性は，抽象的にその金額だけから判断してはならず，かえって，給付と反対給付の相対を基礎に判断しなくてはならない。

【13】そもそも，給付と反対給付が著しく不均衡であり，BGB38条が定める公序に客観的に反しているときは，規則26条の意味での不適切な就業条件と認められる（……）。ただこの際，——BGB138条の枠組みの中での無価値判断にとっては不可欠な——利益を享受する者の非難に値する心情（gesinnung）は，職業規則26条の枠内では問題とならない。なぜなら，この規定は「不適切」という概念をもって，純粋に客観的に定められるべき就業条件判断基準を定めているものだからである。

【14】(2)提案されている給与は，本件では，求められている反対給付と著しく不均衡である。

【15】(a)Xが予定していた基本給は，求人広告によると，「修習生の給与をわずかに上回る」ということである。N州におけるこの時点での修習生の生活費支援額は，894.25ユーロであり，募集対象とされているこの広告の読み手は，平均的な情報の持ち主であるから，修習生の給与額をおおよそ知っていると思われる。そこで募集対象者は，この広告から，給与は額面で，いずれにしても1,000ユーロを若干超える程度と理解するものと考えられる。Xは，初任給は額面で1,500ユーロを支払う予定であったと主張しているが，こうした主張が正しいことについては何ら

客観的なよりどころがないことを無視したとしても、これを取り上げることはできない。というのは、すでに述べたとおり、そもそも、不適切な条件での労働契約締結を、公開の場で求めてはならないのであって、職業上の義務違反の有無の判断にあたっては、理解力を備えた求人広告の平均的な対象者が、そこで示されている就業条件をどう理解するかが基準となるからである。

【16】予定されている付加的な給付（職業責任賠償保険料、弁護士会関係経費および継続研鑽講習料の引受と徴収される可能性のある被傭者が負担する社会保険料の引受）を基本給の一部と評価する場合でも、求人広告の読み手は、Ｘが考えている給付価値が 1,250 ユーロ以上だとはとらえないであろう。労働契約締結前に正確な供与額を含むこの点に関する個々の事項について、まだ交渉の余地があることは、求人広告からその余地はわずかしかないとうかがえることからすると、このようなＸの側からの給付に関する上記の評価をくつがえすものではない。自分が受けた依頼に関しては歩合を支払うという予定となっていることは、給与の一部として顧慮されない。なぜなら、経験上弁護士にはじめてなった者（初任者）には、成果を上げるような顧客取得活動をする機会はまったくないので、歩合を受けるとされていることから、基本給を上回る俸給をいつも受けられるとは考えられないからである。

【17】(b)Ｘが予定している給付の全体的な価値は、同じような勤務関係にある弁護士の通常の給与との対比で考えなくてはならない。通常の給与なるものは、給付と反対給付の（不）均衡が判断基準となる労務給付の客観的市場価値を示している。この通常の俸給は、本件のように俸給表契約がない、あるいは合意された賃金が通常の給与と相応していないときは、当該経済分野における一般的な給与水準により決まる。

【18】弁護士法院は、連邦弁護士会のあるドキュメント（BRAK-Mitt. 2006,

55 f.), つまりニュールンベルク自由職業研究所 (Instituts für Freie Berufe) の意見書とソルダン研究所 (Soldan-Instituts) の弁護士のマネージメントに関する調査研究, そしてまたその他のデータに依拠して, 専門化と特段の資格を欠きかつまた司法試験の成績が特に良かったというわけではない勤務弁護士の平均的な初任給は, 終日勤務の場合, 2006年では額面で約2,300ユーロだと認定している。Xは, 先にあげた調査ないしは弁護士法院によるその評価に対して意義を述べていない以上, 本抗告手続においてもこれを前提にする。

【19】(c) 求人広告において予定されている給付の全体的価値が, この分野では通常とされる初任給と, BGB138条の意味における著しく不均衡である。最近の連邦労働裁判所の裁判例 (……) によると, 合意された給与が, 当該分野そして当該経済地域において通常支払われている賃金, あるいは——俸給表契約がない, あるいは合意された賃金が通常の給与と相応していないときは——, 当該経済分野における一般的な給与水準の3分の2に達していなければ, それだけですでに, なされた労働給付とこれに関し合意された給与間には著しいアンバランスがあるとされる。この裁判例が, 果たして勤務弁護士の給与の判断についても妥当するのか, するとしたらどの範囲で, そしてまた, その公序違反の問題にもあてはまるのかについては判断の必要はない。そもそも, ——本件のように——提案された総給与が当該分野における普通の給与の半分を少し超えるだけの場合には, 給付と反対給付は, 常に著しくバランスを欠くことになる。

【20】(d) 本件ではまた, 求人広告がその全体の内容からして, 他との比較で特段の能力をほとんど持たない者を応募者のターゲットとしている点に照らしても, 別の評価はできない。

【21】もっとも, 統計的に調査された平均的な給与構造には十分には反映

されていないかもしれない，こうした個別事情は，労働給付の価値に影響し，したがってこの労働給付を平均的な賃金水準以下の額と比較すべきことになる可能性はある。このことは，応募者には平均を下回る能力しか期待されておらず，——いずれにしてもはじめの，いわゆる「研修プログラム」の段階では——専門的な事に関しては，雇用する側がその仕事に関する要求をはっきりと引き下げている場合には，ことさらあてはまる。「研修プログラム」という記載があることから，この勤務弁護士は，まずは助手的な活動をすることになり，したがって，弁護士専門職員（パラリーガル）の立場に立って事務局の仕事に組み込まれる。後になってはじめて，徐々に事件を独立して処理し，そしてまたその他の弁護士としての活動を引き受けることになる。

【22】しかし，こうした事情の下でも，弁護士ないしは公証人専門職員の平均的初任給を下回る勤務弁護士の給与は，職業規則26条に適合しない。しかし求人広告で示された給与は，これを下回っている。ドイツ弁護士協会が配布しているパンフレット（Hartung/Römermann, Berufs- und Fachanwaltsordnung, 4. Aufl., Vorbem. zu §26 BORA 参照）によると，研修を受けた弁護士・公証人専門職員の初任給は1,200から1,500ユーロ，そして二年目から四年目までは1,300から1,700ユーロとされている。本件で予定されている給与は，いずれにしても弁護士・公証人専門職員が得ている給与の最下位のクラスである。勤務弁護士が，仕事に就いた当初，一部弁護士・公証人専門職員が処理する任務を任されることになるとしても，この給与は，職に就いた最初の段階が終わった後は，弁護士としての活動が主となる勤務弁護士に求められる反対給付とは，著しく不均衡である。弁護士としての活動が増えるにともない，給与が増額されることは，求人広告には示されていない。

【23】(e)「研修プログラム」が提示されていることも，こうした評価を変

【24】もっとも，必要な全体的考察にあたっては，給与の面だけではなく，就業関係を勤務弁護士にとってアトラクティブなものとするその他の諸事情をも考慮しなくてはならない（……）。経験を欠きそしてまた特筆すべき能力をほとんど持たない初心者にとって，給与が平均を下回る点は，一定範囲では，その能力を高めることに役立つ教育プログラムを，初めての勤務で経験できることで調整されることもありうる。

【25】しかし，本件で提示されている「研修プログラム」は，いずれにしてもここで問題とされているようなおおざっぱな給与の提示を正当化するものではない。このプログラムは，事務処がその費用を負担する，さらなる特筆すべき能力取得のための諸処置とは，次の点で異なっている。すなわち，この研修プログラムは，長期的に初任の勤務弁護士を完全に有益な勤務弁護士，つまり，取得した能力をできるだけ長く事務処の利益となるよう用いることができるような勤務弁護士に育て上げることを目指したものではない点である。かえって就業関係は，２年の有期となっている。無期限の雇用関係への移行は認められていない。この点は，「研修プログラム」質の判断，そしてまたその反対給付としての価値にとり，非常に重要である。というのは，こうした事情にあっては，Ｘは，教育目標の達成につき，どうみても本質的ではない自身の経済的利益を有しているからである（新人のためではないということ）。

【26】こうした利益状況に対応して，求人広告で提示されている継続研鑽のための処置はまた，非常に一般的でしかなく，したがってほとんど説明になっていない。そこでは，「研修を受ける者」に，「事務処の全ノウハウそしてまた貴重な経験」をもって支援し，そして，研修生にたいして「その学修プロセスのため，全チームが役に立てる」とだけしか記載されてはいない。これは，一般的に事を吹聴するに止まっており，提示

されている研修が，いずれにしてもはじめて職に就くすべての者に対し，それらが仕事を処理する際に多かれ少なかれなされる支援の内容を超えたものだということを示すものとはなっていない。例えば実務活動に平行した理論教育，専門化さらには専門弁護士資格取得に向けた研鑽といった形での価値の高い研修プログラムが提示されているわけではない。このような状況下では，おおよそ求人の対象者は，要するに，見せかけだけの「研修プログラム」の名の下に，弁護士を安く雇い入れ，その就業期間満了後は，新たな者をそれに取って代えることがXの関心事だとの印象を受ける。これは，職業規則26条とは相容れない。

【27】これらすべてに照らすと，正当にもこの弁護士会は，求人広告の内容は，客観的に公序に反し，したがって職業規則26条の意味での不適切な条件である旨を指摘しているのであるから，弁護士会の本件教示的指摘は，その変更の要をみない。」

　この判例からは，単に職業規則26条の問題だけではなく，そもそも弁護士たる者のあるべき振る舞いという，わが国でいえば「品位」に関わる多くのことを読み取ることができるが，この点は別の機会に譲ろう。

7．結　語

1) 　以上ドイツにおける（一部フリーランスにも関わる）勤務弁護士の問題点とそれを取り巻く環境が現在どうなっているかを概観してきた。最後にその概要をまとめてみよう。
　　① 　ドイツ弁護士法は，1878年に制定された弁護士法以来，一貫して単独弁護士，つまりは個別独立して弁護士活動を展開する弁護士を念頭に構

想されてきた。

② しかし，勤務弁護士を禁止するものではなく，1930年代には，一部では勤務弁護士が適法かどうかが争われており，翻せばこの時期すでにかなりの勤務弁護士がいたと想像される。

③ 第二次世界大戦後すぐ，ドイツの一部弁護士会は，勤務弁護士の存在を前提に，その倫理要綱に勤務弁護士の待遇等に関する規定を置き，その後これは，連邦弁護士会が制定した弁護士の倫理要綱にも引き継がれていったものの，1980年代初頭になってもまだ，勤務弁護士の適法性に対する疑問のささやきは続き，いまだいわゆる「鬼っ子」のあつかいを受けていた。

④ とはいっても，1980年代以降における弁護士人口の爆発的拡大（いずれも1月1日現在で，1860年18,347名，1980年36,077名，1990年56,638名，2000年104,067名，2010年180,377名，2016年163,772名。ここ2年で，新規認可と登録抹消が均衡）は，否応なく勤務弁護士の増加をもたらし，新人の14％程度は，まずは勤務弁護士となっている（フリーランスを含め20％弱）。

⑤ 団体内弁護士は国が運営する老齢年金に加入せず，弁護士会が運営する共済年金に加入できる弁護士にはあたらないとした，ドイツ連邦社会裁判所（社会保障事件の最上級裁判所）の判決を受け，ドイツの立法者は，この事態を回避すべく連邦弁護士法に組織内弁護士についての規定を新設したが，この際，連邦弁護士法上はじめて勤務弁護士というカテゴリーを設け，その雇用主体を明確に規定した。

　ただ，ざっくりいってみると，団体内弁護士の規律にあたり，同様に労働指揮権に服する勤務弁護士も規定しておこうといった程度という感は否めない。そして，そこで明示されている雇用主体の限定は，ABS（Alternative Business Model）のような動きの中で職業実践の自由を定

める基本法12条に照らし，その合憲性が問われる可能性は否定できないし，少なくとも，早晩改正される運命にあるというのは，野次馬の戯言であろうか．

⑥ 1987年7月14日，ドイツの連邦憲法裁判所は，ドイツ弁護士界を震撼させるいわゆる「バスチーユ裁判」を下し，連邦弁護士法の改正をせまった．これを受け連邦弁護士法は，弁護士の権利と義務に関し大幅な改正が加えられ，連邦弁護士会に設置される規約委員会が，連邦弁護士法が定める弁護士の権利と義務をより詳細に定める権限を与えられた．授権事項には，「弁護士の雇用」もあげられている．この権限に基づき定立されたのが，弁護士職業規則26条である．この規程は，③で述べた弁護士倫理要綱を引き継ぐ形で，弁護士を雇用する場合には，その雇用条件は【適切（angemessen）】なものでなくてはならないとした．その具体的内容は敷衍したとおりであるが，やはり個別ケースごと，かなりフレキシブルにならざるをえないようである．なお，雇用条件の適切性に関して，いわゆる後進の育成という観点が前面に押し出されている点は，注目すべきところである．

⑦ 弁護士職業法は，連邦通常裁判所等が指摘するとおり，職業法上の規律，つまり，一次的には懲戒規範と位置づけられる（不適切であっても，雇用契約・フリーランス契約の無効を直ちにもたらさない）．弁護士の自身の分限に関わる自治的な規範であり，授権はあくまでその範囲に止まるからである．もっとも，一定の限界を超えるときは，公序条項をつうじて，雇用契約の無効をもたらすこととなる．

2） 最後に，ドイツの勤務弁護士を取り巻く環境を概観した後に，我が国に関して感じたことを箇条書きで述べておこう．

① 我が国でも，他の弁護士が運営する事務所において，一方で一定の金員を定期的に受け（つまり給与として受け），他方その対価として，主に

この弁護士の業務を行い，あるいはアシストする弁護士が多数いる。その法的地位について，少なくとも税法に付いてみると，ドイツのフリーランスと同じく，一種の業務委託だと位置づけられている。

② しかしながら，使用者の指揮権に服するかどうかが，雇用かそれとも委託かの分岐点だとすると，我が国の多くの「いわゆる」勤務弁護士は，たとえば，業務上作成した文書を勤務先の弁護士に提示・了解を受ける義務を負っている（ひるがえって，勤務先の弁護士は，チェックのために提示することを求める権利を有している）という勤務実態がある場合には，雇用関係にあるととらえるべきだし，その結果当然に双方とも労働法上の規律に服するはずである。

③ であるとすると，かかる関係に立つ双方弁護士は，雇用契約を締結すべきであり，勤務時間休暇等についての労働関係に関わる取り決めを行う必要があるはずである。

④ 弁護士界は，この点について，税務署や社会保険官署の甘さも手伝ってか，かつてのドイツがそうであったように，いまだぬるま湯につかっている状況にあるというのが個人的な観察であるが，いずれは，ドイツでみられるように，勤務弁護士が雇用側に立つ弁護士を，その勤務・労働条件に関して訴えるときがくるのは時間の問題のようにも思われる。

　以上，問題を先取りする形で，弁護士の本質をなす独立性を確保すべく勤務弁護士の法的地位を明確化し，後進の育成という視点をもふまえた勤務弁護士を取り巻く環境整備を我が国でもはかっていく上で，ドイツにおける勤務弁護士をめぐる議論とその環境は，良い意味でも悪い意味でも大いに参考になるはずである。

本稿がその一助になれば幸甚である。

1) 公務員については，任期のある者は，公職が名誉職である場合をのぞき，弁護士としての活動が禁止される（連邦弁護士法47条1項）。任期の定めがない，つまり終身雇用の者は，弁護士登録が認められず（7条10号），また事後公職に就いたときは，認可が撤回される（14条1項8号）。
2) Syndikusとは，いわゆる企業に雇用されている弁護士のみならず労働組合，あるいは業界・消費者団体といった非営利団体に勤務する者をも含まれることから，一般に使われる「企業内弁護士」ではなく「団体内弁護士」とした。
3) その原因は，公的老齢年金加入義務に関する連邦労働裁判所が2014年4月3日に下した判決（BSGE 115, 267）である。弁護士は，医師などと同様自由業として，独自の共済年金を組織でき，公的老齢年金加入を免除されている。連邦労働裁判所は，団体内弁護士は，弁護士ではないとして，公的老齢年金加入義務免除対象にはならないとしたのであった。この判決によってもたらされた団体内弁護士の年金上の不安定な地位を除去することが，唯一ではないとしても，もっとも大きな法改正のインパクトであったことは否定できない。
4) vgl. die Nachweise bei Busse, in: Henssler/Prütting, BRAO, 4. Auflage (2014), §1 BRAO, Rn.53.
5) 連邦弁護士法旧46条のタイトルは，「継続的な勤務関係にある弁護士（Rechtsanwalt in ständigen Dienstverhältnis）」となっていたが，対象は団体内弁護士とされていた。現在のタイトルは，「勤務弁護士：団体内弁護士（Angestellte RA: Syndikusrechtsanwalt)」である。
6) Kilian, Anwaltstätigkeit der Gegenwart, 2016, S.22 f.によれば，この種の弁護士は，全体でみると，14％，フリーランスが5％で，81％は，単独弁護士ないしは共同経営（パートナー・合同事務所（施設共同））である。また，この割合は，経験10年未満でみてみると，44％，8％そして48％である。ほかの機関が2011年1月1日について行った調査では，弁護士総数155,679名中11,200名，約28％がこれにあたるとされている（Brehm/Eggert/Oberlander, Die Lage der freien beruf, IFB 2012, S.24 f.)。また，2009年の調査では，最低でも全弁護士の13％は勤務弁護士，4％がフリーランスだと報告されている。Eggert, BRAK-Mitt. 2010, 2.なおkilianの別の調査によると日本と同様新人弁護士に多く，初年度は90％が実質的には何らかの形で依存関係にあると報告されている。
7) 草案理由書（BT/Drucksache, 18/5563.ただし内容はBT/Drucksache, 18/5201と同じ）26頁によれば，弁護士のみならず，弁理士もまた雇用主体になれること，そしてまた，事業共同体の範囲については，次のように説明されている。すなわち，「弁理士も，法的紛争処理機構の一機関である。弁理士職業法は，連邦弁護士

ドイツにおける勤務弁護士とそれを取り巻く環境　363

法のそれをなぞったものとなっている。弁理士法は，弁理士の相談ないしは代理権限を一定の法領域に限定しているが，弁理士に雇用されている弁護士も，これを守らなくてはならない（vgl. Bundestagsdrucksache 16/3655, S.3655 および連邦憲法裁判所［Bundesverfassungs- gericht］2014 年 1 月 4 日決定［NJW 2014, S.613］）。ここでいう弁護士とは，公証人を兼任している者［Anwaltsnotare, 連邦公証人法（(BNotO)）3 条 2 項，連邦弁護士法（(BRAO)）を含めた連邦弁護士法の意味での弁護士だけではなく，ヨーロッパ弁護士法（(EuRAG.)）2 条 1 項の意味でのドイツに事務処を構えるヨーロッパ弁護士もこれにあたる。ヨーロッパ弁護士法 2 条 1 項 2 項により，申立てに基づき同法 1 条の意味でのヨーロッパ弁護士として事務処の所在地を所管する弁護士会に受け入れられた者は，ドイツにおいては，現資格国での職業表記を使って，連邦弁護士法 1 条ないし 3 条に準拠した弁護士としての活動をすることができる。【弁護士事業共同体】および【弁理士事業共同体】の概念も，広くとらえられており，実務ですでに存在し広く行われている，弁護士の共同職業実践の法形態および組織形態はこれにあたる。これに該当するのは，連邦弁護士法 59 条 c 以下および弁理士法 52 条 c 以下が定めている弁護士社団，弁理士社団，つまりは，弁護士有限会社および弁理士有限会社，そして，資本社団が，先にあげた職業法上の規律に準拠した弁護士・弁理士社団として認可される重要な要件を満たしている限りは，弁護士株式会社・弁理士株式会社がこれにあたる（vgl. 連邦通常裁判所［BGH］2005 年 1 月 10 日判決［AnwZ (B) 27/03 und AnwZ (B) 28/03 - juris］）。これに加え，民法上の組合，パートナー社団そしてその他法律上認められている職業実践共同の組織形式もまたこれにあたる。この規定の意味での「弁護士または弁理士の」というのは，弁護士の職業法に服する職業実践共同体をさしているのである。これに該当するのは，単一職業の職業実践共同体のみならず，弁護士あるいは弁理士の職業法に服する職業をまたいだ共同事務処形態（Sozietät）もこれにあたる（連邦弁護士法 59 条 a）。本草案 46 条 1 項にあたらない弁護士の職業実践形式は，草案 46 条 2 項の対象である。

8）BGH, Urteil vom 20. Marz 1961, BGHZ 34, 382; BverfG, Urteil vom 4. November 1992, BVerfGE 87, 287.
9）Isele, Komm. zur, BRAO 1976, 1 Anm.V A.
10）初版は 1908 年。なお，Max friedlaender については，森勇監訳『ユダヤ出自のドイツ法律家』中央大学出版部，2012 年，829 頁以下参照。
11）Anwaltsblatt 1929, 172.
12）当初は，序（Einleitung）に盛り込まれていたが，翌年の改正で，独立した前文（Vorspruch）とされた。Noack, Komm. zur RRAO Zweite neubearbeitete Auflage (1937) S.18.

13) なお，帝国弁護士法はそのナチの色彩から，戦争終結後は，実際には19878年の弁護士法にならった各占領地域ごとの弁護士法に取って代わられてはいたが，その廃止は，形式的にはこの連邦弁護士法の施行日である。連邦弁護士法廃止前232条1項1号参照。
14) Habscheid, Die Abhängigkeit des Rechtsanwalts, NJW 1962, 1935.
15) Henssler/Prütting (Busse), Komm. zur BRAO 4. Aufl. (2014) §1. Rdz.39 ff.
16) 平成20年11月10日決議（弁護士懲戒事件議決例集11巻76頁）は，ほかの弁護士の独立性を侵したとして懲戒された例である。
17) Henssler/Pruetting (Henssler), BRAO 4. Aufl. (2014) §43a Rdz.7 ff.
18) ドイツ弁護士法がよって立つ弁護士業務形態は，単独弁護士である。Kilian, aaO. (注6), S.94 f. は，今日までの道のりを次のように説明している。すなわち，19世紀においては，共同経営はまったくなじみのないものであった。弁護士が共同できるというのは，どちらかというと1879年の弁護士法草案のおまけであり，それを認めようとの意図があったわけではなかった。はじめての全ドイツ統一的な弁護士法により弁護士が共同経営への道を開いたが，当時の時代の人からすると，驚くべきことであり，最初は無視された。1878年の弁護士法が，共同経営への道を開いたといっても，共同して経営するという現象については，はっきりと規定していたわけでもなければ共同事務所形態に関する規定を置いていたわけではなかった。弁護士法施行後3年の後，共同経営は原則としては受け入れられることにはなったが，しかし，1908年のFriedlaenderの弁護士法のコメンタール37頁にあるように，通常の団体法（Gesellschaftsrechtlich）のカテゴリーにはあてはまらないものだと考えられていた。共同事務所形態が，真の団体（Gesellschaft）であり，単なる団体に類似する結合ではないという，今日では疑われることのない法理解が定着するまでにはなお時間を要した。当初は例外なく何人かの小規模のものから出発し，1989年の隔地間共同事務所禁止の撤廃以降大きくなり，今世紀に入る頃には外国事務処と合併して国際的に展開した。そうこうするうちに，100人を越える弁護士を抱える事務処は，36個となり，トップ75に入るには，50人超の弁護士を擁さなくてはならなくなっている。

　ただ，大規模事務処は今でも例外であり，はたして，歴史的に伝統であった単独弁護士はマージナルとなり，21世紀は共同事務所形態が主流となるかは，必ずしも確実ではない。調査によれば，単独経営事務処（経営者1名のほか最高でも1名の勤務弁護士）が39％。共同経営61％。単独経営事務処中弁護士1名が74％，2～3名が19％，4～5名が6％程度という分布である。
19) Biermann, Juristischer Hilfsarbeiter, AnwBl. 1929, S.337.

20) Lion = Lebh, Juristischer Hilfsarbeiter, AnwBl. 1930, S. 67 ff.
21) Friedlaender, RRAO 40 Anm. 10.「かつての地方弁護士にとっては共通の理解だったかもしれないが，今時そんなことは論外」と皮肉っぽく批判されているところである。
22) Richtlinien für die Ausübung des RAberufs, aufgestellt von der Vereinigung der Vorstände der RAK der britischen Zone.
23) Kalsbach, Standesrecht (1956) S. 178.
24) 雇用される者を「弁護士（rechtsanwalt）」と表記したのはこれがはじめてであった。Kilian, aaO.（注6）. S. 23.
25) Kleine-Cosack, der gesetzgeber ordnet neu: Durchbruch für die Syndikusanwälte, AnwBl. 2016, 101 ff.
26) 代議員は各単位弁護士会ごと，会員2,000名（2007年までは1,000名）につき1名選出される。連邦弁護士法191条b1項。
27) 1997年3月11日施行。
28) 2項については，本稿の目的外であるので取り上げない。ちなみに，その他の職員等と勤務弁護士との雇用条件の問題は同じであるのに，なぜ両者の文言を異にしたのか，その理由は，規約委員会の議事録からもうかがうことはできないとのことである(Vgl. Hartung/Scharmar (Scharmar), AORA/FAO 6 Aufl. (2016) §26 Rdz. 135.)。
29) Hartung/Scharmar (Scharmar), aaO.（注27）§26 Rdz. 16は，弁護士会に所属するWTO出身弁護士のみしかあげていない。連邦弁護士法206条2項のその他の国出身の弁護士も，弁護士会に所属できるのであるから，限定する必要はないように思うが，はっきりしない。
30) このほか，弁護士資格を持たなくとも特別の許可を得て法律相談等の業務をできるRechtsbeistandも一部弁護士会会員資格を有し，会員となっている者は，本条の対象となる。しかし，こうした資格者の許可は，1980年以降認められなくなり，現在では減少の一途をたどり，早晩消滅する運命にある。2013年現在，こうした資格を有するのは，290名のみである。
31) なお，フリーランスも労働者類似の者（労働裁判所法【AebGG】5条）として，その労務の給付にかかる金銭を依頼弁護士に請求する事件は，労働裁判所がその裁判権を持っている。
32) Hartung/Scharmar (Scharmar), aaO.（注28）§26 Rdz. 23.
33) ただし，契約が成立しても，実際の就労がない場合には，契約基準とせざるをえない。

34) 老齢年金加入義務の観点から，年金保険連合会（Rentenversicherung Bund）等は，はたしてどちら（法定年金加入義務者か否か）に当たるのかのガイドラインともいうべきものを発表しており（連合会のホームページで参照可），また，社会法典Ⅳ7条aは，どちらに当たるかの照会手続を規定している。
35) これらの者が，自分はパートナーとはされているが，実際はそうではないとして，勤務弁護士の権利を主張する例もあるようである。社団の代表権を持っていれば，それは勤務弁護士とは評価されないというのが裁判例である。Hartung /Scharmar (Scharmer) aaO.（注28）§26, 34 u. 36.
36) なお，レターヘッドなどにその名前が掲げられてはいるが実態はパートナーではない，いわゆる表見パートナー（Scheinsozius oder Scheinpartner）も，対内的には勤務弁護士でありうる。
37) 以下は，Hartung/Scharmar (Scharmer) aaO. §26 Rdz. 61 ff. の解説に大きく依拠したものである。
38) Filges, Der Anwalt als Arbeitgeber, NAZ 2011, 234 (238).
39) Kilian, Die Junge Rechtsanwaltschaft (2014), S. 160.
40) 国際通貨研究所によると，通貨購買力平価は2016年9月で1ユーロ約115円弱であるから（http://www.iima.or.jp/research/ppp/），円に換算すると500万円程度となる。
41) このほか，勤務弁護士の俸給については，週40時間勤務の場合，弁護士経験3年以下で平均33,000ユーロ，4年以上10年以下では55,000ユーロとの報告もある。Eggert, BRAK-Mitteilung 2010, S. 2. 参照。
42) BAG Urt. von 17.12.2014, BAGE150, 233.【18】参照。なおドイツでは，一般に給与の額が，地域格差を踏まえた当該業種の一般的賃金の3分の2を下回ると，原則違法との判例が確立されており，本件はこの原則が，26条に照らして弁護士にも適用があるかが問題となったケースである。
43) 余談になるが，能力社会のドイツならではといってよかろうが，司法試験の成績がどうか，博士号を持つか否かで，初任給がはっきりと異なっている（約5倍の開きがある）。また，個人事務所と共同事務処とでも，おなじく1.5倍以上の賃金格差がある。女性の社会進出が日本の比ではないにもかかわらず，初任給に格差がみられることは，驚きといってもよかろう（個人事務処→ 28,644ユーロ，共同事務処→ 46,015ユーロ，男女差・個人事務処：男子→ 32,315ユーロ，女子→ 27,324ユーロ，共同事務処：男子→ 49,597ユーロ，女子→ 43,959ユーロ）。Vgl. Kilian, aaO.（注6）, S. 166, 168, 163, u. 164.
44) 弁護士白書参照。

45) 詳しくは拙稿「ドイツにおける弁護士の研鑽義務とその規律」比較法雑誌 45 巻 4 号 (2012) 141 頁以下参照。
46) ただ，若手弁護士がそのための研修を受けるにあたり，方向転換を意味する自己の現在の業務とはまったく無縁の分野の専門弁護士資格取得を目指すとは，考えにくいのではなかろうか。さらには，実態調査では，雇用に際し雇用者側から専門資格取得に協力する旨の約束がなされることが約全体の 70% でなされている (Klilan, Die junge Anwaltschaft, S. 168 f. 参照)。であるとすると，こうした約束がなされている場合には，事務処にとって利益となるか否かにかかわらず，資格取得のための研修等も保証すべき研鑽となろう。なお，高度に発展しているドイツの専門弁護士制度については，森勇編著『リーガルマーケットの展開と弁護士の職業像』中央大学出版部，2015 年，231 頁以下参照。
47) Vgl. Hartung/Scharmar (Scharmer) aaO. (注 28) §26 Rdz. 95.
48) BAG Urt. 26.09.2007, NJW 2008, 392.
49) この差し止め請求権の時効は，連邦労働裁判所の判例 (注 48) によると，3 カ月である。商法 61 条 2 項参照。
50) 反対，Knöfel, Wettbewerbsverbote vor dem BAG, AnwBl. 2008, 241 f.
51) BAG NJW 2008, 392.
52) 拘束力はないということで，合意が無効だということではない。したがって，かつての勤務弁護士は，合意した補償金を手に入れて禁止条項にしたがうか，これを放棄して自由に活動するかのいずれかを選択することができる。
53) 商法 74 条 a1 項 2 文。
54) BGH, Urt. v. 29.9.03, BRAK-Mitt. 2004, 43.
55) BGH, Urt. v. 08.05.2000, BRAK-Mitt. 2000, 205. ただし，あまりに長い場合には，合意そのものが無効とされている。BAG Urt. v. 7.8.2002, BAG 10 AZR 586/01 Rn. 22.
56) ただし，弁護士がすぐに他の弁護士のところの勤務弁護士となった場合には，隠れた依頼者侵奪条項として無効だとされる。BAG Urt. v. 11.12.2013, BRAK-Mitt. 2014, 216 ff.
57) Vgl. Hartung /Scharmar (Scharmer) aaO. (注 28) §26 FN. 166.
58) SV-Prot. 4/96, S. 7.
59) BAG Urt. v. 17.12.2014, BAGE 150, 233.【18】．事案は，3 分の 2 原則が 26 条に照らして弁護士にも適用があるかが問題となったケースである。
60) 連邦弁護士法が定めている懲戒的性質を有する処分等としては，73 条 2 項 1 号に基づく弁護士会理事会の教示 (Belehrung) と同 74 条に基づく叱責 (Rüge)，そして，弁護士裁判所による警告，譴責，反則金，業務停止および除籍 (同 114 条

参照）がある。

61) Sagel, Die bwschäftigungdes rechtsanwalts zu angemessenen Bedingung(2007), 99ff.; ders., Wie angestellte Junganwälte angemessen vergüten?, AnwBl, 2008, 126 (129); Filges, aaO. (注38), 234 (238 f).
62) BGH, Beschl. V.30.11.2009, BRAK-Mitt. 2010, S.132.
63) この指摘は，形式上は，弁護士会理事会の【教示】である（連邦弁護士法73条2項1号）が，特に【非とする趣旨の教示（mißbilligende Belehnung）】と呼ばれているものであり，その実質は，連邦弁護士法74条に基づく理事会の叱責処分（Rüge）である。Vgl. Henssler/Prütting, BRAO 4. Aufl.（2016）§73 Rdz.24.
64) 弁護士分限裁判所は，弁護士裁判所（Anwaltsgericht），弁護士法院（Anwaltsgerichtshof）そして連邦通常裁判所弁護士部（Anwaltssenat des BGH）の三種に分かれる。事案により，弁護士裁判所と弁護士法院のいずれかが第一審となる。

　各裁判所は，その構成を異にするが，いずれでも弁護士が裁判官として関与する。詳しくは，拙稿「ドイツ弁護士法の新たな展開」日弁連編・21世紀弁護士論183頁以下（201頁以下）参照。
65) 基本的には，理事会による教示は，一般的には処分ではないとされ，理事会の叱責とは異なり，不服申立ては認められないが，具体的な作為ないしは差し止めを命じる教示および当該弁護士にかなりの不利益をもたらすものに対しては，連邦弁護士法112条fに基づき，弁護士法院に不服を申立てることができる。ここで問題となった理事会の「指導的指摘」に不服申立て方法が摘示されていたゆえんである。なお，叱責の場合は，理事会への異議が棄却されたときは，弁護士裁判所に不服申立てをすることとなっている。連邦弁護士法74条a参照。
66) NJW 2008, 668.
67) 即時抗告を受けた連邦通常裁判所弁護士部については，従前は7名の裁判官から構成されていたが，2009年の改正（Gesetzes zur Modernisierung von Verfahren im anwaltlichen und notariellen Berufsrecht v.30.7.2009（BGBl. I 2449, 2456））により，5名に減員された。本来は，改正前の事件でも，新たな構成でできるとするのが連邦通常裁判所弁護士部の判例であったが（Senatsbeschl. v.4.11.2009 - AnwZ [B] 16/09, z.V.b., Leitsatz d sowie unter II)，本件は審理がすでに始まっていたので，旧法の7名構成によっている。

　なお，本件では，当事者が口頭弁論を放棄したために，書面手続がとられている。ちなみに，本件ではXは抗告期間2週間を徒過してしまっていたが，追完が認められた事例である。

Appendix 1
弁護士の給与に関するドイツ弁護士協会のパンフレット
給与にかかる判断材料【ドイツ弁護士協会提供】（Entscheidungshilfe des DAV）
基準日 2009 年 5 月 20 日

1．職業規則 26 条 1 項は，弁護士は，適切な条件をもってのみ就業させることが許される。

　適切性という問題に関しては，見解が対立している。「公序違反の給与」や「サメのプールでのお遊戯」といったような新聞等の見出しは，ドイツ弁護士協会の見解によれば，弁護士に対する敬意を損なっている。裁判例はめったに見られない。多くの若手弁護士は，こうしたよろしからぬ状況を指摘するのをためらっている。

　というわけであるから，ドイツ弁護士協会は，勤務させる側そしてまた勤務する側の同僚にアンケートや裁判例を評価して透明性を高め，そうしてある程度の判断材料を提供したいと考える。ドイツ弁護士協会は，勧告をすることはできない。そしてまた，すべての個別事例にあてはまるといえるものでもない。平均的な給与（10 万ユーロから 14 万ユーロ）だとオウム返ししても意味はない。

2．経験に照らしてみると，若手弁護士の活動は様々である。
　　――通常では，社会保険加入者である勤務弁護士
　　――特別の場合には（博士論文執筆と平行する形での）真のフリーランス
　　――時としてみられるのが，プラクティクム（Praktikum）またはトレニー（Trainne）と表記される研修の枠組みでの就労

　プラクティクム（Praktikum）またはトレニー（Trainne）と表記される研修なるものは，二回試験に合格した弁護士に関しては，疑問である。

　契約関係の不当な位置づけは，危険である。たとえば，不当にも「フリーランス」と位置づけられた活動が，後に社会保険から通常の労働関係の枠内のものだとされ，過去の年度の社会保険料そしてまた給与所得課税の追徴請求が，しかも雇用する側の弁護士に対してなされる可能性がある。雇用されている弁護士も，また，これにより，社会保険上の不利益を確実に受ける。

3．ノルドライン＝ウエストファーレン弁護士法院は，特別に専門化しておらず，特別の資格認定を受けておらずそしてまた司法試験の成績は特に良いというわけではない弁護士の（全日勤務）月給としては 2,300 ユーロ，年収でおおよそ 35,000 ユーロだとしている（NJW2008. 668-670）。1999 年のヘッセン地方労働裁判所（控訴審）は，週 35 時間勤務の新人弁護士の給与は，2,800 マルク（1,431.62 ユーロ）と認定し

ている（NJW2000. 3372）。ミュンヘン上級地方裁判所は未払い賃金を損害賠償として求めるケースで，1997年から1999年につき，1年目の新人の給与を約2,000ユーロ（2年目は，2,250ユーロ）とするのが正しいとした（NJW2007. 1005）。Paul-Werner Beckmann は，AnwBl 2009年102頁において，格別の能力や経験を持たない新人弁護士の月額給与について，1,800から2,000ユーロ，経験2年から4年で2,000から3,000ユーロそして5年目以降は2,400ユーロだとしている。産業界や公務員と比較しても，そこでの差異が特段に大きいことから，まったく参考として役に立たない。

4．先にあげた数値に照らし，個別のケースで全日勤務の場合の給与額は，どの程度が適切かは，契約当事者が責任を持って吟味しなくてはならない。この際注意すべきは次の点である。

①大規模・中規模そして小規模の事務処間で差異をもうけるべきであるし，また，人口密集地と産業が未発達な地域との間で差異をもうけるべきである。

②司法試験の成績優秀者そしてまた専門弁護士資格，法学博士号あるいは LLM といったほかの資格を持っていると，通常は明らかに高い給与がえられる。特定の事務処は，その勤務弁護士に明確により高い初任給を支払っているが，通常週40から50時間という勤務時間よりもより多くの時間勤務することも求めている。

③いずれにしても有意義なのは，経営者としての心構えを促すために，新人弁護士が自身で獲得した新たな依頼については，歩合を支払うことである。

④仕事に就きはじめは，実務経験が非常に不十分であることが，比較的低額な初任給の原因となっているとすれば，経験を積むことで，1年とか2年後には，より高額の給与が支払われるべきである。意義のある職業経験はまた，（たとえばドイツ弁護士協会が行っている教育に参加するなど）修習に積極的に協力することでもまた得ることができる。

5．継続研鑽は，必須である。職業規則26条1項c号は，雇用する側の弁護士は，求めがあるときは，勤務弁護士に対し継続研鑽のための適切な時間を与えなくてはならないと規定している。継続研鑽は，雇用する側の弁護士が勤務弁護士を適切な時間仕事から解放し，そしてまた研鑽費用を分担することで促進されなくてはならないものである。継続研鑽について寛大なあつかいを受けた若手弁護士が，辞めてしまうことに対する心配があるとすれば，これに対しては，労働関係では通常見られる支払い費用等の返還請求条項をもって対応ができる。

6．ドイツ弁護士協会は，このパンフレットに対し，批判的な者も含め意見をいただければ幸いであるし，同じくまた，弁護士の給与に関するアンケート集計があるなら，それを教えていただければ幸いである。

Appendix 2
関係法令

連邦弁護士法
第1条〔法的問題処理機構の中における弁護士の地位〕
　弁護士は，法的問題処理機構を構成する独立した一機関である。

第2条〔弁護士の職務〕
　(1) 弁護士は，自由職業を行う。
　(2) 弁護士の活動は，営利を目的とする業ではない。

第43条 a〔弁護士の基本的義務〕
　(1) 弁護士は，その独立性を損なうおそれのあるいかなる義務も，これを引き受けてはならない。
　(2) 以下省略。

弁護士職業規則
第1条【弁護士の自由】
　(1) 法律または職業規則が特に義務を課していない限り，弁護士は，自由かつその独自の判断に基づき，そして何らの規制を受けることなくその職業を実践する。
　(2) 弁護士の自由の権利は，市民が権利を保持できることを保障する。その活動は，法治国家に奉じるものである。
　(3) 弁護士は，すべての法律問題での助言者および代理人として，その依頼者が権利を失うことの無いようにし，権利を生み出し，紛争を回避しそして紛争を調整するように，依頼者に寄り添い，裁判所および官庁が誤った判断から依頼者を守り，そして，憲法に反する侵害および国家の権限逸脱から依頼者を保護しなくてはならない。

第26条【弁護士およびその他の従業員の職員】
　(1) 弁護士は，適切な（angemessen）条件を持ってのみ就業することがが許される。適切な条件とは，以下のとおり。
　a) 雇用される者の知識と経験および雇用する弁護士の責任リスクを考慮してみて，ことにかなった依頼の処理を可能とするもの。
　b) 雇用される者の資質と能力およびその活動の範囲ならびにこの活動から雇用す

る弁護士が受ける利益に対応した報酬を保証するもの。
 c) 雇用する弁護士に対し，その求めに応じて研鑽のために妥当な時間を与えるもの。および，
 d) 競業禁止の合意をするときは，妥当な調整金（補償金）の支払いを約束するもの。
(2) 以下省略。

第8章 総　　括

総　括
——法化社会のグローバル化と理論的実務的対応——

司会：2016年12月17日開催された「第26回中央大学学術シンポジウム」は，所員のみなさんのご協力とご尽力をもって，無事終了することができました。とくに6つのセッションの主査を務められた先生方には，長期にわたって，テーマの選定・チームメンバーとの協働・シンポジウムにおけるプレゼンテーションと，いろいろな場面でご苦労されたことと存じます。おかげさまで，シンポジウム当日には，これまでの研究成果をあますことなく披瀝していただき，当研究所の知的資産の蓄積を誇ることができたと思います。他方で，「学術シンポジウム」は，これまでの研究成果を広く社会に還元するという目的も有しております。そこで，本日は，各セッションの主査にお集まりいただき，各セッションに共通する問題関心のもとで，それぞれの研究意義を敷衍し，いわば本シンポジウムの総括に当たる部分をとりまとめたいと存じます。

　まずは，伊藤壽英・日本比較法研究所所長から一言，お願いします。

伊藤壽英：本日は，ご多忙中のところお集まりいただき，ありがとうございます。ただいま，ご紹介がありましたように，昨年12月17日に開催された「第26回中央大学学術シンポジウム」は成功裏に終えることができました。それぞれのセッションにおいて，その分野の最先端の研究成果に基づいたご報告とコメントがあり，研究水準の高さを示すことによって，当研究所の社会的責任を果たせたように思います。もっとも，その分野の専門ではない人

にとっては，ややハードルが高いと申しますか，一般社会にとってもう少し理解が容易になるような「まとめ」が必要であるように感じました。そこで，たいへん僭越ですが，私のほうから共通の問題設定をさせていただき，それに各主査の先生方が簡単にコメントすることで，読者の便宜に供しようと思います。すなわち，第1に，近時のグローバル化が当該法領域にどのようなインパクトを与えたか，第2に，当該法領域において，どのようにグローバル化に対応したのか，第3に，グローバル化対応のために，どのような手法をとったのか，という問題群であります。あとは，本シンポジウム担当常任幹事の北井先生に，司会をお任せします。

司会：それでは，最初の問題「近時のグローバル化が当該法領域にどのようなインパクトを与えたか」について，ご発言いただきたいと思います。まずは「サイバースペースの法的課題と実務的対応」セッションですが，もともとサイバースペースというのは，国境の概念がない空間であり，その誕生からグローバル的な性質を有しているところがあります。その点から，堤先生，いかがでしょうか。

堤 和通：インターネットの特性は設計と法の双方のコード次第ですが，プロジェクトでは，現在，最も重要な特性として捉えられている，ユーザの身元と用途による入り口規制を加えない，ネットワークのネットワークであることを前提に検討を加えました。具体的には，サイバースペースでの犯行態様の趨勢にみられる階層的な組織犯罪の優位性と分散協調型の組織犯罪の台頭，サイバースペースに関するリベラルな文化的期待に関連する著作権をめぐる立法，訴訟と論争，個人情報の保護に関するプライヴァシー・ポリシーをめぐる欧州と米国間の擦り合わせと，それに合わせた日本での対応などが法的課題として挙げられます。第1のものは，古典近代の犯罪概念である，特定の日時場所で主観的要件と客観的要件を備えた個人の犯行を典型例にする犯

罪概念で捉えられない態様での害悪や悪影響を個人や社会に与える犯行態様に応える法制が問われていること，第2のものは，インターネットが財の需要者側に，従来にない社会的効用を生む可能性を示し，消費の競合性の有無を基準とする私的財と公共財の区分では捉えきれない効用のあり方，そのような効用最大化を目指す功利主義にたつ財の権原制度の可能性を示唆すること，第3のものは，顧客の行動履歴によるターゲット広告や，犯罪歴などの経歴の検索結果上の表示など，情報のプライヴァシーや個人の自律領域の保障に譲歩を迫る情報蓄積の利活用に係わる新たな衡量論が問われていることを示す事象です。

　加えて，法の原理的要求として欠かせない正義の要求へのインパクトとして，刑事法上の応報正義と民事法上の匡正正義を挙げておきます。インターネット上に発見できる犯行の痕跡の保全・利用の可能性が応報正義の実現の可能性とそれにともなうコストを決めます。具体的には履歴の保全・保存など，従来にないガバナンスの問いを生んでいます。関連のサーバーが海外にある場合など，司法共助，捜査共助の必要性がかつてないほど高まってもいます。また，不法行為の結果がインターネットを介して損害を生んでいる場合に，匡正正義の実現には，全体の損害結果と個々の行為の寄与度を測る方法を見つけなければなりません。具体的には，児童ポルノの画像を頒布された被害児童の損害回復が挙げられます。

司会：堤先生，ありがとうございました。次に，「裁判規範の国際的平準化」セッションですが，グローバル化と立憲主義についての問題意識が，世界で共通しているとのことでした。とくにフランスにおける問題はどのようなものでしょうか。

植野妙実子：シンポジウムでは，フランス公法における『グローバル・スタンダード』の影響として，ファヴォルーの『法にとらわれる政治』（ルイ・ファヴォルー著＝植野妙実子監訳，中央大学出版部2016年）の今日的意義につ

いて報告をしました。現在，世界中で立憲主義の意義が問われています。これは他方で，イギリスのEU離脱を決めた国民投票や，アメリカのトランプ大統領の就任にみられるようなポピュリズムが先鋭化している今日，それに対抗する制度として立憲主義のあり方に注目が集まっているからです。フランスは伝統的に民主的正統性に強く力点を置く国でした。フランス革命以来，フランス人権宣言の中にもそのことが記されています。「法律は，一般意思の表明である」とする言葉はそれを表しています。しかし，このフランスにあっても，民主的正統性と調和する形で立憲主義の確立の重要性が認識され，今日では，権力分立の実質化を担う憲法院が，フランスの統治構造の中で存在感を増しています。この存在感は，法的統制を通して政治的統制を図るまでになっています。フランスの立憲主義の構築はまさにグローバル化の影響を受けたものですが，その確立の契機を分析し，フランスの独自の発展を理論づけたのがファヴォルーです。そこで，その問題を取り上げました。

　2008年7月の憲法改正により，それまでの，立法過程における法律の合憲性審査の事前審査に加えて，市民の違憲の抗弁による事後審査も採用されました。すなわち，訴訟に適用される法律が，憲法で保障されている権利や自由と適合しているかどうかを審査する権限が，憲法院には認められているのです。違憲と判断された法律もしくは条文は判決の公表の日以降廃止されますが，判決の中で廃止の期日を定めることもあります。

　この事後審査制は2010年3月1日から施行されましたが，訴訟において活発に活用されています。

　事後審査制の導入の効果としては，訴訟当事者に門戸を広く開いたこと，合憲性問題に市民も弁護士もまた裁判官自身も認識を深めるようになったこと，法的安定性にも注意が払われるようになったことが挙げられていますが，何といっても憲法の最高法規性が意識され，立憲主義の実質化がフランスでも広まったことが大きいです。

司会：植野先生，ありがとうございました。次に，「生命倫理規範のグローバル化と実務的対応」セッションですが，安楽死・尊厳死といった問題は，もともとその社会に固有の文化的宗教的価値に左右される性質を指摘されました。只木先生，この点とグローバル化の影響はどのような関係にあるのでしょうか。

只木 誠：わが国においては，これまで，安楽死が裁判の争点となった案件が8件存するところ，そのような「患者の苦痛からの解放」を目的として薬物などによって人為的に死をもたらす安楽死（積極的安楽死）と，「人間の尊厳を保って」自然な死を迎えるためにそれ以上の人工的な延命措置を行わず死に至らせる尊厳死（消極的安楽死）について議論がなされてきました。そして，現在，議論の中心は，積極的安楽死から消極的安楽死へと移ってきていると思われます。

そして，この安楽死・尊厳死の問題はまた，いわゆる「脳死」が人の個体死として認められるかという問題と関わって切り離すことはできません。「人」が「死に至った」かの認定については，わが国では，従前より，三徴候説と脳死説との間で議論があるところ，臓器移植手術の広がりにともなって脳死説に傾いているのが現在の流れであるといえるでしょう。

一方，死をテーマとする問題に比して，人の始期の確定あるいは胚の保護の問題については，これまで，わが国では，議論は概して低調でした。そこには，母体保護法によって結果的に堕胎が広く許容されてきたこともその理由の1つに挙げられるでしょう。

このような人の死と生をめぐる諸問題の様相は，わが国の文化的，社会的，宗教的な，あるいは法文化的な特徴を背景としているといえるでしょう。しかし，生命倫理に関するスタンダードのグローバル化の波，すなわち，たとえば，西洋諸国において法学上一般的であり，医学上の必要の点からも肯定されている脳死をもって人の個体死とする考え方，また，安楽死，尊厳死に

関しては，一定の要件の下での医師の自殺幇助や安楽死を肯定しているドイツの医療実務および法学の議論の波及は，わが国にも影響を与えています。また，人の始期に関わる問題についても，ヨーロッパでは以前より胚・受精卵の保護が深く議論されており，現在，わが国の議論への影響がみられるところです。

司会：只木先生，ありがとうございました。次に，「環境規制のグローバル化と実務的対応」セッションですが，環境問題も国境を越える性質を有する以上，各国単位の環境規制には限界があるとのお話でした。牛嶋先生，環境規制という点から，グローバル化の影響はどのようなものでしょうか。

牛嶋 仁：環境規制は，伝統的には，環境保全に関する公的規制（法令や法令に基づく行政規制）を意味しますが，その実施は，立法，行政，司法の各過程において行われます。

理論上のインパクト（当然に実務上のインパクトと一部重複する）は，グローバル環境法（「環境」法の支配や環境ガバナンス）やトランスナショナル環境法（規制主体の多様化，規制手法の多様化，事実上の効果，重層的法構造の発展）の認知と分析枠組みの発展です。

グローバル化が環境規制に与える実務上のインパクト（当然に理論上のインパクトと一部重複する）は，大要5つの類型に分けることができます。

第1に，国境を越えて共有する価値の追求です。たとえば，環境と開発に関するリオ宣言（1992年）は，各国に共通する環境法政策の一般原則を明らかにしていますが，特に，その第10原則は，市民の情報へのアクセス権，意思決定への参加権，司法へのアクセス権の保障を謳っています。日本においても，UNECEのオーフス条約やUNEPのバリガイドラインに準じた法整備が議論されているところです。

第2に，各国間における環境規制の調和への動きです。環境規制の範囲，程度，態様について各国間で相違がある場合，自由で公正な貿易を促進する

観点からは，非関税障壁となるからです。一方，環境規制は，各国環境政策の反映でもありますので，社会，経済，文化の影響を受けており，それを無視した調和は，各国の実情に合わない規範の導入という批判を受けることにもなります（Law and Development の議論）。たとえば，環境リスクに関する意識や態度は，各国やその社会によって異なり，その規制を調和することに関する反対もありえます（FTA や EPA，具体的には TPP などにおける交渉参照）。

　第3に，各国による環境規制の強化競争です。この場合，標準化のリーダーシップとも関連性があります。すなわち，環境規制を強化した場合，製造業においては，その最も厳しい基準に適合するように製品のデザインを設計することになり，環境規制のフロントランナーの基準が事実上のグローバル・スタンダードとなっています（EU による化学物質規制に典型的にみられる。合衆国においては，カルフォルニア州の規制が最も厳格で他州にこの影響を及ぼすので，合衆国内外でカルフォルニア効果と呼ばれる）。規制の厳格化は，基準のみならず，規制対象や規制方法にも表れますので，新たな規制対象や新たな規制方法を先んじて創出すれば，規制の標準化作業においてリーダーシップをとることができるという側面もあります。

　第4に，各国による規制緩和の競争です（race to the bottom）。環境規制が緩やかであれば，製造業のコストを抑えることができるため，グローバル企業の誘致を行いやすくなります。したがって，一部の国では，政策として望まれる規制程度ではなく，規制を緩和ないしは厳格化をあえて行わないことにより，他国との規制相違を導き，経済的優位性を保とうとする場合があります。この（非難されるべき）インセンティヴは，環境規制のみではなく，労働安全衛生規制や人権保障についても妥当するのは，一般に指摘されているとおりです。

　第5に，国際法の進展です。パリ協定がこれに当てはまりますが，その将

来については，義務規定がないことやトランプ政権の動向次第で，方向が安定したものにはなっていません（本原稿提出，2017年4月）。

司会：牛嶋先生，ありがとうございました。次に「決済取引のグローバル化と実務的対応」セッションでは，もともと企業法体系が有している開放性・進歩性が，近時のグローバル化の進展をも包摂しうるとのご指摘でした。福原先生，その点，いかがでしょうか。

福原紀彦：実質的意義での商法すなわち企業法の領域においては，発展傾向上の特色として，一般的に，進歩的傾向と国際的傾向とが顕著であることが指摘されてきました。企業活動は，国際的に展開され，そのグローバルな性質が企業法の特徴に反映しています。そして，企業活動において，コンピュータ・ネットワークを介して電子情報が活用され，電子取引や電子決済が実現し普及すると，そのグローバルな性質はいっそう強まったといえます。

　電子情報活用の有する社会的機能を保障して，安全で安心な電子取引と電子決済の実務環境を構築するために，従来の法理論や法制度では対応できない法的課題が生じ，これを克服する取組みは，当初からグローバルな性質を有していました。したがって，そうした法的課題を認識し，これに対応する新たな法領域を電子取引・決済法と命名すると，この法領域のグローバル性が，関連する法領域（企業法全体や金融法）のグローバル化を促進しているといえます。とくに，通貨政策や金融政策と深く関わる金融監督法の領域では，国家独自の政策が色濃く反映され，各国の固有性の強い法制度を蓄積してきましたから，電子取引・決済の実務と法の生成・展開は，そのグローバル化を推し進める大きな契機をもたらしているとみることができます。

司会：福原先生，ありがとうございました。次に，「リーガルサービスのグローバル化と弁護士法」セッションですが，経済や企業活動のグローバル化は，必然的にリーガルサービスのグローバル化を招来するとのご指摘がありました。森先生，グローバルなリーガルサービスを提供する側から，どのように

お考えでしょうか。

森　勇：弁護士職業法に関していえば，まずは「弁護士という職業に対するグローバル化のインパクト」あるいは「弁護士を取り巻く環境へのグローバル化のインパクト」はどうなのかをみておく必要があります。ポテンシャルなインパクトをも取り込んでみるとすれば，それはかなりなものといえるでしょう。まずもって，自由市場，より露骨にいえば「富」のマーケットがグローバル化すれば，当然ながら，弁護士のマーケット，つまりは法律事務もグローバル化しますし，それに対応した弁護士自身もそれに対応することが迫られる。至極当たり前のことです。それでは，実際にどの程度のインパクトをグローバル化が弁護士のマーケットに与えたか，あるいはマーケットに質的変容をもたらしたかといえば，それはほんの一部であり，そのマーケットは，一握りの弁護士，さらにいえば，外国大規模事務所の支店といってもよい外国法事務弁護士との共同事業に握られているようです。

　次にグローバル化にともなう国境を越えた人的・物的往来は，これも必然的に弁護士にとっての新たなマーケットを提供します。たとえば人の交流は当然に国際結婚の増加をもたらし，これは残念ながら離婚の増加，そして子をめぐる紛争を増加させます。物的往来というのは少し大げさかもしれませんが，国境を越えた通販は，当然に内国通販とは異質の弁護士にとっての新たなマーケットといってよいでしょう。もっともこれらの分野も潜在的ないし将来的には市場の拡大が見込まれますし，「富」の交換マーケットのグローバル化にともなう新たな法律事務とは異なり，単独弁護士が——もちろんマーケットのニーズに応じた相応の努力をすればですが——参入することも容易なマーケットです。しかし，現実には，それが弁護士のマーケットにおいてどの程度を占めているか，あるいはその市場規模の拡大のスピードはどうかとなると，かなり悲観的ではないでしょうか。

　そういうわけで，わが国の弁護士のマーケットの大半のボリュームは，そ

の構成比は変わっても，いずれにせよドメスティックであり，国際的にはローカルというのが現実でしょうし，この現状が近い将来大きく変わることはあまり考えられないのではないでしょうか。グローバル化が，現実に弁護士のアティテュードに大きな変更を迫っているか，それにともなう制度・法改正を喫緊の課題として，大方の弁護士が共有しているかとの問いに対しては，あくまで一般論ですが，「ノー」と答えざるをえないでしょう。

司会：主査の先生方，第1の問題設定にコメントいただき，ありがとうございました。引き続き，第2の問題，「当該法領域において，どのようにグローバル化に対応したのか」に進みたいと思います。まずは，堤先生，サイバースペースの法規制について，性質上，グローバルな取組みが容易であるように感じますが，いかがでしょうか。

堤：刑事法分野では，欧州のサイバー犯罪条約が挙げられます。条約の批准に合わせて，「情報処理の高度化等に対処するための刑法等の一部を改正する法律」により，刑法（ウィルス罪の新設など）並びに刑訴法（データの遠隔差押えや通信ログの保全要請など）が改正されました。個人情報保護の分野では，EUデータ保護指令改定となる規則案，OECDプライヴァシーガイドライン改定，APEC越境プライヴァシールールの採択などを受けた，個人情報保護法の改正（要配慮個人情報の規定整備，匿名加工情報の規定整備，第三者提供に関する確認・記録作成義務，委員会新設，権利性の明示）がなされました。著作権については，サイバースペース上の取り扱いについて，表現の自由との権衡並びに民間事業者の役割責任との調整で，ありえるグローバル・スタンダードが検討課題となります。

司会：堤先生，端的にご指摘いただきありがとうございました。次に，植野先生，フランスの対応は，グローバルな人権保護のために「憲法訴訟」の役割を重視する方向のようですが，もう少し詳しく説明いただけますか。

植野：対応という点については，フランス憲法における憲法裁判の系譜をた

どってみたいと思います。

　1958年の第五共和制憲法に憲法院の存在は記されてはいましたが，その役割は当初，専ら法律事項と命令事項の管轄の配分の審査でした。しかし，1980年以降になると，通常法律の合憲性審査が活発化します。その契機となったのが，1971年7月16日の結社の自由に関する憲法院の判決です。根拠条文として「共和国の諸法律によって承認された基本的諸原理」が挙げられました。ここから憲法院の役割はまさに法律の合憲性審査，基本的諸権利の保障にあると考えられるようになります。

　フランスでは従来，「一般意思の表明である法律」を重要視する考え方が強く，それが法律中心主義を生み出していました。他方でアメリカ型の違憲審査制は裁判官政治を生むとして，嫌われていました。それゆえ，憲法裁判や違憲審査制の必要性が認識されながらも，なかなか浸透していきませんでした。1981年の大統領選挙によって，社会党のミッテランが大統領になり，政権交代が起きると，にわかに，新しい政権の下で，新しい政策を推進する法律の違憲性・合憲性を明らかにする機関として，憲法院が注目されるようになりました。さらに社会党のミッテラン大統領の下で，保守派のシラクが首相となる事態（コアビタシオン）が生じると，今度は，大統領と首相の役割分担が問題になると同時に，憲法院が一貫した態度で明確な基準を用いて法律審査の違憲判断を示せるかどうかが注目されるようになりました。こうした一連の（1981年から1987年までの）憲法院の態度を分析したのがファヴォルーの『法にとらわれる政治』でした。以前は法律の事前審査しか存在していませんでしたが，2008年に懸案であった法律の違憲審査の事後審査制が導入され，再びファヴォルーの『法にとらわれる政治』への関心が高まっています。ファヴォルー（当時エックス・マルセイユ第三大学教授）は，国際憲法裁判学会を1984年に立ち上げ，他国では既に導入されていた憲法裁判の重要性を指摘し，また，当時まだフランスにおいては認識の薄かった比較憲

法の必要性を説いた教授でもあります。

　フランスでの憲法裁判の実質化は，憲法改正で進められたといえます。1974年10月の憲法改正によって，これまでの憲法院への提訴権者，大統領，首相，上下両院議長に加えて，60名の国民議会議員，60名のセナ議員にも広げました。これによって，少数派が法律の合憲性審査を提起できることになり，事前審査の枠組みの中ではありますが，憲法裁判が活性化しました。法的統制を通じての政治的統制の活発化です。そして事後審査制の導入を認めた2008年7月の改正があります。

　また憲法学の変化も指摘できます。1980年までのフランスの憲法学の状況は，次のようにまとめられます。第1に，憲法の教科書のタイトルは多くは『憲法と政治制度 Droit constitutionnel et institutions politiques』であり，内容は統治構造と政治制度に関わるもの，すなわち政治学に近いものでした。第2に，1958年第五共和制憲法本文は専ら統治構造について定めており，権利についての規定は前文に1789年人権宣言，1946年第四共和制憲法前文の権利規定についての言及がある形になっています（現在はそこに2004年環境憲章も入っています）。憲法の研究対象は専ら統治構造でした。第3に，法律中心主義の考え方が強く，憲法も法律の1つにすぎないとする考え方が強かったのです。第四に，人権保障は，『公的諸自由 Libertés publiques』というタイトルで，コンセイユ・デタの判例（すなわち合法性の審査による命令の統制）を通して学ばれていました。こうした状況から，今日では憲法学は，統治構造と基本的人権とを学ぶものとなっています。政治学から脱却し，最高法規である憲法の実定法としての研究が行われるようになりました。また，注目すべきは，その違憲審査基準については，行政裁判所，特にコンセイユ・デタで積み重ねられてきた公的諸自由に関する合法性の審査基準が，大きな影響をもたらしているということです。

司会：只木先生，尊厳死・安楽死に関わるドメスティックな裁判実務とグロ

ーバル化対応について特筆すべきことはありますか。

只木：生命倫理の分野に対する刑事的対応・規制については，そもそも刑事法はそれぞれの国独自の法文化に基づいてドメスティックなものであり，個別性が高いという特徴を有しているところ，わが国における，安楽死・尊厳死，脳死，人の始期という問題に関しての対応は，即時的ではなく，いずれもゆっくりとした漸次的なものであるといえます。具体的には，わが国では，胚の保護に関する刑事的対応（処罰化）は図られておらず，脳死か心臓死かは，殺人罪の成立に大きな影響を与えるであろうところ，現在，この点に関する司法実務の対応は明らかではありません。また，安楽死・尊厳死については，裁判案件は8件と，ドイツに比べると少ない（なお，ドイツにあっても，それらにはやはり有罪判決が下されたであろうと思われる）が，とはいえ，刑法以外の，たとえば倫理指針，あるいは終末期医療に関するガイドラインその他の法的整備については，グローバル化の方向性がみられるところです。

司会：牛嶋先生，環境規制の分野では，条約等の国際的動向をご指摘いただきましたが，それに対応する難しさにはどのようなものがありますか。

牛嶋：環境規制におけるグローバル化への実務的対応（課題を含む）は，上述のとおりですが，対応の類型としては，3つに分けることができます。

　第1に，新たな立法や条約等の締結です。パリ協定を含む各種条約・協定やその国内実施としての国内法の整備は，これにあたります。

　第2に，法執行の確保です。法制度が整えられた場合であっても，国によっては，法執行が事実上困難であることが稀ではありません。各種リソース（予算や能力など）の制約，政治的な介入や汚職など社会の構造的問題がその理由です。

　第3に，規制ガバナンスの確保です。すなわち，規制の効果的実施には，規制機関のみならず，市民社会との協働が不可欠です。非政府組織などによる規制は，事実上の規制として理解されますが，この場合には，その規制自

体のアカウンタビリティが問われることになります。

司会：福原先生，電子取引・決済の分野については，国内法の延長で対応しうる部分と，喫緊に対応しないといけない部分があるように感じられますが，いかがでしょうか。

福原：企業法領域のグローバル化は，各法系や各国における固有な法の発展を踏まえて，国際関係にのみ新ルールを設けることや，条約の制定と批准・国内法化によって行われてきました。しかし，電子取引・決済に関する法のグローバル化は，そうした従来のスタイルに委ねて，ときを悠長に待つことはできません。電子情報活用による技術革新と経営革新にとっての法的障害を，ひとときも放置できないからです。それなら，各国で定立されることになる法規範の内容を，いっそのこと先取りして，モデル法や国際機関からの勧告という形で示し，各国がこれに従って国内法を制定することで，グローバル化を図るというスタイルがありえます。先行的な取組みが Uncitral や OECD において精力的に行われ，その内容が各国での法規範内容に取り入れられて，グローバル化が実現しています。もっとも，すべての論点が，その新しいスタイルでグローバル化するわけではないと思います。各国の実情により，グローバル化の方法や程度に違いが生じることは，もちろん，ありえます。そこのところを検討することは，比較法的にたいへん興味深いといえます。法領域によるグローバル化の精査は，比較法学の新地平だと思われます。

司会：森先生，リーガルサービスのグローバル化は必然のこととして，それに対応する法曹養成の点については，いかがでしょうか。

森：グローバル化対応といった場合，グローバル化に向けた「積極的・自発的」な対応を意味するものと捉えるのが普通でしょうが，その意味では，「ロースクール」制度の導入はその１つといってよいでしょう。もっとも，私見では，いわゆる弁護士エスタブリッシュメントからなる反ロースクール勢力

が，デマゴギーにも近い巧妙な世論操作により，めちゃくちゃにしてしまいました。法曹教育のグローバルスタンダード化すら，わが国は拒否したといってもよいように思います。ちなみに，法曹の資質・アティテュードをグローバルスタンダードに合わせることができなければ，いくら他のところでグローバル化をといたとしても，絵に描いた餅ではないでしょうか。

このほか，グローバル対応は叫ばれても，お題目，俗にいう「菜っ葉の肥やし」からは何も出てこないことはいうまでもないでしょう。かなり前ですが，たとえば外国法事務弁護士への門戸開放などはグローバル対応ではないのかというのは，外圧から目をそらす「手前味噌」でしかありません。外国に本拠を置く事務所との連携についてもしかりです。

ぼやきのネタはいくらでもあります。たとえば，グローバル化は，当然のこととして法制化を推し進めます。法制化が進めば，弁護士の専門化も必然の結果でしょう。弁護士の専門化を可視的なものとする専門弁護士制度は，その導入が既定の方向とされていると思いますが，遅々として進みません。まだ，専門弁護士ないしは専門弁護士制度に対する需要がないという者がいるくらいのんびりしたわが国で，その実現を期待するのは無理というべきでしょうか。

司会：各セッションの主査の先生方，コメントありがとうございました。それでは，第3の設定課題「グローバル化対応のために，どのような手法をとったのか」に移ります。堤先生，サイバースペース，サイバー犯罪の規制については，グローバル化の視点から，新しい概念・原則・制度構築が迫られているように思われますが，いかがでしょうか。

堤：当プロジェクトが着目した手法は，グローバル化に対応する法改正については，関連法分野でのリーズニングのスタイルと基礎概念の構成の仕方，また，グローバル・スタンダードの展望の上で重要な比較法については，関連立法の背景にあると思われる立法過程でした。ここにいう手法は，ハード

ロー，ソフトローを含めた法規範としての手法ではなく，法規範が導かれる「メタ」の手法です。

　このうち，法のリーズニングとしては，刑事法上は犯罪の正しい概念内容からの論理演繹——日本の刑事法学の特徴として——が，基礎概念の1つであろうプライヴァシーについては，それが有るか無いかの二者択一的な存否による理論構成の組み立て——日本法におけるプライヴァシー論の現在として——が，立法過程では，著作権者あるいは著作権の保護管理団体の影響力による少数者バイアス（仮説）——米国のDMCA立法の社会学的要因として——が，それぞれで活用できるメタ手法上の概念や仮説です。第1のものは，サイバースペースでの犯行態様として階層的な組織化と分散協調型の組織化の傾向がみられる中での，日米比較刑事法から考察できる刑事規制が及ぶ範囲の相違から，第2のものは，サイバースペースでの捜査についてサイバー犯罪条約，米国ECPA法の構成と，日本の刑訴法並びに通信傍受法の構成の相違から，第3のものは，権利侵害を理由に著作権者側がサイバースペースでとりうる措置の要件の日米での相違，具体的には，著作権侵害を理由に削除できるサイバースペースでの表現物の範囲を広く認める米国DMCA立法から，メタ手法についての解釈を導いています。

司会：ありがとうございます。植野先生，フランスにおいて，憲法訴訟化する憲法裁判を通じて事件保護のグローバル化に対応する動きを指摘されましたが，諸外国との比較において，どのような特徴がみられますか。

植野：憲法の学問としての性格の変化のみならず，法の各分野が憲法の影響を受けるという現象もみられました。憲法はもはや理念 idée ではなく規範 norme である，と認識されるようになりました。憲法の裁判化 juridicisation の現象は，憲法裁判の広がりと結びついています。

　憲法の対象が，それまでの単一の対象から，3つの対象となるという変化がみられる，とファヴォルーは指摘しています。3つの対象とは，制度，規

範，自由です。制度としての憲法については，一般的にそれは，政治制度と，それによってもたらされる法的問題の研究を含みます。また行政的・裁判的制度の憲法的基礎の研究を含みます。規範としての憲法については，規範の源が問題となります。規範の源が憲法であることが認識されています。憲法が何を語っているか。コンセイユ・デタが法律解釈裁判所であるのに対して憲法院は何をするのか。憲法院は，憲法と国際規範の解釈裁判所です。自由については実体としての憲法の探求です。フランスではこれまで，憲法の枠組みの中で諸自由の問題を扱ってきませんでしたが，これは諸外国と比較すると例外的です。多くの国では，基本的諸自由と諸権利の保護と承認は憲法の最も重要な分野の1つです。なぜなら諸自由や諸権利を承認することは，結果的に権力の制限を示すからです。これは単に形式や手続の規範の尊重ではなく，実体としての規範の尊重を意味しています。

　憲法裁判の影響によって，憲法の性格の変化がみられます。憲法の政治中心主義からの脱却，フランスの固有の行政中心主義の廃棄がみられます。さらにアメリカ型の憲法裁判のあり方ではなく，フランスの歴史や伝統とも調和した憲法裁判のあり方が発展していきました。他方で，フランスでは長い間行政法が公法の中心でした。コンセイユ・デタの判例を通して公法の概念や用語が語られました。しかし，憲法に基づき，憲法判例が発展してくると公法の概念や定義は異なるものになります。憲法においては，「基本的諸自由」や「基本的諸権利」という表現が用いられますが，それらは「公的諸自由」とは異なります。公的諸自由は法律によって，通常裁判所によって，執行権に対して保護される諸自由をさします。これに対し，前者は，執行権および立法権に対して，憲法や国際規約に基づき，憲法裁判所や国際裁判所によって保護されるものです。確かに概念や技法は似ているところはありますが，全く同一のものではありません。行政法のそれはあくまでも国内のものですが，憲法のそれは比較法的見地から語ることができる普遍性をもってい

ます。このようにして，憲法裁判というグローバル化の影響の下で，フランスは固有の形を模索し，発展させてきました。それは同時に立憲主義の重要性を確認するプロセスでもあります。

司会：ありがとうございました。只木先生，生命倫理の分野において，刑法上の議論のほかに，グローバル対応に関わる論点はございますか。

只木：先ほど述べたように，刑法レベルでの対応（処罰）はそれほど素早くはなく，目に見えての変化も少ないが，医療行為そのものは国境を越えてグローバル化しており，行動準則という意味でのグローバル化の必要がいわれています。消極的安楽死に関わる終末期医療，臓器移植との関係での脳死判定等はその例です。胚の保護については，わが国においては，医療上の必要性から，また，商業上の，あるいは知的財産権上の必要性からグローバル化への対応が論じられる場面はあるものの，今のところ，とくに刑法上の大きな論点とはなってはおらず，グローバル化への対応という点での議論はなされてはいません。

司会：牛嶋先生，環境規制の分野においては，各国の協働による実効性担保が特徴的であるように向けられますが，その点，いかがですか。

牛嶋：環境規制におけるグローバル化への実務的対応（課題を含む）は，上述のとおりですが，手法の類型としては，4つに分けることができると考えられます。

第1に，新たな立法や条約等の締結です。

第2に，国際的な法執行機関の創設・運用です。この法執行には，国際裁判所の設置・運用を含みます。

第3に，各国間の協議・援助・協働機関の創設・運用です（特定分野の政府間ネットワークや市民団体のネットワーク）。

第4に，国際機関や非政府組織（前者の例として，CODEXなど。後者の例として，ISOなど）による標準化の努力です。

司会：福原先生，電子取引・決済の分野では，比較法的にみて，どのような特徴が観察されるでしょうか。

福原：先ほども指摘しましたが，電子取引・決済法の法領域では，グローバル化が，先進国からの法の移入によるのではなく，国際的な機関におけるモデル法や勧告を国内法化するというスタイルで進んでいます。そして，その国内法化においては，2つの傾向のあることを認識することができます。

1つは，伝統的な取引法や金融監督法が未だ十分に備わっていない国々では，電子取引・決済法の規範を定立するために大規模で包括的な法制度を構築する傾向が強いといえます。もう1つは，伝統的な取引法や金融監督法が既に十分に備わっている国々では，電子取引・決済法の生成と展開は，既存法の改正や小規模な立法対応を細かく積み重ねていく傾向が強いといえます。アジア諸国では前者の傾向がみられ，欧米や日本では後者の傾向がみられます。そして，後者では，ハードローによる整備に加えて，ソフトローの活用がみられることにも注目できます。法領域のよっては，とくに金融監督法や企業組織法では，グローバル化が国内法の性質を変容させていることをみることができるように思われます。

司会：森先生，先ほどご指摘いただいた法曹養成の視点から，グローバル化の課題をおまとめください。

森：どのような手法をとったかという質問に対しては，まともにグローバル対応がとられていないのですから，答えようもありません。

少し脱線しますが，先に述べたように，法曹教育をグローバル・スタンダードに合わせていくことが，対応の第一歩であるべきところ，それは必ずしも成功していません。しかし，法曹教育のあり方こそ，グローバル対応の要であり，早急に現在の司法試験の改革を含めロースクール制度の立て直しが急務ではないでしょうか。それと平行して，現在のわが国の弁護士職業法とグローバル・スタンダードとの乖離を――もちろんその妥当性の検証を踏ま

えてですが——推し進めていく必要があると思います。この際，大陸派の視点からするなら，アメリカ・イギリス一辺倒のわが国のこれまでの検証には，大いに警鐘を鳴らす必要があると思います。「Law as Business」は，われわれが描くべき弁護士の職業像と一致するのでしょうか。まずはこの点の検証のないままで，グローバル対応と錦の御旗をふることは，「Law as Money」にその道を開くことになるのではと危惧する次第です。

司会：森先生，そして主査の先生方，ありがとうございました。それぞれの分野における問題意識，検討のプロセス，将来の課題設定などを明確にされ，本シンポジウムの成果を十分に披瀝していただきました。最後に伊藤所長からお願いします。

伊藤：各セッションの主査の先生方，貴重なご意見と総括をたまわり，まことにありがとうございました。私のほうから，3点ほど，申し上げたいと存じます。まず，第1点は，グローバル化と比較法研究の関係です。これまでは，まず整備された国内法があって，国際的な事件等により問題が認識されたときに，はじめて「比較」するという思考過程だったように思われます。しかし，本日ご紹介いただいた領域においては，自覚的にかどうかは別にして，まずもってグローバルな課題があることを前提として，国内法の制度・諸原則・概念・規制手法を見直す，再検討するといった対応をすることが共通認識になっているように感じました。それが「比較法から統一法へ」という動きになるのかどうか，もう少し注視していかなければならないとは思います。

次に，それぞれの領域において，グローバル化やIT技術の進展にともない，新たな概念・規制手法が創出されてきたこと，あるいは創造していく必要性について触れていただきました。そのような「新たな法創造」の場面においては，これまで機能してきた伝統的な法概念・諸原則との認識ギャップ

が大きければ，社会に内在する規範としての役割を期待できないことになります。他方で，そのような新しい概念・諸原則が社会に内在する規範としての機能を有するかどうか，理論的検証が必要になるでしょう。その場合には，比較法的研究手法が大いに参考になると期待しています。

最後に，これまでの比較法研究の歴史を振り返りますと，たとえば大陸法・英米法に分けて，それぞれの法制度・判例を分析して国内法に引き付けるという方法を実践してきたように思われます。しかし，世界の法文化はそのような二分化で理解できるほど単純ではありません。それは，アジアという地域をながめたとき，大陸法系の国もあれば英米法系の国もある，イスラム法の国もある，儒教の影響力が強い土着の法文化もある，といった多様性を認めると明らかです。そのような多様性を前提とすると，いきなり統一法を整備することは現実的に無理であります。他方で，世界で唯一の経済成長セクターであるところから，たとえばTPP（環太平洋経済連携協議）や一帯一路にみられるような，一種のブロック経済化の動きもみられます。そこでの経済的関心や経済的効率性だけに注目すると，かえってこの地域のもつ多様性を阻害し，法的正義実現への要請が強まることとなるでしょう。その意味で，われわれが英米法も大陸法も対象として蓄積してきた比較法研究の成果は，この地域における「法の支配」を確立するのに貢献することを期待できます。

当研究所は，来年2018年に創立70周年を迎えることになりますが，英米法・大陸法とならべてアジア法をも対象とした周年企画を検討しております。今回の学術シンポジウムの成果も踏まえ，今後もより研究活動を発展させていくことを祈念して，まとめに代えさせていただきます。ありがとうございました。

司会：学術シンポジウムの総括だけでなく，今後の比較法研究の課題についても共有できたことも成果の1つだと思います。長時間にわたり，ご出席いただき，貴重なご発言をいただきありがとうございました。

〈総括出席者〉
伊藤　壽英（日本比較法研究所所長・法科大学院教授）
植野妙実子（理工学部教授）
牛嶋　　仁（法学部教授）
北井　辰弥（法学部教授）
只木　　誠（法学部教授）
堤　　和通（総合政策学部教授）
福原　紀彦（法科大学院教授）
森　　　勇（法科大学院教授）

付録1　第26回中央大学学術シンポジウムプログラム

法化社会のグローバル化と理論的実務的対応

日時：2016年12月17日（土）　10:00～16:40
会場：中央大学多摩キャンパス　2号館4階　研究所会議室4

プログラム（敬称略）：

10:00～10:10
　開会挨拶　　橋本基弘（中央大学副学長・中央大学法学部教授）
　挨　　拶　　伊藤壽英（日本比較法研究所所長・中央大学法科大学院教授）
　総合司会　　北井辰弥（中央大学法学部教授）

10:10～10:40
　基調講演　　「現代における比較法の諸問題」
　　　　　　　北村一郎（比較法学会理事長・東京大学名誉教授）

10:40～11:20　裁判規範の国際的平準化
　「フランス公法における『グローバル・スタンダード』の影響」
　報　　告　　植野妙実子（中央大学理工学部教授）
　コメント　　佐藤信行（中央大学法科大学院教授）

11:20～12:00　サイバースペースの法的課題と実務的対応
　「サイバースペースの安全，自由，ガヴァナンス」
　報　　告　　堤　和通（中央大学総合政策学部教授）
　コメント　　平野　晋（中央大学総合政策学部教授）

12:00～13:00　休　　憩

13:00〜13:40　環境規制のグローバル化と実務的対応
　「国境を越える環境規制の諸相」
　　報　　告　　牛嶋　仁（中央大学法学部教授）
　　コメント　　宮野洋一（中央大学法学部教授）
13:40〜14:20　生命倫理規範のグローバル化と実務的対応
　「終末期医療における患者の承諾と自律――とくに高齢者患者の場合を中心に」
　　報　　告　　只木　誠（中央大学法学部教授）
　　コメント　　鈴木彰雄（中央大学法学部教授）
14:20〜15:00　決済取引のグローバル化と実務的対応
　「Fintechによる電子商取引・支払決済法制のグローバル化」
　　報　　告　　福原紀彦（中央大学法科大学院教授）
　　コメント　　杉浦宣彦（中央大学大学院戦略経営研究科教授）
15:00〜15:20　コーヒーブレーク
15:20〜16:00　リーガルサービスのグローバル化と弁護士法
　「ドイツ勤務弁護士の諸問題――弁護士の独立性の一断面」
　　報　　告　　森　勇（中央大学法科大学院教授）
　　コメント　　古積健三郎（中央大学法科大学院教授）
16:00〜16:40
　総括の討論
　　閉会挨拶　　宮野　勝（社会科学研究所所長・中央大学文学部教授）

付録 2　研究活動記録

裁判規範の国際的平準化　　（主査：植野妙実子，アドバイザー：北井辰弥）

(2014年度)
○講演会　「欧州人権裁判所の判決の構造と影響」開催
　　講演者：レフ・ガルリツキ（ワルシャワ大学教授）
　　2015年3月5日（木）　15:00～17:30　駿河台記念館　320号室

(2015年度)
○講演会　「フランスの合憲性優先問題——法秩序の変容の証明」開催
　　講演者：ベルトラン・マチュー（パリ第一大学教授）
　　2015年6月29日（月）　15:00～17:30　駿河台記念館　320号室
○講演会　「コンセイユ・デタの裁判基準の憲法院への影響」開催
　　講演者：レジ・フレス（コンセイユ・デタ評定官）
　　2015年12月22日（火）　15:00～17:30
　　　　　　　　　　　　市ヶ谷田町キャンパス　15階　大会議室

(2016年度)
○講演会　「非常事態と国籍剝奪措置——2015年11月13日パリ同時テロに対する法的解決策」開催
　　講演者：グザヴィエ・フィリップ（エクス・マルセイユ大学教授）
　　2016年6月27日（月）　15:00～17:30
　　　　　　　　　　　　市ヶ谷田町キャンパス　15階　大会議室
○ミニシンポジウム　「フランスにおける非常事態とテロリスムに対する戦い
　　　　　　　　——どのように自由を尊重しながら安全を守るか」開催
　　講演者：チエリー・ルノー（エクス・マルセイユ大学教授）
　　2016年10月22日（土）　15:00～18:00　駿河台記念館　580号室

リーガルサービスのグローバル化と弁護士法

（主査：森　勇，アドバイザー：古積健三郎）

(2014年度)

○シンポジウム　「リーガルマーケットの展開と弁護士の職業像」開催

　セッション 1　弁護士業務の専門化と専門表示——専門弁護士制度とそのあり方

　司　　会：佐瀬正俊（弁護士・元日弁連業務改革委員会委員長）

　報　　告：スザンネ・オファーマン-ブリュッハルト（弁護士・ドイツ連邦弁護士会規約委員会専門弁護士部会部会長）

　　　　　　上原武彦（弁護士・日弁連業務改革委員会委員長）

　コメント：武士俣敦（福岡大学教授）

　　　　　　佐藤雅樹（弁護士・アルプス電気㈱法務部）

　セッション 2　企業内弁護士と弁護士法——企業内弁護士の意義・価値との関係で

　司　　会：トーマス・ウィッティー（ドイツ弁護士・外国法事務弁護士）

　報　　告：ハンス・プリュッティング（ケルン大学教授・ケルン大学弁護士法研究所共同代表）

　　　　　　本間正浩（弁護士・日清食品H㈱チーフ・リーガル・オフィサー）

　コメント：柏木　昇（元中央大学教授・公益財団法人民事紛争処理研究基金理事長）

　　　　　　後藤康淑（弁護士・三井海洋開発株式会社常務執行役員）

　2014年10月18日（土）　9：40～17：30　駿河台記念館　370号室

(2015年度)

○国外調査　ドイツ弁護士大会出席・調査（2015年6月10日～17日）

○講演会　「近時における守秘義務の争点」開催

　講演者：スザンネ・オファーマン-ブリュッハルト（弁護士・デュッセルド

　　　　　　　　　ルフ弁護士会事務局長・ドイツ連邦弁護士会規約委員会委員）

　2015年9月30日（水）　17:30～19:30　弁護士会館　17階　1703会議室

（2016年度）

○セミナー　「弁護士の守秘義務と秘匿特権」開催

　講演者：マティアス・キリアン（ケルン大学教授）

　2016年9月20日（火）　18:00～20:00　弁護士会館　14階　1401号室

サイバースペースの法的課題と実務的対応

　　　　　　　　　　　　　　　（主査：堤　和通，アドバイザー：北井辰弥）

（2014年度）

○講演会　"Privacy Seminar: Big Data, Freedom, and Public Safety" 開催

　講演者：Omer Tene（International Association of Privacy Professionals）

　　　　　Lara Ballard（US Department of State）

　パネリスト：平野　晋，宮下　紘

　モデレーター：宮下　紘，堤　和通

　2014年10月1日（水）　13:30～17:00　後楽園キャンパス　31100号室

○講演会　「青少年とプライバシー」開催

　講演者：ウルス・ガッサー（ハーバード大学ロースクール教授）

　司　会：宮下　紘

　2015年3月9日（月）　15:00～16:30

　　　　　　　　　　　　　市ヶ谷田町キャンパス　15階　大会議室

（2015年度）

○セミナー　「ビッグデータとプライバシー」開催

　講演者：Adam Tanner（Research Fellow, Harvard University）

　パネリスト：板倉陽一郎（弁護士・ひかり総合法律事務所）

　　　　　　　小林慎太郎（上級コンサルタント・野村総合研究所）

2015年4月22日（水）　15:00～17:00
　　　　　　　　　　　市ヶ谷田町キャンパス　15階　大会議室
○シンポジウム　「サイバー犯罪：捜査とガヴァナンス」開催
　講演者：グレゴア・アーバス（キャンベラ大学准教授）
　パネリスト：岡部正勝（慶應義塾大学教授，前警察庁長官官房参事官サイ
　　　　　　　バーセキュリティ担当）
　　　　　　　丸橋　透（ニフティ株式会社法務部長）
　　　　　　　中野目善則，宮下　紘
2015年6月3日（水）　14:00～17:00　駿河台記念館　670号室
○講演会　「データ保護と忘れられる権利：拡大しつつあるか？」開催
　講演者：アブ・ベーカー・ビン・ムニール（マラヤ大学教授）
2015年8月27日（木）　15:00～16:30
　　　　　　　　　　　市ヶ谷田町キャンパス　15階　大会議室
（2016年度）
○スタッフセミナー　「TPPとデータプライバシー」開催
　基調講演：アブ・ベーカー・ビン・ムニール（マラヤ大学教授）
　報　告：前田恵美（クリフォード チャンス法律事務所弁護士）
　　　　　セバスチャン・ガンボス（ケベック大学教授）
　　　　　宮下　紘
2016年4月12日（火）　15:00～17:00　駿河台記念館　560号室
○研究会開催
　参加者：グレゴア・アーバス（キャンベラ大学准教授）
　　　　　丸橋　透（ニフティ株式会社法務部長）
　　　　　岡部正勝（慶應義塾大学教授，前警察庁長官官房参事官サイバー
　　　　　　　セキュリティ担当）
　　　　　他所員　4名

2016年5月7日（土）　13:00～18:00　市ヶ谷キャンパス　2411号室

環境規制のグローバル化と実務的対応

　　　　　　　　　（主査：牛嶋　仁，アドバイザー：西村暢史→佐藤信行）

(2014年度)
- 第1回研究会　「『環境規制のグローバル化と実務的対応』に関する問題提起と議論」開催

2015年2月7日（土）　14:00～18:00　市ヶ谷キャンパス　1346教室

(2015年度)
- 第2回研究会開催

　報　告：牛嶋　仁

　　　　「本プロジェクトの目的と視点」

　　　　水信　崇（農林水産省食料産業局食品製造課課長補佐〔環境省より出向〕）

　　　　「容器包装リサイクル法の各国比較」

2015年8月2日（日）　14:00～18:00　駿河台記念館　660号室

- 講演会　「CITES（絶滅のおそれのある野生動植物の種の国際取引に関する条約）」（第3回研究会）開催

　講演者：リンヘン・ライ（シンガポール国立大学准教授）

　　　　「トランスナショナル環境法の現状と課題：CITESの執行」

　　　　白石広美（トラフィック・イーストアジア・ジャパン・プログラムオフィサー）

　　　　「日本におけるCITES運用の現状と課題」

2016年1月9日（土）　14:00～18:00　駿河台記念館　350号室

- スタッフセミナー　「COP21の意義と課題」（第4回研究会）開催

　講演者：大井通博（環境省地球環境局国際連携課国際地球温暖化対策室長）

「COP21の交渉を振り返って」

高村ゆかり（名古屋大学教授）

「パリ協定の評価と課題」

2016年2月6日（土）　14:00～18:00　駿河台記念館　600号室

○スタッフセミナー　「SDG（持続可能な発展目標）」（第5回研究会）開催

　講演者：ベン・ボア（シドニー大学名誉教授）

「2016年SDGと『環境』法の支配」

サイモン・ホイベルク・オルセン（地球環境戦略研究機関主任研究員）

「SDGと環境ガバナンス」

2016年3月6日（日）　14:00～18:00　駿河台記念館　650号室

（2016年度）

○ミニシンポジウム　「気候変動対策と法」（第6回研究会）開催

　講演者：サンドリーヌ・マルジャン・デュボア（エクス・マルセイユ大学DICE所長）

「気候変動に関する国際法の役割」

マティルド・オテロー・ブトネ（エクス・マルセイユ大学教授）

「契約と気候変動」

イヴ・トゥルエ・マランゴ（エクス・マルセイユ大学CNRS研究員）

「気候変動における専門家の役割」

マリー・ラムロー（エクス・マルセイユ大学教授）

「気候変動と再生エネルギー法」

児矢野マリ（北海道大学教授）・高村ゆかり（名古屋大学教授）・鶴田　順（政策研究大学院大学准教授・原稿執筆参加）

「日本における環境条約の執行：気候変動に関する傾向と事例研究」

2016年4月9日（土）　10:30～19:00　駿河台記念館　570号室

○スタッフセミナー 「国際開発援助における環境社会配慮」（第7回研究会）開催
　講演者：作本直行（日本貿易振興機構環境社会配慮審査役）
　　　　「国際援助における環境社会配慮」
　　　　市川伸子（欧州復興開発銀行主幹環境アドヴァイザー）
　　　　「EBRDの開発援助と環境社会影響評価」
　2016年7月31日（日）　14:00～18:00　駿河台記念館　650号室
○セミナー 「グローバル／トランスナショナル環境法に関する国際セミナー」（第8回研究会）開催
　講演者：クルト・デケテラーレ（ルーヴェン大学教授）
　　　　「気候訴訟：気候変動事案における司法へのアクセス」
　　　　アムナート・ウォンバンディット（タマサート大学教授）
　　　　「アセアン諸国における環境影響評価法のビジネスに対する態度と影響」
　2016年11月6日（日）　13:00～18:00　駿河台記念館　510号室

生命倫理規範のグローバル化と実務的対応
　　　　　　　　　　　（主査：只木　誠，アドバイザー：髙田　淳→柳川重規）
（2014年度）
　プロジェクトに所属するメンバーにおいては各自のテーマについて研究作業を行い，報告会においてその成果を発表した。
○報告会開催　（報告者4名，参加者約20名）
　2015年1月31日（土）　11:00～13:00　多摩キャンパス　1408教室
（2015年度）
○研究会 「医療行為の正当化における患者の同意」開催
　講演者：田坂　晶（広島修道大学法学部准教授）

2016年1月27日（水）　13:00～16:00
　　　　　　　　　　　市ヶ谷田町キャンパス　15階　大会議室
(2016年度)
○シンポジウム　「日独生命倫理比較法シンポジウム」開催
　講演者：エリック・ヒルゲンドルフ（ヴュルツブルク大学教授）
　　　　　マルティン・ベーゼ（ボン大学教授）
　コメント：甲斐克則（早稲田大学法科大学院教授）
　　　　　　井田　良
　　　　　　畝本恭子（日本医科大学多摩永山病院救命救急センター長）
　　　　　　北村俊則（北村メンタルヘルス研究所所長）
2016年11月27日（日）　13:00～17:30　駿河台記念館　610号室

決済取引のグローバル化と実務的対応
　　　　　　　　　　　　（主査：福原紀彦，アドバイザー：遠藤研一郎）
(2014年度)
○研究会　「第1回電子取引決済法」開催
　報　告：李　賢貞「韓国における電子金融取引の現状と法規制（継続）」
　2014年12月20日（土）　市ヶ谷キャンパス
○研究会　「第2回電子取引決済法」開催
　報　告：福原紀彦・杉浦宣彦「アジア諸国における資金決済の法制度整備の
　　　　　　　　　　　　　　動向」（予備報告）――学術シンポジウム2016
　　　　　　　　　　　　　　に向けたシリーズ報告の開始にあたって」
　2015年3月7日（土）　市ヶ谷キャンパス
(2015年度)
○研究会　「第1回電子取引決済法」開催
　報　告：杉浦宣彦・李　賢貞「アジア諸国における資金決済の法制度整備

の動向」

 2015年4月25日（土）　市ヶ谷キャンパス

○研究会　「第2回電子取引決済法」開催

 報　告：山中孝太郎「J-REIT市場における小口化の進展と流動性向上」

 2015年5月23日（土）　市ヶ谷キャンパス

○研究会　「第3回電子取引決済法」開催

 報　告：李　賢貞「資金決済の発展に対応する法制度の比較研究」

 2015年7月25日（土）　市ヶ谷キャンパス

○研究会　「第4回電子取引決済法」開催

 報　告：福原紀彦・李　賢貞　「韓国の株式電子登録法案と日本の株式振替制度——不動化から無券化への試練」

    杉浦宣彦「多様化する電子決済と法制度——フィンテックの急速展開と法的対応」

    佐藤純通「商業登記の法と実務の最前線——電子登記申請と商業登記所統廃合の動向，法人資格証明書添付不要等の問題点，法人マイナンバー制度等」

    辻井重男「『組織暗号』の利用——情報漏洩とマイナンバー導入に備えて」

 2015年12月19日（土）　市ヶ谷キャンパス

○国外調査　韓国研究調査（2015年10月24日〜27日）

（2016年度）

○研究会　「第1回電子商取引・決済法」開催

 報　告：片岡義広「仮想通貨と資金決済法改正：フィンテック関連法案の解析」

    李　賢貞「韓国におけるビットコイン関連規制の動向」

    福原紀彦・杉浦宣彦「同上コメント」

2016年4月9日（土）　市ヶ谷キャンパス
○研究会　「第2回電子商取引・決済法」開催
　報　告：安念宜子「フィンテック環境を整備する法規制への提言」
　　　　　伊藤亜紀「電子決済の法律構成に関する実務上の整理」
　　　　　神山静香「電子商取引における消費者保護に関するOECD理事会勧告2016」
　　　　　李　賢貞「大韓民国電子商取引消費者保護法2016」
　　　　　毛　智琪「中華人民共和国電子商取引法草案2016」
　　　　　福原紀彦「準則平成28年改訂と消費者三法（消費者契約法・特定商取引法・割賦販売法）改正動向」
2016年7月30日（土）　市ヶ谷キャンパス
○研究会　「第3回電子商取引・決済法」開催
　報　告：布井千博「アジア・ビジネス法制の最前線」
　　　　　神山静香「OECDモバイル・オンライン決済に関する消費者政策ガイダンス2014」
　　　　　杉浦宣彦・山本千恵子「EU支払サービス指令2015年修正（PSD2）」
　　　　　李　賢貞「大韓民国電子金融取引法改正2016」
2016年10月22日（土）　市ヶ谷キャンパス
○フォーラム　「第1回Fintechビジネス法」開催
　「日本と中国におけるFintechビジネスと法制度の課題・展望」
　報　告：片岡義広「日本におけるFintechビジネスと法整備の現状」
　　　　　韓　　峰「中国におけるブロックチェーンの現状」
　　　　　福原紀彦・永井利幸・毛　智琪「補足・討論・総括」
2017年1月17日（火）　市ヶ谷田町キャンパス
○フォーラム　「第2回Fintechビジネス法」開催
　「クラウドファンディングの最先端（アメリカ・日本・中国の現状と展望）」

報　　告：ジョージ板越「アメリカと日本におけるクラウドファンディングの活用状況と展望」

　　　　　　楊　東・韓　峰「中国におけるクラウドファンディングの活用状況と展望」

　　　　　　毛　智琪「クラウドファンディングと法の課題」

　　　　　　福原紀彦「補足と総括」

2017年1月20日（金）　市ヶ谷キャンパス

○国外調査　中国全国人民代表大会「電子商務立法国際検討会」出席（報告）

2016年6月14日〜16日　上海

○国際シンポジウム　「FinTechと支払決済法制のグローバル化──アジア諸国の協調と日本の役割」開催

　基調講演：松尾元信（金融庁総務企画局参事官）

「欧米における支払決済法制の新たな展開」

　報　　告：杉浦宣彦

　　　　　　神山静香（中央大学研究開発機構助教，法政大学講師）

　　　　　　山本千恵子（中央大学大学院戦略経営研究科博士課程後期課程在籍）

「大韓民国における電子支払決済の新法制」

　報　　告：徐　熙錫（釜山大学法学専門大学院教授，大韓民国消費者法学会会長）

　　　　　　李　賢貞（延世大学法学専門大学院法学研究院教授，中央大学研究開発機構教授）

「中華人民共和国における電子支払決済立法の動向」

　報　　告：楊　　東（中国人民大学教授，中華人民共和国電子商取引立法起草委員）

　　　　　　王　衛国（中国政法大学教授，中華人民共和国銀行法学会会長）

　　　　　毛　智琪（一橋大学大学院国際企業戦略研究科博士後期課程在籍）
ディスカッション「アジア諸国の協調と日本の役割」
討　論：杉浦宣彦，徐　煕錫，楊　東，王　衛国
　　　　　片岡義広（片岡総合法律事務所，中央大学研究開発機構教授），他
総　括：福原紀彦
2016年11月26日（土）　14:00〜17:30　市ヶ谷キャンパス　2501号室

編者・執筆者・訳者紹介 (執筆順)

伊藤　壽英（いとう　ひさえい）	日本比較法研究所所長，中央大学法科大学院教授
北村　一郎（きたむら　いちろう）	東京大学名誉教授
植野　妙実子（うえの　まみこ）	日本比較法研究所研究所員，中央大学理工学部教授
佐藤　信行（さとう　のぶゆき）	日本比較法研究所研究所員，中央大学法科大学院教授
堤　和通（つつみ　かずみち）	日本比較法研究所研究所員，中央大学総合政策学部教授
牛嶋　仁（うしじま　ひとし）	日本比較法研究所研究所員，中央大学法学部教授
西海　真樹（にしうみ　まき）	日本比較法研究所研究所員，中央大学法学部教授
只木　誠（ただき　まこと）	日本比較法研究所研究所員，中央大学法学部教授
鈴木　彰雄（すずき　あきお）	日本比較法研究所研究所員，中央大学法学部教授
Eric Hilgendorf（エリック　ヒルゲンドルフ）	ヴュルツブルク大学教授
根津　洸希（ねづ　こうき）	中央大学大学院法学研究科博士課程後期課程在籍
Martin Böse（マルティン　ベーゼ）	ボン大学教授
冨川　雅満（とみかわ　まさみつ）	日本比較法研究所嘱託研究所員，日本学術振興会特別研究員（PD）
福原　紀彦（ふくはら　ただひこ）	日本比較法研究所研究所員，中央大学法科大学院教授
杉浦　宣彦（すぎうら　のぶひこ）	日本比較法研究所研究所員，中央大学大学院戦略経営研究科教授
酒井　克彦（さかい　かつひこ）	経済研究所研究員，企業研究所研究員，中央大学商学部教授
森　勇（もり　いさむ）	日本比較法研究所研究所員，中央大学法科大学院教授

法化社会のグローバル化と理論的実務的対応
中央大学学術シンポジウム研究叢書　11

2017年11月10日　初版第1刷発行

編　者　　伊　藤　壽　英
発行者　　間　島　進　吾

発行所　　中央大学出版部
〒192-0393　東京都八王子市東中野 742-1
電話 042(674)2351　FAX 042(674)2354
http://www2.chuo-u.ac.jp/up/

©2017　伊藤壽英　ISBN978-4-8057-6190-8　　株式会社 遊文舎

本書の無断複写は，著作権法上での例外を除き，禁じられています。
複写される場合は，その都度，当発行所の許諾を得てください。